Carte et sites touristiques

Les régions du guide :
(voir la carte à l'intérieur de la couverture ci-contre)

Roussillon Pays cathare

Le Guide Vert, mode d'emploi : un guide en 3 parties

Organiser son voyage :

- Avant de partir.
- À faire sur place de A à Z.
- Des activités pour tous.
- Un agenda des événements.

Comprendre la destination :

- La destination aujourd'hui.
- Histoire.
- Art et culture.
- Gastronomie.
- Nature...

Découvrir la destination :

- Notre sélection de sites.
- Des circuits conseillés.
- Des cartes.
- Notre sélection d'adresses pour tous les budgets.

En fin de guide :
l'explication des symboles et la table des cartes et plans

Le Guide Vert : découvrir la destination

[6]

Un chapitre = une zone géographique

[1] Une carte de présentation de la région.

[2] Le sommaire de la région traitée.

[3] La description des sites.

Pour chaque chapitre

[4] La description des circuits conseillés.

[5] Nos adresses classées par catégories de prix.

[6] Des pages thématiques pour en savoir plus.

Retrouvez-nous sur : ***Voyage.ViaMichelin.fr***

Sommaire

1/ ORGANISER SON VOYAGE

VENIR DANS LA RÉGION

AVANT DE PARTIR

SUR PLACE DE A À Z

EN FAMILLE

MÉMO

2/ COMPRENDRE LA RÉGION

LA RÉGION AUJOURD'HUI

ART ET CULTURE

NATURE ET PAYSAGES

HISTOIRE

3/ DÉCOUVRIR LA RÉGION

1 NARBONNE, CARCASSONNE ET LE CANAL DU MIDI

2 LES CORBIÈRES ET LE PAYS CATHARE

3 PERPIGNAN, LA CÔTE VERMEILLE ET LA PLAINE DU ROUSSILLON

4 LES PYRÉNÉES ORIENTALES ET L'ANDORRE

ESCAPADE EN CATALOGNE ESPAGNOLE

1/ ORGANISER SON VOYAGE

Applications recommandées

M. Barraud / Ojo Images / Photononstop

Venir dans la région

Par la route

LES GRANDS AXES

Depuis le nord de la France, l'**A 75** (**la Méridienne**) prolonge l'A 71 à partir de Clermont-Ferrand pour aboutir à Béziers. De là, l'**A 9** continue vers Narbonne et Perpignan.

L'**A 9** traverse d'est en ouest le Roussillon de l'autoroute du Soleil (**A 6** de Paris à Lyon, puis **A 7** jusqu'à Orange) jusqu'au col du Perthus, desservant Béziers, Narbonne et Perpignan, tandis que l'**A 61** permet, de Narbonne, de gagner Carcassonne (puis Toulouse).

Informations autoroutières – ☎ 0 892 681 077 - www.autoroutes.fr.

LES CARTES MICHELIN

Cartes Départements 344 (Aude, Pyrénées-Orientales).

Carte Région 526 (Languedoc-Roussillon au 1/300 000).

Carte de France 725 (France sud)

Pour l'escapade en Espagne : **Carte Michelin Région 574** (Cataluña/Catalunya, Aragón, Andorra)

En ligne : calcul d'itinéraires sur **www.viamichelin.fr**.

En train

LES GRANDES LIGNES

Temps approximatif des liaisons :
- Paris/Narbonne : 4h30 (TGV)
- Paris/Perpignan : 5h (TGV)
- Montpellier/Perpignan : 2h (TGV)
- Paris/Latour-de-Carol-Enveitg : plusieurs fois par semaine, un train de nuit direct (via Toulouse) ; départ vers 22h de Paris-Austerlitz, arrivée en Cerdagne vers 8h.

Informations et réservations
Ligne directe : ☎ 36 35 (0,34 €/mn) - www.voyages-sncf.com.

LES TRAINS EXPRESS RÉGIONAUX

De nombreuses gares sont desservies par les lignes de **TER** suivantes :
- Cerbère/Perpignan/Narbonne/Toulouse.
- Carcassonne/Limoux/Quillan.
- Perpignan/Villefranche/Mont-Louis/Font-Romeu/Latour-de-Carol : ligne du petit train jaune.

Informations et réservations
Ligne directe : ☎ 36 35 (0,34 €/mn) - www.ter-sncf.com/languedoc.

DISTANCES	Perpignan	Céret	Mont-Louis	Andorre-la-Vieille	Carcassonne	Narbonne	Limoux
Perpignan	-	32	79	163	115	65	96
Céret	32	-	90	173	143	93	117
Mont-Louis	79	90	-	82	121	143	96
Andorre-la-Vieille	163	173	82	-	183	225	134
Carcassonne	115	143	121	183	-	61	25
Narbonne	65	93	143	225	61	-	86
Limoux	96	117	96	134	25	86	-

En avion

AÉROPORT DE LA RÉGION

Aéroport de Perpignan-Rivesaltes – Av. Maurice-Bellonte - 66000 Perpignan - ✆ 04 68 52 60 70 - www.aeroport-perpignan.com. À environ 3 km au nord de Perpignan.
Navettes à chaque arrivée d'avion pour la gare SNCF et la gare routière (4,50 €).

LES COMPAGNIES AÉRIENNES

Air France – Plusieurs liaisons quotidiennes entre **Perpignan** et Paris-Orly. Renseignements et réservations : ✆ 36 54 (0,34 €/mn) - www.airfrance.fr
Ryanair – Plusieurs vols par semaine entre Perpignan et Bruxelles-Charleroi. Renseignements et réservations : www.ryanair.com - ✆ 0899 651 410 (en France - 1,35 € l'appel + 0,34 €/mn), ✆ 0903 997 40 (en Belgique - 1,50 €/mn).
Volotea – ✆ 0821 610 752 - www.volotea.com. Plusieurs liaisons hebdomadaires Perpignan-Nantes.

Escapades

ANDORRE

Vous accéderez dans la principauté par le col ou le tunnel de Puymorens (N 20 depuis Bourg-Madame), puis la N 22 jusqu'au Pas de la Casa. Bouchons importants à prévoir en juil.-août. Pas de documents à présenter pour les ressortissants de l'UE mais prévoir une fouille parfois approfondie des bagages au retour.

CATALOGNE ESPAGNOLE

De Perpignan, on rejoint la Catalogne espagnole par l'autoroute A 9 (laquelle devient A 7 côté espagnol) : 35 km jusqu'à la frontière. Pour aborder la Catalogne par l'intérieur et éviter l'autoroute très encombrée en été, passez les Pyrénées en traversant le Vallespir (col d'Ares) ou la Cerdagne (Bourg-Madame).

Avant de partir

Météo

HIVER

Généralement doux et souvent ensoleillé dans la plaine du Roussillon. Rigoureux en altitude, dans les Pyrénées audoises, la Cerdagne, le Conflent et le Vallespir profitant de leur position abritée pour jouir d'un bel ensoleillement.

PRINTEMPS

La saison la plus agréable, même si la neige reste abondante dans les Pyrénées. Mais attention aux vents, parfois violents : le « cers » (vent d'ouest ou du sud-ouest), très desséchant; le vent d'autan, venu de l'est, sec et violent contrastant avec le marin, vent faible du sud-est, qui amène généralement la pluie, sans oublier le mistral, le plus souvent glacial.

ÉTÉ

Caniculaire et sec dans les plaines (orages parfois violents). En bord de mer, les températures sont un peu rafraîchies par la brise. Si vous ne supportez pas la chaleur, une solution : se réfugier en altitude.

AUTOMNE

La saison des pluies, qui peuvent être importantes et entraîner des inondations dévastatrices.

Adresses utiles

LES INSTITUTIONS

Comités régionaux de tourisme

Languedoc-Roussillon – L'Acropole - 954 av. Jean-Mermoz - CS 79507, 34960 Montpellier Cedex 2 - ✆ 04 67 20 02 20 - www.sunfrance.com.

Comités départementaux de tourisme

Aude – Conseil général de l'Aude - Allée Raymond-Courrière - 11855 Carcassonne Cedex 9 - ✆ 04 68 11 66 00 - www. audetourisme.com.

Pyrénées-Orientales – 16 av. des Palmiers - CS 80 540 - 66005 Perpignan Cedex - ✆ 04 68 51 52 53 - www.tourisme-pyreneesorientales.com.

Maison de pays

Maison des Pyrénées – 15 r. des Grands-Augustins - 75002 Paris - ✆ 01 42 85 51 86 ; 7 r. Paré - 44000 Nantes - ✆ 02 40 20 36 36 ; et 6 r. Vital-Carles - 33000 Bordeaux - ✆ 05 56 44 05 65.

Parcs naturels

Parc naturel régional de la Narbonnaise en Méditerranée – N 9 - Domaine de Montplaisir - 11000 Narbonne - ✆ 04 68 42 23 70 - www. parc-naturel-narbonnaise.fr.

Parc naturel régional des Pyrénées catalanes – 1 r. Dagobert - 66210 Mont-Louis - ✆ 04 68 04 97 60 - www. parc-pyrenees-catalanes.fr.

OFFICES DE TOURISME

Les adresses des offices de tourisme se trouvent dans la rubrique « S'informer » des villes et sites décrits dans la partie « Découvrir la région ». Sur Internet : **www.tourisme.fr** et **www.franceguide.com**.

INTERNET

– www.capcir-pyrenees.com : hébergement, stations de ski, activités…
– www.pyrenees-cerdagne.com : randonnées, stations de ski, hébergement…
– www.pyrenees-online.fr : hébergement, stations de ski, activités, infos montagne…
– www.tourisme-pyreneesorientales.com
– www.audetourisme.com

TOURISME DES PERSONNES HANDICAPÉES

Le symbole ♿ signale les sites accessibles aux personnes à **mobilité réduite**.

Accessibilité des infrastructures touristiques

Consultez les sites labellisés **Tourisme et Handicap** sur le site www.franceguide.com, rubrique « Voyageurs », puis « Tourisme et Handicap ».

Association Tourisme et Handicaps – 43 r. Marx-Dormoy - 75018 Paris - ✆ 01 44 11 10 41 - www.tourisme-handicaps.org.

Accessibilité des transports

Train – Un guide gratuit *Mobilité réduite* est disponible dans les gares et boutiques SNCF.

SNCF Accès Plus – ✆ 0 890 640 650 (0,11 €/mn, 7h-22h). Service gratuit facilitant le voyage des personnes handicapées, disponible sur réservation 48h avant le départ dans 350 gares de France.

En ligne : **www.accessibilite.sncf.fr**.

Avion – Air France propose aux personnes handicapées le service d'**assistance Saphir** : ✆ 0 820 01 24 24.

En ligne : **www.airfrance.fr**.

Se loger

Retrouvez notre sélection d'hébergements dans « Nos adresses à... », situées en fin de description des principaux sites de la partie « Découvrir la région ».

Bon à savoir – Les comités départementaux de tourisme et certains offices de tourisme proposent un service de réservation en ligne et parfois des formules thématiques de courts séjours et des offres promotionnelles.

NOTRE SÉLECTION

Les hôtels

Nous indiquons les prix à la nuit pour deux personnes, ainsi que celui du petit-déjeuner s'il n'est pas inclus dans le tarif.

Pour un choix plus étoffé, **Le Guide Michelin France** recommande hôtels et restaurants sur toute la France. Pour chaque établissement, le niveau de confort et de prix est indiqué, en plus de nombreux renseignements pratiques.

Les chambres d'hôte

Les prix, mentionnés à la nuit, incluent, sauf mention contraire, le petit-déjeuner.

Certains propriétaires proposent aussi une table d'hôte, en général le soir, souvent réservée aux résidents. Il est vivement conseillé de réserver votre étape, en raison du succès de ce type d'hébergement.

Le camping

Le **Guide Camping Michelin France** propose tous les ans

une sélection de terrains visités régulièrement par nos inspecteurs. Renseignements pratiques, niveau de confort, prix, agrément, location de bungalows, de mobile homes ou de chalets y sont mentionnés.

LES BONS PLANS

Se renseigner auprès des CDT.

Les services de réservation

Fédération nationale des services de réservation Loisirs-Accueil – 74-76 r. de Bercy - 75012 Paris - ✆ 01 44 11 10 44 - www.franceguide.com, www.loisirs-accueil.fr. ou www.loisirsaccueilfrance.fr.

Fédération nationale Clévacances – 54 bd de l'Embouchure - BP 52166 - 31022 Toulouse Cedex - ✆ 05 61 13 55 66 - www.clevacances.com.

Les locations de maisons

www.abritel.fr
www.bertrandvacances.com
www.homelidays.com
www.locations-france.com
www.pap.fr

L'hébergement rural

Fédération des Stations vertes de vacances et Villages de neige – 6 r. Ranfer-de-Bretenières - 21016 Dijon Cedex - ✆ 03 80 54 10 50 - www. stationverte.com.

Bienvenue à la ferme – Agriculture et Tourisme - 9 av. George-V - 75008 Paris - ✆ 01 53 57 11 44 - www.bienvenue-a-la-ferme.com.

Maison des gîtes de France et du tourisme vert – 59 r. St-Lazare - 75439 Paris Cedex 09 - ✆ 01 49 70 75 85 - www.gites-de-france.com.

Hébergement pour randonneurs

Guide et site Internet – Le guide *Gîtes d'étapes, refuges*, par A. et S. Mouraret (Rando Diffusion - ✆ 05 62 90 09 96), et www.gites-refuges.com.

Les auberges de jeunesse

Fédération des auberges de jeunesse – 27 r. Pajol - 75018 Paris - ✆ 01 44 89 27 27 - www.fuaj.org.

POUR DÉPANNER

Centrales de réservation de quelques chaînes hôtelières :
Akena ✆ 01 69 84 85 17 - www.hotels-akena.com.
B & B ✆ 0892 782 929 - www.hotel-bb.com.
Ibis Budget ✆ 0892 688 900 - ibisbudgethotel.ibis.com/fr.
Campanile ✆ 01 64 62 46 46 - www.campanile.fr.
Kyriad ✆ 0825 003 003 - www.hotel-kyriad.com.
Ibis ✆ 0825 882 222 - www.ibishotel.com.

Se restaurer

Retrouvez notre sélection de restaurants dans « Nos adresses », en fin de description des sites de la partie Découvrir la région. Ils sont listés par catégorie de prix,

NOS CATÉGORIES DE PRIX				
	Hébergement		Restauration	
	Province	Grandes villes	Province	Grandes villes
Premier prix	jusqu'à 45 €	jusqu'à 65 €	jusqu'à 14 €	jusqu'à 16 €
Budget moyen	plus de 45 € à 65 €	plus de 65 € à 100 €	plus de 14 € à 25 €	plus de 16 € à 30 €
Pour se faire plaisir	plus de 65 € à 100 €	plus de 100 € à 160 €	plus de 25 € à 40 €	plus de 30 € à 50 €
Une folie	plus de 100 €	plus de 160 €	plus de 40 €	plus de 50 €

sur la base mini/maxi en haute saison.

NOTRE SÉLECTION

Pour répondre à toutes vos envies, nous proposons des **restaurants** régionaux, mais aussi classiques, et gastronomiques. Consultez aussi : **Le Guide Michelin France.**
Pour en savoir plus et consulter les avis, rendez-vous sur le site : **restaurant.michelin.fr.**
En ligne : les fermes-auberges sur **www.bienvenue-a-la-ferme.com**.

LES LABELS

Sites remarquables du goût

Les sites, dont la richesse gastronomique s'appuie sur des produits de qualité liés à un environnement culturel et touristique intéressant, ont été dotés du label « Sites remarquables du goût ». Il s'agit de **Banyuls**, pour son vin à base de grenache noir, des **chais de Thuir** où l'on fabrique le Byrrh, apéritif à base de vin et de quinquina, de **Collioure** pour l'anchois salé.
Pour en savoir plus : **www.sitesremarquablesdugout.com**.

Bistrots (ou cafés) de Pays

Ouverts toute l'année et situés dans des villages, ces établissements labellisés contribuent à l'animation économique et sociale en milieu rural et s'engagent à proposer des produits locaux. **www.bistrotdepays.com**.

Villes de terroir

Les offices de tourisme concernés mettent l'accent sur des circuits de découverte hors des sentiers battus.
www.villes-de-terroir.com.
Le label **Sud de France** garantit exclusivement l'origine régionale des produits alimentaires et touristiques.

Grand Site de France

11 sites sont actuellement labellisés en France, dont un dans les Pyrénées-Orientales : le massif du Canigou *(www.canigo-grandsite.fr - voir p. 264)*. Ils participent au développement durable local, à la réhabilitation de l'environnement paysager et à l'accueil des visiteurs.
www.grandsitedefrance.com.

Sur place de A à Z

Pour obtenir de la documentation, s'adresser aux **comités départementaux** et aux **comités régionaux de tourisme** *(voir p. 10)*.

BAIGNADE

En mer

Les immenses plages de sable fin s'étendant sur des kilomètres, souvent entre mer et étangs, accueillent de nombreux adeptes entre Saint-Pierre-sur-Mer et Argelès. Au-delà, la Côte Vermeille présente des falaises entrecoupées de criques. **Plages naturistes** : à La Franqui et à Port-la-Nouvelle.
Les stations assurant une bonne qualité des eaux de baignade sont distinguées par un label européen, le **pavillon bleu. Propreté des eaux** : *www.baignades.sante.gouv.fr.*

En eau douce

La baignade dans les **lacs et plans d'eau** n'est pas toujours autorisée: se renseigner dans les offices de tourisme. Il est normalement possible de se baigner dans l'**étang de Leucate** (Aude) et dans le **lac de Matemale** (Pyrénées-Orientales).

CANOË-KAYAK

Les cours supérieurs et moyens du Tech, de la Têt, de l'Aude, et bien d'autres se prêtent, avec leurs eaux tumultueuses, à la pratique du canoë-kayak *(voir sur place)*.
L'Échappée Verte – 21 r. de la Cavalerie - 34000 Montpellier - ✆ 06 13 07 04 03 - www.echappeeverte.com. Cet organisme propose des randonnées-découverte en canoë et en kayak dans toute la région.

Renseignements

Fédération française de canoë-kayak – 87 quai de la Marne - 94344 Joinville-le-Pont - ✆ 01 45 11 08 50 - www.ffck.fr. La Fédération édite un livre, *France canoë-kayak et sports d'eaux vives*, et avec le concours de l'IGN, une carte, *Les Rivières de France*, avec tous les cours d'eau praticables.

CANYONING ET RAFTING

Vous pourrez pratiquer ces sports dans les rivières de montagne, en particulier autour d'Axat (Aude). Un des parcours de canyoning les plus pittoresques : la descente des gorges du Llech (Pyrénées-Orientales).
Fédération française de la montagne et de l'escalade – 8-10 quai de la Marne - 75019 Paris - ✆ 01 40 18 75 50 - www.ffme.fr.

CROISIÈRES SUR LES CANAUX

Une agréable façon de découvrir les paysages le long des berges.
Canal de la Robine, voir Narbonne *(p. 80)* ;
Canal du Midi, voir Canal du Midi *(p. 83)*.

Cartes nautiques et cartes-guides

Éditions Navicarte – 125 r. Jean-Jacques-Rousseau - 92132 Issy-les-Moulineaux Cedex 20 - ✆ 01 41 54 38 97 - www.navicarte.fr.
Éditions du Plaisancier – 43 porte du Grand-Lyon - 01700 Neyron - ✆ 04 72 01 58 68.

CYCLOTOURISME ET VTT

Sentiers balisés – La Fédération française de cyclisme propose des sentiers balisés répertoriés dans un guide annuel (gratuit) et dont la difficulté est signalée par un code couleur. Les **centres VTT**, gérés par la Fédération, fournissent des cartes d'itinéraires et des topoguides. L'Office national des forêts édite une vingtaine de guides *VTT Évasion* destinés à la découverte des forêts du Languedoc-Roussillon. On peut se les procurer auprès du Comité régional du tourisme.

Location de vélos – Se renseigner auprès des offices de tourisme.

Ligue régionale de cyclotourisme du Languedoc-Roussillon – M. Pierre Testes - 28 ch. de l'Ancien-Relais - 34600 Hérépian - www.languedoc-roussillon.ffct.org.

Compagnie des guides des Pyrénées catalanes – 2 av. de l'Aude - 66210 Les Angles - ✆ 04 68 04 39 22 - www.guide-montagne-pyrenees.com. Sorties accompagnées : escalade, VTT, randonnées équestres, sports d'eau vive, via ferrata.

ESCALADE

Les reliefs particuliers des montagnes des Pyrénées constituent un véritable paradis pour les amateurs d'escalade. Les offices de tourisme et les clubs d'escalade proposent en saison une large gamme de prestations en initiation et en entraînement.

Fédération française de la montagne et de l'escalade – 8-10 quai de la Marne - 75019 Paris - ✆ 01 40 18 75 50 - www.ffme.fr. Consulter également le *Guide des sites naturels d'escalade en France*, par D. Taupin (Éd. Cosiroc/FFME), pour connaître la localisation des sites d'escalade.

GOLF

Forfait – Le Golf-Pass Languedoc-Roussillon propose 5 *green-fees* à 190 € et permet de jouer sur une période de 21 jours consécutifs. Sont concernés les golfs de Carcassonne, Montpellier-Massane, Fontcaude, Béziers St-Thomas, Le Cap-d'Agde, La Grande-Motte, Lamalou-les-Bains, Domaine de Barres, Sabot, Font-Romeu, Domaine de Falgos, Nîmes-Vacquerolles, St-Cyprien - réservation auprès du golf de votre choix, 48h à l'avance.

Fédération française de golf – 68 r. Anatole-France - 92300 Levallois-Perret - ✆ 01 41 49 77 00 ou 0 892 691 818 - www.ffgolf.com.

NAVIGATION EN MER

Des renseignements peuvent être obtenus auprès des **capitaineries** : Banyuls-sur-Mer - ✆ 04 68 88 30 32 ; Le Canet-Plage - ✆ 04 68 86 72 73 ; Narbonne-Plage - ✆ 04 68 49 91 43 ; Port-Barcarès-Port-St-André - ✆ 04 68 86 07 35 ; Port-Leucate - ✆ 04 68 40 91 24 ; Port-Vendres - ✆ 04 68 82 08 84 ; St-Cyprien - ✆ 04 68 21 07 98 ; ou à l'**Association des ports de plaisance du Languedoc-Roussillon** - Hôtel de ville - 34250 Palavas-les-Flots - ✆ 04 67 07 73 50.

PÊCHE EN EAU DOUCE

La région, riche en rivières aux eaux courantes et froides et en lacs, attire de nombreux pêcheurs. Le **plateau des Bouillouses** en particulier, parsemé de nombreux lacs naturels, a conservé son caractère sauvage (accès au départ de Font-Romeu et de Mont-Louis).

Office national de l'eau et des milieux aquatiques – Le Nadar - Hall C - 5 sq. Félix-Nadar - 94300 Vincennes - ✆ 01 45 14 36 00 - www.onema.fr.

PÊCHE EN MER

Fédération française des pêcheurs en mer – Résidence Alliance, centre Jorlis - 64600 Anglet - ✆ 05 59 31 00 73 - www.ffpm-national.com.

PLONGÉE SOUS-MARINE

Nombreux prestataires dans toutes les stations balnéaires.
Fédération française d'études et de sports sous-marins – 24 quai de Rive-Neuve - 13284 Marseille Cedex 07 - ✆ 04 91 33 99 31 ou 0 820 000 457 - www.ffessm.fr.

PROMENADES EN BATEAU

Vous trouverez dans ce guide différentes opportunités : balades en coche d'eau sur les étangs du Narbonnais *(voir Nos adresses à Narbonne)*, croisières sur le canal du Midi *(voir Nos adresses au canal du Midi)*.

RANDONNÉE ÉQUESTRE

Il existe des itinéraires balisés dans toute la région, à travers la garrigue, la forêt, les hauts plateaux, les cols et les sommets… Pour les connaître et obtenir les topoguides et cartes correspondants, s'adresser aux Comités départementaux du tourisme équestre (CDTE), dont les adresses sont disponibles auprès du **Comité national de tourisme équestre** – ✆ 02 54 94 46 80 - www.ffe.com. Le comité édite une brochure annuelle, *Cheval nature, l'officiel du tourisme équestre*, répertoriant les possibilités en équitation de loisir et les hébergements accueillant cavaliers et chevaux.
Divers fermes et centres équestres proposent des randonnées accompagnées sur une ou plusieurs journées, des stages d'équitation, etc.
Comité régional du tourisme équestre Languedoc-Roussillon (ATECREL) – 14 r. des Logis - 34140 Loupian - ✆ 04 67 43 82 50 - www.telr.net.
Compagnie des guides des Pyrénées catalanes – Av. Serrat-de-l'Ours - 66210 Bolquère - ✆ 04 68 30 39 66 ou 06 14 84 92 99.

RANDONNÉE PÉDESTRE

Les chemins de Grande Randonnée (GR)

Le **GR 7** (Vosges-Pyrénées) traverse la région, du mont Aigoual au canal du Midi, puis de Castelnaudary à l'Andorre ; le **GR 10** (Pyrénées ariégeoises et catalanes) ; le **GR 7** (Castelnaudary-Andorre) ; le **GR 36** (des châteaux cathares au Canigou) ; le **GR 107** (le chemin des Bonshommes).
D'autre part, la **Haute Route des Pyrénées (HRP)** traverse les Pyrénées d'est en ouest.
Centre d'informations de la Fédération française de la randonnée pédestre – 64 r. du Dessous-des-Berges - 75013 Paris - ✆ 01 44 89 93 93 - www.ffrandonnee.fr. La Fédération édite plusieurs **topoguides** dont :
Aude, pays cathare à pied, FFRP, 2005 ;
Le Languedoc-Roussillon… à pied, FFRP, 2008.
Les comités régionaux et départementaux de tourisme, comme les offices de tourisme, éditent leurs propres **brochures**, permettant de découvrir les paysages spécifiques à leur région et le patrimoine qui s'y rattache.

Quelques spécialistes

Compagnie des guides des Pyrénées catalanes – 2 av. de l'Aude - 66210 Les Angles - ✆ 04 68 04 39 22 - www.guide-montagne-pyrenees.com.
La Balaguère – Rte du Val d'Azun - BP 3 - 65403 Arrens-Marsous Cedex - ✆ 05 62 97 46 46 - www.labalaguere.com. « Voyages à pied » dans les Pyrénées, libres ou accompagnés, avec ou sans portage, parfois thématiques. Pour tous niveaux.
Chamina Voyages – Naussac - BP 5F - 48300 Langogne - ✆ 04 66 69 00 44 - www.

chamina-voyages.com. Spécialiste des randonnées à pied avec ou sans accompagnateur, avec transport des bagages. Nombreux circuits dans les Pyrénées.

Quelques idées originales

Fédération nationale ânes et randonnées – ✆ 06 33 97 91 54 - www.ane-et-rando.com. La Fnar fournit la liste de ses prestataires, dans toutes les régions de France, proposant des randonnées à pied en compagnie d'ânes bâtés..

Voir aussi « Bibliographie » p. 27.

ROUTES THÉMATIQUES

Route historique en terre catalane : de l'homme de Tautavel à Picasso – Réseau culturel Terre catalane - 10 r. du Théâtre - BP 60244 - 66002 Perpignan Cedex - ✆ 04 68 64 93 54 - www.reseauculturel.fr.

Via Domitia – Association régionale Via Domitia - CRT Languedoc-Roussillon - Acropolis - 980 av. J.-Mermoz - 34000 Montpellier - ✆ 04 67 22 81 00.

Fédération nationale des routes historiques – www.routes-historiques.com.

ROUTES DES VINS

Les caveaux sont généralement ouverts à la visite et proposent souvent des dégustations. La plupart des vignobles ont leur « route des vins », combinant visites de caves ou de vignobles et arrêts sur des sites historiques ou naturels. Ces routes font en outre l'objet de manifestations qui jalonnent l'année.

Nous indiquons ci-dessous quelques adresses et informations diverses.

Vins de pays d'Oc – Les vins de pays d'Oc nobles et gourmands sont disponibles à travers plus de 800 domaines privés ou caves coopératives. Pour obtenir les adresses, contacter le Syndicat des producteurs de vin de pays d'Oc - Domaine de Manse - av. Paysagère - Maurin - CS 7026 - 34973 Lattes Cedex - ✆ 04 67 13 84 20 - www.paysdoc-wines.com.

Minervois – Des circuits thématiques permettent de découvrir les AOC minervois mais également le patrimoine historique, culturel et naturel de cette région.

Syndicat du cru minervois – Le Chai Port Minervois - 35 quai des Tonneliers - 11200 Homps ✆ 04 68 91 29 48 - www.leminervois.com.

Vins du Roussillon – Le Conseil interprofessionnel des vins du Roussillon met en avant un large choix de circuits et de multiples manifestations autour du vin. Quatre itinéraires sont possibles : dans la vallée de l'Agly et des Fenouillèdes, dans les Aspres, des Aspres au massif des Albères et dans le vignoble des crus collioure et banyuls. L'été, des repas vignerons dans le vignoble – « Une cave, un jour » – sont organisés. Fêtes en janvier, mai, juin, juillet, octobre et novembre - 19 av. de Grande-Bretagne - BP 649 - 66006 Perpignan Cedex - ✆ 04 68 51 21 22 - www.vinsduroussillon.com.

Blanquette de Limoux – *p. 146.*

Vins des Corbières – Tout ce que vous voulez savoir sur les vins de Corbières est sur : www.20decorbieres.com.

Syndicat du cru fitou – Vous y trouverez le guide de l'appellation avec les adresses des producteurs - N 9 - aire de la Via-Domitia - 11480 La Palme - ✆ 04 68 40 42 70 - www.cru-fitou.com - lun.-vend. 8h-12h, 14h-18h.

SKI / SPORTS D'HIVER

Les Pyrénées catalanes

Elles offrent de vastes champs enneigés bien équipés autorisant la pratique de tous les sports de

Hôtels ?
Restaurants ?
Savourez les meilleures adresses !
France
MICHELIN
Envie d'une bonne petite table entre amis, d'une chambre d'hôtes de charme pour s'évader le temps d'un week-end, d'une table d'exception pour les grandes occasions ? Plus de 8700 restaurants, hôtels et maisons d'hôtes vous sont recommandés partout en France. Savourez les meilleures adresses avec le guide MICHELIN.
MICHELIN
France
le guide MICHELIN
MICHELIN
Une meilleure façon d'avancer

STATIONS	REMONTÉES MÉCANIQUES	PISTES DE SKI		RENSEIGNEMENTS	PAGE
		ALPIN	NORDIQUE		
Les Angles	16	29	42	04 68 04 47 82	273
Bolquère/ Pyrénées 2000	25	34	111	04 68 30 14 03	278
Espace Cambre d'Aze	16	25	8	04 68 80 26 57	282
Camurac	7	18	-	04 68 20 32 27	174
Err-Puigmal 2900	13	34	-	04 68 04 78 36	282
Font-Romeu	25	36	111	04 68 30 68 30	278
Formiguères	8	18	53	04 68 04 47 35	274
Pal-Arinsal (Andorre)	28	41	-	(376) 73 70 08	301
Pas de la Casa/ Grau Roig (Andorre)	50	110	6	(376) 80 10 60	293
Porté-Puymorens	12	17	25	04 68 04 87 08	283
Puyvalador	9	16	23	04 68 04 47 02	275
La Quillane	2	2	20	04 68 04 22 25	-
Soldeu El Tarter (Andorre)	29	52	3	(376) 89 05 00	301
Vallnord (Andorre)	13	25	-	(376) 73 96 22	301

neige : ski de randonnée, de piste et aussi des activités plus récemment apparues qui permettent d'allier sport et sensations nouvelles (parapente, motoneige…).
Certaines stations proposent des excursions en **raquettes** (tour des lacs et balcon du Roc d'Aude à partir des Angles par exemple). Le Centre européen d'entraînement canin à Font-Romeu élève des **chiens de traîneaux** et a développé quelques activités : initiation au *mushing* (conduite d'attelage), cross canin (marche, tracté par un chien), découverte des chiens.
La pratique du **ski de fond** est particulièrement favorisée par l'étendue des pistes. Le domaine skiable nordique du Capcir propose ses pistes au départ de tous les villages. Le **ski alpin** se pratique dans les stations les plus élevées. Le fort ensoleillement dont bénéficient des stations comme Font-Romeu ou Pyrénées 2000 attire de plus en plus de skieurs. La plupart des stations disposent de canons à neige.
Voir tableau ci-dessus.

SOUVENIRS

Produits du terroir

Plats et charcuteries – Quitter Collioure sans emporter un bocal d'anchois salés, c'est comme passer à Castelnaudary sans rapporter un cassoulet (en boîte) ! Glissez également dans votre glacière les diverses charcuteries de Cerdagne.
Fruits – Quand vient la saison, c'est par cageots entiers que vous pouvez acheter abricots rouges et pêches du Roussillon. Pour les clafoutis, rien ne vaut les cerises de Céret. Et pour un plaisir spontané, croquez à pleines dents les pommes reinettes du Vigan !
Douceurs – Côté pâtisserie, laissez-vous tenter par la crème catalane ou les alléluias (gâteau

brioché) de Castelnaudary. Pour le grignotage, cédez au craquant des croquants (biscuits très secs aux amandes) ou plus consistant, les rousquilles (biscuit rond à l'anis ou au citron) d'Amélie-les-Bains, au nougat de Limoux et à la kyrielle de tourons catalans.

Alcools – La palette des vins du Roussillon vous offre un large éventail auquel il convient d'ajouter les vins doux naturels. Le muscat à Maury, la carthagène à Narbonne, le Byrrh à Thuir vous donnent rendez-vous pour l'apéritif.

Habillement

Espadrilles – Elles s'avèrent si jolies aux pieds des danseurs de sardane. Essayez-en une paire, vous découvrirez le confort de marcher dans ces chaussures de toile et de corde, idéales pour l'été.

Bijoux – Tout particulièrement les grenats de Perpignan, montés en bague, pendants d'oreilles, collier ou encore, témoignage magnifique de la tradition perpignanaise du 18e s., en croix badine.

Artisanat

Pour le **linge de maison**, c'est en Cerdagne que vous dénicherez de belles toiles tissées aux couleurs jaune et rouge dans lesquelles on taille des nappes, torchons et serviettes.

☺ Pour les cadeaux de dernière minute, pensez à certaines aires d'autoroute particulièrement bien conçues : sur l'A 9, le **Village catalan** près du Boulou.

SPÉLÉOLOGIE

Dans ce pays truffé de grottes et d'avens, les spéléologues peuvent s'adonner à leur passion.

Certains sites comme la grotte de Fontrabiouse dans le Capcir, la grotte de l'Aguzou vers Quillan ou le gouffre de Cabrespine au nord de Carcassonne ont mis en place des **safaris souterrains**. Ces circuits ne requièrent aucune compétence particulière et offrent un compromis original entre l'activité spéléologique et la visite classique. Casse-croûte en poche, vous vous immergez pour une expédition de plusieurs heures avec l'encadrement et les commentaires d'un guide.

Les clubs sont pour la plupart affiliés à la Fédération française de spéléologie.

Fédération française de spéléologie – 28 r. Delandine - 69002 Lyon - ✆ 04 72 56 09 63 - www.ffspeleo.fr.

THALASSOTHÉRAPIE

Sur les côtes du Roussillon, les grands centres de thalassothérapie sont localisés à **Port-Barcarès** et à **Banyuls-sur-Mer**. Ces centres proposent des séjours mais aussi des forfaits à la journée ou au week-end, avec ou sans logement.

Syndicat national de la thalassothérapie – ✆ 01 44 70 07 57 ou 02 40 11 72 35 - www.france-thalasso.com.

THERMALISME

L'abondance des sources minérales et thermales fait la renommée des Pyrénées depuis l'Antiquité. Les eaux pyrénéennes appartiennent à deux grandes catégories, les sources sulfurées et les sources salées.

Les sources sulfurées

Leur température, tiède, peut s'élever jusqu'à 80 °C. Sous forme de bains, douches et humages, ces eaux sont utilisées dans le traitement de nombreuses affections.

Les principales stations sont : **Amélie-les-Bains, Molitg-les-Bains, La Preste-les-Bains, Rennes-les-Bains et Vernet-les-Bains**.

Les bains chauds en plein air

Il existe également dans les Pyrénées-Orientales des bains chauds, sauvages ou aménagés, en plein air. Sans vertu curative reconnue, ils procurent cependant une détente appréciable ; chacun peut y accéder librement (entrée payante dans les bains aménagés). Voir, dans la partie Découvrir la région, les chapitres consacrés à la **Cerdagne** et au **Conflent**.

Les sources salées

Les eaux bicarbonatées sodiques et calciques sont dites « sédatives ». On les trouve à **Alet-les-Bains**.

Adresses utiles

Centre d'informations thermales – 1 r. Cels - 75014 Paris - ✆ 0811 908 080 (prix d'un appel local) - www.france-thermale.org.

Fédération thermale et climatique française – 71 ter r. Froidevaux - 75014 Paris - ✆ 01 40 47 57 33 - www.federationthermale.org.

Chaîne thermale du soleil / Maison du thermalisme – 32 av. de l'Opéra - 75002 Paris - ✆ 0 800 050 532 (appel gratuit) - www.chainethermale.com.

TRAINS TOURISTIQUES

Le **petit Train jaune** part à la découverte de la Cerdagne et du Conflent *(voir p. 256)*, entre Latour-de-Carol et Villefranche-de-Conflent. Idéal pour une journée d'excursion en montagne (1 AR/jour).

Le **petit Train rouge** ou **train du pays cathare**, au départ de Rivesaltes, traverse la plaine du Roussillon et la haute vallée de l'Aude jusqu'à Axat *(voir p. 177)*.

VISITES GUIDÉES

La plupart des villes proposent des visites guidées. Elles sont organisées toute l'année dans les grandes villes ou seulement en saison dans les plus petites.

Reportez-vous à la partie Découvrir la région, où nous citons les visites guidées qui ont retenu notre attention.

Villes et Pays d'art et d'histoire

Sous ce label décerné par le ministère de la Culture et de la Communication sont regroupés quelque 124 villes et pays qui œuvrent activement à la mise en valeur et à l'animation de leur architecture et de leur patrimoine. Dans les sites appartenant à ce réseau sont proposées des visites générales ou insolites (1h30 ou plus), conduites par des guides-conférenciers et des animateurs du patrimoine agréés par le ministère *(voir également En famille p. suivante)*. Renseignements auprès des offices de tourisme des villes ou sur le site www.vpah.culture.fr. Les Villes et Pays d'art et d'histoire cités dans ce guide sont : Narbonne, Perpignan et le pays de la vallée de la Têt.

VOILE, PLANCHE À VOILE

Sur lacs et plans d'eau

Lacs et plans d'eau sur lesquels on peut pratiquer la voile ou la planche à voile :

Aude – Étangs de Bages et de Sigean, de Leucate, lacs de la Ganguise, de Jouarre.

Pyrénées-Orientales – Lac de Matemale.

Sur mer

Ligue de voile du Languedoc-Roussillon – Espace Voile - Bât. C - Le Patio Santa Monica - 1815 av. Marcel-Pagnol - 34470 Pérols - ✆ 04 67 50 48 30 - www.ffvoilelr.net.

France Stations Nautiques – 17 r. Henri-Bocquillon - 75015 Paris - ✆ 01 44 05 96 55 - www.station-nautique.com.

NOUVEAU
POUR UNE
CROISIÈRE
RÉUSSIE
Guide touristique MICHELIN
ESCALES EN
MÉDITERRANÉE !
SPÉCIAL CROISIÈRE
MICHELIN
Escales
en Méditerranée
58 escales en Méditerranée
• les plus beaux sites à voir sur une journée ou ½ journée
• des adresses utiles pour chaque escale
• des infos pratiques pour préparer votre croisière…
• des plans de ville
MICHELIN
Une meilleure façon d'avancer

En famille

Nous avons sélectionné des sites proposant une visite spécialement adaptée aux enfants, récapitulés dans les **tableaux** des pages suivantes. Repérez-les dans la partie Découvrir la région grâce au pictogramme 👪.

Visites contées

Le Réseau culturel Terre catalane organise toute l'année des visites contées ludiques et pédagogiques autour d'un personnage. Sont concernés : l'abbaye d'Arles-sur-Tech, le palais des Rois de Majorque à Perpignan, le château de Castelnou, la cathédrale d'Elne, le fort Lagarde (Prats-de-Mollo), les Orgues d'Ille-sur-Têt, le trésor et l'église de Prades, l'abbaye de St-Génis-des-Fontaines, le fort de Salses, le chemin du Fauvisme à Collioure. Se renseigner sur les sites pour les jours, heures et tarifs de visite - www.reseauculturel.fr.

Labels

Famille Plus – Ce label récompense les stations les plus performantes dans le domaine de l'accueil des familles. Les destinations figurant dans ce guide sont : Argelès-sur-Mer, Leucate, Port-Barcarès, Saint-Cyprien et Font-Romeu.
www.familleplus.fr

Stations Vertes – Attrait naturel, environnement préservé, qualité de l'accueil et loisirs de pleine nature sont les critères de cette labellisation. Voici les destinations que vous retrouverez dans ce guide : Quillan, Rennes-les-Bains, Sallèles-d'Aude, Vernet-les-Bains, Osséja et Torreilles.
www.stationverte.com

Villes et Pays d'art et d'histoire – Le réseau des Villes et Pays d'art et d'histoire *(voir la rubrique Visites guidées)* propose des visites-découvertes et des ateliers du patrimoine aux enfants, les mercredis, samedis et pendant les vacances scolaires. Munis de livrets jeux et d'outils pédagogiques adaptés à leur âge, ces derniers s'initient à l'histoire et à l'architecture, et participent activement à la découverte de la ville. En atelier, ils s'expriment à partir de multiples supports (maquettes, gravures, vidéos) et au contact d'intervenants de tous horizons : architectes, tailleurs de pierre, conteurs, comédiens, etc. Ces activités sont également proposées pendant la visite des adultes, en juillet-août, dans le cadre de l'opération « L'Été des 6-12 ans ».

EN FAMILLE

SITES OU ACTIVITÉS À FAIRE EN FAMILLE			
CHAPITRE DU GUIDE	**NATURE**	**MUSÉE**	**LOISIRS**
Principauté d'Andorre		Musée national de l'Automobile	Centre aquatique Caldea
Argelès-Plage	$Aigles de Valmy, sentiers botaniques du parc de Valmy		Plages, Argelès Aventure
Banyuls-sur-Mer	Aquarium du laboratoire Arago		
Le Boulou	Vallée des Tortues de Sorède		
Canet-Plage	Aquarium		Plages
Carcassonne		La Cité, musée de l'École, Maison des métiers du livre à Montolieu, château de Saissac	Parc australien, le moulin à vent de Villeneuve-Minervois
La Cerdagne		Musée de Cerdagne, Casa de la Vall à Eyne	
Céret		Musée médiéval de Serralongue	
Les Corbières		Château de Villerouge-Termenès	
Elne	Tropique du Papillon		
Gruissan	Parc éolien des Corbières maritimes	Salins de l'île St-Martin	Plages
Ille-sur-Têt	Orgues		
Limoux		Musées des Dinosaures et de la Chapellerie à Espéraza	Parcours acrobatique à Alet-les-Bains
Canal du Midi	Écluse de l'Aiguille		
Montagne Noire	Arboretum du Lampy	Musée du Canal du Midi à St-Ferréol, espace Sylvea à Revel	Baignade au lac de St-Ferréol
Narbonne		Musée archéologique, musée de la Chevalerie	Croisière sur la Robine
Perpignan	Jardin exotique de Ponteilla	Centre européen de préhistoire, musée de la Préhistoire à Tautavel	
Port-Barcarès			Aquamagic à Port-Leucate, plages
Prats-de-Mollo		Fort Lagarde	
Quéribus			Théâtre Achille-Mir à Cucugnan
Quillan		Instrumentarium au musée de Puivert	
Sigean	Réserve africaine		
Villefranche-de-Conflent	Parc animalier de Casteil	Tour des Parfums à Mosset	

Mémo

Agenda

FIN JANVIER-DÉBUT AVRIL

Limoux – Carnaval traditionnel (tous les w.-ends et Mardi gras). 10 sem. jusqu'au dim. avant les Rameaux, à minuit : jugement de Sa Majesté Carnaval et Nuit de la blanquette - ☎ 04 68 31 11 82 - www.limoux.fr.

FÉVRIER

Prats-de-Mollo, St-Laurent-de-Cerdans, Arles-sur-Tech – Carnaval (pdt vac. scol. d'hiver de la zone A) - ☎ 04 68 39 70 83 / 55 75 - www.pratsdemollolapreste.com.

AVRIL

Arles-sur-Tech – Procession nocturne des Pénitents noirs (Vend. saint) - ☎ 04 68 39 11 99 - www.tourisme-haut-vallespir.com.
Collioure – Procession de confréries de pénitents (Vend. saint) - ☎ 04 68 82 15 47 - www.collioure.com.
Montolieu – Salon du livre ancien (w.-end de Pâques) - ☎ 04 68 24 82 70 - www.montolieu-livre.fr.
Perpignan – Festival de musique sacrée (2e sem.) - ☎ 04 68 66 33 54. Procession des pénitents de la Sanch (Vend. saint) - ☎ 04 68 66 30 30 - www.perpignantourisme.com.

MAI

Céret – Fête de la cerise (3e w.-end) - ☎ 04 68 87 00 53 - www.ot-ceret.fr.

JUIN

Amélie-les-Bains – Fête des muletiers (sam. proche de la St-Jean) - ☎ 04 68 39 01 98.
Perpignan – St-Jean Festa Major, avec feux de la St-Jean - 23 juin - ☎ 04 68 66 30 30 - www.perpignantourisme.com.
Total Festum – Fête des cultures occitane et catalane (tout le mois, en diverses localités du Roussillon).

JUILLET

Bize-Minervois – Fête de l'olivier (3e dim.).
Carcassonne – Festival des 2 Cités : concerts classiques, théâtre, opéra, danse, jazz, variétés - ☎ 04 68 11 59 15 - www.festivaldecarcassonne.com.
Céret – Feria « Céret de Toros » (2e w.-end) - ☎ 04 68 87 00 53. Festival international de la sardane (2e quinz.) : rencontre de *colles* (groupes de danseurs) et concours - ☎ 04 68 87 00 53.
Osséja – Concours international de chiens de berger (av.-dernier dim.) - ☎ 04 68 04 53 86.
Perpignan – Les Estivales : festival de théâtre - ☎ 04 68 66 30 30 - www.estivales.com.
Prades – Ciné-Rencontres (2e quinz.) : festival de cinéma - ☎ 04 68 05 20 47 - www.cine-rencontres.org.

JUILLET-AOÛT

Lastours – Spectacle son et lumière au belvédère (de mi-juil. à mi-août, 2 soirs par sem.) - ☎ 04 68 77 56 01.

Limoux – Festival de théâtre Nava (fin juil.-déb. août) - ✆ 04 68 31 99 48.
Prades, St-Michel-de-Cuxa – Festival Pablo Casals : musique classique (de fin juil. à mi-août) - ✆ 04 68 96 33 07 - www.prades-festival-casals.com.
St-Génis-des-Fontaines – Prieuré Santa Maria del Vilar - Festival international lyrique et médiéval - ✆ 04 68 89 64 61.

AOÛT

Amélie-les-Bains – Festival folklorique international (2e sem.) - ✆ 04 68 39 01 98 - www.festival-amelie.com.
Banyuls-sur-Mer – Festival de la Sardane (2e sem.) - ✆ 06 12 36 94 57 - www.banyuls-sur-mer.com.
Castelnaudary – Fête du cassoulet (dernier w.-end) - ✆ 04 68 23 05 73 - www.feteducassoulet.com.
Collioure – Feria (du 14 au 18) - ✆ 04 68 82 15 47 - www.collioure.com.
Pennautier – Les Cabardièses de Pennautier : festival de piano (mi-août) - ✆ 04 68 25 35 79 - www.lescabardieses.com.

AOÛT-SEPTEMBRE

Perpignan – Festival Visa pour l'image (de fin août à mi-sept.) : expositions photos, soirées projections - ✆ 04 68 62 38 00 - www.visapourlimage.com.

SEPTEMBRE

Principauté d'Andorre – Fête nationale (le 8) : pèlerinage à Notre-Dame de Meritxell.

OCTOBRE

Perpignan et la région – Jazz festival - ✆ 04 68 35 01 77 - www.jazzebre.com.

Bibliographie

MÉDIAS

Presse écrite

Quotidiens – *La Dépêche du Midi* à Perpignan et Narbonne, *L'Indépendant* dans l'Aude et le Roussillon.
Hebdomadaires régionaux – *La Gazette de Perpigan.*
Revues – *Pyrénées magazine* (Milan Presse), *Terres catalanes, Pays cathare magazine.*

LIVRES

Voici notre sélection de beaux livres, documents, ouvrages pratiques ou romans permettant de découvrir la région ou d'approfondir un thème.

Géographie – Économie

Aimer le Languedoc-Roussillon, A. Dag'Naud, C. Bibollet, Ouest-France, 2003.
Aude et *Languedoc méditerranéen,* éditions Bonneton, 1994 et 1981 : deux ouvrages d'une collection de référence.

Histoire – Art

Promenades en Roussillon roman, O. Poisson, coll. « Itinéraires culturels », Zodiaque, 2003 : le Roussillon par des spécialistes de l'art roman.

Histoire de Béziers, de Carcassonne, de Montpellier, de Narbonne, de Perpignan, de Sète, Privat, 2000.
Histoire des Cévennes, P. Cabanel, PUF, collection « Que sais-je ? », 2003.
Histoire générale du protestantisme, É. G. Léonard, coll. « Quadrige », 3 vol., PUF, 1998 : un ouvrage de référence.
Histoire des cathares, M. Roquebert, Perrin, 2002 : synthèse par l'un des meilleurs spécialistes.
Connaissance du canal du Midi, A. d'Antin de Vaillac, France-Empire, 1997. Tout sur les origines et l'histoire du canal.
Le Canal du Midi et les voies navigables de l'Atlantique à la Méditerranée, R. Gast, Ouest-France, coll. Itinéraires de découverte, 2009.

Vie quotidienne

Glaner dans les Pyrénées, B. Bertrand, Ph. Degrave, Tétras éditions, 2004 : pour apprendre à connaître les plantes pyrénéennes.
Animaux sauvages des Pyrénées, C. Dendaletche, Milan, 1991 : pour identifier les animaux.
Voyous et Gentlemen, une histoire du rugby, J. Lacouture, Gallimard, coll. « Découvertes », 1993 : le rugby, vu par un historien de renom.
La Fabuleuse Histoire du rugby, H. Garcia, Minerva, 2004 : grand prix de la littérature sportive en 1986.

Gastronomie

La Cuisine du Languedoc-Roussillon, K. Aguillaume, Gisserot, 2006.
Cuisine du Languedoc-Roussillon d'hier et d'aujourd'hui, G. et T. Rousset, D. Bénaouda, Ouest-France, 2006.

Randonnées

Les Sentiers d'Émilie en Cerdagne et Capcir, en pays cathare, en Vallespir et sur la Côte Vermeille, en Conflent et Fenouillèdes, Rando Éditions, 2000.
Le Sentier cathare : de la Méditerranée aux Pyrénées, guide pratique, M. Barthes, Rando-Éditions, 2005.
Randonnées insolites dans les Pyrénées, S. Mendieta, E. Follet, Glénat, 2008.

Contes et légendes

Trésors de la mythologie pyrénéenne, O. de Marliave, Sud-Ouest éditions, 2005.

Romans du terroir

Souvenirs d'un montagnard, H. Russel, Princi Negue, 2005 : le récit d'un des plus grands pyrénéistes du 19e s.
Les Larmes de la vigne, J.-L. Magnon, Seghers, 1991 : roman témoignage d'un vigneron communiste né avec le 20e s.
La Coïncidence, J.-P. Pelras, Llibres del Trabucaïre, 1995.
La Vénus d'Ille et autres nouvelles, Prosper Mérimée, Librio, 2010. Cette célèbre nouvelle, écrite en 1835, se déroule à Ille-sur-Têt *(voir encadré p. 249)*.

Filmographie

LA RÉGION AU CINÉMA

Carcassonne

Les Visiteurs, de Jean-Marie Poiré, avec Christian Clavier et Jean Reno, 1993.

Gruissan

37°2 le matin, de Jean-Jacques Beineix, avec Béatrice Dalle et Jean-Hugues Anglade, 1986.

Narbonne

Le Père Noël a les yeux bleus, de Jean Eustache, avec Jean-Pierre Léaud, 1966.

Perpignan

Le Retour de Martin Guerre, de Daniel Vigne, avec Nathalie Baye et Gérard Depardieu, 1982.

2/ COMPRENDRE LA RÉGION

Le château cathare de Puilaurens.
B. Rieger / hemis.fr

Bonus

La région aujourd'hui

Voisin de l'Espagne, ce territoire baigné de soleil est très attaché à la culture et aux traditions catalanes, ainsi qu'à sa gastronomie locale riche en saveurs méditerranéennes. Vigne, culture des fruits et légumes, pêche, élevage et tourisme constituent les éléments clé de l'économie. S'ajoutent aussi les énergies renouvelables, portées par l'exploitation des ressources naturelles des montagnes pyrénéennes et de l'ensemble de la région.

Traditions catalanes

Religieuses ou païennes, les fêtes roussillonnaises relèvent de croyances très anciennes. La ferveur religieuse s'exprime ouvertement en Catalogne, restée très catholique.

PROCESSIONS ET CARNAVALS

Pénitents de la Sanch

À Perpignan, le **Vendredi saint**, se déroule la procession de la **Sanch** (confrérie du Précieux Sang, fondée au 15e s. par le dominicain espagnol saint Vincent Ferrier, afin d'accompagner les condamnés à mort). Le défilé, destiné à faire revivre la Passion du Christ, passe des hauteurs de St-Jacques à la cathédrale, accompagné des *goigs* (cantiques) et des *mistèris*, images de la Passion. Précédée d'un « regidor » en rouge, la file des **pénitents de la Sanch** revêtus d'inquiétantes aubes noires et de hautes cagoules pointues, les *caperutxas*, défile au son des tambours dans une atmosphère lugubre.

D'autres processions se déroulent également ce jour-là en terres catalanes, notamment à **Collioure** et à Arles-sur-Tech.

Carnaval de Limoux

Dans l'Aude, un mannequin de paille, le Carnaval, était autrefois promené dans les rues puis jugé (souvent en occitan) pour tous les maux qui pesaient sur le village. Il était ensuite pendu ou brûlé au centre d'une ronde chantante. À présent, on le fête surtout à Limoux, et sans limites puisque le carnaval occupe tous les week-ends entre janvier et Pâques. Les *fécos*, déguisés en Pierrot, avancent à pas très lents, *carabena* (roseau enrubanné) à la main, suivis par des *godils* *(voir p. 145)* portant des déguisements et se livrant à des pitreries. Le carnaval de Limoux se clôt par la « Nuit de la blanquette » au cours de laquelle le bonhomme Carnaval est brûlé.

Fêtes de l'ours en Vallespir

Autrefois, les ours peuplaient le Vallespir. À **Arles-sur-Tech**, St-Laurent-de-Cerdans et Prats-de-Mollo, on leur consacre encore une

Le four solaire d'Odeillo : le département des Pyrénées-Orientales développe les énergies alternatives.
Albrecht Weißer/image/imagebroker / age fotostock

fête. En février-mars (et maintenant en été), un homme déguisé en ours, censé sortir d'hibernation, rôde. Une battue est organisée, avec une jolie jeune fille en appât. Attiré par ses charmes, l'ours se laisse conduire, au son de la *cobla* (orchestre), sur la place du village, où il est rasé et terrassé.

FÊTES VOTIVES

Les villages sont en liesse pour les fêtes votives (ou **vòtas**).
Sur la côte, c'est le patron des pêcheurs, **saint Pierre**, qui est honoré le 29 juin, comme à **Gruissan** : le buste du saint est promené à travers la ville, précédé d'une barque d'apparat et du drapeau des pêcheurs. Après la messe, le cortège se rend au port, les chalutiers se rassemblent alors en mer où sont lancées des gerbes de fleurs en mémoire des marins disparus.
Dans les terres, la rentrée des récoltes (ou des vendanges), est abondamment fêtée : les *vòtas* se succèdent de début août à mi-octobre, certaines durant une semaine entière, et sont suivies, après quelques jours de calme, d'un nouveau week-end de fête, le « **revivre** ». Bals, animations, jeux divers et taureaux égaient alors les rues et les places.

FERIAS

Le mot *feria* désigne à l'origine une foire agricole, à laquelle sont venues se joindre des festivités diverses et notamment des corridas. Importées de l'Espagne toute proche, les **ferias** rassemblent chaque année des milliers de personnes à Carcassonne et à Collioure. Plusieurs jours durant, les *peñas* (fanfares) animent les festivités de leurs *paso doble* entraînants, tandis que dans les *bodegas* (bars éphémères), vin et pastis coulent à flots. On danse la sévillane dans les bals et, entre deux courses aux arènes, on joue à défier les taureaux lâchés dans les rues.

TERRE D'OVALIE

Né en 1823 à Rugby (Angleterre) d'une entorse aux règles du

football, ce sport a rapidement connu un grand succès auprès des Catalans et des Occitans. Leur goût pour la fraternité, l'amusement et la « castagne » sont franchement exaltés dans ce « sport de voyous pratiqué par des *gentlemen* ».
Au **rugby à XV**, passer le ballon ovale en avant à la main entraîne la « mêlée », un arc-boutement puissant de joueurs. Parmi les grandes équipes régionales du XV, l'**Union sportive Arlequins Perpignan-Roussillon** (**USAP**) figure au premier rang. Le **Racing-Club Narbonne-Méditerranée (RCNM)** et l'**Union sportive carcassonnaise** (**USC**) animent également les stades et font la fierté de la région.
Au **rugby à XIII** ou **jeu à XIII** (13 joueurs), la mêlée est déclarée lorsque le ballon franchit les limites latérales du terrain. Les équipes de Carcassonne, Perpignan (XIII Catalan), Pia, Lézignan et Limoux forment l'élite de ce « rugby hérétique » appelé aussi « sport des cathares ». La ferveur pour le ballon ovale est entretenue par l'hebdomadaire *Midi olympique*, imprimé traditionnellement sur papier jaune.

LA SARDANE, DANSE EMBLÉMATIQUE

Symbole de fraternité, la **sardane** est une affirmation de l'identité catalane. Dérivant du contre-pas, elle fut codifiée au 19e s. par un musicien de Figueras, Pep Ventura, et un luthier perpignanais dénommé Turron. Elle repose sur la *cobla*, orchestre de onze instruments (*flabiol-tambori*, *tibles*, *tenores*, *fiscorns*, trompette, trombone à pistons et contrebasse à trois cordes) capables d'exprimer les sentiments les plus doux comme les plus passionnés. Cette danse fait alterner subtilement huit mesures de pas courts et seize de pas longs, dansés par des équipes, les *colles*. À l'occasion d'un concours ou d'un festival (Céret, Argelès), la sardane déroule ses guirlandes de bras levés et, au final, réunit les participants en rondes concentriques pour une « sardane de la fraternité ». Mais vous aurez sans doute l'occasion d'en tester vous-même les subtilités en vous joignant aux danseurs sur la place des villages catalans, le dimanche matin.

LES « CASTELLS », « CHÂTEAUX » HUMAINS

Autre manifestation des plus catalanes, les « castellers » : il s'agit de constituer de véritables tours humaines à plusieurs étages. Le **castell** est coiffé par un enfant juché au sommet, le tout symbolisant la solidarité entre les générations. Les compétitions entre clubs de « castellers » se multiplient depuis que les Jeux olympiques de Barcelone ont popularisé ce jeu, pratiqué traditionnellement au sud de la capitale de la Catalogne.

Gastronomie

Née du terroir et de la mer, la gastronomie du Roussillon se teinte du soleil de la Méditerranée et s'épice du côté des terres catalanes. Riche et variée, elle diffère entre le littoral et les terres. Le territoire bénéficie d'une abondance de **légumes** (aubergines, tomates, courgettes, poivrons…) et de **fruits** (cerises, pêches, poires, melons), tous gorgés de soleil.

LA CUISINE DU LITTORAL ET DE L'ARRIÈRE-PAYS

Sur le **littoral**, on se régalera des **produits de la mer** : poissons (daurades, mérous, loups, congres) grillés à la *plantxa*, soupe de poissons, **huîtres** (étang de Leucate), sardinades (Port-Barcarès, Saint-Cyprien), anchois

(Collioure), langoustes (Banyuls-sur-Mer), seiches à la rouille ou en macaronade....
L'**arrière-pays**, qu'il soit de plaine ou de montagne, propose traditionnellement une gastronomie robuste. La **Cerdagne** et le **Capcir** sont réputés pour leurs **charcuteries** (saucissons, jambons) et leurs **fromages** de montagne, le plus souvent au lait de chèvre, ainsi que pour leur **miel** parfumé.
Prince des terres cathares, le **cassoulet** mijotait autrefois dans une « cassole » en argile d'Issel. Haricots, graisse d'oie, ail et couenne sont accompagnés, soit de poitrine de mouton et de porc frais à Castelnaudary, soit de gigot de mouton et de perdrix braisée à Carcassonne.

LA CUISINE CATALANE

Salée...

De type méditerranéen, la cuisine catalane sait conjuguer à merveille l'**huile d'olive**, l'**ail**, les **aromates** et le ***sagit***, lard légèrement rance qui donne aux plats un goût unique.
Les **sauces** sont à l'honneur : ***picada*** (amandes, pain grillé, huile d'olive et vin rouge), ***romesco*** (tomates, piments, amandes grillées, pain frit, huile d'olive), ou **aïoli**, à base d'olives et d'ail. Légumes et féculents (riz rond, haricots blancs, fèves) accompagnent poissons et viandes.
On savoure aussi bien la **bouillinade**, bouillabaisse locale composée de poissons et de soupe aux pommes de terre, l'**anchoïade de Collioure** et le **civet de langouste au banyuls**, que ***l'ollada*** (soupe de cochon, choux, pommes de terre, haricots secs et *sagit*), les ***boles de picolat*** (boulettes de viande) et le **perdreau**. À Pâques ou à la Pentecôte, on se réunit pour la **cargolade d'escargots** accompagnée d'un aïoli et pour les grillades de saucisses, de côtelettes d'agneau et de ***botifares*** (boudins), le tout arrosé de vin rouge bu à la cruche ou à la ***borratxa*** (gourde de peau).

... ou sucrée

Pour clore le repas d'une touche sucrée, vous aurez l'embarras du choix : abondance de **fruits** frais mûris au soleil du Roussillon, **crème catalane**, **bunyettes** à la fleur d'oranger (sortes de galettes frites), **rousquilles aux amandes d'Amélie-les-Bains** (petit biscuit sablé en forme d'anneau enrobé d'un glaçage), ***pessigoles de xocolata*** (meringues au chocolat), **alléluias de Castelnaudary** (petits gâteaux aux fruits confits), **marrons glacés de Carcassonne**, sans oublier les incontournables **tourons**.

VINS

La viticulture est une tradition ancestrale dans la région. De Narbonne au Minervois et de Collioure à Rivesaltes, les coteaux ensoleillés sont célèbres pour leurs vignobles dont les cépages, souvent prestigieux et très anciens, donnent des vins variés aux arômes subtils et nuancés.
L'appellation régionale **coteaux-du-languedoc** rassemble les AOC du Languedoc et du Roussillon (Hérault, Gard et Aude).

Vins du Minervois

Très réputé, le **vignoble du Minervois** s'étend du flanc de la Montagne Noire jusqu'à l'Aude, produisant des vins d'une extrême

variété. On y boit les **mourels** et les **serres**, vins rouge cerise fruités et vins blancs fins et longs en bouche, aux arômes de miel et de fleur de tilleul. Les rouges souples aux notes épicées et les blancs bien frais viennent des **balcons de l'Aude**.

Vins des Corbières

Le vignoble des **corbières** (AOC) épouse les contours du relief : ces vins sont délicats et fleuris sur la montagne de l'Alaric, épicés entre la Berre et le Barrou, puis capiteux et ronds le long de l'Orbieu. Plusieurs cépages enchanteurs sont pour cela associés : carignan, syrah, grenache noir, cinsault pour les rouges ; mourvèdre pour les rosés ; grenache, bourboulenc, marsanne, roussanne, vermentino et maccabéo pour les blancs.

Fitou

Entre Narbonne et Perpignan, le fitou (AOC) se répartit en deux territoires : les vignes des hautes Corbières, au pied du mont Tauch, et des Corbières maritimes, au-dessus de l'étang de Leucate.

Blanquette de Limoux

La célèbre blanquette de Limoux (AOC) serait le plus vieux brut du monde : dès 1531, les moines de l'abbaye de St-Hilaire fabriquèrent un vin effervescent en flacon de verre. Les cépages sélectionnés (mauzac, chenin et chardonnay) donnent des mousseux frais et racés, comme le **crémant** (AOC). Savourez-les avec des gâteaux au poivre et du nougat de Limoux.

Cabardès et malepère

Ces deux appellations, élevées près de Carcassonne, sont parfaites pour accompagner le gibier et les viandes rouges.

Clape et quatourze

À l'est de Narbonne, ces deux crus donnent des vins blancs très élégants et des vins rouges puissants et savoureux.

Vins du Roussillon

Les généreuses grappes du vignoble du Roussillon fournissent une large palette de vins de coteaux, des vins blancs à reflets verts, des rosés très pâles et des rouges à la robe grenat, que l'on trouve à l'Agly, au glacis des Aspres et sur la Côte Vermeille.
Ses AOC, dont le **collioure**, sont fameuses. Les **côtes-du-roussillon** donnent surtout des vins rouge foncé et corsés, à l'arôme de fruits mûrs et d'épices. Pas moins de 25 communes se partagent l'appellation **côtes-du-roussillon-villages**, aux crus charpentés.

Vins doux naturels

Ils sont tout bonnement typiquement méditerranéens ! Pour conserver la quantité de sucre voulue dans le vin, on ajoute de l'alcool dans le moût (jus du raisin) en cours de fermentation. On distingue les muscats, issus des cépages muscats d'Alexandrie ou à petits grains, et les autres, au cépage noble comme le grenache, le maccabéo, le carignan et le malvoisie.
Le **muscat** de **Rivesaltes** possède une belle robe dorée. Il développe des arômes d'agrumes et de miel et se boit jeune et frais.
Ambre ou grenat, les autres vins sont plus foncés en raison de l'oxydation à laquelle ils sont soumis durant leur élevage en fûts de chêne ou en bonbonnes de verre exposées au soleil (comme le banyuls « paillé »). **Banyuls**, **rivesaltes** et **maury** accompagnent à merveille les desserts au chocolat et les fromages à pâte persillée. Le **Byrrh** est un apéritif à base de vin et de vin doux naturel : son nom est un composé de *bi*, « vin » en catalan et de Thuir, ville où il est fabriqué. Dans cette même ville, on élabore également l'Ambassadeur, le Dubonnet et le Cinzano, spécialité d'origine italienne.

Le vignoble de Rivesaltes.
Mick Rock/Cephas/Photononstop

Économie

Le climat de la région étant très favorable à l'agriculture, celle-ci est omniprésente dans la plaine du Roussillon et en moyenne montagne, jusqu'à 600 m d'altitude : viticulture en première position, filière fruits et légumes en deuxième. L'élevage occupe également une place importante. Les industries sont peu présentes sur le territoire ; en revanche, le tourisme constitue un élément clé de l'économie régionale.

VITICULTURE

Malgré la conjoncture incertaine, la vigne reste prépondérante : elle couvre environ 40 % de la superficie agricole utilisée.

Concurrence accrue des vins du Nouveau Monde, diminution de la consommation nationale, chute des prix de vente. Le monde viticole du Languedoc souffre depuis des décennies. En trente ans, la restructuration a entraîné la réduction de plus d'un tiers du vignoble.

Parallèlement à cette politique de réduction des surfaces exploitées, les vignerons du Roussillon, comme ceux du Languedoc, ont fait le choix ces dernières années d'améliorer la **qualité** en remplaçant des cépages médiocres par du cabernet, du merlot ou encore du chardonnay. Cette **politique qualitative** a donné des résultats encourageants.

Autre évolution marquante de la viticulture régionale : la prise en compte des **contraintes environnementales**. La réduction des engrais chimiques et des pesticides, devenue une priorité pour les viticulteurs, incite à une meilleure analyse des sols en amont et à une protection biologique des vignes. De même, l'ensemencement des rangs de vignes, qui permet, entre autres, d'éviter le ruissellement des produits phytosanitaires, est de plus en plus fréquent dans la région. Ne vous étonnez donc pas de voir les parcelles viticoles s'embellir d'allées verdoyantes !

RESSOURCES AGRICOLES

Façonné par un climat méditerranéen, le terroir du Roussillon se divise en trois grandes zones : littoral, plaines et montagnes. La surface agricole se décline principalement en maraîchage et arboriculture pour les deux premières zones, alors qu'en altitude la présence des troupeaux a généré le développement de cultures fourragères. Les produits méditerranéens (vins, fruits et légumes) et ceux des Pyrénées (élevage et productions fermières), sont variés et de qualité.

Fruits et légumes

La filière fruits et légumes est la seconde activité agricole de la région. La **nectarine** reste la production phare (le département des Pyrénées-Orientales est en première place nationale), la **cerise** est abondante à Céret, l'**abricot** en Salanque et dans la vallée du Têt. Le territoire fournit aussi une quantité importante de **poires** et de **pommes**.

Les Pyrénées-Orientales se placent au premier rang pour les cultures maraîchères en France. Celles-ci se concentrent autour de Perpignan et sur la bande littorale entre la Salanque et Argelès : **salades**, **artichauts**, **asperges**, **tomates** et **pommes de terre** comptent parmi les principales productions.

Le Roussillon accueille la **première plate-forme européenne de fruits et de légumes**, installée à Perpignan. Celle-ci gère les flux de la production régionale mais aussi européenne (Espagne en tête) et maghrébine (Maroc). Un véritable **pôle économique** s'est constitué autour de ce centre qui représente aujourd'hui le premier bassin d'emploi du département (600 entreprises et près 9 000 emplois).

L'élevage extensif

Dans les Pyrénées catalanes, les éleveurs pratiquent un élevage extensif et transhumant qui favorise une production de qualité et participe activement au maintien des paysages. Les veaux et génisses, élevés en liberté et nourris au lait maternel, sont abattus entre 5 et 8 mois pour donner une viande de qualité labellisée « rosée des Pyrénées ». Autres produits liés à l'élevage extensif : le bœuf de Cerdagne-Capcir, l'agneau catalan et les fromages fermiers, de chèvre essentiellement.

SECTEUR AGROALIMENTAIRE

À l'intersection de l'activité industrielle et agricole, l'agroalimentaire est devenu un élément clé de l'économie régionale. De grands groupes ont choisi le Roussillon pour installer leurs unités de production. D'autres s'illustrent par la transformation de produits comme Cémoi-Cantalou, fabricant de chocolats et de confiseries chocolatées installé près de Perpignan, **Spanghero** (reconversion d'un célèbre rugbyman du RC Narbonne et de l'équipe de France) qui développe la fabrication de plats cuisinés dans l'Aude, ou encore La Belle Chaurienne, spécialiste du cassoulet, à Castelnaudary.

RESSOURCES MARITIMES

De Leucate au cap Cerbère, l'Aude et les Pyrénées-Orientales disposent de 110 km de côtes – 70 km de côtes sableuses et 40 km de côtes rocheuses –, dotés de sept ports de pêche.

Pêche au chalut

La pêche au chalut est dominante à **Port-la-Nouvelle** et **Port-Vendres**. Les **chalutiers** prennent sardines, maquereaux ou anchois (« poissons bleus »), à l'aide de gros filets tournants et coulissants ou de filets en forme de poche. Mais ils ont du mal à survivre et leur nombre décroît depuis quelques années sur l'ensemble du golfe du Lion, en raison de la hausse du prix du gazole et de la diminution de la taille des poissons bleus. À Port-la-Nouvelle, par exemple, le tonnage des poissons bleus est passé de 2 600 à 400 entre 2008 et 2011 et à Port-Vendres, de 1 200 à 700. Quant à la flotte des **thoniers**, elle doit aussi faire face aux problèmes de surpêche du thon rouge et aux quotas – qui pourraient aller jusqu'à l'interdiction – imposés par la raréfaction de la ressource.

Pêche traditionnelle

La **pêche aux petits métiers** se caractérise par des embarcations inférieures à 12 m équipées de filets maillants, trémails et palangres. Elle se pratique en mer et dans les lagunes, où l'on trouve clovisses, palourdes ou encore loups (bars), anguilles, soles, merlans et muges (mulets). Les débarquements sont estimés à 5 000 tonnes par an pour l'ensemble de la région Languedoc-Roussillon. Cependant, leur nombre a été divisé par deux en vingt ans du fait notamment de la raréfaction des ressources. La **pêche aux tellines** se pratique à pied, en raclant à l'aide d'un filet spécial le fond sableux où se dissimulent ces délicats coquillages ; cette activité fait encore vivre quelques dizaines de familles. La **pêche au lamparo**, qui avait lieu de nuit afin de happer du poisson bleu sous des faisceaux de lumière, a disparu. Quelques barques catalanes sont encore aujourd'hui visibles dans les petits ports de la Côte Vermeille. Ancienne friche industrielle, le **site des Paulilles**, au sud de Port-Vendres, a retrouvé sa beauté naturelle et héberge aujourd'hui un atelier de restauration de ces emblématiques embarcations de pêche.

Conchyliculture

Les parcs réservés à l'élevage d'huîtres, moules et autres coquillages ont remodelé les étangs. L'**ostréiculture** est privilégiée dans les étangs de **Leucate** (30 ha) et de **L'Ayrolle** (25 ha) où l'absence de marée impose une technique d'élevage en suspension, sur des tables plantées dans le sédiment des lagunes. Particulièrement fragiles, ces milieux lagunaires font l'objet d'une veille sanitaire permanente. Les producteurs se tournent donc désormais vers la « mer ouverte », s'offrant ainsi de nouvelles perspectives. L'élevage des **moules**, notamment, se déploie au large de Gruissan et de Fleury dans l'Aude.

Aquaculture

En réponse à la diminution des ressources naturelles, les cultures aquacoles se sont fortement développées au cours de la dernière décennie. **Loups, dorades et crevettes** sont les têtes d'affiche de ces fermes d'élevage implantées pour la plupart en bordure des sites lagunaires. L'espace maritime, convoité de toute part, offre de nouveaux débouchés au secteur piscicole mais déclenche aussi quelques débats, à l'instar du parc à thons qui fut un temps prévu à la limite de la Réserve naturelle marine de Cerbère-Banyuls. Le projet semble au point mort depuis que ses détracteurs ont dénoncé les risques de pollution qu'il entraînerait.

Activité portuaire

Les deux principaux ports de commerce, Port-la-Nouvelle et Port-Vendres, sont le lieu de passage de plusieurs millions de tonnes de marchandises par an. Si **Port-Vendres** s'est spécialisé dans l'importation de fruits, le trafic de **Port-la-Nouvelle** est centré sur les hydrocarbures et les céréales.

SURVIE DE L'ARTISANAT

Si l'artisanat se développe principalement autour des secteurs du bâtiment et des services, quelques traditions tentent malgré tout de résister. Parmi les centaines d'entreprises spécialisées dans les métiers d'art que compte la région, certaines perpétuent un savoir-faire ancestral. C'est le cas du **tissu du haut Vallespir**, toile de coton ou de lin tissée en bandes de couleurs qui sert notamment à la confection de l'*espardinya* ou **espadrille**, dont la dernière usine de fabrication artisanale se trouve à **St-Laurent-de-Cerdans**. Ailleurs, certains artisans tentent de remettre au goût du jour d'anciennes traditions. C'est le cas notamment à Perpignan où il est de tradition dans chaque famille de porter un bijou en **grenat**. Même si la pierre n'est plus exploitée dans les mines des Pyrénées-Orientales, les joailliers proposent des créations aux lignes contemporaines.

TOURISME

Avec près de 15 millions de visiteurs par an, dont un tiers de clientèle étrangère, le tourisme est un enjeu majeur, indispensable à l'économie de la région Languedoc-Roussillon, 4e destination touristique française après l'Île-de-France, les régions PACA et Rhône-Alpes.

Le tourisme joue notamment un rôle essentiel dans l'économie des Pyrénées catalanes et du Pays cathare. Sur le littoral, la Côte Vermeille, rendue célèbre par les peintres dès le début du 20e s., est convoitée par de nombreux visiteurs. Plus au nord, les « nouvelles » stations, aménagées dans les années 1960 (Port-Leucate, Port-Barcarès, Canet, St-Cyprien), attirent les estivants.

Côté **montagne**, les vallées s'animent, elles aussi, sous l'effet du tourisme. Le développement des sports d'hiver et du thermalisme profite aux stations traditionnelles et aux villes de l'intérieur. C'est le cas pour la Cerdagne et le Capcir, destinations fétiches des amoureux de la nature, des amateurs de ski et de randonnées, mais aussi d'églises romanes, ou pour le Vallespir grâce à la station thermale d'Amélie-les-Bains. Quant au département de l'Aude, il a su astucieusement promouvoir son terroir en créant la marque « Pays cathare ».

ÉNERGIES ALTERNATIVES

La présence du soleil, du vent et de nombreuses sources d'eau chaude sont à l'origine d'un remarquable développement des énergies renouvelables sur le territoire. Initiatrice en matière d'énergies « propres », la **Cerdagne**, l'une des régions les plus ensoleillées de France, expérimente dès 1953 un premier four solaire à Mont-Louis et un second dix ans plus tard à **Odeillo**, qui devient une référence mondiale. En 1983, la **centrale solaire Thémis** est mise en fonction et couplée au réseau électrique. Le dernier choc pétrolier en 2008 a accéléré les projets de **centrales photovoltaïques** dans la région, près de Narbonne ou à Torreilles par exemple. Aujourd'hui, de plus en plus de programmes immobiliers locaux, publics et privés, proposent un équipement en énergie solaire. Ainsi, les entreprises et entrepôts du **pôle économique de Saint-Charles** à Perpignan devraient prochainement se couvrir de la plus grande toiture photovoltaïque d'Europe. Les **éoliennes** sont aussi l'objet de toutes les attentions dans la région. Le site de **Port-la-Nouvelle**, particulièrement accessible, permet par exemple d'aller à la rencontre de ces grandes demoiselles.

Contreparties d'une région attractive

Marqué par une forte croissance démographique, le Roussillon doit relever le double défi de l'accueil de nouveaux résidents et de la gestion de ses espaces naturels. De cette contrainte naissent des initiatives environnementales.

CROISSANCE DÉMOGRAPHIQUE ET EMPLOI

Soutenue par un excédent migratoire (différence entre les départs et les arrivées), la croissance de la population en Languedoc-Roussillon est, ces dernières années, deux fois supérieure à la moyenne française. Avec 25 000 habitants supplémentaires par an (des retraités mais aussi des actifs attirés par la qualité de vie de la région) elle enregistre le plus fort solde migratoire.
Selon la projection faite par l'INSEE à l'horizon 2030, en supposant que les tendances démographiques récentes se maintiennent, le nombre d'habitants augmenterait de 1 % par an dans les Pyrénées-Orientales et de 0,9 % dans l'Aude, soit une croissance démographique légèrement en dessous de la moyenne régionale du Languedoc-Roussillon.

Une inégale répartition

La majorité des habitants est concentrée sur la frange littorale, principalement autour des agglomérations de Perpignan et de Narbonne, tandis que l'intérieur des terres se vide. Le transfert des populations de la montagne vers le littoral qui s'est opéré au 20e s. a fait des petites vallées en cul-de-sac et des hameaux isolés les premières victimes du dépeuplement.
Dans ces zones reculées, les communications internes restent difficiles, et les cols sont souvent impraticables en hiver.

Chômage élevé

La région affiche un taux de chômage supérieur à la moyenne nationale, celui-ci était de 13 % en 2011 dans les Pyrénées-Orientales et dans l'Aude.

LES ENJEUX ENVIRONNEMENTAUX

La croissance démographique génère des risques importants pour les espaces naturels : augmentation des déchets et des déplacements automobiles, demande croissante en eau, transformation de villages en cités-dortoirs suite à l'apparition de nombreux lotissements. Seul un meilleur contrôle de l'urbanisation peut permettre d'inverser la tendance. Le Roussillon consacre aujourd'hui de nombreux crédits à l'environnement.

La protection du littoral

L'urbanisation a déséquilibré les écosystèmes du littoral, réduit la diversité biologique et modifié le cycle de l'eau. La capacité de stockage des étangs, permettant de protéger les villes des inondations, a ainsi diminué sous la pression foncière. En outre, le piétinement engendré par la fréquentation touristique, tout comme le traitement des plages en été, menacent les écosystèmes dunaires, refuge de nombreuses espèces rares. Le plan de développement durable prévoit un programme de lutte contre l'érosion des plages. Le site des Coussoules ou encore l'étang du Canet font l'objet de réaménagements destinés à les protéger.

Art et culture

Lieu de passage et creuset de civilisation, la région a su assimiler de multiples influences pour élaborer un art qui lui est propre : sanctuaires romans à l'élégante austérité, rudes forteresses cathares accrochées au rocher qu'elles prolongent, retables foisonnants du baroque catalan. Les formes harmonieuses des paysages, modelées par la lumière, ont ébloui les peintres et donné naissance au fauvisme.

Art et architecture

L'EMPREINTE ROMAINE

La région est très vite et profondément romanisée. Mais l'urbanisation continue et rapide de ses cités, notamment Narbonne, capitale de la province, a eu pour conséquence un réemploi assez radical des bâtiments romains. Il reste cependant quelques traces des cinq siècles de présence romaine.

Les fouilles réalisées à Narbonne ont révélé divers types de maisons, dont des **demeures** patriciennes richement décorées de mosaïques et de peintures. Les restes d'un aqueduc ont été retrouvés à Amélie-les-Bains ainsi que des thermes, des poteries et de nombreuses médailles impériales.

À Angoustrine, en Cerdagne, on a retrouvé à côté de l'église St-André un *cippe* (stèle) romain. Ce bloc de granit, orné d'une inscription, serait un ex-voto.

Grands ingénieurs, les Romains ont sillonné de voies le territoire de leur empire : la **via Domitia (voie Domitienne)**, principal axe routier de la Narbonnaise, reliait le Rhône (à hauteur de Beaucaire) à la Tarraconaise. Quelques tronçons assez remarquables en ont été conservés, à Narbonne par exemple.

À voir – **Narbonne** (Musée archéologique, Horreum).

L'ART ROMAN

Un art original mêlant des influences mozarabes (mélange de thèmes chrétiens avec un style islamique) et carolingiennes apparaît dans les Pyrénées catalanes dès le milieu du 10e s.

L'abbatiale **St-Michel-de-Cuxa**, en Conflent, mêle des apports très variés (transept étroit et bas, chœur allongé avec absides, collatéraux) qui lui confèrent un aspect complexe typique du premier art roman.

Le modèle plus simple de l'abbaye **St-Martin-du-Canigou**, si belle en son austérité, se répand au 11e s.

Parfois, marbre rouge et schiste noir, provenant des carrières du Conflent et du Roussillon, forment ensemble un contrepoint coloré.

À fleur de pierre, le mur s'anime de lésènes (bandes lombardes), lancées sur les absides, façades ou clochers puis jointes à leur sommet par une myriade de petits arcs.

À l'intérieur règne la pénombre : les ouvertures sont rares, pour ne pas affaiblir les murs des nefs que l'on cherchait à voûter.

L'abbaye St-Michel-de-Cuxa.
F. Guiziou / hemis.fr

Le décor sculpté est presque absent dans les églises du 11e s., si ce n'est sur le portail de St-Génis-des-Fontaines, dont le marbre blanc finement ouvragé se détache sur la façade faite de pierre et de mortier. Le siècle suivant voit l'apogée de la sculpture romane roussillonnaise dans le cloître de St-Michel-de-Cuxa ou avec les œuvres du **maître de Cabestany**, dont l'esprit souffle jusqu'aux galeries d'Elne ou la tribune rose de Serrabone. Le style de ce sculpteur itinérant, et de son atelier du Boulou, se reconnaît à Lagrasse, à Rieux-Minervois, ou encore à St-Hilaire et, sans doute, au Monastir-del-Camp. Sa principale caractéristique : les mains immenses des personnages.

La peinture murale tient une grande place dans l'art de cette époque. Les décors d'absides reprennent les motifs du Christ en gloire, de l'Apocalypse et du Jugement dernier.

À voir – Abbayes de **St-Martin-du-Canigou** et de **St-Michel-de-Cuxa** (illustration sur les planches d'architecture en fin de chapitre), prieuré de **Serrabone**, cloître d'**Elne**, abbayes de **St-Hilaire** et de **Lagrasse**.

D'UN GOTHIQUE À L'AUTRE

Attachés aux formes romanes, les architectes du Midi n'adoptèrent qu'avec réticence les innovations du Nord. Leurs recherches les avaient déjà menés vers un style gothique méridional, riche d'un passé roman qu'il sublimait. Les tentatives d'introduire cet art septentrional furent pourtant brillantes. Ainsi en témoigne le gothique rayonnant, que l'on découvre dans le chœur de **St-Nazaire de Carcassonne**, digne successeur de la Sainte-Chapelle (notamment pour ses superbes vitraux), et dans celui de la **cathédrale de Narbonne**, vaste, élancé, lumineux. Cependant, l'influence du Nord reste peu sensible : on lui préfère les rémanences romanes que sont les grands pans de murs, sans sculpture ni vitrail, et la nef unique charpentée aux élévations gothiques.

À voir – Carcassonne (basilique St-Nazaire), Narbonne (cathédrale).

L'ARCHITECTURE MILITAIRE

Répondre à l'insécurité d'un littoral exposé au péril sarrasin, affirmer la présence capétienne une fois vaincue la résistance cathare, conforter les frontières méridionales du royaume : là se trouve l'origine des formidables constructions défensives de la région.

Châteaux et enceintes

Abandonnés ou reconstruits par les vainqueurs de l'hérésie, les **châteaux cathares** ne sont plus que ruines aujourd'hui, comme en témoignent les vestiges de **Quéribus**, **Puilaurens** ou **Peyrepertuse**. Reconstruits après la conquête, ils présentent toutes les caractéristiques de la fortification royale dont l'appareil à bossage est la signature. **Carcassonne** constitue le parangon de cette architecture militaire de la seconde moitié du 12e s. qui ne se limita pas aux constructions royales. En témoignent tous ces châteaux édifiés par les artisans de la conquête, dont **Puivert** est un bel exemple, avec une tour maîtresse renfermant une grande salle voûtée d'ogives aux culots sculptés de musiciens.

Places fortes modernes

Édifié par la couronne espagnole pour verrouiller la frontière nord du Roussillon, **Salses** apparaît comme la première place forte moderne, par son appareil défensif recherché mais aussi par une organisation interne spécifiquement conçue pour abriter une garnison.
Au 17e s., **Vauban** conçoit des systèmes mieux adaptés aux zones montagneuses difficiles, notamment dans le Conflent : intacts, les forts de Villefranche-de-Conflent et de Mont-Louis en sont d'admirables témoins.

À voir – Châteaux : Quéribus, Puilaurens, Peyrepertuse, Puivert… **Ville fortifiée** : Carcassonne. **Places fortes** : Mont-Louis, Villefranche-de-Conflent.

LE BAROQUE CATALAN

D'influence et d'origine espagnole, l'art baroque catalan s'est développé au moment où la Catalogne subissait une grave crise territoriale (1640-1660) qui se termina par son partage entre l'Espagne et la France. Art sacré avant tout, le baroque catalan serait donc la manifestation du rassemblement d'un peuple déchiré autour d'une même expression artistique. La Catalogne garde cette empreinte religieuse du 17e s. : pas une église, pas une chapelle qui n'ait commandé son retable, sans cesse plus fastueux que celui de la paroisse voisine.

Mariage de la sculpture et de l'architecture

Ces retables, entièrement sculptés, prennent, à la fin du 17e s., une ampleur démesurée : en témoignent les maîtres-autels de **Lluis Generès** à Baixas ou de **Josep Sunyer** à Prades. On multiplie étages et emplacements sculptés : peu à peu, une kyrielle de saints et d'anges envahit niches et frontons. L'architecture s'anime, les frontons se brisent, les colonnes se tordent… L'ornement épouse jusqu'au fût des colonnes qu'on préfère cannelées. Au 18e s., cette exubérance s'étend à l'architecture. Le mouvement se joint au foisonnement des statues : les saints des bas-reliefs du retable du Rosaire de l'église d'Espira-de-Conflent tournoient dans des poses extatiques dignes du Bernin. Ce faste a pour dessein de dire la très grande gloire de Dieu éclatant dans la richesse des matériaux, les marbres de Caunes-Minervois, de Villefranche-de-Conflent, les ors venus d'Amérique… Tout n'est que ruissellement de lumières et de couleurs jusqu'aux statues peintes et dorées par des ateliers spécialisés comme celui des Guerra. C'est à **Collioure** qu'il faut s'arrêter pour voir un témoignage unique de cet art : le **retable de N.-D.-des-Anges** mis en scène par Josep Sunyer.

Les miroirs de la foi

Mais pourquoi tant d'images, tant de figures de saints, tant de scènes de martyres, de miracles et de mystères ? Parce que l'austérité protestante est proche et qu'on la refuse : il faut donner à voir la richesse des dogmes, exalter la foi, transmettre des modèles de piété. Pour concevoir le retable du Rosaire exposé aujourd'hui dans l'église St-Jacques de Perpignan, **Lazare Tremullas** suit les prescriptions détaillées de ses commanditaires dominicains. On y voit la représentation des mystères joyeux, douloureux et glorieux, accompagnés des figures des trois vertus théologales. Le sculpteur catalan signe ici un chef-d'œuvre qui fera école. D'églises en chapelles, on percevra aussi l'intensité des dévotions populaires : **Joan-Perre Geralt** s'en fait l'écho en sculptant saint Assiscle et sainte Victoire pour le maître-autel de l'église de Trouillas.

À voir – Retables à Collioure, Prades, Baixas, Perpignan…

Peinture et sculpture

Le portraitiste catalan **Hyacinthe Rigaud** (1659-1743) et le Narbonnais **Antoine Rivalz** furent des artistes de premier plan aux 17e et 18e s. Plus tard, le Catalan **Aristide Maillol** (1861-1944), natif de Banyuls, traduit son admiration pour Gauguin dans la grâce très particulière de ses sculptures féminines. Il séjourne fréquemment dans sa métairie près de Banyuls, où il repose aujourd'hui. Le sculpteur lodévois **Paul Dardé** (1888-1963) se fait quant à lui reconnaître pour son style très personnel, avant de sombrer dans un oubli dont il sort quelque peu aujourd'hui.

DES FAUVES À COLLIOURE

« Collioure ? Ce sont des femmes, des bateaux, la mer et la montagne […]. Mais surtout, c'est la lumière. Une lumière blonde, dorée, qui supprime les ombres. » **Derain** décrit ainsi ce petit port où il rejoint **Matisse** en 1905. Tous deux y peignent le village, le port, ses barques bigarrées, dans des couleurs toujours plus lumineuses, plus orange, plus rouges… Les touches se fondent en larges aplats contrastés. Seul le dessin permet de reconnaître certains objets noyés dans une polychromie irréaliste. En plein Salon d'automne 1905, la violence de ces tons déclenche le scandale fauve.

CÉRET, MECQUE DU CUBISME

C'est par ces mots que le critique André Salmon désigna le village catalan. Tout commence en 1911 avec l'arrivée de **Picasso** et de **Braque**. Ils y conçoivent des toiles aux structures architecturales parfaites dont certains éléments participent de l'atmosphère catalane. Céret attirera de nombreux artistes, dont Juan Gris. En 1950, le peintre **Pierre Brune** crée un musée inscrivant l'art moderne dans le paysage cérétan.

À voir – Métairie Maillol à Banyuls, musées de Céret et de Collioure.

ABC d'architecture

D'églises romanes en châteaux médiévaux, la région ne manque pas de chefs-d'œuvre architecturaux. Les planches des pages suivantes, en donnant un aperçu visuel de l'architecture de la région, ont pour but de permettre au lecteur de se familiariser avec certains termes d'art, locaux ou non, parfois connus des seuls spécialistes et, ainsi, de profiter au mieux de leur visite…

ST-MICHEL-DE-CUXA – Clocher de l'église abbatiale (11ᵉ s.)

Les églises romanes du Bas-Languedoc possèdent presque toutes un ou deux clochers de style lombard. Ce style, vraisemblablement importé d'Italie au 11ᵉ s. et pour la première fois à St-Michel-de-Cuxa, devint par la suite typiquement local.

ELNE – Cloître de la cathédrale Ste-Eulalie-et-Ste-Julie (12ᵉ-14ᵉ s.)

Le cloître est une allée couverte formée de quatre côtés délimitant une cour centrale et permettant aux moines de passer des bâtiments conventuels à l'église.

NARBONNE – Cathédrale St-Just-et-St-Pasteur (13e-14e s.)

VINÇA – Retable N.-D. du Rosaire en l'église St-Julien-Ste-Baselisse (18e s.)

Le retable est un élément de décor placé derrière l'autel, surmontant verticalement la table d'autel.

R. Corbel / MICHELIN

Architecture militaire

CARCASSONNE – Porte Est du Château Comtal (12e s.)

Fort de SALSES (15e-17e s.)

Le fort de Salses est un exemple typique de fortification à demi-enterrée.

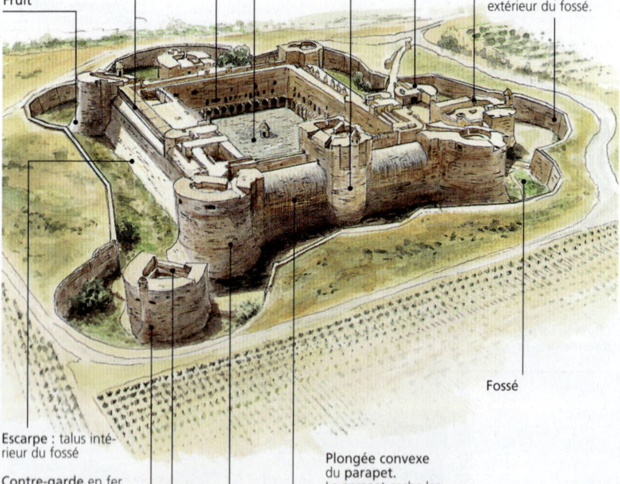

R. Corbel / MICHELIN

Les langues d'ici

Tendez l'oreille aux mélopées locales : les accents, parfois rocailleux, portent encore la trace des belles sonorités colorées de deux langues sœurs, le catalan et l'occitan (la langue d'oc).

LE CATALAN

Très proche de l'occitan, hérité comme lui de la présence romaine, le catalan est le lien culturel des anciens pays du comté de Barcelone (9e-10e s.). Son apogée se situe au 13e s., avec les écrits de **Ramon Llull**. À partir du 16e s., il périclite : la monarchie centralisatrice de Philippe II prescrit le castillan. Puis le traité des Pyrénées (1659) l'interdit en Roussillon.

Tenace, le catalan se perpétue à l'oral mais sa renaissance littéraire ne date que du 19e s. Essentiel à l'identité culturelle du Roussillon, son usage s'affirme au début des années 1980 dans les écoles maternelles, l'édition et, de nos jours, dans la signalisation routière.

L'IDENTITÉ CATALANE AUJOURD'HUI

Si le catalan est la langue officielle en Andorre et en Catalogne espagnole, côté français, et grâce au soutien venu du sud, la langue des « anciens » semble prendre un coup de jeune. Pour preuve du regain d'intérêt envers l'apprentissage du catalan : le Capes proposé par l'université de Perpignan ou encore les cours d'initiation dispensés dans les écoles maternelles et primaires, et les **bressolas**, écoles où l'enseignement est donné entièrement en catalan. Le théâtre, la littérature et la poésie contribuent également à faire résonner dans les contrées la langue régionale. De nombreuses associations de « catalanophones » œuvrent pour une renaissance de la langue. En France et en Espagne bien sûr, mais aussi en Italie ou encore au Canada, un peu partout dans le monde, des partisans du catalan font entendre leur voix. Ces liens sociaux ainsi tissés à travers le monde sont une force incontestable pour la culture catalane.

À vous de parler ! Le « u » se prononce « ou » ; le « v », « b » ; le « x », « ch » ; le « ll », « yeu » ; le « ig », « itch », et le « ny », « gne ».

L'OCCITAN

Ce terme ancien a pris de nos jours le dessus sur celui de « langue d'oc ». Les langues « d'oïl » et

SUR LA SCÈNE

De grands interprètes de la chanson française sont roussillonnais ou catalans.

Charles Cros (1842-1888) n'a pas chanté… Mais l'inventeur du phonographe, né à Fabrezan, et par ailleurs poète, a donné son nom à une académie qui récompense chaque année les meilleures productions discographiques françaises.

Le Narbonnais **Charles Trenet** (1913-2001) était surnommé le « Fou chantant ». *Voir à Narbonne, p. 79.*

Dans les années 1970, l'instituteur **Claude Martí** (né en 1940) symbolisa le renouveau de l'occitan avec sa chanson *Perqué m'an pas dit*. Il publie des livres et anime des soirées mêlant contes et chansons.

Montpelliérain installé à Céret, le pianiste **Pascal Comelade** (né en 1955) poursuit une œuvre culte, sorte de synthèse des musiques populaires.

Le Perpignanais **Cali** (né en 1968) ou la Carcassonnaise **Olivia Ruiz** (née en 1980) occupent les scènes actuelles.

ÉCRIVAINS ET POÈTES

Le Roussillon a donné naissance à des écrivains et poètes de renommée. **Fabre d'Églantine** (1750-1794), auteur d'*Il pleut bergère* (et du nom des mois du calendrier républicain).
Audois d'origine, l'écrivain **Joseph Delteil** (1894-1978) fut le compagnon de route des surréalistes *(voir encadré p. 112)*.
Le Narbonnais **Joë Bousquet** (1897-1950), paralysé par une blessure de guerre en 1918, a écrit la majeure partie de son œuvre à Carcassonne.
René Nelli (1906-1982), né à Carcassonne, fut un poète et historien, spécialiste du catharisme et de la culture occitane.
Prix Nobel de littérature en 1985, **Claude Simon** (1913-2005) était viticulteur à Salses *(voir encadré p. 196)*.
La **littérature** en catalan est représentée par le poète **Josep Sebastiá Pons** (1886-1962) et les écrivains contemporains **Joan Lluís Lluís** (né en 1963) et **Joan-Daniel Bezsonoff** (né en 1963), tous les deux originaires de Perpignan.

« d'oc » étaient ainsi nommées pour la façon dont on disait « oui » en chacune d'elles. La limite passait au nord du Massif central, si bien que l'occitan comporte les dialectes languedocien, gascon, limousin, auvergnat, provençal et nissard (parlé dans le pays niçois). Le mot Languedoc lui-même apparut au 13e s. pour désigner les terres royales, du Rhône à la Garonne, appartenant autrefois au comte de Toulouse et au roi d'Aragon. On a peine aujourd'hui à imaginer l'aura de cette langue dans le monde cultivé de l'époque : **Dante** ne songea-t-il pas à écrire sa *Divine Comédie* dans la langue des troubadours ?
Cependant, après les croisades contre les Albigeois, l'usage de l'occitan déclina, du moins dans la noblesse. En 1323, des poètes toulousains tentèrent de le réhabiliter par des Jeux floraux de pure tradition médiévale. En 1539, l'**ordonnance de Villers-Cotterêts** lui porta le coup de grâce en imposant dans les documents administratifs le dialecte d'Île-de-France. Dès lors, parlée essentiellement dans les campagnes, la langue d'oc se fractionna en dialectes, souvent baptisés « patois » pour nier tant la langue que la culture. Les maîtres de la Troisième République se donnent pour mission de l'éradiquer, mais c'est la Première Guerre mondiale et les changements qui s'ensuivent qui lui portent le coup le plus sévère.
L'occitan connaît cependant plusieurs sursauts : en 1819, avec la publication, par Rochegude, d'une anthologie de poèmes de troubadours ; en 1854, lorsque le Félibrige réforme l'orthographe du provençal. L'Escòla Occitana (1919) et l'Institut d'études occitanes de Toulouse (1945) jouent un rôle décisif dans son renouveau en lui redonnant une graphie plus conforme aux formes classiques.
Il faut cependant attendre la loi de 1951 pour que son enseignement, aujourd'hui largement dispensé sur la base du volontariat, soit admis, dans les *calendretas* pour les plus petits, puis au collège (1997). Il survit aussi dans l'accent ou dans certains mots : c'est le « francitan ».

Les environs d'Angoustrine dans le Parc naturel régional des Pyrénées catalanes.
R. Soberka / hemis.fr

Nature et paysages

Remarquablement ensoleillée jusque dans ses vallées pyrénéennes, la région forme un territoire de mer et de montagne, délimité à l'ouest par les Pyrénées centrales et à l'est par la mer Méditerrannée, au nord par la Montagne Noire et l'embouchure de l'Aude, et au sud par la frontière espagnole. Les lagunes et les plages immenses attirant la foule des estivants, les criques plus préservées de la Côte Vermeille, les vignobles, la garrigue et les sommets enneigés des Pyrénées composent une multitude de paysages.

Le littoral

CÔTE BASSE AU NORD : PLAGES DE SABLE ET ÉTANGS

De l'embouchure de l'Aude à celle de la Têt aux abords de Perpignan, la côte du **golfe du Lion** aligne 70 km de **côte basse**. Cette partie méridionale du **Bas-Languedoc** est une plaine sablonneuse trouée d'étangs en bordure de mer.

Modelées par les courants marins, les alluvions charriées par les fleuves côtiers ont formé d'étroits cordons littoraux enserrant des **lagunes**, vastes étangs parsemés de bancs sableux. À l'arrière, la plaine sablonneuse est habillée de **vignes** et arrondie par quelques collines calcaires (montagne de la Clape, près de Narbonne). La Grande Bleue s'étale à perte de vue, au-delà des **barres** (ou **lidos**) qui la séparent des étangs et que percent

les **graus**, chenaux naturels par lesquels les fleuves côtiers se fraient un passage vers la mer.
C'est le travail des vagues, des courants et des fleuves qui a formé ces barres. Le Rhône d'abord, qui charrie sables et graviers vers les côtes languedociennes. Moins puissants, le Vidourle, l'Orb et l'Aude n'en ont pas moins leur part de responsabilité dans l'ensablement de la côte. Ces barres ont fini par émerger, transformant les baies en lagunes, puis en étangs : des ports, aujourd'hui dans les terres (Port-Leucate ou Port-Barcarès), témoignent de cette modification incessante des lieux que les digues tentent de domestiquer avec des résultats inégaux. Car la mer n'a pas renoncé à reconquérir ces **étangs saumâtres** où vivent anguilles, mulets, loups, dorades et palourdes.
Le rivage aujourd'hui se présente sous la forme d'une immense plage de sable, entrecoupée par les stations balnéaires et les ports. À la fin des années 1960, l'aménagement du littoral s'est en effet traduit par le remodelage du cordon littoral de l'étang de Leucate et a donné naissance aux stations de Port-Leucate et de Port-Barcarès, ainsi qu'à celles de Canet et St-Cyprien. Force est de reconnaître que les stations ont parfois mal vieilli.
Résultats de cette concentration de masse, une urbanisation quasi continue du littoral jusqu'à Argelès, un réseau routier saturé dès les premiers beaux jours, un paysage dégradé à certains endroits et quelques espaces naturels préservés.

CÔTE ROCHEUSE AU SUD : LA CÔTE VERMEILLE

Sur une quarantaine de kilomètres au sud d'Argelès, jusqu'à la frontière espagnole à Port-Bou, s'étend la **côte rocheuse** appelée aussi **Côte Vermeille**. Plus sauvage, sinueuse, couverte de vignes étagées à flanc de coteau, cette portion du littoral contraste vivement avec la côte basse. De charmants ports de pêche et de plaisance, toujours marqués par leur vocation antique de petites cités maritimes, sont discrètement nichés au fond de baies étroites : Collioure, Port-Vendres, Banyuls-sur-Mer, Cerbère. Les spectaculaires découpes rocheuses offrent leurs criques de galets aux baigneurs aventureux et aux amateurs de plongée sous-marine.

FLORE ET FAUNE MARITIMES

Sur le **littoral** épicé par le sel, le vent et les embruns, saupoudré de lagunes et de marécages, on croise un méli-mélo inextricable de broussailles, d'herbes, de joncs, de roseaux et d'oyats, qui fixent des petits amas de sable (les **montilles**). Aux abords des étangs, arroches, saladelles ou salicornes percent le sol craquelé et durci par le sel.
Il suffit de s'éloigner de quelques centaines de mètres du rivage pour trouver des tamaris, du romarin et des pins d'Alep reconnaissables à leur feuillage vert clair et à leur tronc tordu sous une écorce grise. On croise aussi, dans son superbe isolement, le pin parasol, au tronc parfois torturé par les vents.
Une foule d'oiseaux et de palmipèdes vient se réfugier dans les **étangs** : foulques noires, canards sauvages, bécassines, hérons cendrés, flamants roses, cigognes en cours de migration, élégantes aigrettes blanches, et « gabians » (goélands).
Quant aux petits habitants des plages, effarouchés par les déferlantes estivales, ils se dérobent parfois au regard : libellules, criquets, lézards ou forficules que l'on dit « perce-oreilles ».

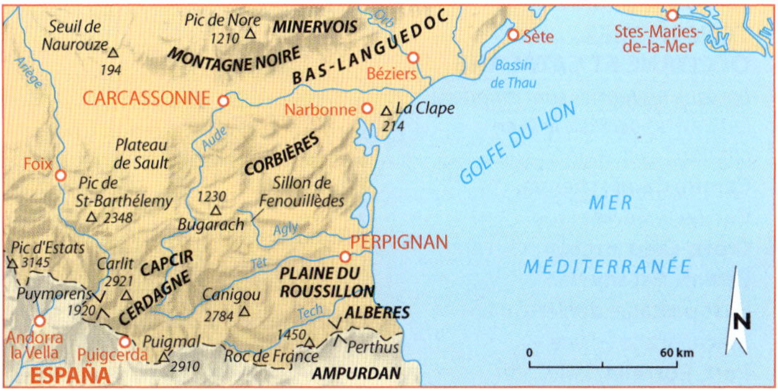

L'arrière-pays

PLAINES DU BAS-LANGUEDOC

Derrière les étangs s'étend une autre mer : celle de la **vigne** qui, en dépit des difficultés, continue à faire vivre une grande partie des villages. La région accueille toujours « le plus grand vignoble de France » par son étendue (plaine narbonnaise, vallées des Corbières, Minervois). On trouve aussi des **oliveraies**, principalement dans la plaine perpignanaise, où l'on récolte la **picholine**, consommée verte en saumure, et dans le Minervois, royaume de la **lucques**, olive de forme allongée.

LES CORBIÈRES

À mesure que l'on s'éloigne du littoral et que le vignoble disparaît, la **garrigue**, vaste étendue de landes à sols pierreux et calcaires, reprend ses droits. Elle couvre les **Corbières**, formées de petites collines, à pentes douces où saillent de gros blocs rocheux. Une maigre végétation, adaptée à la sécheresse, s'y accroche : chênes verts ou yeuses, chênes kermès nains (*garric*, en occitan) qui lui ont donné leur nom, buis, genêts épineux, cistes à fleurs roses, arbousiers aux fruits s'apparentant à des fraises. Le thym, le romarin, le cade y poussent en touffes odorantes, parmi une petite herbe grisâtre, le brachypode rameux, très appréciée des moutons. Ces collines, terre des châteaux dits « cathares», sont survolées par de nombreux rapaces tels que faucons, éperviers et aigles de Bonelli.
La garrigue est l'univers familier du lézard vert ocellé et du plus long serpent indigène de France : la couleuvre de Montpellier (2 m). Vous trouverez à l'occasion ses très longues mues, entrelacées dans

LE FEU, FLÉAU ESTIVAL

Promeneurs imprudents, campeurs négligents et pyromanes, tels sont les ennemis de la garrigue. La végétation s'embrase en quelques instants et, pour peu que le vent soit de la partie et que le terrain soit difficile d'accès, il peut prendre des proportions considérables. Ce désastre écologique (et parfois humain) est hélas un des feuilletons quotidiens des étés roussillonnais, que le vrombissement des bombardiers d'eau allant faire le plein dans la Grande Bleue signale à l'attention d'estivants, souvent peu habitués à cette nature qu'une étincelle suffit à faire partir en fumée, et que l'on ne sensibilisera jamais assez à la question.

TOPONYMIES OCCITANE ET CATALANE

Lorsque les termes sont différents, le 1er est en occitan, le 2e en catalan :

Camin, **Cami** : chemin.
Carriera, **Carrèr** : rue.
Crotz, **Creu** : croix.
Estanh, **Estany** : lac.
Pas : passage, défilé.
Plaça, **praça** : place.
Port, **Portella** : col.
Prat : pré, prairie.
Riu : rivière.
Sèrra, **Serrat** : colline, crête.

les arbustes. Sans danger pour l'homme, elle cohabite avec la vipère, à son aise dans les murs de pierre sèche et les éboulis.

MONTAGNE NOIRE

Au nord-ouest des Corbières, dans l'arrière-pays de Carcassonne, la Montagne Noire constitue l'extrémité sud-ouest du Massif central et marque la séparation entre les départements de l'Aude, de la Haute-Garonne, de l'Hérault et du Tarn. Point culminant, le pic de Nore (1 210 m) émerge d'un paysage aux formes arrondies et offre un panorama jusqu'au Canigou. Cette montagne se caractérise par un fort contraste entre son versant nord qui s'élève brusquement au-dessus du Thoré et son versant sud, doucement incliné vers les plaines du Lauragais et du Minervois, en vue des Pyrénées.

Habitat – Tout en longueur, les maisons de la Montagne Noire abritent, sous le même toit, la demeure, les granges et les remises. Dans les grands domaines, ces trois bâtiments sont séparés et rangés en fer à cheval.

De nombreuses fermes possèdent un pigeonnier. Les plus caractéristiques sont en pierre ou à colombages, juchés sur des piliers ou des colonnes cerclés d'anneaux pour préserver les couvées des prédateurs. De plan carré, ils sont surmontés d'un lanternon troué de petits orifices facilitant l'envol des pigeons.

ARRIÈRE-PAYS CATALAN, LE JARDIN ROUSSILLONNAIS

La **plaine du Roussillon**, qui s'étend sur 40 km, est un ancien golfe comblé par les débris arrachés aux massifs des Pyrénées. Les terrasses caillouteuses et sèches (région des **Aspres**), échancrées de larges vallées et semées de buttes, sont le domaine des arbres fruitiers et de la vigne. Profitant de l'ensoleillement et de la protection des sommets avoisinants, l'arrière-pays catalan est une grande plaine maraîchère et fruitière.

Pyrénées audoises et catalanes

Frontière naturelle entre la France et l'Espagne, les Pyrénées forment une barrière difficilement franchissable. Secteur le plus riant de la chaîne, les Pyrénées méditerranéennes sont épaulées au nord par un massif annexe, les Corbières. Rudesse de la roche cristalline et douceur méditerranéenne s'y entremêlent avec bonheur.

PYRÉNÉES MÉDITERRANÉENNES

D'est en ouest, le massif des Pyrénées s'élève peu à peu. À l'est du **Canigou** (2 784 m), la montagne plonge abruptement dans la mer. Une avancée de roches cristallines, les **Albères**, isole l'Ampurdan espagnol, au sud, et le Roussillon, au nord.

Suivent ensuite la **Cerdagne** (1 200 m), large vallée entourée de hautes montagnes à la riche végétation, et le **Capcir** (1 600 m), région la plus élevée

Isard des Pyrénées.
P. Créfu / Fotolia.com

de la Catalogne nord, dont les montagnes sont recouvertes de denses forêts.

Partout, les ruisseaux dévalent des montagnes, alimentant de puissantes **rivières** coulant au milieu des vallées comme la **Têt** et le **Tech**.

Entre les Corbières, qui avancent au nord vers la Montagne Noire, et la zone axiale, les contreforts calcaires dessinent un paysage singulier. Au-dessus de Limoux et de Quillan, un col escarpé donne accès au **plateau de Sault** qui devrait son nom aux sapins *(saltis)* des montagnes qui l'environnent. Encadré de montagnes, partagé en deux par la faille du Rebenty et ses gorges spectaculaires, dévalant vers la vallée de l'Aude qui court dans le sillon du **Fenouillèdes**, voilà un lieu tout chargé de mystères et d'histoires : les conteurs du pays s'en donnent à cœur joie et font rouler les « r » tout au long de récits qui tiennent leurs auditeurs en haleine. Ce sont les Pyrénées, les grelots des vaches partant à l'estive du côté de Langarail où elles paissent face au château de Montségur, l'odeur des scieries, les histoires du maquis de Picaussel sans cesse embellies et, toujours, les plaies jamais vraiment refermées de cette croisade qui jadis ensanglanta le pays.

Traces de cultures

Ici, le terroir reste imprégné par les anciens modes d'exploitations. Dans les vallées s'égrènent champs et villages ; au palier intermédiaire, on trouve forêts et prairies de fauche ; tout en haut, les pâturages prennent le relais. Blé, seigle et maïs sont encore cultivés dans le haut Vallespir, en Cerdagne et en Conflent. Le plateau de Sault se fait aujourd'hui une spécialité de la pomme de terre. Plus bas, le genêt et la garrigue ont petit à petit pris la place des bois de chênes verts, de pins sylvestres et de hêtres, rongés par le défrichement.

MONTAGNES D'ANDORRE

Taillées dans des gneiss, roches très résistantes, les montagnes d'Andorre font la transition entre

QUELQUES TERMES LOCAUX
Planiols : eaux limpides, étales.
Ratchs ou **rajols** : rapides créés par des eaux bouillonnantes et furieuses disparaissant parfois sous des blocs effondrés.
Détroits ou **étroits** : passages où la rivière glisse entre deux murailles abruptes.
Marmites de géants : cavités circulaires creusées par les eaux turbulentes dans les parois calcaires qui bordent la rivière.

les Pyrénées méditérranéennes et centrales. Des gorges, creusées par les glaciers quaternaires, font saillie et aboutissent souvent à des lacs.

FLORE ET FAUNE DES PYRÉNÉES

On trouve deux types de végétation : la végétation du Capcir, de la Cerdagne et de l'Andorre correspond à celle des Pyrénées centrales tandis que dans l'Est, plus on se rapproche de la mer, plus elle devient méditerranéenne.
Dans le **Capcir** et en **Cerdagne**, les forêts occupent principalement l'ombrée (versant nord de la montagne), tandis que le *soula* (versant sud) est voué aux cultures et aux pâturages. Les sapins de l'Aude couvrent le haut des pentes. Vers 2400 m d'altitude, les pelouses subalpines sont couvertes de fleurs, certaines endémiques : lys jaune ou rouge des Pyrénées, delphinium bleu nuit de la montagne, potentille rampante des Pyrénées à petites fleurs jaunes ou multiples saxifrages en rosettes.
Les animaux rencontrés sont des habitués de la région : renards qui s'aventurent au plus près des villages, sangliers, cerfs, isards (encore nombreux aujourd'hui), chats sauvages, marmottes, loutres, mais aussi aigles royaux, faucons et coqs de bruyère… ainsi, parfois, que quelques uns des **ours** relâchés qui entretiennent une relation difficile avec le voisinage.
Les Pyrénées méditerranéennes, plus basses, se caractérisent par l'apparition, en altitude, du pin sylvestre au lieu du sapin, sur les versants secs et ensoleillés, reléguant les hêtres aux autres versants. En dessous de 800 m, les chênes-lièges poussent dans l'humidité et la chaleur, comme dans le Vallespir où ils servent à l'industrie du bouchon. Au-dessus de 1 700 m, les pins à crochets et les bouleaux s'effacent devant une tendre pelouse subalpine où poussent les tiges raides de la gentiane jaune, les feuilles oblongues de l'arnica à fleurs jaunes et les grelots presque violets du toxique aconit.

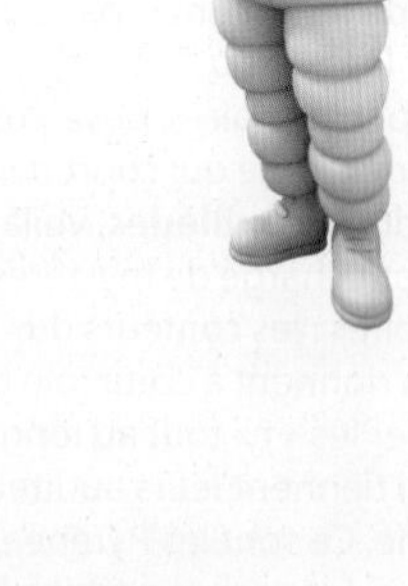

Histoire

Comme l'atteste la découverte de l'homme de Tautavel, le plus ancien Européen découvert à ce jour, le Roussillon connaît une occupation humaine depuis la préhistoire. Après une brillante période d'histoire commune avec le Languedoc lors de la Paix romaine, la région est confrontée à la violence : sanglante croisade contre les Albigeois, nom désignant au 12e s. les adeptes de la religion cathare qui trouvèrent d'abord refuge à Albi, multiples luttes franco-espagnoles pour récupérer la Catalogne et guerres de Religion. Ces conflits ont sans doute contribué à développer une relative méfiance envers le pouvoir central et un sens particulièrement aigu de la liberté chez les Catalans du Roussillon.

Un creuset de civilisations

D'abord peuplée de chasseurs, puis d'agriculteurs et d'éleveurs, cette région entre mer et montagne s'ouvre davantage aux échanges avec le commerce maritime des cités phocéennes, puis avec l'Empire romain qui lui donne unité et structures durables, jusqu'au partage des puissances féodales au Moyen Âge.

PEUPLES PRÉHISTORIQUES

C'est dans la **caune de l'Arago**, à une trentaine de kilomètres au nord-ouest de Perpignan, que fut découvert (en 1971 et 1979) le crâne du célèbre homme de **Tautavel** qui vivait au paléolithique inférieur, il y a environ 450 000 ans. Cet *Homo erectus* mesurait 1,65 m. Il avait un front plat et fuyant, des pommettes saillantes et des orbites rectangulaires. Chasseur, il se nourrissait de viande crue. On a retrouvé certains de ses outils (racloirs, grattoirs…).

Quelque 440 000 ans plus tard, au début du néolithique, une autre population préhistorique laisse des traces, découvertes à l'abri de **Font-Juvénal**, entre l'Aude et la Montagne Noire. C'est un peuple d'agriculteurs éleveurs dont l'habitat est évolué (foyers, poteaux, dallages et silos) tandis que, dans la moyenne montagne, un peuplement dense a laissé des armes (flèches, haches et couteaux), des parures (colliers et bracelets) et des poteries (jattes et vases).
Enfin, on trouve, dans les Pyrénées-Orientales, des **mégalithes** datant du néolithique moyen ou de la fin du néolithique. Les trois quarts des **dolmens** se situent à des altitudes comprises entre 600 et 1 000 m.
À l'origine, ils étaient recouverts d'un tumulus de terre ou d'amas de pierres. Ces tables horizontales auraient servi de tombeaux. Les plus importants dolmens, érigés dans les zones de peuplement stable, contiennent les restes de centaines d'individus. Sur les hauts pâturages, ils sont plus petits et ont été remplacés plus tard par des

LES GRANDES DATES

- **450 000 av. J.-C.** – L'homme de Tautavel vit près de Perpignan.
- **122 av. J.-C.** – Fondation de la Gaule transalpine qui deviendra la Narbonnaise.
- **878** – Fondation du comté de Barcelone par Wilfred le Velu.
- **1140-1200** – Diffusion de l'hérésie cathare.
- **1209** – Début de la première croisade contre les Albigeois.
- **1213** – Mort du roi Pierre II d'Aragon à la bataille de Muret.
- **1250-1320** – L'Inquisition réduit les derniers foyers du catharisme.
- **1276** – Perpignan devient la capitale du royaume de Majorque, détaché provisoirement de l'Aragon et composé également de la Cerdagne, du Roussillon et de Montpellier.
- **1344** – Disparition du royaume de Majorque. Roussillon et Cerdagne sont intégrés au principat de Catalogne, entité autonome du royaume d'Aragon.
- **1539** – L'ordonnance de Villers-Cotterêts fait du français la seule langue juridique du royaume, l'occitan ne sera plus parlé que par le peuple.
- **1659** – Traité des Pyrénées : Roussillon et Cerdagne sont rattachés au royaume de France. Perpignan est définitivement française.
- **1666-1680** – Construction du canal du Midi.
- **1685** – Révocation de l'édit de Nantes.
- **1790** – Création du département de Roussillon qui prend rapidement le nom de Pyrénées-Orientales.
- **1871** – Mouvements révolutionnaires lors de la Commune de Narbonne.
- **1907** – La crise viticole déclenche la révolte des « gueux ».
- **1940-1944** – Régime de Vichy. Les maquis se développent dans les Pyrénées.
- **1963** – Plan d'aménagement du littoral qui donnera naissance aux stations balnéaires du Languedoc-Roussillon.
- **1970** – Inauguration du four solaire d'Odeillo (Font-Romeu) en Cerdagne.
- **1996** – Ouverture de la liaison TGV Paris-Perpignan.
- **1996 et 1997** – Le canal du Midi, puis la cité de Carcassonne, sont inscrits par l'Unesco au Patrimoine mondial de l'humanité.
- **2013** – Ouverture de la ligne de train à grande vitesse entre Perpignan et Barcelone (1h).

cistes (coffres de pierre), sépultures individuelles de bergers.

NAISSANCE ET DÉCADENCE DE LA PROVINCE NARBONNAISE

Sur une terre ayant subi les influences celtes (tribu des Volques Tectosages), grecques (à Port-Vendres et Collioure) et carthaginoises avec le passage de l'armée d'Hannibal en 214 av. J.-C. dans les Pyrénées et le Roussillon, les Romains vont laisser une empreinte durable. En 122 av. J.-C., le général romain Domitius Ahenobarbus refoule les Arvernes dans le Massif central, soumet les Volques et crée la Gaule transalpine, province englobant Marseille, Narbonne (Narbo), Toulouse (Tolosa) et remontant la vallée du Rhône vers Vienne et Genève. Réorganisée en 27 av. J.-C., après la conquête de la Gaule par César (5-51), elle devient la **Narbonnaise**. Afin de faciliter d'abord la conquête, puis les échanges économiques, les Romains construisent nombre de voies, les deux principales étant la via Domitia qui, partant du Rhône, rejoint la Tarraconaise espagnole via Narbonne et l'oppidum de Ruscino, et la voie d'Aquitaine, qui relie Narbonne à Toulouse et Bordeaux. La Gaule narbonnaise s'intègre rapidement au monde romain et adopte son administration, son mode de vie et sa culture. Une longue période de prospérité commence, la **Pax Romana**. La Narbonnaise est divisée en *pagi* (qui deviendront les comtés du Moyen Âge). Chaque *pagus* a ses *civitae* administratives (Narbonne, Carcassonne, Castelnaudary), ses *vici* ou centres ruraux (Eburomagnus devenue Bram) et ses *villae* ou domaines agricoles. Rome apporte aux populations autochtones le droit romain et le latin, qui façonneront la France quelques siècles plus tard.

INVASIONS BARBARES

Entre le 3e et le 5e s., les invasions successives des Alamans, Vandales et Wisigoths en terminent avec la présence romaine.
Repoussés par Clovis en 507, les Wisigoths s'établissent alors en Septimanie (Carcassonne, Narbonne, Béziers, Agde, Nîmes, Maguelone, Elne).
Mais le royaume wisigoth vit sous une menace venue du sud : ce sont les Sarrasins qui, après avoir fait main basse sur l'Espagne, s'emparent de Narbonne en 719. Ils en seront chassés quarante ans plus tard par les Francs de Pépin le Bref.

LES COMTES DE BARCELONE

La reconquête des terres catalanes par les chrétiens s'accompagne de l'instauration d'une dynastie de seigneurs locaux, sous la houlette de **Guifré el Pelós (Wilfred le Velu)**. Celui-ci se taille en 878 un fief comprenant Barcelone et Gérone, le Capcir, le Conflent, le Fenouillèdes et le Roussillon. Les comtes de Barcelone deviennent rois d'Aragon en 1137 et constituent dès lors une puissance qui étend bientôt son influence sur la Provence, le pays valencien, la Sicile, Montpellier et le Gévaudan (1204-1349).

L'épopée cathare

Aux 12e et 13e s., le succès remporté par une hérésie, le catharisme, met à feu et à sang les terres du comte de Toulouse. La croisade contre les Albigeois (nom désignant au 12e s. les adeptes de la religion cathare parce qu'ils trouvèrent d'abord refuge à Albi) entraîne des conséquences politiques inimaginables, à commencer par le rattachement au domaine royal de ce qui pouvait apparaître comme un État en gestation. Sa violence a durablement traumatisé les esprits languedociens et sans doute contribué à la méfiance envers tout ce qui émane du pouvoir central.

L'HÉRÉSIE CATHARE

Venu d'Orient (en particulier de Bulgarie, ce qui a valu à ses adeptes le surnom de « boulgres »), le catharisme doit son nom au grec katharos (« pur »). L'évêque Nicétas de Constantinople fonde le « dualisme radical » en 1167 au concile de St-Félix-Lauragais. Issus du catholicisme mais niant la divinité du Christ, les cathares opposent un monde spirituel de lumière et de beauté au monde matériel de Satan qui emprisonne l'homme. En outre, ils refusent les rites traditionnels (baptême et mariage), ce qui attise la colère des clercs. Le seul sacrement administré est le consolamentum, pour l'ordination d'un parfait ou la bénédiction d'un croyant à l'article de la mort.

Parfaits et croyants

L'Église cathare est dirigée par quatre évêques (celui d'Albi, d'où le nom d'Albigeois, de Toulouse, de Carcassonne et d'Agen). Mais ce sont les **parfaits** ou **bonshommes**, qui mènent une existence austère afin de se libérer de l'emprise du malin et d'accéder à la pureté divine, qui la propagent dans la population des **croyants**, simples fidèles. L'hérésie connaît d'abord un franc succès en ville dans le milieu de l'artisanat et du négoce, puis dans les campagnes sous la protection des seigneurs Roger Trencavel, vicomte de Béziers et de Carcassonne, et Raimond-Roger, comte de Foix. Quant au comte de Toulouse, Raimond VI, il ferme les yeux.

GUERRE ET RÉPRESSION

Rome tente de regagner du terrain : en prêchant auprès des croyants, avec saint Dominique de Guzmán ou en essayant de persuader Raimond VI de renoncer à protéger les hérétiques. En vain. En mars 1208, l'assassinat près de St-Gilles de Pierre de Castelnau, légat du pape Innocent III envoyé auprès du comte de Toulouse, déclenche la croisade. Celle-ci est menée par les « barons du Nord », conduits par Simon de Montfort et Gui de Lévis. À la surprise générale, Raimond VI prend la croix : c'est qu'il s'agit pour lui, en se joignant à la croisade, d'éviter la confiscation de ses terres au profit des croisés, sort promis à tout soutien des hérétiques.
La campagne est ponctuée d'atrocités : Carcassonne tombe en 1209 et Trencavel, qui n'avait pas eu la prudence de son suzerain, et sur qui reposait la résistance, est emprisonné et égorgé. Les croisés s'emparent des places fortes de Minerve, Termes, Puivert (1210) et Lastours (1211). Raimond VI fait alors appel à son beau-frère, le roi d'Aragon, Pere (Pierre) II, mais celui-ci est tué lors de la bataille de Muret (1213). Simon de Montfort met alors la main sur le comté de Toulouse, avant de succomber à son tour sous les remparts de la Ville rose (1218).

DES COMTES DE MONTFORT AU ROYAUME DE FRANCE

Succédant à son père en 1222, Raimond VII entreprend la reconquête de ses territoires, devenus fief d'Amaury de Montfort, le fils de Simon. Vite débordé, Amaury doit céder ses droits au roi de France en 1224.
Le combat change alors d'âme. Louis VIII en personne mène la croisade : c'est le Nord contre le Sud, le royaume de France contre les comtés occitans. Le **traité de Meaux** (1229) clôt la « guerre sainte » : Raimond VII est contraint par Saint Louis de signer le traité de Lorris (1243) : sa fille unique, Jeanne, est mariée au frère du roi, Alphonse de Poitiers : cette union sans descendance a pour conséquence l'annexion à terme au royaume de France des possessions du comte de Toulouse.
Les derniers réduits cathares sautent les uns après les autres : Peyrepertuse tombe en 1240. Après l'attentat d'Avignonnet, 6000 croisés assiègent le fief de Montségur : 225 cathares sont brûlés vifs (1244) et les rescapés n'obtiennent qu'un sursis au château de Puilaurens. La guerre albigeoise s'achève par la chute du bastion de Quéribus en 1255.
En 1258, le roi de France, par le **traité de Corbeil**, tient les Cinq Fils de Carcassonne : Peyrepertuse, Puilaurens, Termes, Aguilar et Quéribus, formidable barrage dressé face aux Aragonais. La fin des opérations militaires ne signifie pas pourtant le retour au calme pour les Languedociens. Vient le temps de la répression ; l'Inquisition se met en place : enquêtes, questions, condamnations se succèdent,

Mort de Simon de Montfort qui s'est battu contre les Albigeois au début du 13e s.
DEA / G DAGLI ORTI / De Agostini Editore / age fotostock

contribuant à la profonde cicatrice laissée par les événements dans la conscience populaire. Ce n'est qu'en 1321 que Guillaume Bélibaste, dernier parfait connu, monte sur le bûcher à Villerouge-Termenès.

Luttes franco-espagnoles et protestantisme

Guerres, avec invasions récurrentes des « bandes espagnoles », famines et épidémies marquent la charnière du 14e et du 15e s. dans les Pyrénées et en Languedoc. La lutte franco-espagnole éclate à nouveau à la fin du 18e s.

SORT DES TERRES CATALANES

Rattachés à la couronne aragonaise en 1137, partie intégrante du royaume de Majorque fondé par Jacques Ier d'Aragon et dont la capitale est fixée à Perpignan, le Roussillon et la Cerdagne sont repris brièvement par la Couronne française entre 1462 et 1492. Mais en 1493, Charles VIII, principalement intéressé par l'Italie, restitue ces deux comtés au royaume d'Espagne. Sous le règne des rois de Majorque et d'Aragon, Perpignan « la Catalane » connaît son âge d'or ; de cette période date le palais des Rois de Majorque.
Il faut attendre le traité des Pyrénées (1659) pour voir les provinces catalanes (Roussillon, Vallespir, Conflent et la moitié de la Cerdagne) rejoindre définitivement la France.

GUERRES DE RELIGION

Le **protestantisme** s'implante en Languedoc et la région est à nouveau troublée en 1559 par une guerre sanglante entre protestants et catholiques. L'**édit de Nantes** ramène le calme en 1598, même si les tensions reprennent après la mort d'Henri IV : c'est la **paix d'Alès** (1629) qui assure un temps la liberté de conscience des protestants. Trêve de courte durée puisque Louis XIV, « travaillé » par le parti dévot, multiplie les persécutions avant de révoquer l'édit de Nantes en 1685. Les difficultés

économiques aidant, l'exaspération se traduit par une guerre qui contribua à dessiner le paysage politique de la région pendant plus de deux siècles. Les persécutions ne cessent véritablement qu'en 1787, avec la signature de l'édit de Tolérance par Louis XVI.
D'un point de vue économique, la région se dote d'un atout majeur à la fin du 17e s. avec le percement par Pierre Paul Riquet du **canal du Midi** (canal de jonction « des Deux-Mers ») entre 1666 et 1680.
En 1790, le Languedoc est divisé en départements : les Pyrénées-Orientales comprennent la province du Roussillon et le territoire languedocien appelé Fenouillèdes. Une nouvelle guerre franco-espagnole éclate entre 1793 et 1795, l'Espagne tente, sans succès, de reprendre le Roussillon et la Cerdagne.

Époque moderne

Le Roussillon reste ancré dans l'agriculture, en particulier la vigne, jusqu'à ce que pointent les activités touristiques, plus rémunératrices.

LA RÉVOLTE DES GUEUX EN 1907

À la terrible crise du phylloxera (1868-1872) qui avait ruiné tant de viticulteurs, puis à la découverte d'un autre fléau, le mildiou, champignon qui pourrit le vignoble, s'ajoute au début du 20e s. une série de facteurs économiques défavorables. La greffe de plants américains, résistants au premier, provoque une surproduction de vins sans qualité et encourage la pratique de la chaptalisation (ajout du sucre). La concurrence sévère des vins d'Algérie et les importations sauvages entraînent la chute des cours.
La région, qui a déjà prouvé sa capacité de résistance (opposition au coup d'État de Napoléon III en décembre 1851, Commune de Narbonne en 1870-1871), ne reste pas sans réaction face à la crise du vin. Ainsi, en 1907, les protestations enflent et des manifestations se succèdent dans les principales villes languedociennes à l'appel du *Tocsin*, le journal animé par un cafetier d'Argeliers (Aude), **Marcellin Albert**. Le maire emblématique de Narbonne, **Ernest Ferroul**, renvoie son écharpe tricolore, comme plus de 600 maires de la région, et prend la tête des révoltés qui se baptisent eux-mêmes les « gueux ».
L'affaire prend une ampleur considérable : ils sont un million à Montpellier. Le gouvernement donne l'ordre d'arrêter les leaders, la troupe tire à Narbonne et six manifestants sont tués. Mais, fils de viticulteurs pour la plupart, les soldats du 17e régiment d'infanterie basé à Agde fraternisent avec les manifestants. Ils se mutinent et marchent sur Béziers. La situation est quasi insurrectionnelle : Marcellin Albert monte à Paris pour négocier avec le président du Conseil, Clemenceau. Mais le brave cafetier n'est pas rompu aux roueries de la politique : à la fin de la réunion, Clemenceau lui avance quelques francs afin qu'il puisse regagner le pays… et s'empresse de le faire savoir, déconsidérant ainsi le malheureux aux yeux de ses camarades !
Cependant, l'Assemblée nationale vote des mesures afin de prévenir la fraude (« mouillage » et « sucrage »), ce qui donnera naissance au service de répression des fraudes, bien connu aujourd'hui, ainsi qu'à la mise en place des vins d'appellation d'origine (1919), ancêtres des AOC. Afin de pallier les méventes, les vignerons s'organisent en coopératives : la première voit le jour à Lézignan en 1909. Ces caves mettent à en commun des outils de vinification, et assurent la commercialisation.

PERSONNAGES HISTORIQUES

Ils ont incarné leur terre, par ordre d'entrée en scène :

Wilfred le Velu – En réunissant en 878 Barcelone et Gérone, le Capcir, le Conflent, le Fenouillèdes et le Roussillon, il se pose en fondateur de la Catalogne.

Raimond-Roger Trencavel (1185-1209) – C'est sur les épaules de ce comte de Carcassonne que reposa la résistance à l'invasion de Simon de Montfort. Emprisonné après la chute de sa cité, il fut étranglé dans son cachot.

Raimond VI (mort en 1222) – Comte de Toulouse en 1195, c'est le héros malheureux de la croisade contre les Albigeois.

Guillaume Bélibaste (mort en 1321) – Le dernier cathare à être monté sur le bûcher, à Villarouge-Termenès (Aude).

Pierre Paul Riquet (1604-1680) – Concepteur du canal du Midi. *Voir p. 86 et la Montagne Noire, p. 137.*

François Arago (1786-1853) – Savant et homme politique.

CROISSANCE URBAINE

À partir de 1936, la guerre d'Espagne entraîne le départ régulier de républicains vers la France. En 1939, l'**exode** atteint son apogée : près de 500 000 personnes franchissent la frontière des Pyrénées dans des conditions particulièrement rudes *(la Retirada)*.

En 1962, les accords d'Évian se traduisent par l'installation massive de rapatriés d'Algérie en Languedoc-Roussillon. Dans les Pyrénées-Orientales, Perpignan et Port-Vendres sont les deux principales villes qui doivent faire face à l'arrivée des rapatriés. Les municipalités édifient alors en hâte des quartiers en périphérie.

Parallèlement, le **plan d'aménagement du littoral Languedoc-Roussillon**, décidé en 1963, fait surgir de terre des stations créées de toutes pièces : Port-Barcarès, Canet-Plage ou St-Cyprien-Plage…

TOURISME

Avec le 19e s. apparaît une activité nouvelle, **le tourisme** : les cures thermales d'Amélie font fureur sous Louis-Philippe, tandis que se développe le goût pour l'escalade dans les Pyrénées.

Dans le même temps, les forges catalanes, connues depuis le 12e s., disparaissent.

Dans les années 1960, le tourisme devient le principal moteur de l'économie régionale, d'autant que les activités traditionnelles périclitent : le vignoble va de crise en crise. La région tire aujourd'hui partie de ses nombreux atouts (espace balnéaire méditerranéen, montagnes pyrénéennes, Pays cathare) et se distingue dans le secteur de l'énergie alternative.

Pour la période contemporaine, voir « Énergies alternatives » p. 40 et « Contreparties d'une région attractive » p. 41.

3/ DÉCOUVRIR LA RÉGION

Le port de Collioure.
R. Mattes / hemis.fr

La Manhaga

+ d'adresses

Narbonne, Carcassonne et le canal du Midi 1

Carte Michelin Départements 344 – Aude (11)
Carte Michelin Départements 339 – Gard (30) et Hérault (34)

Gruissan, une barque de pêche et la tour Barberousse.
B. Rieger / hemis.fr

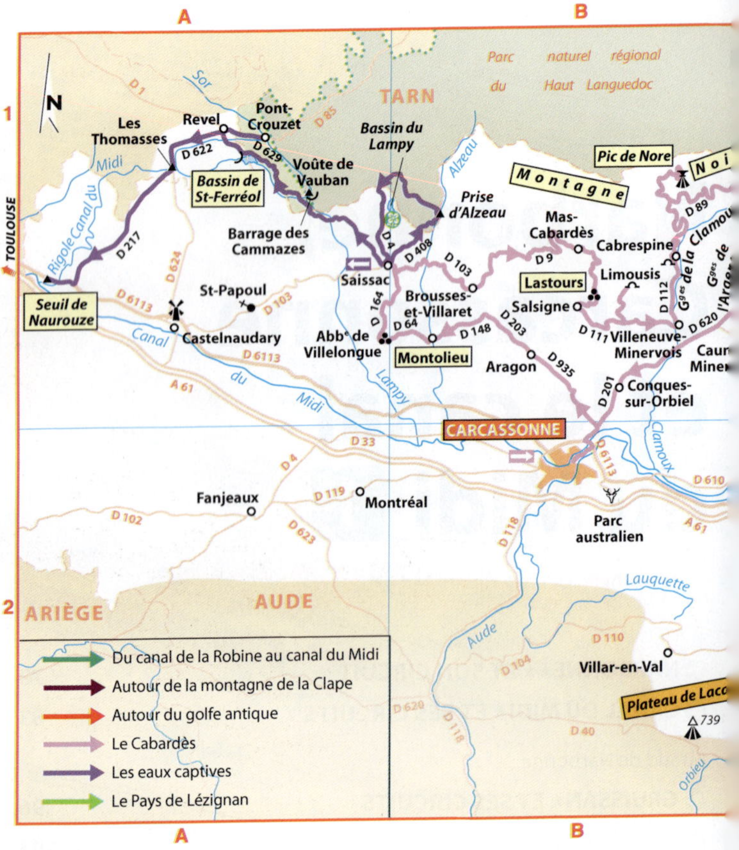
A
B
1
2
N
Parc naturel régional du Haut Languedoc
TARN
Sor
Revel
Pont-Crouzet
Les Thomasses
D 622
D 629
D 85
Bassin du Lampy
Voûte de Vauban
Bassin de St-Ferréol
Alzeau
Prise d'Alzeau
Pic de Nore
Montagne
Midi
Rigole
Canal du
TOULOUSE
D 217
D 624
Barrage des Cammazes
Saissac
D 4
D 408
D 103
Mas-Cabardès
Cabrespine
D 9
D 89
D 112
Lastours
Limousis
Salsigne
Gges de la Clamoux
Gges de l'Argent
Seuil de Naurouze
St-Papoul
D 6113
Castelnaudary
Canal
du
Midi
D 164
Brousses-et-Villaret
D 64
Abbe de Villelongue
Montolieu
D 148
D 203
Aragon
D 935
D 111
Villeneuve-Minervois
D 620
D 201
Conques-sur-Orbiel
A 61
Lampy
CARCASSONNE
D 33
D 4
D 6113
Clamoux
D 610
Fanjeaux
D 119
Montréal
D 102
D 623
D 118
Parc australien
A 61
Lauquette
ARIÈGE
AUDE
Aude
D 110
Villar-en-Val
D 104
Plateau de Lac
D 620
D 118
D 40
739
Orbieu
Du canal de la Robine au canal du Midi
Autour de la montagne de la Clape
Autour du golfe antique
Le Cabardès
Les eaux captives
Le Pays de Lézignan

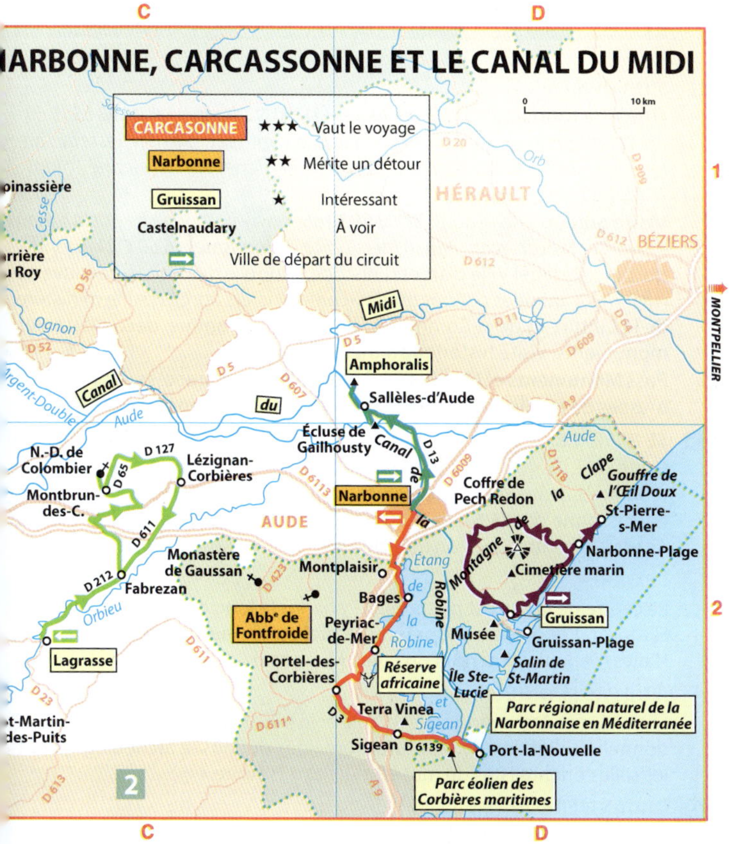
C
D
NARBONNE, CARCASSONNE ET LE CANAL DU MIDI
CARCASONNE ★★★ Vaut le voyage
Narbonne ★★ Mérite un détour
Gruissan ★ Intéressant
Castelnaudary À voir
Ville de départ du circuit
0
10 km
HÉRAULT
BÉZIERS
MONTPELLIER
AUDE
Canal
du
Midi
Aude
Orb
Orbieu
Ognon
Cesse
Argent-Double
Amphoralis
Sallèles-d'Aude
Écluse de Gailhousty
Canal de la Robine
N.-D. de Colombier
Montbrun-des-C.
Lézignan-Corbières
Narbonne
Coffre de Pech Redon
Montagne de la Clape
Gouffre de l'Œil Doux
St-Pierre-s-Mer
Narbonne-Plage
Cimetière marin
Gruissan
Gruissan-Plage
Musée
Salin de St-Martin
Île Ste-Lucie
Étang de Bages et de Sigean
Monastère de Gaussan
Montplaisir
Bages
Abbe de Fontfroide
Peyriac-de-Mer
Portel-des-Corbières
Réserve africaine
Terra Vinea
Sigean
Port-la-Nouvelle
Parc régional naturel de la Narbonnaise en Méditerranée
Parc éolien des Corbières maritimes
Fabrezan
Lagrasse
St-Martin-des-Puits
Roy
D 127
D 65
D 611
D 212
D 423
D 6113
D 13
D 6009
D 1118
D 5
D 607
D 3
D 6139
D 611A
D 613
D 23
D 56
D 52
D 20
D 909
D 612
D 11
D 64
D 609
A 9
1
2
2
C
D

Narbonne

★★

51 005 Narbonnais – Aude (11)

NOS ADRESSES PAGE 81

S'INFORMER

Office de tourisme – *31 r. Jean-Jaurès - 11100 Narbonne - ✆ 04 68 65 15 60 - www.narbonne-tourisme.com - de déb. avr. à mi-sept. : 9h-19h ; reste de l'année : lun.-sam. 10h-12h30, 13h30-18h, dim. et j. fériés 9h-13h - fermé 1er janv., 1er Mai, 25 déc.*

Visite guidée – *Rens. au ✆ 04 68 90 30 66 - www.narbonne.fr - pdt la saison estivale et les vac. scol. : 14h30 (dép. office de tourisme) - 6,50 €.* Narbonne, qui porte le label Ville d'art et d'histoire, propose des visites-découverte *(1h à 1h30)* animées par des guides-conférenciers agréés par le ministère de la Culture et de la Communication : au programme, découverte des monuments, visite historique à thème.

Pass Monuments et Musées – *9 €, valable 15 j.* Donne accès aux principaux musées de la ville. En vente à l'OT et dans les lieux concernés.

SE REPÉRER

Carte de microrégion D2 (p. 68) – *Carte Michelin Départements 344 J3.* À 30 km au sud-ouest de Béziers par la D 609 et à 60 km à l'est de Carcassonne par l'A 61. La D 6009 contourne Narbonne, avec des accès directs au centre, que l'on aborde en longeant le canal de la Robine.

SE GARER

Le centre de la cité est piétonnier. Parkings le long du canal (quai Victor-Hugo, gratuit puis payant près du centre) et, sur l'autre rive, au niveau des Halles (parking souterrain du cours Mirabeau).

À NE PAS MANQUER

Le palais des Archevêques ; le retable et le trésor de la cathédrale ; l'exceptionnelle collection de peintures romaines du Musée archéologique et les salles orientalistes du musée d'Art et d'Histoire.

ORGANISER SON TEMPS

En été, commencez par la ville le matin pour éviter les grandes chaleurs. Déjeunez, puis appréciez, l'après-midi, la fraîcheur relative des musées du Palais neuf. Les environs de Narbonne méritent une journée.

AVEC LES ENFANTS

Le Musée archéologique de Narbonne, le musée de la Chevalerie.

Capitale de la Gaule narbonnaise, résidence des rois wisigoths, cité archiépiscopale… « Narbonne la rose » égrène noms prestigieux et témoins architecturaux d'un glorieux passé. Quelques belles collections, en particulier des peintures romaines, dévoilent une partie de ce riche patrimoine historique. Sous la chaude caresse du soleil, découvrez le visage animé d'une ville méditerranéenne, important centre viticole et carrefour de communications. Tandis que les berges de la Robine vous invitent à une promenade paresseuse…

Le palais des Archevêques et les vestiges de la *via Domitia*.
J.-P. Degas / hemis.fr

Se promener Plan de ville p. 78

★ PALAIS DES ARCHEVÊQUES ET CATHÉDRALE ST-JUST-ET-ST-PASTEUR B1

Pour visualiser le circuit, reportez-vous au tracé vert sur le plan du palais p. 72.
Le palais des Archevêques domine la **place de l'Hôtel-de-Ville**, cœur de la cité à l'emplacement duquel on a récemment découvert un tronçon de la via Domitia *(visible sur la place)*. La façade est comporte trois tours carrées : encadrant le passage de l'Ancre, la tour de la Madeleine (la plus ancienne) et la tour St-Martial ; plus à gauche, le donjon Gilles-Aycelin. Entre ces deux derniers, Viollet-le-Duc a construit l'hôtel de ville dans un style néogothique.
Le palais des Archevêques compose un ensemble architectural religieux, militaire et civil complexe où les siècles ont laissé leur empreinte (du 12e s. avec le Palais vieux, au 19e s. avec l'hôtel de ville).

★ Donjon Gilles-Aycelin

Place de l'Hôtel-de-Ville, accès par l'accueil - ☎ 04 68 90 30 65 - juin-sept. : tlj 10h-18h ; oct.-mai : tlj sf mar. 10h-12h, 14h-17h - fermé 1er janv., 1er Mai, 1er et 11 Nov., 25 déc. - 4 € (billet incluant le trésor de la cathédrale) ou Pass Monuments et Musées.
Ce donjon (fin du 13e s.) aux murs en bossages est établi sur les restes du rempart gallo-romain qui défendait jadis le cœur de la ville antique. Voulu par Gilles Aycelin, il affirmait la puissance épiscopale face à celle du vicomte Aymeric II installé de l'autre côté de la place de l'Hôtel-de-Ville. Son dispositif, très soigné, associe les défenses de trois échauguettes, un escalier dans une tourelle et un espace d'habitation au troisième étage, possible refuge ultime puisque isolé des autres bâtiments.
Du chemin de ronde de la plate-forme (162 marches), le **panorama★** se développe sur Narbonne et sa cathédrale, la plaine alentour, la montagne de la Clape, les Corbières, les étangs marins et les Pyrénées à l'horizon.
Traversez l'hôtel de ville pour entrer dans la cour d'honneur du Palais neuf.

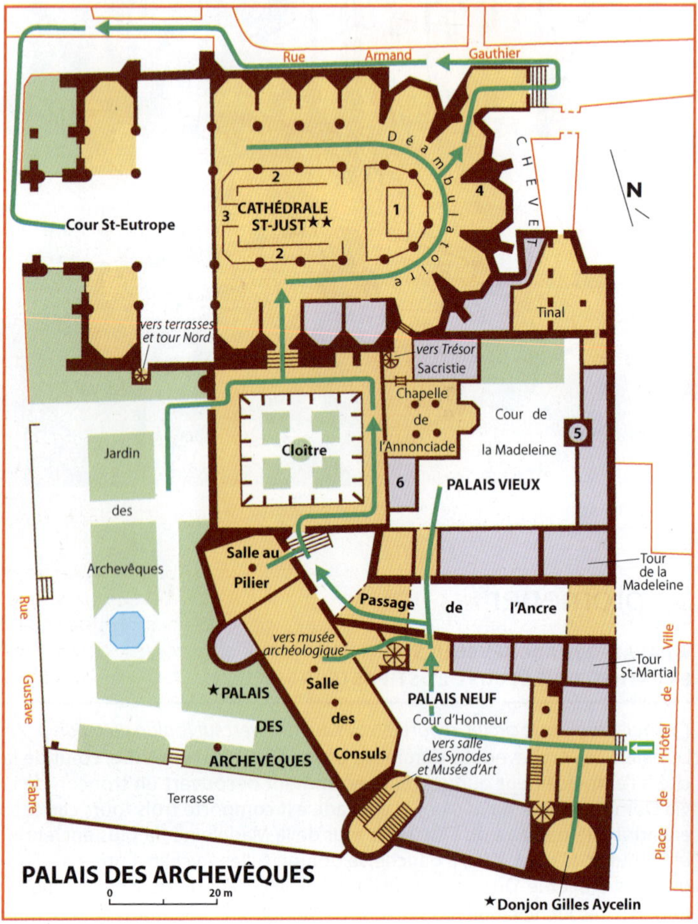

Palais neuf

Il forme un ensemble s'ordonnant autour de la cour d'honneur (ou cour du Palais neuf) avec la façade sur cour de l'hôtel de ville, le donjon Gilles-Aycelin, la tour St-Martial, le bâtiment des Synodes et deux ailes nord et sud.

On accède à la **salle des Synodes** par un grand escalier à balustres construit en 1628. Cette salle, où se tinrent les états généraux du Languedoc, abrite quatre belles tapisseries d'Aubusson.

★★ Musée archéologique B1

Dans le Palais neuf - ✆ 04 68 90 30 66 - avr.-14 juil. : tlj sf mar. 10h-12h, 14h-17h ; 15 juil.-oct. : tlj 10h-13h, 14h30-18h ; nov.-mars : tlj sf mar. 14h-17h - visite guidée sur demande : ✆ 04 68 90 30 66 - fermé 1er janv., 1er Mai, 1er et 11 Nov., 25 déc. - 4/6 € (-10 ans gratuit).

Narbonne possède sans doute la plus riche collection de France de **peintures romaines★★**. Provenant pour la plupart du site archéologique du Clos

de la Lombarde (au nord de la ville antique), elles ornaient les habitations aisées de Narbo Martius.
Après une initiation à la construction d'une maison gallo-romaine, découvrez les **techniques de la peinture murale antique**. Présentés à taille réelle, les exemples variés de décors peints et de mosaïques sont dominés par le 4e style pompéien (fin du 1er s.). Sur un fond rouge ou blanc, les parois portent des motifs stylisés, des scènes de chasse et des guirlandes. Remarquez notamment la **peinture au Génie** qui décorait le triclinium de la *domus* : à droite, buste d'Apollon lauré ; à gauche, génie portant une corne d'abondance et une patère à libations ; une Victoire ailée, mutilée, brandit un bouclier. Décorant le caisson d'un plafond, une ménade, suivante de Bacchus, tient l'attribut de Bacchus : un thyrse enrubanné. La plupart des mosaïques sont en noir et blanc, et évoquent certains modèles pompéiens : décor géométrique (tresses, carrés, losanges, croisillons), marbre incrusté sur fond noir (bouclier de triangles encadré d'une tresse à deux brins).
Dans la chapelle haute de la Madeleine, admirez quelques vases et tessons de l'oppidum de Montlaurès. L'importante collection lapidaire évoque les institutions, les cultes et les activités commerciales de la Narbonne romaine. Ne manquez pas l'**ancre en bois et plomb** unique dans le monde romain, la très ancienne borne milliaire, le Silène ivre du 1er s., le sarcophage des Amours vendangeurs (3e s.).
La chapelle basse abrite une superbe **mosaïque** païenne, des sarcophages et un linteau provenant de la cathédrale primitive bâtie par l'évêque Rustique.
Relié au Musée archéologique, le **Tinal** abrite les collections préhistoriques. Les vitrines présentent une collection d'outils, bijoux et céramiques, sans oublier l'épée de Jugnes, bel exemple d'arme de l'âge de fer. Reconstitutions et animations audiovisuelles animent la visite.

1

★ Musée d'Art et d'Histoire B1

Palais neuf, dans le même bâtiment que la salle des Synodes, au 2e étage - ✆ 04 68 90 30 55 - mêmes conditions de visite que le Musée archéologique.
Il est aménagé dans les appartements des archevêques où Louis XIII séjourna lors du siège de Perpignan au printemps 1642. Faisant suite à la salle des Audiences où sont accrochés plusieurs portraits des consuls de Narbonne au 16e s., la **chambre du Roi** s'orne d'un beau plafond à caissons représentant les neuf Muses et, au sol, d'une mosaïque romaine admirablement conservée.
La **Grande Galerie** présente un bel ensemble de pots de pharmacie de Montpellier et des toiles des 16e et 17e s., parmi lesquelles des portraits de Hyacinthe Rigaud et des sujets historiques d'Antoine Rivalz.
C'est dans la **salle des Faïences** que vous pourrez admirer des pièces sorties des plus grandes fabriques françaises (Montpellier, Moustiers, Marseille…).
Le **Grand Salon** offre une place de choix aux œuvres des écoles françaises des 18e et 19e s. (Greuze, Pierre et Nicolas Mignard, Jacques Louis David…), à celles des écoles flamandes et italiennes (Tintoret, Lorenzo Lippi…), sans oublier les portraits d'une dizaine d'archevêques de Narbonne.
En fin de visite, découvrez le « clou » de ce musée : la riche collection de **peintures orientalistes**★ des 19e et 20e s., mise en scène dans un décor délicieusement kitsch qui peut évoquer la grande mosquée de Cordoue. Tous les grands noms de cette école sont ici représentés : parmi eux Carpeaux, Isabey, Benjamin Constant, Hippolyte Lazerges, Bezombes… mais on retiendra surtout la superbe *Casbah de Tinghir*, rare exemple d'œuvre de **Jacques Majorelle** exposée dans un musée français.

La capitale de la province narbonnaise

UN PORT DE MER

Narbonne occuperait l'emplacement du marché maritime d'un oppidum gaulois, Narba, établi sept siècles av. J.-C. au nord de la ville actuelle, sur la colline de Montlaurès. La ville, « Colonia Narbo Martius », fondée en 118 av. J.-C. (première « colonie » romaine en dehors d'Italie), devient un carrefour routier stratégique (voie Domitienne reliant le Rhône à l'Espagne, voie d'Aquitaine, desservant Toulouse) en même temps qu'un port florissant. C'est d'ici que s'exportent l'huile, le lin, le bois, le chanvre, les fromages, les charcuteries des Cévennes dont les Romains sont friands, puis plus tard les céramiques sigillées. Mais c'est d'abord et surtout le commerce du vin, italien, ibérique puis gaulois, qui anime le trafic portuaire. Parallèlement, la ville connaît une forte expansion et s'orne de monuments prestigieux (temple capitolin, forum).

UNE MÉTROPOLE ROMAINE

En 27 av. J.-C., Narbonne donne son nom à la province que constitue Auguste. C'est « la plus belle », écrit Martial et, avec Lyon, la ville la plus peuplée de la Gaule ; Cicéron proclame que « la Narbonnaise constitue le boulevard de la latinité ». Mais le flot des invasions barbares vient abattre l'Empire romain. Après la mise à sac de Rome en 410, les Wisigoths s'y établissent et régissent la région jusqu'à l'arrivée des Sarrasins (8e s.). En 759, Pépin le Bref leur reprend la ville après un long siège. Charlemagne crée le duché de Gothie dont Narbonne reste la capitale.

AU MOYEN ÂGE

La ville est divisée en plusieurs seigneuries : l'archevêque et le vicomte se partagent la cité (avec la cathédrale et l'archevêché) et le bourg (avec l'église St-Paul) ; une importante communauté juive réside dans la cité. Narbonne conserve longtemps son opulence, comme en atteste *Aimeri de Narbonne*, chanson de geste composée au 12e s. par un troubadour, Bertrand de Bar. Ce dernier y décrit les « grands navires cloutés de fer, les galères pleines de richesses qui font l'opulence des habitants de la bonne ville ». Mais la fin de la croisade contre les Albigeois transforme la région en champ de bataille où s'affrontent la couronne de France et le royaume d'Aragon (puis d'Espagne) jusqu'au traité des Pyrénées, l'enjeu étant la possession du Roussillon.

LES COMBATS DE LA VIGNE ET DU RUGBY

À partir du 14e s., le changement du cours de l'Aude, les ravages de la guerre de Cent Ans, la peste et le départ des juifs font péricliter Narbonne. Comble de malheur, le tracé du canal du Midi l'évite… Les Narbonnais subsistent grâce à leur tradition viticole, et ils sont au premier rang de la « révolte des gueux » de 1907 *(voir p. 62)* : leur maire emblématique **Ernest Ferroul** s'illustre en renvoyant son écharpe tricolore après que l'armée eut tiré sur les vignerons. Plus tard, ce sera le RC Narbonne qui fera vibrer les amateurs de rugby, notamment lorsque les « rouges et noirs » se poseront en grands rivaux des voisins de l'AS Béziers.

L'ARRESTATION DE CINQ-MARS
Favori de Louis XIII, le grand écuyer n'hésite pourtant pas à le trahir au profit de l'Espagne. Prévenu de sa forfaiture, le souverain le reçoit à l'archévêché le 12 juin 1642. Mais un valet a averti Cinq-Mars de ce qui l'attend. Celui-ci se dissimule dans le placard situé entre la salle des Audiences et la chambre du Roi, avant de s'enfuir dans la ville où il est finalement arrêté. Il finit sur l'échafaud.

Salle des Consuls

Entrée par la cour d'honneur.
Au rez-de-chaussée du bâtiment des Synodes, elle s'appuie sur une portion de l'enceinte romaine. Belle rangée centrale de piliers.
Sortez du Palais neuf par la porte au nord de la cour et entrez dans le Palais vieux par la porte en face, de l'autre côté du passage de l'Ancre.

Palais vieux

Il est formé de deux corps de bâtiments qui flanquent la tour de la Madeleine. À l'est, une tourelle d'escalier carrée cantonne une façade romane ajourée d'arcatures (5). Au sud se déploie une façade percée d'ouvertures romanes, gothiques et Renaissance. D'autres monuments bordent la cour de la Madeleine : le clocher carré carolingien de St-Théodard (6), l'abside de la chapelle de l'Annonciade que domine au nord l'imposant chevet de la cathédrale, le Tinal, ancien cellier des chanoines du 14e s., récemment restauré.
Ressortez passage de l'Ancre et prenez à droite.

Passage de l'Ancre

Cette impasse fortifiée aux murs impressionnants sépare le Palais vieux du Palais neuf, et depuis la place de l'Hôtel-de-Ville, sur laquelle elle donne entre la tour St-Martial et la tour de la Madeleine, elle conduit au cloître et à la cathédrale.
Entrez dans la salle au Pilier par une porte située à gauche de l'escalier d'accès au cloître de la cathédrale.

Salle du Pilier

Pl. de l'Hôtel-de-Ville - Passage de l'Ancre - ✆ 04 68 32 08 58 - www.narbonne.fr - avr.-14 juil. : tlj sf mar. 10h-12h, 14h-17h ; 15 juil.-oct. : 10h-13h, 14h30-18h ; reste de l'année : tlj sf mar. 14h-17h - fermé 1er janv., 1er Mai, 1er et 11 Nov., 25 déc. - possibilité de visite guidée sur demande préalable - 6,50 €.
Cette belle salle du 14e s. doit son nom à l'énorme pilier central qui supporte sa voûte.

★★ Cathédrale St-Just-et-St-Pasteur B1

On peut y accéder par le passage de l'Ancre, en pénétrant tout d'abord dans le cloître.
En 1332, le chœur rayonnant était terminé dans le style des grandes cathédrales du Nord, mais la construction du transept et de la nef, qui aurait entraîné la démolition partielle du rempart ancien, encore utile aux périodes médiévales troublées, fut remise à plus tard…
La première pierre du bâtiment fut posée le 3 avril 1272 : elle avait été envoyée de Rome par le pape Clément IV, ancien archevêque de la cité.
Cloître – Ce cloître fleuri (14e s.), situé au pied du côté sud de la cathédrale, est un havre de paix et de fraîcheur. Observez les hautes voûtes gothiques de ses galeries et, donnant sur la cour, des gargouilles sculptées disposées dans ses contreforts.
Par la galerie ouest, vous pourrez accéder au jardin des Archevêques.

Du **jardin des Archevêques** (18e s.), belle vue sur les arcs-boutants, la tour sud de la cathédrale et le bâtiment des Synodes, cantonné de deux tours rondes.

Intérieur – Il se résume à un **chœur**, unique partie achevée. La hauteur des voûtes du chœur, de 41 m, n'est dépassée que par celles d'Amiens (42 m) et de Beauvais (48 m). Son élévation est d'une grande pureté architecturale : grandes arcades dominées par un triforium dont les colonnettes prolongent les lancettes des grandes verrières. Long de quatre travées, entouré d'un déambulatoire et de chapelles rayonnantes, le chœur abrite de nombreuses œuvres d'art.

Les cinq chapelles et les fenêtres hautes de l'abside, de même que la 2e fenêtre haute sur le côté droit, conservent de beaux vitraux du 14e s. Face au maître-autel à baldaquin (1) se dresse le **buffet d'orgue** (3) cantonné de belles **stalles** (2) datant du 18e s.

La chapelle de l'Annonciade, attenante *(accès par la dernière chapelle rayonnante à droite)*, datant du 15e s., est l'ancienne salle capitulaire ; elle contient, face à l'entrée, un beau tableau de Nicolas Tournier (17e s.), *Tobie et l'Ange*.

La chapelle axiale de Ste-Marie-de-Bethléem a retrouvé son **grand retable gothique★** (4), redécouvert fortuitement en 1981 sous une couche de stuc. Dix ans ont été nécessaires pour le reconstituer à partir des milliers de fragments dispersés ou enfouis dans le mortier. De part et d'autre de la statue de la Vierge à l'Enfant, vous découvrirez sous des figures en haut relief (très abîmées) inscrites dans des arcatures de gables, deux registres de scènes sculptées en pierre polychrome, probablement entre 1354 et 1381 : des épisodes de la vie du Christ *(registre médian)* et le Jugement dernier au registre inférieur, centré autour de la gueule béante de Léviathan. Ne manquez pas d'observer avec attention les damnés poussant des cris d'effroi dans la charrette qui les conduit aux enfers ! Vision terrifiante, contrastant avec celle, nettement plus sereine, des élus gagnant par un escalier le royaume céleste après avoir expié leurs fautes au purgatoire.

Trésor – *R. Armand-Gautier - ✆ 04 68 90 30 65 - www.narbonne.fr - juil.-sept. : tlj sf dim. matin 10h-11h45, 14h-17h45 ; reste de l'année : tlj sf mar. 14h-17h (sur demande) - fermé 1er janv., 1er Mai, 1er et 11 Nov., 25 déc. - 4/6 € (-10 ans gratuit) ou Pass Monuments et Musées.* Il est installé dans une salle, au-dessus de la chapelle de l'Annonciade, dont la voûte possède une curieuse propriété acoustique. Il renferme des manuscrits enluminés, des pièces d'orfèvrerie religieuse dont un beau calice en vermeil de 1561, et surtout l'admirable tapisserie flamande de la fin du 15e s. représentant la **Création★★**, tissée d'or et de soie. C'est la seule qui subsiste d'un lot de dix pièces offertes au chapitre par l'archevêque François Fouquet. Admirez aussi la finesse d'une plaque d'évangéliaire en ivoire sculpté de la fin du 10e s., et un coffret de mariage en cristal de roche, orné d'intailles antiques, qui servit de reliquaire.

Sortez de la cathédrale par la porte de la 2e chapelle rayonnante en partant de la gauche.

Extérieur – Flânez autour de la cathédrale pour admirer le chevet aux lancettes flamboyantes, les grands arcs surmontés de merlons à meurtrières, les arcs-boutants à double volée, les tourelles et les puissants contreforts défensifs, les hautes tours nord et sud. Parvenu devant le mur qui clôt le chœur, vous serez frappé par la puissance des piliers du 18e s. sur lesquels devaient prendre appui le transept et les deux premières travées de la nef, et qui composent la **cour St-Eutrope** *(accès par la rue Gustave-Fabre)*. De cette cour, on peut accéder aux **terrasses** et à la **tour nord**, d'où l'on jouit d'une **vue★** sur les arcs-boutants de la cathédrale, le palais des Archevêques et la ville.

Musée de la Chevalerie

15 r. Gustave-Fabre - ℘ 04 68 49 98 69 - tlj sf dim. mat. et lun. 10h-12h30, 14h-19h - 5 € (enf. 3 €, visite guidée 7 €).

Réunie par un passionné d'histoire, la collection comprend une série d'arcs, arbalètes, flèches et épées datant pour certaines du 11e s. Vous pourrez essayer les casques, soupeser les cottes de mailles et manipuler les armes des chevaliers, toujours sous le contrôle bienveillant du maître des lieux, intarissable sur le catharisme comme sur l'histoire de la Narbonnaise… et sur la petite histoire : vous y apprendrez notamment l'origine de certaines expressions courantes, comme « montrer patte blanche »…

LE VIEUX NARBONNE

Pour visualiser le circuit, reportez-vous au tracé vert sur le plan de ville p. 78. Partez de la place de l'Hôtel-de-Ville et prenez la rue Droite, piétonne et très commerçante.

Place du Forum B1

Elle occupe en partie l'emplacement du forum et du capitole antiques. Devant un mur peint, des fûts de colonnes, des bases de pilastres, des fragments de chapiteaux évoquent, par leurs dimensions, le temple du 1er s.

Prenez à droite la rue Girard et à gauche la rue Michelet.

Église St-Sébastien B1

Selon la légende, elle occuperait l'emplacement de la maison natale du saint. De style gothique flamboyant (15e s.), elle fut agrandie au 17e s. et flanquée d'un couvent et d'un cloître destinés aux carmélites.

Revenez place du Forum et prenez, à l'angle sud-ouest, la rue Rouget-de-Lisle.

Horreum B1

Près du forum. Mêmes conditions de visite que le Musée archéologique. Vidéo 15mn.

De ce vaste entrepôt romain (sans doute les vestiges d'un marché), seules deux galeries souterraines se visitent. Bande-son évocatrice et éclairage mettant en valeur sculptures et bas-reliefs.

Prenez à droite la rue du Lieut.-Col.-Deymes et encore à droite la rue Armand-Gauthier qui débouche sur la place Roger-Salengro.

La Poudrière B1

Derrière le jardin des Vicomtes, cette ancienne poudrière du 18e s. aux puissants contreforts bas abrite des expositions temporaires.

Revenez place R.-Salengro, prenez à droite la rue Chennebier et à gauche la rue du Lion-d'Or, qui descend vers les quais que l'on suit à gauche.

Berges de la Robine B2

Dérivation de l'Aude, le canal de la Robine relie la rivière au canal de Jonction (qui lui-même rejoint le canal du Midi), de Sallèles-d'Aude à Port-la-Nouvelle. Ses cours ombragés, la passerelle et la promenade des Barques composent un ensemble propre à la flânerie. Beau point de vue à gauche sur le pont des Marchands, à droite sur une écluse.

Au bout de la promenade des Barques, traversez par le pont de la Liberté.

Là se dresse une belle halle de type Baltard.

Suivez les berges de la rive droite jusqu'au pont des Marchands qui permet de revenir à la place de l'Hôtel-de-Ville.

★ Pont des Marchands B2

C'est un pont surmonté d'une double rangée de maisons situées de part et d'autre d'une rue piétonne très commerçante, dont les façades, côté canal, sont peintes en couleur. Cette rue suit le tracé de la via Domitia.

SE LOGER

SE RESTAURER

LE « FOU CHANTANT »
Charles Trenet (1913-2001) est natif de Narbonne. Fils de la terre languedocienne, il a rendu la chanson à la fantaisie, à l'invention mélodique (très influencée par le jazz) et à la poésie. On a tous encore sur les lèvres l'air de *La Mer*, « qu'on voit danser le long des golfes clairs », et c'est vrai, elle est à deux pas de Narbonne !

À voir aussi Plan de ville

★ Musée lapidaire B2

Accès depuis le cours Mirabeau par le bd du Dr-Ernest-Ferroul qui longe les Halles - ♿ - mêmes conditions de visite que le Musée archéologique. Spectacle ttes les heures.
Il est installé dans l'église désaffectée de N.-D.-de-la-Mourguié, du 13e s. L'extérieur a fière allure avec ses contreforts saillants et son chevet crénelé.
À l'intérieur, dont la vaste nef est rythmée par six arcs diaphragmes soutenant le plafond charpenté, vous pourrez voir près de 1 300 inscriptions antiques, des stèles, des corniches, des sarcophages, d'énormes blocs sculptés, entassés sur quatre rangées, provenant pour la plupart des remparts de la cité et témoignant du passé prestigieux de l'ancienne capitale de la Gaule narbonnaise. Pour accompagner ce voyage dans le temps, une **scénovision** *(45mn)* propose une fresque historique qui vous projette de l'époque romaine à la magie de la Renaissance.

Basilique St-Paul A2

R. Arago. Tlj sf dim. apr.-midi 9h-12h, 14h-18h - fermé 1er janv., 1er Mai, 1er et 11 Nov., 25 déc. - 4/6 € (-10 ans gratuit).
Elle a été édifiée à l'emplacement d'une nécropole constituée aux 4e et 5e s. autour du tombeau de saint Paul Serge (3e s.), premier évêque de la ville.
Remarquez en entrant, à droite, une grenouille sculptée… dans le bénitier. Le **chœur★**, construit à partir de 1224, est remarquable par son élévation (grandes arcades, double triforium, fenêtres hautes), ses voûtes champenoises et son élégance. La perspective de la nef est coupée par 3 arcs massifs en anse de panier. Sous les grandes orgues, deux sarcophages chrétiens primitifs sont encastrés dans le mur, un troisième sert de linteau.
La **crypte paléochrétienne** fait partie de l'importante nécropole constituée au début du 4e s. Les restes d'un édifice composé d'une chambre carrée et d'une abside constituent un mausolée dans lequel sont conservés six sarcophages. L'un avec acrotères, un autre à rinceaux et un troisième en marbre blanc évoquant les sarcophages païens sont les plus intéressants.
Accès par le portail nord de l'église. Visite sur demande au gardien - gratuit.
Dans la rue à l'est de la basilique, une maison du 16e s. exhibe des cariatides aux formes opulentes : d'où son nom, **« maison des Trois Nourrices »**.

Maison natale de Charles Trenet A2

13 av. Charles-Trenet - ✆ 04 68 58 19 13 - www.narbonne.fr - visite guidée (dép. ttes les h) - juin-sept. : 10h-18h ; oct.-mai : tlj sf mar. 10h-12h, 14h-17h - fermé 1er janv., 1er Mai, 1er et 11 Nov., 25 déc. - 6 € (étudiant, enf. 4 €, -10 ans gratuit).
Les fans ne manqueront pas de s'inscrire à une visite de la maison natale du poète-chanteur où ils retrouveront, accompagnés par des refrains qui sont dans toutes les mémoires, un lieu plein de fantaisie à l'image des chansons du maître des lieux.

1

Circuit conseillé Carte de microrégion

DU CANAL DE LA ROBINE AU CANAL DU MIDI D1-2

Pour visualiser ce circuit de 16 km, de Narbonne à Sallèles, reportez-vous à la carte de microrégion (p. 68) – Comptez 4h.
Lors du percement du canal du Midi, le trajet retenu désola les Narbonnais, qui se retrouvaient à l'écart de la grande voie navigable du Languedoc. Mais, leur vieille « rigole » de la Robine aménagée depuis des lustres dans un ancien lit de l'Aude pouvait être raccordée au canal de Riquet : c'est ce qui fut fait en 1787 avec le creusement du canal de Jonction reliant l'écluse de Gailhousty au canal du Midi, à 2 km en aval du port du Somail *(voir p. 90).*
Quittez Narbonne au nord par la D 13 jusqu'à Cuxac-d'Aude, puis prenez à gauche la D 1626 vers Sallèles.

Canal de Jonction D2

Ce canal présente de très jolis biefs bordés de pins parasols.
Prenez une petite route à gauche avant d'arriver à Sallèles pour gagner l'écluse de Gailhousty.

Écluse de Gailhousty D2

L'écluse permet au canal de traverser l'Aude. À cet endroit se trouve un remarquable ouvrage de pierre, avec fronton triangulaire portant un bas-relief : il s'agit d'une maison épanchoir, maison de l'éclusier et garde épanchoir, construite sur l'épanchoir même, par l'architecte Garipuy en 1782.

Sallèles-d'Aude D1

Cet agréable village viticole s'enorgueillit d'une tradition bimillénaire puisque les Gallo-Romains en avaient fait un centre d'exportation du vin.
★ **Amphoralis-musée des Potiers gallo-romains** – *Accès par la D 1626 au nord-est de Sallèles-d'Aude, où l'on suit le balisage « musée des Potiers ». La route suit le canal de Jonction entre le canal du Midi et le canal de la Robine - ✆ 04 68 46 89 48 - www.sallelesdaude.fr/-le-site-amphoralis-.html - ♿ - juil.-sept. : 10h-12h, 15h-19h ; avr.-juin : mar.-vend. 14h-18h, sam-dim. 10h-12h, 14h-18h - fermé oct.-déc., 1er Mai - 6 € (-14 ans 4 €).* Le bâtiment moderne abrite, dans sa partie centrale, une exposition sur cette production quasi industrielle mais très variée qui dura du 1er s. au début du 4e s. apr. J.-C. De part et d'autre, des structures à pans ouverts protègent le chantier de fouilles, comprenant principalement le quartier artisanal, qui s'ordonne autour d'une dizaine de fours, de bassins de décantation, d'ateliers munis de tours où l'on façonnait l'argile. La carrière d'argile à ciel ouvert est toute proche. Un four à échelle réelle a été reconstitué et mis en marche. La visite fait découvrir, en même temps que le site de fouilles, les différentes productions de Sallèles-d'Aude (céramique d'utilisation domestique, tuiles, amphores vinaires), la cuisson (maquettes de fours), la vie quotidienne et les échanges commerciaux dans l'Empire romain. La reconstitution d'une nécropole d'enfants découverte dans une salle du secteur

DÉLUGE

La basse plaine de l'Aude, au nord de Narbonne, a été littéralement ensevelie sous l'eau après les pluies diluviennes des 12 et 13 novembre 1999. En suivant ce circuit, on aura une pensée pour les villages de Sallèles-d'Aude, Cuxac-d'Aude et Coursan, les principales victimes de ces inondations.

artisanal (les plus âgés étaient des nourrissons de 9 mois) instruit sur les rites funéraires observés dans le monde gallo-romain dès la fin du 2e s. av. J.-C. À la lisière nord du site subsistent les vestiges d'un aqueduc qui traversait la plaine pour conduire l'eau en direction de Narbonne (1re moitié du 2e s. apr. J.-C.).

NOS ADRESSES À NARBONNE

HÉBERGEMENT

PREMIER PRIX

Hôtel de France – *6 r. Rossini - ✆ 04 68 32 09 75 - www.hotelnarbonne.com - fermé en janv. - 16 ch. 55/79 € - ☕ 8 € - wifi gratuit.* Chambres sobres et bien entretenues, réparties de chaque côté d'une petite cour, le tout à deux pas des Halles.

Chambre d'hôte Nuitées Vigneronnes de Beaupré – *Rte d'Armissan (D 68) - ✆ 04 68 65 85 57 - www.domaine-de-beaupre.fr - P - ⊭ - 4 ch. 60/70 € ☕ - table d'hôte sur réserv. - wifi gratuit.* Les amateurs de vin prendront plaisir à découvrir les secrets de sa fabrication au cœur de ce domaine de 9 ha, proche de Narbonne. L'annexe dispose d'une salle à manger lumineuse et de 4 chambres décorées chacune selon une dominante de couleur. Belle terrasse avec piscine sécurisée.

POUR SE FAIRE PLAISIR

Hôtel La Résidence – *6 r. du 1er-Mai - ✆ 04 68 32 19 41 - www.hotelresidence.fr - 26 ch. 97/135 € - ☕ 12 € - wifi gratuit.* Jean Marais, Maurice Béjart, Georges Brassens, Raymond Devos : prestigieux livre d'or, gage de qualité pour cet hôtel de charme aménagé dans une belle demeure du 19e s. Parmi les aménagements apportés par la direction (aux commandes depuis 2010), la création d'un bar à vins spécialisé dans les crus des Corbières et du Minervois.

Aux environs

POUR SE FAIRE PLAISIR

Château des Fontaines – *2 av. de la Distillerie - 11200 Canet (à 14 km à l'ouest par la D 6113, dir. Lézignan-Corbières, puis à Villedaigne, la D 11) - ✆ 04 68 49 72 48 - www.chateau-des-fontaines.com - ouv. juin-sept. - 7 ch. 95/160 € ☕.* Une maison de prestige où règnent le luxe et la sérénité. L'abbé Saunière *(voir p. 152)* y aurait croisé la cantatrice millavoise Emma Calvé : que s'est-il alors vraiment passé ? Hélas, le peintre Mucha, autre familier des lieux, n'a pas laissé de témoignage.

RESTAURATION

BUDGET MOYEN

L'Estagnol – *5 cours Mirabeau - ✆ 04 68 65 09 27 - www.lestagnol.fr - fermé dim. - formule déj. 11,50/18 € - 24/32 €.* Jolie vue sur le canal depuis le 1er étage de cette brasserie. Cuisine de terroir préparée avec les produits provenant des halles.

Le 26 – *8 bd du Dr-Lacroix - ✆ 04 68 41 46 69 - www.restaurantle26.fr - fermé dim. et lun. - formule déj. express 14,50 € - 26/37,50 €.* Bons plats traditionnels qui embaument la sobre salle du restaurant (parquet, murs en pierre) et mettent en appétit ! Accueil aimable.

POUR SE FAIRE PLAISIR

Le Petit Comptoir - *4 bd du Mar.-Joffre - ✆ 04 68 42 30 35 - www.petitcomptoir.com - fermé 15 j. en juil., dim. et lun. (mai-sept.) - 15/18 € (déj.en sem.), 37/47 €.* Style bistrot dans ce restaurant où vous dégusterez une cuisine traditionnelle locale.

UNE FOLIE

La Table St-Crescent – *68 av. du Gén.-Leclerc au Palais du vin - ✆ 04 68 41 37 37 - www.la-table-saint-crescent.com - fermé sam. midi, dim. soir et lun. - P - formule déj. 25 € - 65 /80 €.* Décor design dans cet oratoire médiéval. Terrasse entourée de vignes. Séduisante cuisine inventive et vins honorant la région.

ACHATS

Gourmandises

Les Halles – *1 bd du Dr-Ferroul - ✆ 04 68 32 63 99 - www.narbonne.halles.fr - wifi gratuit.* Une grande animation règne dans ces superbes allées larges et lumineuses.

Les Cuisiniers Cavistes – *1-5 pl. Lamourguier - ✆ 04 68 32 96 45 - www.cuisiniers-cavistes.com - mar.-sam. 10h30-15h30 et 18h30 à fin de service - 21 € (déj.en sem.), 29 €.* Le concept est novateur : faire découvrir des vins de têtes de cuvée (52 vignerons partenaires). Repas « semi-gastronomiques » et ateliers de cuisine.

Syndicat des producteurs de carthagène – *Maison des vignerons - ZAC Bonne-Source - BP 40527 - 11105 Narbonne Cedex - ✆ 04 68 90 22 29 - 8h30-12h30, 13h30-17h30 (vend. 16h30) - fermé sam.* La carthagène est un mélange d'eau-de-vie et de moût de raisin qui peut se boire en apéritif ou comme vin de dessert.

Culture

Librairie Place Média – *1 pl. de l'Hôtel-de-Ville, face au palais des Archevêques.* Au premier niveau, la célèbre librairie Privat propose un grand choix de livres sur la région.

La Boutique du Palais – *Pl. de l'Hôtel-de-Ville, au palais des Archevêques - ✆ 04 68 90 30 65 - été : 10h-18h, hiver et automne : tlj sf mar.14h-17h, printemps : 10h-12h, 14h-17h - fermé 1er janv., 1er Mai, 1er et 11 Nov., 25 déc.* La boutique a investi la superbe salle aux piliers : vous y trouverez des livres sur la région, des reproductions d'œuvres d'art et des produits régionaux.

Canal du Midi

★

Aude (11), Hérault (34)

NOS ADRESSES PAGE 92

S'INFORMER

Sites d'information – www.canal-du-midi.org ; www.canalmidi.com ; www.canal-et-voie-verte.com ; www.plan-canal-du-midi.com.

SE REPÉRER

Carte de microrégion CD1 (p. 68) – *Carte Michelin Départements 344 AK1 et 339 AF9.* Le canal du Midi relie Toulouse au bassin de Thau. La partie que nous vous proposons de découvrir ici s'étend du seuil de Naurouze (à 12 km à l'ouest de Castelnaudary par la D 6113) jusqu'à Béziers. Elle se divise en deux circuits de part et d'autre de Carcassonne.

À NE PAS MANQUER

La balade ombragée dans l'arboretum du seuil de Naurouze; **l'original plan circulaire de l'église de Rieux-Minervois**; le port du Somail; le trésor de l'église de Quarante; l'oppidum d'Ensérune; les trois tunnels du Malpas et les écluses de Fonséranes.

ORGANISER SON TEMPS

Les plus pressés trouveront ici des circuits en voiture de 1h, ou d'une demi-journée. Pour capter la douceur de vivre du canal, vous préférerez suivre ses berges à pied, à vélo ou, mieux, à bord d'une péniche!

AVEC LES ENFANTS

L'écluse de l'Aiguille, l'oppidum d'Ensérune ou une croisière familiale sur le canal *(voir Nos adresses).*

Quelle est la raison de son succès? Outre la prouesse technique, c'est la beauté de ses berges, la tranquillité de son cours et la richesse de son itinéraire qui fait traverser, de bout en bout, tout le Languedoc, de Toulouse à Sète, du Lauragais à la Méditerranée. Au fil de cette nonchalante croisière ombragée, vous découvrirez des vignobles écrasés de soleil, des cités et des villages chargés d'une d'histoire forte. Le canal est aujourd'hui inscrit au Patrimoine mondial de l'Unesco. Pour flâner au fil de l'eau, et goûter à un rythme de vie hors du temps…

Circuits conseillés Carte du canal du Midi

DU SEUIL DE NAUROUZE À CARCASSONNE

Pour visualiser ce circuit de 52 km, reportez-vous à la carte p. 88 – Comptez 1h.

★ Seuil de Naurouze

Laissez la voiture au parking situé près de l'obélisque.

C'est à cet endroit que les eaux captées dans la Montagne Noire *(voir p. 137)* viennent alimenter les deux versants, méditerranéen et atlantique, du canal du Midi. Sur ce site, Riquet voulait créer une ville; son projet n'a pas abouti;

les constructions furent uniquement consacrées à l'entretien et à l'exploitation du canal.

Contournez le bassin à gauche.

Un agréable sentier ombragé fait le tour du bassin de décantation, de forme octogonale, creusé en 1669-1673. On voit successivement la station de pompage destinée à l'irrigation du Lauragais, l'épanchoir permettant d'évacuer le trop-plein du bassin vers le Fresquel, le **bief de partage** des eaux, l'écluse qui déverse l'eau de la rigole de la Montagne Noire dans le bief et enfin l'écluse de l'Océan (1671). Le bassin est entouré d'un **arboretum** planté de pins d'Alep, de micocouliers, d'érables sycomores, de cèdres de l'Atlas (allée menant à l'écluse de l'Océan), de merisiers, etc.

Revenez au parking par une allée de platanes traversant le bassin.

L'**obélisque de Riquet**, élevé en 1825 par les descendants de Riquet, se dresse dans un enclos sur le socle naturel des « pierres de Naurouze », entre le col de Naurouze (D 113) et le canal. Il est entouré d'une double couronne de cèdres. Selon la légende, quand les fissures qui strient les pierres de Naurouze viendront à se fermer, la société sombrera dans la débauche et la fin du monde surviendra. Vue à l'ouest sur la butte de Montferrand.

Quittez le seuil de Naurouze au sud et gagnez **Le Ségala**, joli port du canal.

Remontez par la D 217 à Labastide-d'Anjou. Prenez ensuite la D 6113 à droite.

Castelnaudary *(voir p. 133)*

D 6113 vers l'est, direction Carcassonne. Après Villepinte, prenez à droite la D 4.

Bram

Ville natale du journaliste et écrivain Jean Cau (1925-1993), Bram est un représentant typique de l'urbanisme languedocien en **« circulades »**, villages construits en cercles concentriques autour de l'église. Bram fut le théâtre d'un des plus terribles épisodes de la croisade contre les Albigeois. En 1210, ayant pris Bram d'assaut, Simon de Montfort fait trancher le nez et crever les yeux à 99 habitants de la ville ; plus chanceux, le 100e est « seulement » éborgné, afin qu'il puisse conduire les autres à Cabaret et effrayer ainsi les défenseurs locaux.

Faites demi-tour par la D 4 et tournez à droite dans la D 6113.

Pézens

Pézens a gardé quelques vestiges de remparts dont une porte fortifiée. L'église (clocher à flèche ornée de crochets – 19e s.) date du 18e s.

★★★ Carcassonne *(voir p. 116)*

Cyclistes au bord du canal du Midi.
O. Fantuz / SIME / Sime / Photononstop

LA PLAINE DU MINERVOIS

Pour visualiser ce circuit de 120 km, reportez-vous à la carte p. 88 . De Carcassonne à Béziers – Comptez une demi-journée. Quittez Carcassonne au nord par la D 118.

Ce circuit part de l'Aude pour arriver dans l'Hérault.

La route longe le canal du Midi et passe au-dessus du Fresquel, également enjambé par le canal sur le **pont-canal du Fresquel**.

Au carrefour de Bezons, prenez la 1re route à droite, la D 620, puis la D 201. Après Villedubert, tournez à droite dans la D 101.

Peu avant **Trèbes**, à droite de la route, le canal du Midi passe au-dessus de l'Orbiel sur un **pont-canal** à trois arches construit par Vauban en 1686.

Quittez Trèbes à l'est par la D 610.

Marseillette

C'est à partir de cette bourgade que vous pourrez partir à la découverte de l'étang asséché de Marseillette. À l'ère tertiaire, la mer recouvrait cette vaste plaine ; en se retirant, elle a laissé place à un étang pullulant de moustiques, vecteurs de maladies. En 1808, après quatre années de travaux, l'assèchement est décidé. L'arrivée de l'eau douce par le canal de Naudy en 1851 ouvre la voie à la riziculture. Aujourd'hui, les 2 000 ha sont couverts de vergers, vignobles et **rizières**. La pisciculture est également au rendez-vous avec une trentaine de bassins répartis sur 25 ha de terrains dans lesquels grandissent sarasas et shunbunkins, poissons d'ornements destinés, pour l'essentiel, à l'exportation. Toutes ces activités participent à la physionomie de ce site que quadrillent de minuscules routes parfois difficiles.

Après Marseillette, prenez à droite la D 157.

Blomac

Remarquez l'**église St-Étienne**, avec son clocher-mur et son admirable chevet arrondi (fin 11e s.) orné de bandes lombardes.

Regagnez la D 610.

Puichéric

D'agréables ruelles, dont certaines cachent des maisons anciennes, mènent à l'église (13e s.) et au château du 11e s., incendié par le Prince Noir en 1355, relevé depuis de ses ruines, et où Pierre Paul Riquet séjourna.

POUR TOUT SAVOIR…

Sur la genèse et la postérité de l'œuvre de Riquet, ne manquez pas le musée installé sur la rive du bassin de St-Ferréol *(voir p. 139)* près de Revel *(19 km au nord de Castelnaudary par la D 6212).*

1

Le canal du Midi

HISTOIRE

Le projet d'un visionnaire acharné

Dans les projets de construction d'un canal de jonction « des Deux-Mers », le franchissement du seuil de Naurouze (alt. 194 m) était un obstacle insurmontable. En explorant le site dans tous ses détails, **Pierre Paul Riquet** trouva la solution : au seuil de Naurouze sourdait alors la fontaine de la Grave dont les eaux se séparaient immédiatement en deux ruisseaux coulant l'un vers l'ouest, l'autre vers l'est. Il suffisait donc d'accroître ce flot pour constituer un bief de partage suffisamment alimenté, permettant l'aménagement d'écluses sur l'un et l'autre versant. Pour ce faire, Riquet eut l'idée d'utiliser le réseau hydrographique de la Montagne Noire. Avec l'aide du fils d'un fontainier de Revel, il capta et amena les eaux de l'Alzeau, de la Bernassonne, du Lampy et du Sor par la rigole de la Montagne jusqu'au **barrage de St-Ferréol** *(voir p. 139)*, puis à **Naurouze** par la rigole de la Plaine.

En 1662, il réussit à intéresser Colbert à son projet. L'autorisation est accordée en 1666, et la première pierre du « magasin d'eau » de St-Ferréol posée le 15 avril 1667. Riquet engloutit dans cette gigantesque entreprise l'essentiel de sa fortune, payant souvent de ses deniers les ouvriers (jusqu'à 12 000…), résolvant au jour le jour les problèmes techniques, tandis que son adjoint, l'ingénieur François Andréossy tente de s'attribuer la paternité de l'œuvre. Épuisé et ruiné, Riquet meurt en 1680 : il restait 4 km à creuser pour que le canal atteigne le bassin de Thau. Le canal est inauguré six mois plus tard…

Héritage et déclin

Les descendants de Riquet obtiennent l'administration du canal et la gestion des péages. Ils font perfectionner l'ouvrage, en faisant appel notamment à Vauban (1687-1694). Après avoir été géré par la Compagnie des Chemins de fer du Midi, le canal est racheté en 1898 par l'État (il est aujourd'hui sous la tutelle de VNF - Voies navigables de France).

Mais en cette fin de 19e s., le canal doit faire face à la concurrence du train. Le trafic commercial (marchandises et passagers) se tarit ; les écluses, calculées pour les navires de l'époque, n'admettent pas les bateaux de plus de 30 m de long. 1989 voit le dernier trajet de la dernière péniche commerciale.

Le sauvetage

Le canal historique, placé par l'Unesco en 1969 sur la liste du Patrimoine de l'humanité, a une physionomie attrayante, avec ses nombreuses courbes serrées, ses écluses aux bassins ovales, son cours rétréci par de gracieux ponts de briques et ses allées d'eau bordées de majestueux platanes. Aussi le tourisme fluvial a-t-il aujourd'hui investi le canal, dont les eaux permettent également d'irriguer 40 000 ha de terres dans le Lauragais.

ABC DU CANAL

Le canal du Midi présente une véritable architecture constituée par la voie d'eau elle-même, par son paysage, mais également par tous les ouvrages construits pour servir à son fonctionnement ou à son exploitation.

L'alimentation en eau

Les eaux d'alimentation sont rassemblées loin du bief de partage par des petits canaux, les « **rigoles** ». La rigole de la Montagne alimente le bassin de

St-Ferréol, d'où part la rigole de la Plaine qui se déverse dans le bief de partage du canal au seuil de Naurouze.
Pour rassembler les eaux, on a d'abord créé des lacs artificiels, comme celui de Naurouze, puis des **réservoirs** contenus par des barrages en maçonnerie, comme à St-Ferréol, afin d'alimenter le canal durant la saison sèche.
Les **déversoirs** ou **épanchoirs** servent à évacuer le trop-plein d'eau du canal dû aux variations saisonnières ou encore à vider un bief, un bassin ou un réservoir pour le nettoyer ou le réparer. L'épanchoir coupe parfois le chemin de halage; on construit alors un pont à arcades au-dessus de l'épanchoir (Argent-Double). Dans le système de l'épanchoir « à fond », l'eau excédentaire s'écoule par l'action d'une vanne, comme à Gailhousty; les deux systèmes sont réunis dans l'épanchoir « à siphon » (Ventenac-en-Minervois).

Les franchissements

Pour franchir un ruisseau, le canal passe sur un aqueduc voûté. Pour franchir une rivière, on préfère utiliser un **pont-canal**. Le premier à avoir été construit en Europe est le pont-canal de Répudre; il en existe également au-dessus de la Cesse, du Fresquel ou de l'Orbiel.
Grâce aux **souterrains**, le canal peut traverser une montagne ou une colline sans que son niveau en soit élevé; c'est le cas du tunnel de Malpas, près d'Ensérune, et de la percée des Cammazes (ou voûte de Vauban), creusée dans la Montagne Noire et permettant à l'eau de la rigole de la Montagne d'alimenter le bassin de St-Ferréol.
Les **écluses** permettent de passer d'un plan d'eau (bief) à un autre situé plus haut ou plus bas. Les écluses du canal du Midi ont été construites en ellipse, forme qui offre une meilleure résistance à la poussée des terres. Pour monter ou descendre une forte pente ont été créées des échelles d'écluses : celle de St-Roch, à la sortie de Castelnaudary, comporte quatre écluses, celle de Fonséranes, près de Béziers, huit.

CHIFFRES CLÉS

Long de 240 km, ce canal naît à Toulouse et débouche dans l'étang de Thau. Quatre-vingt-onze éclusages sont nécessaires pour un cubage de 300 millions de m^3 d'eau par an. Malgré toute cette infrastructure, il fallait encore huit jours au 19e s. pour aller d'Agde à Toulouse avec une barque de 120 t.

Les architectures du canal

Les **maisons éclusières** sont toutes identiques; rectangulaires, elles comptent une ou deux pièces, de plain-pied. Sur leur façade est apposée une plaque indiquant la distance qui sépare l'écluse amont de l'écluse aval.
Les **ports** présentent un quai de pierre. Certains ne sont que des relais où l'on trouve une auberge (la « dînée »), des écuries pour les chevaux de halage, parfois un lavoir, une chapelle ou une glacière, comme au Somail. D'autres possèdent une cale de radoub, plan incliné à sec où l'on peut réparer la coque du bateau. Ces derniers forment un véritable bassin, comme à Castelnaudary.
Les plantations apportent un ombrage au canal en même temps qu'elles évitent l'évaporation de l'eau. On plante des arbres à croissance rapide : platanes (hélas aujourd'hui malades), peupliers, pins maritimes (canal de jonction vers la Robine). Aux abords des ouvrages les plus imposants, on a parfois créé de véritables promenades : ainsi, le bassin de Naurouze est planté d'essences diverses, formant un arboretum très agréable à parcourir.

Prenez à l'entrée de Puicheric la D 111 en direction de Rieux-Minervois.

Écluse de l'Aiguille

La route traverse le canal à l'écluse de l'Aiguille, aux abords de laquelle l'éclusier expose ses sculptures sur bois, animaux et personnages filiformes.

Rieux-Minervois

Ce gros village viticole trône au cœur du vignoble minervois. L'**église**★ romane du 12ᵉ s., surmontée d'un clocher heptagonal remanié au cours des siècles, tient son originalité d'un plan circulaire. L'intérieur est construit sur un plan polygonal à quatorze côtés. Au centre s'ouvre une coupole soutenue par sept colonnes, symbolisant la sagesse et commémorant la phrase du livre des Proverbes : « La Sagesse a bâti sa maison, elle a taillé ses sept colonnes. » On peut y admirer de très beaux chapiteaux historiés sculptés par le maître de Cabestany *(voir p. 43)*, dont la mandorle (Vierge de l'Assomption) et une statue de saint Jacques de Compostelle. La chapelle à gauche de la porte sud abrite une belle Mise au tombeau de l'école bourguignonne du 15ᵉ s.
Empruntez la D 11 au sud-est en direction de La Redorte.

La Redorte

Village viticole dans une boucle du canal. À 100 m du pont-canal jeté au-dessus de l'Argent-Double, un épanchoir en pierre fut construit en 1693 par Vauban ; il sert à vider dans la rivière les eaux excédentaires du canal lors des crues.

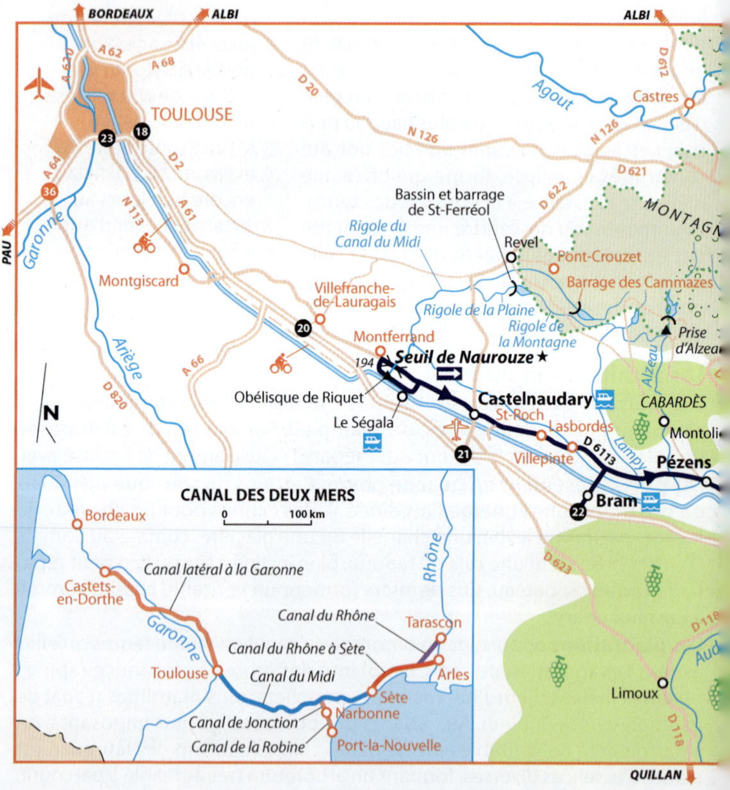

2 boucles : 3,2 km (1h30) et 12,3 km (3h). Du pont de la Fabrique, le sentier de l'Épanchoir et des Douze Ponts emprunte l'ancien chemin de halage qui passe au-dessus de l'épanchoir de l'Argent-Double, entre le canal du Midi et les vignobles du Minervois.
Continuez sur la D 11 avant de prendre à gauche la D 610.

Homps

Siège jusqu'en 1792 d'une commanderie des chevaliers de Malte, Homps fut détruit lors de la croisade contre les Albigeois, puis lors des guerres de Religion. Rebâti, le village prit son essor au 17e s. avec la construction du canal : il devint alors un important port de commerce pour les vins du Languedoc, et l'un des rares ports du canal assez grand pour que les péniches puissent y faire demi-tour.
Sortez à l'est d'Homps par la D 65. À 1,5 km, prenez à droite la D 124, tout de suite avant le pont enjambant le canal.
La route longe le chemin de halage. En amont de l'écluse de Pechlaurier, un **aqueduc** a été érigé en 1689 par Goudet sur les plans de Vauban. On peut aller à pied sous les arches.

Argens-Minervois

Le village s'accroche à une butte sur laquelle trône le château remanié au 14e s. *(attention, ruines non entretenues)*, après sa prise par Montfort. Port en bas du village.

Rejoignez Lézignan-Corbières au sud par la D 611.

Lézignan-Corbières *(voir p. 114)*
Par la D 67 au nord-est, puis, dans son prolongement, la D 124, gagnez Paraza. Laissez la voiture et suivez à pied le chemin de halage vers Ventenac (2,5 km à pied AR).

Pont-canal de Répudre
C'est le premier pont-canal réalisé en France, et peut-être au monde. On en doit l'idée à Riquet, en 1676, qui imagina faire passer l'eau du canal sur un aqueduc de 300 m de long, posé transversalement au-dessus du Répudre, torrent volontiers violent en période de crues.
Poursuivez sur la D 124.

Ventenac-en-Minervois
Le château *(privé)*, perché en haut du village, offre une vue sur le canal et, au-delà, sur Lézignan-Corbières et la plaine. En redescendant au port, on peut visiter la cave coopérative située dans une ancienne tour-donjon.
Prenez au nord la D 26.

Ginestas
Entouré de vignes, ce village possède une **église** renfermant, entre autres, un retable en bois doré du 17e s., la statue de N.-D. des Vals, une Vierge à l'Enfant d'une facture simple et une Sainte Anne, naïve statue polychrome du 15e s.
Quittez Ginestas par la D 926. Tournez à droite dans la D 607 jusqu'au port du Somail.

★ Le Somail
C'est l'un des plus agréables ports du canal : il conserve son pont en dos d'âne flanqué d'une chapelle, sa glacière et son auberge de 1773.
À la sortie du village, le **musée de la Chapellerie** expose chapeaux, coiffes de tous les continents, de 1885 à nos jours. *✆ 04 68 46 19 26 - ♿ - visite guidée - mars-oct. : 9h-12h, 14h-19h ; nov.-fév. : 14h-18h - 3,50 € (6-20 ans 2 €).*
Prenez la D 607 vers le nord puis tournez à droite dans la D 326 en direction d'Argeliers.

Argeliers
Un temps célèbre grâce au café de Marcellin Albert *(voir p. 62)*, ce petit port du canal est un village médiéval doté d'une massive église fortifiée.
À la sortie d'Argeliers, prenez à droite la D 326, que prolonge la D 37E2 vers Quarante. Vous arrivez dans le département de l'Hérault.

Quarante
Quarante est un village perché, probablement construit sur un oppidum, aujourd'hui situé en plein pays de la vigne. Son nom aurait pour origine les quarante martyrs qui furent vénérés dans le premier sanctuaire (10e s.).
Bâtie sur cet édifice dont on a conservé les murs des bas-côtés, l'**église Ste-Marie★** fut consacrée en 1053. Les absidioles du chevet sont décorées de bandes lombardes typiques de l'art roman primitif languedocien. Le clocher du croisillon droit a été ajouté à l'époque gothique. On pénètre dans l'église par un massif porche rectangulaire. Une coupole sur trompes s'ouvre au-dessus de la croisée du transept et du croisillon droit. Deux belles tables d'autel décorées de lobes ont été réutilisées : l'une, de 1053, au maître-autel, l'autre, romane, dans le bras gauche du transept. Dans l'abside, devant d'autel en marbre représentant la Cène (18e s.). Dans le **trésor** *(à côté du croisillon*

TUEUR EN SÉRIE

Il s'agit du chancre coloré, un champignon microscopique contre lequel il n'existe pas d'antidote. Il s'attaque depuis 2006 aux 42 000 platanes, dont certains sont bicentenaires, qui donnent au canal toute sa personnalité. Le mal s'est propagé entre Castelnaudary et Sète, ainsi qu'au canal de la Robine à Narbonne. Seule solution : l'abattage qui, dans un premier temps concerne 2 000 sujets. Pour les remplacer, on étudie la possibilité de planter une nouvelle variété, censée être plus résistante, dénommée le « platanor » ainsi que de varier les essences dans certains secteurs. Reste qu'il faudra attendre pour retrouver ce long ruban ombragé qui serpente parmi un océan de vignes.

gauche), sarcophage antique du 3e s. avec, au centre de la face antérieure, un médaillon représentant un couple en buste. À l'étage, chef-reliquaire de saint Jean Baptiste en feuilles d'argent rehaussées de vermeil (barbe et cheveux), exécuté en 1440 par Jacques Morel, orfèvre de Montpellier.

Prenez la D 37 à l'est en direction de Nissan-lez-Ensérune.

Jadis résidence d'été des évêques de Narbonne, **Capestang** est aujourd'hui un des ports les plus actifs du canal pour le tourisme fluvial.

1

Nissan-lez-Ensérune

L'**église St-Saturnin**, du 14e s., arbore un style gothique méridional. Sous le porche est exposée une pierre du 13e s. portant une inscription funéraire en langue d'oc. À l'intérieur *(accès par la cour du presbytère)*, belle Vierge de Miséricorde en pierre polychrome du 14e s. *(chapelle à droite du chœur)* et autel à lobes en marbre datant de l'époque carolingienne. La chapelle des fonts baptismaux a été constituée à l'aide d'éléments anciens, une vasque et des colonnes en marbre.

Traversez, au nord du village, la D 609 et prenez en face la D 162E (fléchage « Oppidum d'Ensérune »).

★★ Oppidum d'Ensérune

✆ 04 67 37 01 23 - http://enserune.monuments-nationaux.fr - mai-août : 10h-19h ; avr., sept. : tlj sf lun. 10h-12h30, 14h-18h ; oct.-mars : tlj sf lun. 9h30-12h30, 14h-17h30 - fermé 1er janv., 1er Mai, 1er et 11 Nov., 25 déc. - 7,50 €.

Musée archéologique – Présente une collection d'objets découverts lors des fouilles sur le site.

Site – Des tables d'orientation aménagées aux quatre points cardinaux de l'oppidum, on découvre un vaste panorama, des Cévennes au Canigou, sur toute la plaine côtière. La vue sur l'ancien **étang de Montady★** asséché depuis 1247 est exceptionnelle. La division rayonnante des parcelles est due à des fossés qui drainent ses eaux dans un collecteur. De là, empruntant un aqueduc creusé sous la colline, elles s'écoulent dans les bas-fonds de l'ancien étang de Capestang, asséché au 19e s. En fonction des cultures et de la période de l'année, le tableau, toujours étonnant, est parfois vraiment superbe.

En revenant de l'oppidum, arrêtez-vous sur le site de Malpas qui réserve quelques surprises.

Le Malpas

Il est difficile d'imaginer, en franchissant le modeste col de Malpas (le « mauvais passage »), l'importance du lieu qui réunit l'ancienne voie Domitienne, et trois **tunnels★** superposés : celui du canal (165 m de long, 17e s.), prouesse technique d'autant qu'il fut percé « clandestinement » (Colbert s'était opposé à cette initiative de Riquet jugée trop hasardeuse en raison de la nature du terrain) en une semaine, celui du chemin de fer (19e s.) et, en dessous, la galerie d'évacuation des eaux (13e s.) de l'étang asséché de Montady.

Maison du Malpas – *04 67 32 88 77 - www.lemalpas.com - ♿ - mai-août : 10h-19h ; mars-avr. : tlj sf lun. 10h-18h ; sept.-oct. : 10h-18h ; nov.-fév. : tlj sf lun. et dim. 10h-17h - fermé vac. de Noël - possibilité de visite guidée sur RV (7 j. av.) - 5 € (-12 ans 2 €).* Ce centre organise des visites guidées et propose des expositions temporaires. Vidéo, bornes interactives sur la découverte de la région.

Continuez vers Colombiers.

La commune de **Colombiers** a aménagé un agréable petit port où l'on peut louer des bateaux.

De là, prenez la D 162E à l'est, puis à gauche la D 609. Suivez les panneaux « Écluses de Fonséranes » (rond-point d'accès en cours d'aménagement).

★ Écluses de Fonséranes

Cette impressionnante et rare série de huit sas accolés présentant l'aspect d'un escalier de 312 m de longueur permet de rattraper une différence de niveau de 25 m.

Pont-canal de l'Orb

Accès piéton par le chemin de halage, en bas des écluses.

Depuis 1857, ce pont-canal de 240 m permet au canal du Midi de franchir l'Orb, évitant ainsi le passage redouté de la rivière.

NOS ADRESSES AU BORD DU CANAL DU MIDI

EMBARQUEMENT IMMÉDIAT

Quand naviguer ?

Le canal est ouvert de début mars à fin novembre. La pleine saison (juil.-août) engendre un certain nombre d'inconvénients : plus un seul bateau à louer, circulation intense à certaines écluses, tarifs plus élevés, etc. En mai-juin, berges fleuries d'iris et de diverses plantes aquatiques ; en sept.-oct. (arrière-saison souvent magnifique), couleurs fauves assurées. Les écluses sont ouvertes de juin à août *(9h-12h30, 13h30-19h30)*. Certaines sont automatiques, d'autres encore manuelles, ce qui laisse amplement le temps de faire un brin de causette à l'éclusier *(passage 15mn)*.

Où naviguer ?

Le grand bief de 54 km entre l'écluse d'Argens et celles de Fonséranes constitue une des portions du canal les plus agréables.

À emporter sur le bateau

Chaussures antidérapantes, lampe de poche pour retrouver son bateau lorsqu'on remonte à bord tard le soir, éventuellement matériel de pêche (gardons, carpes, perches, sandres – permis obligatoire), cartes nautiques et cartes-guides, vendues par les loueurs de bateaux.

Louer un bateau

La location de bateaux habitables *(house-boats)* aménagés en général pour 6 à 8 personnes, permet une

approche insolite des sites parcourus sur les canaux. Il s'agit de bateaux sans permis ; une initiation est généralement proposée par les loueurs avant le départ. Vitesse maximale : 6 km/h. On peut louer à la semaine ou au week-end, pour un aller simple (si le loueur a plusieurs bases sur le parcours) ou pour un aller-retour. Pour naviguer en été, réservez à l'avance, si possible à la base d'où vous souhaitez partir.
Les vélos sont fortement conseillés pour se déplacer à terre de temps en temps (location chez certains loueurs de bateaux).

Location de bateaux

Nicols – *Port du Somail - 11100 Narbonne - ✆ 04 68 46 00 97 - www.nicols.com - fermé nov.-mars - location à la journée 200 € carburant compris.* Location de bateaux habitables de 2 à 12 personnes pour naviguer sur le canal du Midi et celui de la Robine.

Luc Lines – *35 quai des Tonneliers - 11200 Homps - ✆ 04 68 91 33 00 - promenade de 2 h avec une Gabarre accompagnée : adulte 11,50 € (-12 ans 6,30 €).*

Société Crown Blue Line – *Le Grand Bassin - BP 1201 - 11492 Castelnaudary - ✆ 04 68 94 52 94 - www.leboat.com - Port Cassafières - 34420 Portiragnes - ✆ 04 67 90 91 70 - centrale de réserv. ✆ 04 68 94 52 72.* C'est la première société de location de bateaux sans permis à s'être installée sur le canal du Midi dans les années 1970. Bateaux habitables de 2 à 12 personnes. Elle offre deux bases de départ pour ce canal avec un total de 124 bateaux.

Visites en bateau

Lou Gabaret – *Av. Pierre-Semard (face à la gare) - 11000 Carcassonne - ✆ 04 68 71 61 26 / 06 80 47 54 33 - avr.-nov.* Croisières de 1h30 ou 2h45, certaines dévoilant un magnifique panorama sur la cité.

Croisières du Midi (Luc Lines) – *35 quai des Tonneliers - 11200 Homps - ✆ 04 68 91 33 00 - www.croisieres-du-midi.com - de déb. avr. à la fin oct.- sur réserv.* Croisière *(2h)* commentée en gabare sur le canal du Midi au dép. d'Homps.

HÉBERGEMENT

Voir aussi aux différentes localités traversées.

BUDGET MOYEN

Chambre d'hôte Villa les Cèdres – *2 r. des Écoles - 11170 Alzonne - ✆ 04 68 76 93 43 - www.villalescedres.com - fermé janv. - P - 3 ch. et une suite 65/134 € - rest. 20/30 €.*
La décoration soignée souligne le cachet et l'authenticité de cette maison de maître du 19e s. Les chambres personnalisées (tissus choisis, mobilier de famille, etc.) bénéficient d'un confort douillet. Un dîner aux chandelles sous la tonnelle du jardin (ne ratez pas le cassoulet !) apportera sa touche finale à une charmante journée en pays cathare.

Chambre d'hôte La Marelle – *19 av. du Minervois - 11700 La Redorte - ✆ 04 68 91 59 30 - www.chambres-lamarelle.com - 5 ch. 70 € - wifi gratuit.*
Cette demeure du 16e s. abrita une école au 19e s. avant de devenir cette ravissante maison d'hôte. Les chambres, garnies de meubles chinés, sont décorées selon la couleur dont elles portent le nom. Si le soleil ne fait pas l'école buissonnière, vous petit-déjeunerez dans la cour. Piscine chauffée.

1

POUR SE FAIRE PLAISIR

Chambre d'hôte Le Domaine du Parc – *3 r. du Barri - 11700 Douzens - ✆ 06 77 88 48 53 - P - ⊭ - 5 ch. 67/82 € ☕ - wifi gratuit.* Dans un parc de 5 000 m², cette ancienne maison de viticulteur compte 5 chambres de grand confort, insonorisées et climatisées. Une décoration subtile rehausse le caractère de la demeure. Chaises longues, hamac et boulodrome, piscine couverte agrémenteront un peu plus les journées ensoleillées.

Chambre d'hôte La Baïsa – *Le Port - 11120 Argeliers - ✆ 06 07 88 18 30 - www.peniche-chambres-hotes.com - P - ⊭ - 3 ch. 85 € ☕ - table d'hôte le soir (sur réserv. uniquement) 15/30 €.* Offrez-vous un séjour au fil de l'eau à bord de cette jolie péniche amarrée au petit port du village. Chaque cabine dispose de sanitaires privatifs et le « roof » aménagé en solarium (avec chaises longues) garantit d'agréables moments de détente. Petits-déjeuners traditionnels avec gâteaux et confitures maison ; table d'hôte le soir.

UNE FOLIE

L'Appart des Anges – *Canal du Midi - 34500 Cers - ✆ 04 67 26 05 57 - www.appartdesanges.com - P - ⊭ - 3 ch. 128/155 € ☕ - wifi gratuit.* Sur le canal du Midi, à l'ombre des platanes centenaires, cette péniche abrite trois chambres d'hôtes à la décoration particulièrement soignée. Bois clair, linge douillet, et salles d'eau très confortables, spa, voilà une adresse où l'on se sent bien. Aux beaux jours, les petits-déjeuners - brunchs se prennent sur la terrasse au bord de la petite piscine.

RESTAURATION

BUDGET MOYEN

Le Relais de Riquet – *12 espl. du Canal - Le Ségala - 11320 Labastide-d'Anjou - ✆ 04 68 60 16 87 - www.lerelaisderiquet.com - ♿ - P - formule déj. 13 € - 15/30 €.* Arrêtez-vous ici le temps d'un repas, vous ne le regretterez pas. Ce relais, à la fois restaurant et bar à vins (22 références, dont vous pourrez en outre acheter quelques bouteilles ou cartons), vous accueille dans une ambiance un peu rétro, soulignée par des photos anciennes du canal du Midi tout proche. Cassoulet maison et grillades. Belle terrasse au bord du canal.

Ferme-auberge du Pigné – *Domaine de Valgros - BP 12 - 11150 Bram - ✆ 04 68 76 10 25 - www.ferme-auberge-du-pigne.com - P - ⊭ - 24/58 € - 2 ch. 53 € ☕.* Cette belle ferme du 18e s. est à la tête d'un vaste domaine agricole. La salle à manger occupe une dépendance et donne sur une terrasse ouverte sur le jardin arboré. Petits plats préparés avec les produits de l'élevage et les plantes aromatiques du potager, charcuteries et desserts maison. Piscine privée à disposition de la clientèle. Vente de conserves élaborées à partir de la production de la ferme, et de produits frais (poulardes, canetons, etc.).

POUR SE FAIRE PLAISIR

L'Ambrosia – *Carrefour de la Madeleine (D 613), 11170 Pézens - ✆ 04 68 24 92 53 - fermé 5 sem. en janv.-fév., merc. midi, dim. soir et lun. - 32 € (déj. sem.), 42/92 €.* C'est un tout jeune chef, Daniel Minet, qui est aux commandes de ce restaurant familial devenu en quatre ans à peine une halte privilégiée des gourmets audois, volontiers séduits par la créativité joyeuse de sa cuisine. Goûtez notamment en saison (juil.-août) à la « paella version 21e siècle » !

ACHATS

Gourmandises

Coopérative L'Oulibo – *Hameau de Cabezac - 11120 Bize-Minervois - ✆ 04 68 41 88 88 - www.loulibo.com - été : 8h-12h, 14h-19h, sam. 9h-12h, 14h-19h, dim. 10h-12h, 14h-19h ; reste de l'année : tlj sf w.-end 8h-12h, 14h-18h.* Vente d'huile d'olive, d'olives (lucques de Bize et picholines récoltées manuellement) et produits du terroir tels que vins, miel, nougats, confitures, objets d'artisanat, etc. Visite guidée (payante) de la coopérative, toute l'année sur réservation, pour les groupes ; toutes les heures en juillet-août. Vente en ligne sur www.huile-olive-tapenade.fr.

Librairie ancienne du Somail – *28 allée de la Glacière - 11120 Le Somail - ✆ 04 68 46 21 64 - www.le-trouve-tout-du-livre.fr - de déb. mai à mi-nov. : 10h-12h30, 14h30-18h30 ; reste de l'année : 14h30-18h30 - fermé mar. (sf juil.-août), de mi- à fin nov., 1er janv., 25 déc.* Sur un site pittoresque, sur le canal du Midi, « Le Trouve-tout-du-Livre » propose un impressionnant choix d'ouvrages en tous genres, de toutes les époques, sur tous les thèmes, quelques gravures et affiches. Un lieu magique !

AGENDA

Festival Convivencia – *✆ 05 62 19 08 08 - de mi-juin à déb. août.* Festival itinérant le long du canal. Aux escales, guinguette, musiques languedociennes, gasconnes et méditerranéennes.

1

Gruissan

★

4 410 Gruissanais – Aude (11)

NOS ADRESSES PAGE 101

S'INFORMER

Office de tourisme – *Bd du Pech-Meynaud - 11430 Gruissan - ✆ 04 68 49 03 25 - www.gruissan-mediterranee.com - juil.-août : 9h-20h ; reste de l'année : 9h-12h, 14h-18h - fermé 1er janv., 25 déc.*

SE REPÉRER

Carte de microrégion D2 (p. 68) – *Carte Michelin Départements 344 J4.* À 20 km au sud-ouest de Narbonne par la D 32.

À NE PAS MANQUER

Les maisons sur pilotis de Gruissan-Plage ; les ruines de la tour Barberousse et la Cité de la vigne et du vin.

ORGANISER SON TEMPS

Comptez 30mn pour la station, autant pour Gruissan-Plage, où vous pourrez découvrir quelques façades originales. Attention, si vous quittez Gruissan en fin d'après-midi, le trafic est particulièrement dense en direction de Narbonne-Plage !

AVEC LES ENFANTS

Gruissan bénéficie du label Station Kid, mais vous pouvez également leur faire visiter les salins de l'île St-Martin.

Autour des ruines du château s'enroulent avec cachet les maisons des pêcheurs et des vignerons. Gruissan n'est plus isolé au milieu des étangs comme autrefois, lorsqu'il défendait l'accès au port de Narbonne. Aujourd'hui, un chenal relie la terre à la mer, où une station nouvelle, au bord de l'étang du Grazel, déploie ses terrasses de café face au grand large.

Se promener

Le vieux village

Le vieux village de pêcheurs et de sauniers, aux maisons emboîtées en cercles concentriques (« circulade »), est dominé par les ruines de la tour Barberousse. À l'écart de la côte, entre les eaux dormantes des étangs, il semble définitivement tourner le dos à la mer. Pourtant ce fut un port d'une certaine importance dont les bateaux partaient pêcher au large de l'Espagne et de l'Algérie.

La station

Elle s'est développée sur la rive d'un chenal maritime faisant communiquer l'étang du Grazel avec la mer. De petits immeubles disposés autour du bassin d'honneur du nouveau port de plaisance (voile, pêche) en forment, depuis 1975, le noyau. Leur crépi ocré, leurs toitures à faîtes multiples dessinés en berceau les caractérisent. L'attrait de la station nouvelle réside non

CHALETS
Vous vous souvenez sans doute de ces maisons sur pilotis dans *37° 2 le matin*? C'est ici, à Gruissan-Plage, que Jean-Jacques Beineix planta le décor de son film. Quasiment posés sur la plage, près de 1 300 chalets, ordonnés en pâtés de maisons, dévoilent chacun un style bien particulier.

seulement dans son ouverture vers le large mais aussi dans son site favorable aux promenades dans la montagne de la Clape.

Gruissan-Plage

Cette station balnéaire conserve un curieux lotissement de maisons montées sur pilotis (les « chalets »), afin qu'elles ne soient pas inondées par la mer. Construites à la fin du 19e s., elles servaient d'habitations aux pêcheurs.

À proximité Carte de microrégion

Cimetière marin D2

4 km, puis 30mn à pied AR. Sortez de Gruissan par la D 32 vers Narbonne ; au carrefour suivant les tennis, prenez la route signalée N.-D.-des-Auzils qui pénètre dans le massif de la Clape. Continuez toujours à gauche. Laissez la voiture au parking (avant la pépinière du Rec d'Argent) et montez à pied jusqu'à la chapelle. Ou bien prenez, en voiture, la piste forestière des Auzils sur 1,5 km ; laissez la voiture sur un terre-plein, puis continuez à pied.

Le long d'un chemin pierreux, parmi les genêts, les pins parasols, les chênes verts et les cyprès, d'émouvantes stèles rappellent le souvenir des marins disparus en mer. De la **chapelle N.-D.-des-Auzils**, au sommet de la montée, au cœur d'un bosquet, vue étendue sur le site de Gruissan et la montagne de la Clape.

Salins de l'île St-Martin D2

Route de l'Ayrolle - ℘ 04 68 49 59 97 - visite guidée sur demande - écomusée : 10h-12h, 15h-18h - fermé nov.-fév. - gratuit.

L'eau de mer chemine environ 35 km à travers les salins pour venir y déposer son or blanc. La récolte se fait en septembre.

Découvrir Carte de microrégion

★ LE PARC NATUREL D2

Maison du Parc naturel régional de la Narbonnaise – *Vous trouverez toutes les informations à la Maison du Parc naturel régional de la Narbonnaise - RN 9 - Domaine de Montplaisir - 11100 Narbonne - ℘ 04 68 42 23 70 - www.parc-naturel-narbonnaise.fr - 8h-12h30, 14h-18h - fermé w.-end, 25 déc.-1er janv.*

Le **PNR de la Narbonnaise en Méditerranée★**, couvrant un territoire de 80 000 ha, s'étend du massif de la Clape au nord jusqu'au plateau de Leucate au sud et embrasse le massif de Fontfroide comme celui des Corbières maritimes. Ici, l'extraordinaire diversité de paysages et de milieux naturels est propice au développement d'une flore et d'une faune d'une grande richesse. Au cœur du parc, un vaste complexe lagunaire (étangs de Bages-Sigean, de Pissevaches et de Lapalme) constitue une étape majeure pour la migration et l'hivernage des oiseaux. Entre garrigues sèches, falaises calcaires et zones humides, des sentiers et des voies d'eau vous invitent à la découverte d'un patrimoine naturel et humain hors du commun.

Circuits conseillés Carte de microrégion

AUTOUR DE LA MONTAGNE DE LA CLAPE D2

Pour visualiser ce circuit de 36 km, reportez-vous à la carte de microrégion (p. 68). Départ de Gruissan – Comptez 2h environ.

Le massif calcaire de la Clape domine de ses 214 m la mer, les étangs littoraux autour de Gruissan et la plaine de la basse vallée de l'Aude couverte de vignes.

Quittez Gruissan en suivant la route côtière (D 332) en direction de Narbonne-Plage.

Narbonne-Plage D2

Étirée le long du front de mer, c'est une station caractéristique du littoral languedocien. On y pratique la voile et le ski nautique et les enfants sont les bienvenus dans cette Station Kid.

Continuez le long de la côte.

St-Pierre-sur-Mer D2

Station familiale. Au nord, le **gouffre de l'Œil Doux** est un curieux phénomène naturel. Large de 100 m et partiellement à ciel ouvert suite à l'effondrement de la voûte rocheuse, il abrite un lac à 70 m de profondeur. Cette étendue d'eau douce a une salinité variable en raison de la proximité de la mer.

Faites demi-tour et, à la sortie de Narbonne-Plage, prenez à droite la D 168 en direction de Narbonne.

La montagne de la Clape D2

La route, sinueuse et accidentée, parcourt une montagne rocailleuse où les pinèdes le disputent aux vignes nichées au creux des vallons. Le long du trajet, plusieurs châteaux ou caveaux sont autant d'incitations à la dégustation… Le **coffre de Pech Redon**, point culminant de la montagne de la Clape, apparaît au sommet de la montée, dévoilant une belle vue sur les étangs et Narbonne, d'où émergent la cathédrale St-Just et le palais des Archevêques.

Après 14 km, prenez sur la gauche la route qui ramène à Gruissan.

AUTOUR DU GOLFE ANTIQUE D2

Pour visualiser ce circuit de 32 km, de Narbonne à Port-la-Nouvelle, reportez-vous à la carte de microrégion (p. 68) – Comptez une demi-journée.

Parsemés d'îlots, les étangs de Bages et de Sigean occupent un superbe golfe en bordure duquel les Romains établirent la cité de Narbo Martius. Mais les caprices de l'Aude et les limons qu'elle charriait et déposait (avant de changer brutalement son cours) ont fait de l'endroit une vaste zone lagunaire aux paysages évoquant ceux de la Camargue.

Aujourd'hui, le **canal de la Robine**, qui débouche dans la Méditerranée à Port-la-Nouvelle, en traversant les étangs de Bages et de Sigean à droite, celui de L'Ayrolle à gauche, emprunte l'ancien cours du fleuve. En amont de Port-la-Nouvelle, il longe l'**île Ste-Lucie**, réputée pour la diversité et l'abondance de sa faune et surtout de sa flore (plus de 300 espèces recensées). Il va de soi que le bateau est la meilleure façon de découvrir sereinement ces paysages.

De Narbonne à Port-la-Nouvelle – coche d'eau, au pont des Marchands – *04 68 90 63 98 - de déb. juil. à mi-sept. : croisière commentée d'une journée, et visite guidée de l'île Ste-Lucie, site naturel protégé. Possibilité de repas à bord, pique-nique admis - dép. mar. à 11h et jeu. à 9h30 (cours Mirabeau) 23 € par pers. (-12 ans gratuit) ; dép. merc. à 9h30 (Port-la-Nouvelle) 15 € (AR) par pers. ; dép. lun. à 10h30 (Pont-des- Marchands) pour un demi-tour dans Narbonne 8 € - sur réserv.*

Les salins de l'île St-Martin.
B. Rieger / hemis.fr

1

Par la route : quittez Narbonne par la D 6009 au sud (direction Sigean-Salses) et à 2km, empruntez la minuscule D 105 qui longe l'étang.

Bages D2

À 3,5 km.

Dominant l'étang auquel il a donné son nom, ce village de pêcheurs qui traquent, en saison, les anguilles, est posé sur une presqu'île rocheuse.

Peyriac-de-Mer D2

5 km plus loin.

Le nom de cette petite ville, posée sur l'**étang de Bages-Sigean**, fait référence au golfe qui la baignait jadis. Jadis connue pour ses salines, la cité conserve au sein de ses ruelles une belle église fortifiée (14e s.) au portail orné de statuettes.
La route ramène à la D 6009 que l'on emprunte brièvement avant de prendre à droite, vers Portel-des-Corbières, la D 611A puis à nouveau à gauche (suivez le balisage « Terra Vinea »).

Portel-des-Corbières C2

Ce village, naguère spécialisé dans la production de gypse, a su reconvertir ses carrières de manière étonnante…

Terra Vinea – *04 68 48 64 90 - www.terra-vinea.com - - visite guidée - 10h15-18h15 (dép. ttes les 30mn) - fermé 1er janv., 25 déc. - 8,50 € (-14 ans 3,50 €).* Cette ancienne carrière de gypse aménagée en chais de vieillissement ne manquera pas de vous surprendre. Un petit train vous emmène pour un parcours à 80 m sous terre, agrémenté d'un **spectacle son et lumière**. Parmi les étapes de ce voyage dans le temps, citons l'Antiquité, époque où le commerce du vin s'opérait par la via Domitia, ou le Moyen Âge dont vous pourrez découvrir les habitudes de consommation. La dernière escale est le salon d'accueil où a lieu une dégustation des produits du domaine. Restauration.
Au sud du village, la petite chapelle en ruine de N.-D.-des-Oubiels, perdue dans les vignes, rayonne d'un charme mélancolique.

Dans Portel, prenez la D3 vers Sigean.

★ Réserve africaine de Sigean D2 *(voir p. 103)*

★ Parc éolien des Corbières maritimes D2

Pour y accéder, entrez dans Sigean et suivez la direction de Port-la-Nouvelle avant d'emprunter à droite le chemin de Lapalme. Au premier rond-point, prenez à gauche pour suivre la route qui passe au-dessus de la nationale jusqu'au petit pont. Continuez à pied, le sentier monte vers la garrigue.

C'est depuis le sommet de la colline de la Castanière, dans le territoire limitrophe de Sigean et de Port-la-Nouvelle, que le parc éolien alimente le réseau national et fournit environ 25 millions de kW, soit la consommation annuelle électrique de 10 000 personnes, hors chauffage. Installés depuis 1991, les cinq premiers aérogénérateurs de 660 kW ont été rejoints, en 2000, par dix nouvelles demoiselles ailées. Sur le site, des panneaux vous donnent toutes les explications techniques. Dans ce curieux décor aux allures futuristes, la puissance des pales dont certaines culminent à 60 m est à couper le souffle !

Suivez la D 6139 vers la mer.

Port-la-Nouvelle D2

Construite à l'entrée du grau au débouché du canal de la Robine, Port-la-Nouvelle est, entre Sète et Port-Vendres, la seule ville côtière du golfe du Lion à conserver une activité soutenue hors saison, grâce à son port de commerce, base de redistribution des hydrocarbures dans tout le Sud-Ouest. Port-la-Nouvelle est également bien aménagée pour la navigation de plaisance. Une plage de sable fin s'étend sur 13 km.

NOS ADRESSES À GRUISSAN

HÉBERGEMENT

PREMIER PRIX

Camping La Nautique – *À 4,5 km au sud par l'A 9, sortie 38 Narbonne-Sud - ✆ 04 68 90 48 19 - www.campinglanautique.com - de mi-fév. à mi-nov. - ♿ - 390 empl.* Près de l'étang de Bages et à proximité du Parc naturel, séparé en deux zones mitoyennes, ce terrain bénéficie d'un accès direct à l'étang pour sa partie basse. Les mobiles home de location sont disponibles à partir de 2 nuits hors juillet et août. Emplacements traditionnels sur sol sablonneux et peu incliné. Espace loisir complet avec piscine et jeux pour enfants.

BUDGET MOYEN

Hôtel du Port – *Bd de la Corderie - ✆ 04 68 49 07 33 - www.hotel-gruissan.com - P - 50 ch. 39/185 € - ☕ 8/9,50 € - rest. 20/32 € - wifi gratuit.* L'extérieur cubique un peu austère contraste avec l'aménagement intérieur, gai et accueillant. Mobilier en bois peint et teintes méridionales dans les chambres. Esprit du Sud au restaurant (fer forgé, tons ensoleillés), jolie terrasse sous une treille. Piscine et salle de massages pour les amateurs.

Hôtel de la Plage – *13 r. Bernard-l'Hermite à la plage des Chalets - ✆ 04 68 49 00 75 - www.hotel-de-la-plage-gruissan.com - fermé 2 nov.-31 mars - P - 17 ch. 62/68 € ☕ - wifi gratuit.* Dans une ruelle au calme, à 2mn des maisons sur pilotis immortalisées par le film *37° 2 le matin*, chambres sobres, bien tenues et dotées d'un balcon. Accueil sympathique.

POUR SE FAIRE PLAISIR

Le Phœbus – *Bd de la Sagne - ✆ 04 68 49 03 05 - www.phoebus-sa.com - ♿ - P - 50 ch. 49/112 € - ☕ 9,90 € - rest. formule déj. 14 € - 20/45 € - wifi gratuit.* Intégrées au complexe du casino, confortables chambres de type motel, décorées selon des thèmes originaux : « Sud », « Pescador », « Chalet », etc. Jardinets en rez-de-chaussée. Restaurant au cadre actuel complété en été par une formule grill au bord de la piscine.

Hôtel Méditerranée – *Bd du Front-de-Mer - 11210 Port-la-Nouvelle - ✆ 04 68 48 03 08 - www.hotelmediterranee.com - P (8 €) - fermé 4 janv.-4 fév. - 30 ch. 62/98 € - ☕ 9 € - rest. 13,50/45 € - wifi gratuit.* Hôtel bâti le long de la promenade, face à la plage. Chambres vastes et bien équipées, à choisir avec balcon côté mer. Cuisine axée sur les produits de la pêche. Terrasse-trottoir.

Chambre d'hôte Domaine de Gleizes – *Ancien chemin de la Caforte (à 11 km au nord-ouest de Gruissan) - ✆ 04 68 32 94 48 - www.domaine-de-gleizes.com - P - 🚭 - 4 ch. 67 € ☕.* Au cœur du Parc naturel, respirant le calme entre vignes et vergers, cette exploitation viticole compte 4 chambres. De plain-pied et disposant toutes d'un accès indépendant sur l'extérieur, elles associent mobilier actuel et décoration soignée.

RESTAURATION

BUDGET MOYEN

L'Estagnol – *12 av. de Narbonne - ✆ 04 68 49 01 27 - fermé dim. soir (sf juil.-août) et lun. - 16/31 €.* Une adresse authentique et sincère dans une ancienne maison de pêcheur : décor provençal, petite terrasse face à l'étang et cuisine régionale axée sur le poisson, simple et bonne.

1

Le Lamparo – *Au village - ✆ 04 68 49 93 65 - restaurant. lelamparo@wanadoo.fr - fermé 15 déc.-28 janv., lun. et mar. (sf juil.-août) - ♿ - 🅿 - autour de 30/35 €.* Sur le quai en arc de cercle du bourg ancien, spacieux et sobre restaurant agrémenté d'un jardin d'hiver central. Cuisine (appréciée des autochtones) orientée vers les produits de la mer.

ACTIVITÉS

Parc aquatique

Aquajet – *Chemin D 332, route de Gruissan - 11100 Narbonne-Plage - ✆ 04 68 49 33 61 - juil.-août : 11h-19h ; mai-juin : 12h-18h - 10 €.* Pour vous rafraîchir les idées : trois pistes de toboggan, piscine, jeux aquatiques… Petite restauration.

Sports nautiques

Centre Nautique - Gruissan Windsurf – *Étang de Mateille - ✆ 04 68 49 88 31 - www.gruissan-mediterranee.com - juil.-août : 9h-19h ; reste de l'année : se rens. - fermé d'oct. à fin avr.* Stages et cours de voile, planche à voile, char à voile, canoë, paddle, mini catamaran (tous niveaux et tous âges). Location également possible.

Société Nautique – *12 r. Nauticards - 11100 La Nautique (à 5 km au sud de Narbonne, sur la rive nord de l'étang de Bages) - ✆ 04 68 32 26 06 - sn.narbonne@wanadoo.fr - 8h-12h, 14h-18h.* Port de plaisance et base nautique sur l'étang de Bages : catamaran, Optimist, dériveur, planche à voile, funboard, baignade.

Cercle nautique des Corbières – *Base nautique de Port-Mahon - 11130 Sigean - ✆ 09 60 18 13 70 - www.port-mahon-voile.com - juil.-août : 9h-18h30 ; juin : 9h-17h30 ; reste de l'année : 9h-12h, 13h30-17h30 - fermé dim., déc.-fév.* EFV est un label de la Fédération française de voile qui repose sur une charte de qualité (encadrement, accueil, matériel et sécurité). Cette école permet de se familiariser avec l'Optimist, le catamaran, la planche à voile, le funboard, le canoë sur l'étang de Bages et de Sigean. Bateaux accessibles aux handicapés.

Pêche

Gruissan Thon Club – *Quai des Palmiers - ✆ 04 68 49 14 41 - www.gruissanthonclub.fr - fermé oct.-mai - 100 €, participation aux frais de sortie en mer.* Avis aux amateurs de pêche au gros en mer. Ils pourront apprendre les techniques de pêche à la traîne et participer à des compétitions. Thons, requins et espadons, soyez sur vos gardes. Sous réserve de l'état de la mer, dép. 7h retour 19h. Sais. de pêche : de mi-juin à mi-oct.

Chevaux, taureaux, oiseaux

Manade Tournebelle – *Domaine du Grand Tournebelle (entre Narbonne et Gruissan par le chemin de halage du canal) - ✆ 04 68 49 47 83 - www.tournebelle.com.* Installée en bordure de l'étang de Bages sur un site appartenant au Conservatoire du littoral, cette manade de taureaux camargue propose des stages d'équitation en monte « camargue » ou « classique ». Balades ornithologiques en calèche, et possibilité d'assister à une ferrade (marquage au fer des « anoubles », les jeunes taureaux d'un an), avec déjeuner sur place *(se renseigner).*

Réserve africaine de Sigean

★

Aude (11)

NOS ADRESSES PAGE 104

S'INFORMER

Réserve africaine de Sigean – *D 6009 - 11130 Sigean - 04 68 48 20 20 - www.reserveafricainesigean.fr - ♿ - été : 9h-18h30 ; hiver : 9h-16h - possibilité de visite guidée sur demande (7 j. av.) - 27 € (4-14 ans 21 €).*

SE REPÉRER

Carte de microrégion D2 (p. 68) – *Carte Michelin Départements 344 I4.* À 18 km au sud de Narbonne et à 54 km au nord de Perpignan par la D 6009. Après Sigean, suivez la signalétique, la réserve est à 7 km au nord-ouest.

À NE PAS MANQUER

Les ours du Tibet qui n'hésitent pas à lézarder au milieu de la route ; les imposants rhinocéros de la savane africaine et les séances d'épouillage des chimpanzés.

ORGANISER SON TEMPS

Prévoyez une demi-journée *(aires de pique-nique, buvettes et restaurants sur place).*

AVEC LES ENFANTS

Ils n'ont que l'embarras du choix, l'enclos aux chèvres emportant la préférence des plus jeunes.

1

Lorsque les garrigues éclaboussées d'étangs prennent des teintes africaines, il ne faut pas grand-chose pour se croire au cœur de la savane. Que diriez-vous de quelques antilopes, lions, chimpanzés ou éléphants pour compléter le ballet des flamants roses ? Le long du littoral languedocien, dans une réserve de 300 hectares aménagés pour évoquer au mieux leur milieu naturel, près de 3 800 animaux vivent en semi-liberté.

Se promener

En voiture

1h. Se conformer strictement aux consignes de sécurité données à l'entrée. Les boucles du circuit routier sont tracées dans quatre territoires réservés aux animaux en liberté : la **brousse africaine** avec ses buffles nains, autruches, impalas, gnous, girafes et grands koudous dont les mâles portent de longues cornes torsadées ; le parc des **ours du Tibet★**, reconnaissables au V blanc qu'ils portent sur la poitrine ; celui des **lions**, qui abrite un petit groupe assez tranquille (mais ne vous y fiez pas !) de mâles et de femelles, et enfin la **savane africaine** avec ses nombreuses antilopes (élans du Cap, sitatungas, blesboks, etc.) où vous pourrez aussi admirer la puissance des **rhinocéros blancs★**, l'élégante robe noir et blanc des zèbres ou encore les étonnantes cornes presque horizontales des bœufs watussis.

À pied

3h. Partez des parkings centraux, à l'intérieur de la réserve. Dans un écrin de verdure, le spectacle de danse offert par les petits singes saïmiris annonce le début du parcours. Face à l'enclos réservé aux chèvres naines, les dromadaires et moutons de Somalie vous plongent au cœur du règne animal. Après avoir découvert les éléphants d'Afrique, les plus grands mammifères terrestres, vous profiterez de l'ombre de la pinède pour aller à la rencontre des mouflons, zèbres et impalas. Un sentier conduit jusqu'à **l'île des chimpanzés★** où vous assistez, depuis les observatoires, à d'audacieuses acrobaties ponctuées de séances d'épouillage. Dans une ambiance beaucoup plus calme, la **plaine africaine** dispose de nombreux points de vue pour admirer les antilopes (oryx, springboks, cobe de lechwe, etc). Pour voir des reptiles, direction le **vivarium** qui abrite tortues, serpents et iguanes quasi immobiles ainsi que quelques impressionnants crocodiles. En ressortant, longez **l'étang de l'Œil de Ca★** pour observer sa gent ailée : flamants roses, grues, aras, cygnes, pélicans à dos rosé, cigognes blanches, ibis sacrés… Enfin, offrez-vous un petit détour jusqu'aux **wallabies**, avant de rejoindre la passerelle aménagée au-dessus des guépards et des lycaons.

NOS ADRESSES À SIGEAN

HÉBERGEMENT

PREMIER PRIX

Chambre d'hôte La Milhauque – *11440 Peyriac-de-Mer (à 2 km au nord-ouest de Peyriac-sur-Mer par D 6009 et chemin à gauche) - 04 68 41 69 76 - www.la-milhauque.gites11.com - P - - 4 ch. 55/75 € - repas 22 € - wifi gratuit.* Cette maison au cœur des vignes et de la garrigue ouvre sur un joli jardin fleuri. L'ancienne bergerie entièrement restaurée abrite deux chambres pleines de caractère. Les deux autres, dans l'habitation principale, disposent d'une grande salle de bains. Spécialité culinaire maison : la bourride d'anguille.

UNE FOLIE

Chambre d'hôte Domaine de la Pierre Chaude – *Les Campets - 11490 Portel-des-Corbières (à 6 km à l'ouest de la Réserve africaine, dir. Durban par D 611 A au lieu-dit Les Campets) - 04 68 48 89 79 / 06 62 73 54 38 - www.lapierrechaude.com - fermé janv.-mars - - 5 gîtes 260/1 350 € (sem.) selon taille et saison.* Cet ancien chai (18e s.) niché dans un hameau, au milieu des vignes et de la garrigue, fut rénové par un (lointain) disciple d'Antoni Gaudí. Ravissantes chambres (terre cuite, fer forgé, meubles patinés, teintes chaleureuses, etc.), joli patio de style andalou, terrasse ombragée de figuiers, jardin aux essences méridionales… Inoubliable !

RESTAURATION

Le restaurant panoramique de la réserve de Sigean permet de déjeuner tout en profitant d'un agréable point de vue sur la « plaine africaine ».

L'abbaye de Fontfroide.
K. O'Hara / age fotostock

1

Abbaye de Fontfroide

★★

Aude (11)

NOS ADRESSES PAGE 109

SE REPÉRER
Carte de microrégion C2 (p. 68) – *Carte Michelin Départements 344 I4.*
À 14 km au sud-ouest de Narbonne.

À NE PAS MANQUER
Le cloître; les proportions de la nef; les vitraux du 20e s.; la vue sur les toits des bâtiments qu'offre la promenade en direction de la tour.

ORGANISER SON TEMPS
Dans l'idéal, tâchez d'assister à un concert ou de participer à un des rares offices religieux pour apprécier l'acoustique de la nef. En dehors de ces manifestations, comptez 1h15 (visite guidée). Sachez que le circuit en saison diffère de celui hors saison (salles chauffées).

AVEC LES ENFANTS
Décryptez avec eux les messages des vitraux et repérez les réemplois.

Superbement restaurée et mise en valeur, cette abbaye cistercienne est secrètement nichée au creux d'un vallon des Corbières : un site paisible, peuplé de cyprès, digne d'un paysage toscan. Au couchant, la rude luminosité qui écrase couleurs et reliefs se retire progressivement. Les belles tonalités ocre et rose des pierres taillées dans le grès des Corbières se réveillent, s'enflamment et chantent un temps avant la nuit.

Découvrir

★★ ABBAYE DE FONTFROIDE

L'accueil est situé dans la ferme de l'abbaye, à une centaine de mètres en contrebas de celle-ci. Ce bâtiment, édifié à partir du 13e s., comprend la billetterie, une librairie, une cave et un restaurant. ✆ 04 68 45 11 08 - www.fontfroide.com - visite guidée (1h15) - de mi-juil. à fin août : 10h-17h30 (dép. ttes les 30mn, sf 13h) ; de déb. avr. à mi-juil. et sept.-oct. : 10h-17h30 (dép. ttes les 45mn, sf 13h) ; nov.-mars : 10h-16h (dép. ttes les h, sf 13h) - fermé 25 déc. - 9 € (10-18 ans 2,50 €).

L'essentiel des bâtiments a été érigé aux 12e et 13e s. Les bâtiments conventuels ont été restaurés, adaptés et parfois rajoutés aux 17e et 18e s. Des cours fleuries, bien entretenues, et des jardins en terrasses en font un cadre enchanteur. La visite commence par la cour d'honneur, aménagée par les abbés commendataires au 17e s. Dans le réfectoire des Convers (13e s.) voûté d'ogives, on remarque une belle grille en fer forgé du 18e s. et une cheminée monumentale. On visite ensuite les bâtiments du Moyen Âge, remarquables par la beauté de leur appareil très régulier et, en premier lieu, le **réfectoire des frères convers** : à la différence des moines proprement dits, d'origine le plus souvent noble, ces frères étaient des fils de paysans et s'occupaient de gérer la centaine de fermes de l'abbaye. L'actuelle **cour Louis XIV** dans laquelle on débouche était jadis occupée par leurs ateliers.

★★★ Cloître

Sa sobriété est d'une extrême élégance. Des galeries, voûtées d'ogives, celle qui jouxte l'église est la plus ancienne (milieu du 13e s.). Elles s'ouvrent par des arcades reposant sur de fines colonnettes de marbre décorées de chapiteaux à motifs végétaux (feuilles de roseau, de chêne, d'acanthe, d'érable) et encadrées d'un arc de décharge. Des marbres de différentes origines ont été utilisés : le rose vient de Caunes-Minervois, le rouge, des Pyrénées. Les tympans s'ajourent d'oculi ou d'une rose. Au-dessus des galeries courent des toits en terrasses.

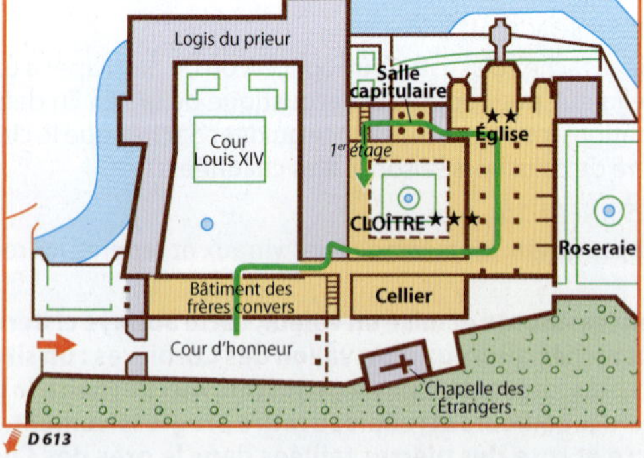

La perle cistercienne

MOINES ET PAPES

Fondée en 1093, peu de temps après la première croisade, l'abbaye se voit attribuer ses terres par Aymeric Ier, vicomte de Narbonne. Comme c'est souvent le cas avec les fondations monastiques, les terres comptent une source, *fons* en latin, qui donne son nom au lieu. L'abbaye se rattache en 1145 à la famille en pleine expansion de l'**ordre de Cîteaux**, dominée par la personnalité de saint Bernard. Commence alors pour elle une période de prospérité (l'abbaye s'enrichit rapidement grâce à un réseau de fermes exploitées par les frères convers) et de rayonnement tant régional qu'ecclésial : cinq ans seulement après ce rattachement, elle peut envoyer 12 moines fonder en Catalogne le monastère de Poblet. En 1203, le pape Innocent III demande à Fontfroide deux de ses moines pour lutter contre le catharisme qui environne l'abbaye. C'est l'assassinat de l'un des deux, **Pierre de Castelnau**, qui déclenche la croisade contre les Albigeois en 1209. Environ un siècle plus tard, c'est un ancien abbé de Fontfroide, évêque de Pamiers, qui est élu pape sous le nom de **Benoît XII**. Il construira le palais des Papes à Avignon, où il mourra en 1342.

L'ÈRE DES COMMENDATAIRES

Au 15e s., Fontfroide, comme la plupart des abbayes cisterciennes, tombe en **commende** : elle n'est plus dirigée par des religieux mais par des abbés commendataires qui n'y résident pas et vivent d'une partie de ses revenus. Sur place, la vie des moines n'a plus grand-chose de commun avec l'idéal cistercien ; de cette époque datent quelques somptueux aménagements des bâtiments (cour d'honneur). Le nombre de moines diminue. La Révolution chasse le dernier en 1791.

SAUVEURS DE PIERRES

Les bâtiments échappent de justesse à la destruction. En 1833, une première famille (les Saint-Aubin) s'attelle à leur restauration et Viollet-le-Duc obtient leur classement partiel. Une communauté de cisterciens reprend possession des lieux en 1858, mais s'exile en 1901 devant la montée de l'anticléricalisme républicain. En 1908, l'abbaye est menacée d'être « démontée » et expédiée aux États-Unis par un collectionneur américain : elle évite ce voyage grâce à Gustave Fayet, amateur d'art éclairé, et son épouse, Madeleine Fayet d'Andoque qui la rachètent *in extremis*. Leurs descendants sont aujourd'hui encore propriétaires des lieux.

Le style cistercien se reconnaît à son dépouillement, illuminé par des vitraux au teint d'albâtre. Ceux que les Fayet commandent au maître verrier René Billa (alias Richard Burgsthal) peuvent paraître un anachronisme, au même titre que les superbes grilles, portes, pierres sculptées et lanternes de procession rajoutées à la même époque. Et pourtant, que ces **vitraux★★** sont beaux ! Admirez leur chatoiement dans les dessins illustrant la glorification du Christ à l'ouest, la mort, ou les vies de la Vierge et de saint François. Un second type de vitrail réemploie avec art les débris des verrières bombardées en 1914-1918 dans l'escalier de jour et le dortoir des convers. L'ensemble forme, en soi, une splendide œuvre d'art.

★★ Église abbatiale

Commencée au milieu du 12e s., elle est à la fois de grande taille (50 m sur 20) et de proportions admirables ; l'élégante simplicité cistercienne est rarement plus émouvante. La nef, en berceau brisé, est flanquée de collatéraux voûtés en quart de cercle. Dans le transept gauche s'ouvre la tribune qui permettait aux pères malades d'assister aux offices.

On monte alors sur la galerie du cloître.

Salle capitulaire

C'est ici que les moines se réunissaient pour prendre en commun les décisions importantes concernant la bonne marche de l'abbaye. Elle est couverte de neuf voûtes romanes disposées sur des croisées d'ogives décoratives reçues par de délicates colonnettes de marbre.

Dortoir des convers

Il est situé au-dessus du cellier et couvert d'une belle voûte du 12e s. en berceau brisé. Réaménagé pour accueillir des concerts, il s'orne de vitraux réalisés par René Billa, à partir de vitraux brisés lors de bombardements, récupérés dans les ruines des églises de l'est de la France.

Extérieur

L'ancien cimetière, devenu par la suite potager, a été aménagé à partir de 1990 en **roseraie**. Plus de 2 000 rosiers ont été plantés de façon à offrir à la vue un dégradé de couleurs que l'on appréciera plus particulièrement au début du mois de juin.

Empruntez le sentier qui grimpe entre cistes et genêts en direction de la **tour** : la vue embrasse l'ensemble des bâtiments, et leur harmonieuse toiture.

À proximité Carte de microrégion

Abbaye N.-D.-de-Gaussan C2

▶ *8 km à l'ouest de Fontfroide sur la D 423. Messe chantée en grégorien à 10h - vente de vins et de productions monastiques à l'accueil.*

Les bâtiments d'origine de cette ancienne métairie de l'abbaye de Fontfroide furent édifiés aux 12e, 13e et 14e s. Les moines y demeurèrent jusqu'à la Révolution. Au 19e s., une restauration importante fut entreprise sous l'égide d'un disciple de Viollet-le-Duc qui nantit les façades de créneaux et autres décorations de style néogothique. Une communauté monastique bénédictine l'occupe depuis 1993.

NOS ADRESSES À FONTFROIDE

HÉBERGEMENT

BUDGET MOYEN

Chambre d'hôte Domaine de St-Jean – *11200 Bizanet (à 10 km au sud-ouest de Narbonne par N 9, N 113, D 613 puis D 224) - 04 68 45 17 31 - www.domaine-de-saint-jean.com - - 4 ch. 65/80 € - wifi gratuit.* Cette grande maison vigneronne ouvre ses portes aux amateurs de calme et d'authenticité. Ses chambres confortables, certaines climatisées *(suppl. 25 €/pers.)*, s'agrémentent de motifs peints à la main sur meubles et murs. Celle dotée d'une terrasse privative offre une jolie vue sur le massif de Fontfroide. Plaisant jardin entretenu par le patron pépiniériste.

POUR SE FAIRE PLAISIR

Chambre d'hôte Demeure de Roquelongue – *53 av. de Narbonne - 11200 St-André-de-Roquelongue - 04 68 45 63 57 - www.demeure-de-roquelongue.com - fermé 16 nov.-28 fév. - 5 ch. 95/135 € - rest. 35 € - wifi gratuit.* Cette élégante maison de vigneron (1885) renferme de ravissantes chambres agrémentées de mobilier ancien et de belles salles de bains. Salon cosy à l'atmosphère jazzy.

RESTAURATION

BUDGET MOYEN

La Table de Fontfroide – *Abbaye de Fontfroide - 04 68 41 02 26 - www.fontfroide.com - déj. mars-nov. tlj ; dîner juil.-août, merc.-sam. - 18,50/22,50 €.* Deux menus gourmands permettant de se restaurer dans l'ancienne bergerie de l'abbaye. Possibilité de gîte *(115 € la nuit).*

ACHATS

Vin du domaine de Fontfroide – Vin en vente dans le bâtiment d'accueil de l'abbaye et dans le caveau situé juste au-dessous.

Lagrasse

★

599 Lagrassiens – Aude (11)

NOS ADRESSES PAGE 114

S'INFORMER
Office de tourisme et Maison du patrimoine – *Av. des Condamines - ✆ 04 68 43 11 56 - www.lagrasse.com - mars-sept. : 10h30-12h30, 14h30-19h ; oct.-fév. : 10h30-12h30, 14h30-17h30 - fermé 1er janv., 1er Mai, 25 déc.*

SE REPÉRER
Carte de microrégion C2 (p. 68) – *Carte Michelin Départements 344 G4.* À 42 km au sud-ouest de Narbonne et à 51 km au sud-est de Carcassonne par l'A 61. À la sortie n° 25, empruntez la D 611 en direction de Fabrezan, puis la D 212, qui offre, dans sa descente, une belle vue sur Lagrasse.

SE GARER
C'est avec insistance que les visiteurs sont invités à se garer en périphérie sur deux terre-pleins goudronnés. Hors saison, vous vous garerez sous les platanes de la Promenade.

À NE PAS MANQUER
La promenade sur les rives de l'Orbieu ; l'architecture de l'abbaye Ste-Marie d'Orbieu et le panorama depuis le plateau de Lacamp.

ORGANISER SON TEMPS
30mn suffisent pour découvrir la cité médiévale. Le samedi matin, le marché des producteurs locaux invite à prolonger la visite.

Posée sur les rives de l'Orbieu, la ville fait face à la majestueuse abbaye. Vénérables ponts, vestiges de remparts et maisons anciennes à pans de bois font le charme de cette bourgade médiévale. L'été, la place pavée du centre s'anime au rythme des foires d'artisanat et des marchés de produits régionaux.

Se promener

LA CITÉ MÉDIÉVALE

Vous prendrez plaisir à flâner dans les ruelles de la cité, dont le tracé, par sa régularité, laisse supposer qu'elle a été créée de toutes pièces autour du monastère. Quelques artisans se sont installés dans les échoppes des maisons médiévales.

Pénétrez à l'intérieur des remparts par la porte du Consulat, suivez la rue du même nom, puis prenez à gauche la rue Paul-Vergnes.

Église St-Michel

Gothique à nef unique voûtée d'arêtes, dotée de neuf chapelles latérales. Remarquez, aux clés de voûtes, les emblèmes des corporations.

Maison du patrimoine – Installée dans l'ancienne capellanie (presbytère), elle abrite une petite exposition sur l'histoire du village, les fouilles archéologiques

Les ponts sur l'Orbieu et l'abbaye Sainte-Marie d'Orbieu à Lagrasse.
J.-P. Azam / hemis.fr

effectuées aux environs et les plafonds peints des vieilles demeures du bourg *(gratuit)*.

Revenez sur vos pas et prenez à gauche la rue de l'Église, puis la place de la Bouquerie et la rue des Mazels (maison Lautier, du 16e s.).

Place de la Halle

La halle (14e s.) est constituée de dix piliers de pierre soutenant une charpente. Tout autour, façades médiévales, dont certaines à pans de bois. Remarquez en particulier la **maison Maynard** (14e s.).

Après avoir jeté un coup d'œil, rue Foy, à la **maison Sibra** (16e s.), prenez la rue des Deux-Ponts qui conduit au **Pont vieux**, donnant accès à l'abbaye.

★ ABBAYE STE-MARIE D'ORBIEU

Fondée au 8e s., l'abbaye reçoit une charte de protection de Charlemagne. Elle devient au 12e s. la tête d'une congrégation qui s'étend du Languedoc à la Catalogne et s'inscrit plus tard dans l'histoire de la croisade contre les Albigeois grâce à l'abbé de Lagrasse qui, jouant les négociateurs, obtient la soumission de Carcassonne. À la Révolution, l'édifice est vendu en deux lots, division qui demeure aujourd'hui.

Logis abbatial (Palais vieux)

4 rive gauche - 11220 Lagrasse - ✆ 04 68 43 15 99 - www.abbayedelagrasse.com - juil.-sept. : 10h-19h ; avr.-juin et oct. : 10h30-12h30, 14h-18h ; nov.-déc. : 10h-12h30, 14h30-17h ; de mi-janv. à fin mars : 10h-17h - réserv. conseillée (7 j. av.) - dernière visite 1h av. la fermeture - 4 € (-6 ans gratuit). Vidéos (9 et 11mn) dans la chapelle St-Barthélemy.

Les bâtiments s'ordonnent autour d'une cour que délimitent deux galeries aux chapiteaux romans réemployés. Remarquez le seul chapiteau historié de la cour, attribué au maître de Cabestany : ses personnages grotesques évoquent la luxure. Bien que remanié, le Palais vieux comprend les parties les plus anciennes de l'abbaye. Par la **tour préromane**, un escalier vous conduit au niveau supérieur où le **dortoir** des moines s'abrite sous une belle charpente posée sur des arceaux de pierre. La partie supérieure de la chapelle St-Barthélemy présente un précieux pavement de céramique à motifs géométriques du 14e s. Une salle est consacrée à l'œuvre du **maître de Cabestany** *(voir p. 43)* et la salle des gardes, pourvue d'une cheminée Renaissance, abrite une exposition de photographies consacrée au patrimoine local.

Monastère

L'entrée se fait par le grand portail à droite du logis abbatial. Les visites sont assurées par la communauté de chanoines réguliers de la Mère de Dieu, qui s'attachent à la restauration des lieux - ✆ 04 68 58 11 50 - www.chanoines-lagrasse.eu - juin-sept. : tlj sf jeu. 15h15-17h25 ; reste de l'année : w.-end et j. fériés 15h15-17h25 - 4 € (enf. 2,50 €).

De style classique, la cour d'honneur s'ouvre sur la façade du monastère édifié au 18e s. sous la direction d'Armand Bazin de Bezons, évêque de Carcassonne. À l'abri de l'édifice, le cloître présente un bel ensemble de grès rose du Minervois. Il fut construit en 1760, à l'emplacement de celui de 1280 dont ne subsistent que quelques vestiges. L'église, quant à elle, est bâtie sur des fondations carolingiennes. La tradition veut que Charlemagne ait loti l'abbaye après avoir assisté ici à un miracle de multiplication des pains par un ermite. Dans la nef, à droite, une porte ouvre sur le transept sud roman, greffé au 11e s. sur l'église préromane. Il comporte trois absidioles voûtées en cul-de-four et décorées à l'extérieur de bandes lombardes.

L'ensemble architectural est dominé par la **tour-clocher**, édifiée en 1537, de manière à s'intégrer aux fortifications du 14e s. Haute de 42 m, elle s'achève par un couronnement octogonal évidé de baies auquel il manque la flèche terminale. Un escalier à vis (150 marches) mène à une galerie où vous découvrez le chapiteau du maître de Cabestany représentant Adam et Ève et une jolie vue sur la campagne alentour.

À proximité Carte de microrégion

St-Martin-des-Puits C2

8 km au sud de Lagrasse par la D 23 puis la D 212.

L'**église** possède un chœur d'époque préromane avec son chevet plat et son arc triomphal outrepassé retombant sur des impostes et des colonnes à chapiteau de type mérovingien (utilisés en réemploi). Sur les murs est et sud du chœur, peintures murales du 12e s. représentant une Annonciation.

UN ÉCRIVAIN PALÉOLITHIQUE

Rares sont les écrivains qui, ayant atteint aussi rapidement le succès, renoncent à une carrière toute tracée au sein de l'intelligentsia parisienne. Tel fut pourtant le cas de **Joseph Delteil**, compagnon de route des surréalistes, auteur en 1920 de *Sur le fleuve Amour* puis d'une *Jeanne d'Arc* assez peu conventionnelle, qui lui valut le prix Femina en 1925. Après avoir épousé Caroline Dudley, la créatrice de *La Revue nègre* qui avait fait connaître Joséphine Baker, Delteil renia une partie de son œuvre, se retira près de Montpellier afin de cultiver la vigne et mener une vie qu'il qualifiait volontiers de « paléolithique », ne reprenant la plume qu'en 1968 pour publier *La Delteillerie*, texte savoureux, sensuel et noueux comme un sarment.

La chapelle Notre-Dame de Colombier au milieu des vignes de Montbrun-des-Corbières.
H. Lenain / hemis.fr

1

★★ Plateau de Lacamp BC2

27 km au sud-ouest de Lagrasse par la D 23 puis D 212.

Entre Lairière et Caunette-sur-Lauquet, sur la D 40, le col de la Louviéro permet d'accéder au chemin de la forêt des Corbières occidentales. Le chemin court, sur 3 km, près du rebord sud du plateau de Lacamp : **vues** étendues sur le bassin de l'Orbieu, le Bugarach et le Canigou, le St-Barthélemy, l'avant-pays du Lauragais, la Montagne Noire.

Villar-en-Val B2

17 km à l'ouest de Lagrasse par la D 3 puis, à gauche, la D 603 vers Serviès-en-Val et la D 10.

Un **Sentier en poésie** a été tracé entre forêt et garrigue autour de la clairière où **Joseph Delteil** (1894-1978), enfant, vécut chez son aïeul *bouscassier* (bûcheron). Des citations de l'écrivain illustrent ce parcours.

Circuit conseillé Carte de microrégion

LE PAYS DE LÉZIGNAN C2

Pour visualiser ce circuit de 52 km, reportez-vous à la carte de microrégion (p. 68) – Comptez environ 2h. Quittez Lagrasse par la D 212 au nord, en direction de Lézignan.

Fabrezan C2

Dominant la vallée caillouteuse de l'Orbieu, ce village aux ruelles tortueuses abrite, dans la mairie, un petit **musée** dédié à **Charles Cros** (1842-1888). Ce scientifique et poète mena parallèlement son œuvre littéraire d'inspiration lyrique, la fréquentation de la bohème parisienne et ses travaux scientifiques. On lui doit en effet l'invention du paléophone, précurseur du phonographe d'Edison : en son honneur, l'Académie du disque, équivalent du Goncourt des musiciens, a pris son nom. *✆ 04 68 27 81 44 - tlj sf w.-end et j. fériés 9h-12h, 14h-18h (vend. 17h) - gratuit.*

Prenez deux fois à gauche la D 212, puis la D 111 en direction de Moux. Avant cette localité, tournez à droite en direction de Lézignan. À Conilhac, prenez à gauche la D 165.

La route gravit une colline puis débouche sur le vignoble de **Montbrun-des-Corbières** que l'on domine. Continuez vers Escales en faisant un arrêt près de la charmante chapelle romane de **N.-D.-de-Colombier**.

Les D 127 et D 611 mènent à **Lézignan**.

Lézignan-Corbières C2

ℹ 9 cours de la République - 11200 Lézignan-Corbières - juil.-août : 9h-19h, dim. 10h-12h ; reste de l'année : 9h30-12h, 14h30-17h30.

Dans le relief chaotique des Corbières, à mi-chemin entre Carcassonne et la mer, Lézignan s'active autour de ses vignes et de leur commerce. La cité médiévale dont on retrouve encore le tracé est dominée par l'église St-Félix reconnaissable à son impressionnant clocher-donjon. Tout autour, ruelles, placettes et promenades bordées de larges platanes invitent à la flânerie ou à d'agréables haltes à l'abri du soleil.

Regagnez Lagrasse par la D 611, puis la D 212 au sud.

NOS ADRESSES AUTOUR DE LAGRASSE

HÉBERGEMENT

POUR SE FAIRE PLAISIR

Hostellerie des Corbières – *9 bd de la Promenade - 11220 Lagrasse - ✆ 04 68 43 15 22 - www.hostellerie-des-corbieres.com - fermé 15-30 nov. et 10 janv.-10 fév. - 6 ch. 70/95 € - ☕ 8 € - formule déj. 17 € - 27/37 € - wifi gratuit.* Cette maison de maître située au cœur du village abrite des chambres bien équipées de style Louis Philippe. La terrasse du restaurant s'ouvre sur un beau paysage de vignes, d'oliviers et de garrigue. Cuisine traditionnelle au restaurant offrant une belle vue panoramique sur les Corbières.

Hôtel La Fargo – *11220 St-Pierre-des-Champs - ✆ 04 68 43 12 78 - www.lafargo.fr - fermé 21 déc.-23 fév. - ♿ - P - 12 ch. 75/125 € - ☕ 8 € - rest. 30 €.* Cette ancienne forge isolée assure un séjour reposant. Chambres joliment meublées et épurées, avec des touches indonésiennes. Plaisante terrasse ombragée et salle à manger d'inspiration rustique.

Chambre d'hôte M. et Mme Tenenbaum – *5 av. du Minervois - 11700 Azille - ✆ 04 68 91 56 90 - www.pierreetclaudine.com - fermé 1er-15 nov. - P - 🚭 - 4 ch. 68/71 € ☕ - wifi gratuit.* Accueil charmant, piscine protégée par de hauts murs et terrasse-jardin sont les atouts de cette maison de maître bâtie en 1835. Chambres (dont une climatisée) garnies d'un mobilier varié ; une suite familiale (4/5 pers.) et une avec terrasse privée face à la piscine.

Le Clos des Souquets – *47 av. de Lagrasse - 11200 Fabrezan - ✆ 04 68 43 52 61 - www.le-clos-des-souquets.com - fermé 15 nov.-20 mars - P - 19,50/30 € - 5 ch. 60/90 € - ☕ 9 € - wifi gratuit.* À la sortie du village côté Lagrasse, cette auberge propose une cuisine copieuse dans de petites salles à manger au bord de la piscine. Pour l'hébergement, vous aurez le choix entre l'hôtel ou une formule chambres d'hôte. Accueil jeune et souriant.

UNE FOLIE

Chambre d'hôte La Bastide de Donos – *11200 Thézan-des-Corbières - ✆ 04 68 43 32 11 - www.chateaudonos.com - fermé Toussaint-Pâques - P - 🏊 - 3 ch. et 2 suites 105/125 € ☕ - table d'hôte (sur réserv.) 20 €/pers. - wifi gratuit.* Cette bastide du 17e s. abrite trois chambres et deux suites (pouvant accueillir 4 pers.) mêlant confort et décoration raffinée : pierres et poutres, murs ornés de tissus. Vue superbe sur le lavoir et le château. Étang privé (baignade et canotage). Dégustation des vins de la propriété.

RESTAURATION

PREMIER PRIX

La Balade Gourmande – *Bd Léon-Castel - D 6113 - 11200 Lézignan-Corbières - ✆ 04 68 27 22 18 - fermé vac. scol. fév. (zone A), w.-end - ♿ - P - formule déj. 15 € - 12/30 €.* Cette maison rose abrite deux salles à manger au décor méridional. Cuisine de pays : cassoulet à déguster dans une ambiance animée et conviviale.

BUDGET MOYEN

L'Affenage – *32 bd de la Promenade - ✆ 04 68 43 16 59 - ♿ - fermé dim. soir et lun. - « assiette randonneur » 12 € - carte 18/25 €.* Une grande salle que prolonge une terrasse sous les platanes de la Promenade. Salades et plats du jour, vins des Corbières.

Le Tournedos (hôtel le Tassigny) – *Pl. de Lattre-de-Tassigny - 11200 Lézignan-Corbières - ✆ 04 68 27 11 51 - fermé dim. soir et lun. - formule déj. 14 € - 17 bc/46 € - 19 ch. 46/48 € - ☕ 8 €.* Grillades et tournedos dans une lumineuse salle à manger tout de jaune clair vêtue. Chambres dans le même ton, en partie refaites.

Les Calicots – *17 r. du Commerce - 11200 Fabrezan - ✆ 04 68 49 18 54 - fermé mar. - 18/34 €.* Nichée dans une ruelle du village médiéval, cette ancienne mercerie propose, dans un cadre agréable ouvrant sur un jardinet, des plats à base de produits du terroir.

ACHATS

La Maison du Terroir – *6 bd de la Promenade - ✆ 04 68 43 11 43 - avr.-oct. 10h-12h30, 15h-19h.* Vins AOC, plats cuisinés, confitures, fromages fermiers : le terroir des Corbières à l'honneur.

AGENDA

Le Banquet du livre – *Août, à l'abbaye.* Rencontres et échanges avec des écrivains *(rens. Association Marque Page et Bistrot du Livre - ✆ 04 68 32 63 89).*

Carcassonne

★★★

43 950 Carcassonnais – Aude (11)

NOS ADRESSES PAGE 128

S'INFORMER

Office de tourisme – *28 r. de Verdun - 11890 Carcassonne - ☏ 04 68 10 24 30 - www.carcassonne-tourisme.com - juil.-août : 9h-19h ; avr.-sept. : lun.-sam. 9h-18h, dim. et j. fériés 9h-13h ; nov.-mars : lun.-sam. 9h-12h30, 13h30-18h - fermé 1er janv., 25 déc.*

Annexe Tour narbonnaise – *Cité médiévale - ☏ 04 68 10 24 36 - juil.-août : 9h-19h ; avr.-juin et sept. : 9h-18h ; oct. : 9h-17h ; nov. : w.-end et j. fériés 9h-17h ; déc.-mars : w.-end 9h-17h - fermé 1er janv., 25 déc.*

Annexe port du Canal – *Av. du Mar.-Joffre (dans la Cité) - ☏ 04 68 25 94 81 - juil.-août : 9h15-13h15, 14h15-19h - avr.-juin et sept. : 9h-13h, 14h-18h.*

SE REPÉRER

Carte de microrégion B2 (p. 68) – *Carte Michelin Départements 344 F3.*
À 96 km au sud-est de Toulouse et 60 km à l'ouest de Narbonne par l'A 61. La Cité médiévale se trouve sur la rive droite de l'Aude, au sommet d'une colline, et la ville basse, la bastide St-Louis, sur la rive gauche, dans la plaine.

SE GARER

Laissez la voiture sur l'un des parkings aménagés aux abords de la Cité, notamment près de la Porte narbonnaise qui y donne accès.

À NE PAS MANQUER

Le château comtal, la promenade autour de la Cité par les lices, les vitraux et statues de la basilique St-Nazaire.

ORGANISER SON TEMPS

Prévoyez une demi-journée en ville (profitez de la lumière du matin pour admirer les vitraux de St-Nazaire), une bonne journée pour le circuit dans le Cabardès.

AVEC LES ENFANTS

Le musée de l'École et le Parc australien.

C'est l'émerveillement ! Comment ne pas admirer cette Cité qui s'impose d'emblée dans la plaine viticole, et derrière laquelle se profilent les Corbières ? Tant pis pour les détracteurs qui pensent que Viollet-le-Duc n'a pas été fidèle à l'histoire lorsqu'il a reconstruit Carcassonne ; cette ville, inscrite au Patrimoine mondial de l'Unesco depuis 1997, reste dans la mémoire de tous ceux qui ont arpenté ses petites rues et longé ses remparts. L'impressionnante double enceinte protège en effet la cité médiévale qui ne manquera pas de vous charmer malgré une très forte fréquentation en saison. Le dédale des ruelles vous conduira au château comtal et, à l'extrémité sud, à la basilique Saint-Nazaire.

Une fière cité

LE FIEF DE TRENCAVEL

Pendant 400 ans, Carcassonne reste la capitale d'un comté, puis d'une vicomté sous la suzeraineté des comtes de Toulouse. Elle connaît alors une grande prospérité, à laquelle la croisade contre les Albigeois va mettre fin en 1209. Lorsque les croisés pénètrent en Languedoc, pour châtier l'hérétique (et mettre la main sur ses terres), Raimond VI de Toulouse est obligé, pour sauver l'essentiel, de se croiser. Le poids de la résistance retombe sur son neveu **Raimond-Roger Trencavel**, vicomte de Carcassonne. Après le sac de Béziers, l'armée des croisés investit Carcassonne le 1er août. Malgré l'ardeur de Trencavel – il n'a que 24 ans –, la place est réduite à merci au bout de quinze jours. Le conseil de l'armée investit alors Simon de Montfort de la vicomté de Carcassonne, en lieu et place de Trencavel, bientôt trouvé sans vie dans la tour où il était détenu.

UNE MÈRE ET SES CINQ FILS

En 1240, le fils de Trencavel tente en vain de recouvrer son fief. Saint Louis fait alors raser les bourgs formés au pied des remparts pour construire une ville nouvelle (la Bastide ou ville basse) sur l'autre rive de l'Aude. La Cité est remise en état et renforcée. L'œuvre est continuée par Philippe le Hardi. La place passe désormais pour imprenable. Cinq forteresses royales, les Cinq Fils de Carcassonne, sont en outre disposées en avant-poste le long de la frontière aragonaise : Puilaurens, Aguilar, Quéribus, Peyrepertuse et Termes.

DÉCADENCE ET RÉSURRECTION

Après l'annexion du Roussillon suivant le traité des Pyrénées, le rôle militaire de Carcassonne se trouve amenuisé : cinquante lieues la séparent désormais de la frontière franco-espagnole. Perpignan prend la garde à sa place et la Cité tombe en ruine. Mais le romantisme remet le Moyen Âge à la mode. Prosper Mérimée, inspecteur général des Monuments historiques, s'intéresse aux ruines. Un archéologue local, Cros-Mayrevieille, passe sa vie à plaider en faveur de sa ville. Viollet-le-Duc décide la Commission des monuments historiques à entreprendre, en 1844, la restauration de Carcassonne.

SAUVEUR OU RÊVEUR ?

Dès 1851, Viollet-le-Duc entreprend une première campagne de dégagement et de consolidation des remparts. C'est à partir de 1862 que son projet prend toute son envergure. Il décide alors de relever toutes les tours et de les couvrir. En 1865, la tour St-Nazaire est reconstruite quasi entièrement. Pour le front nord, Viollet-le-Duc envisage deux types de restauration : toits plats couverts de tuiles ou toits pentus couverts d'ardoise. Il opte pour la seconde solution, dans une région où la tuile a toujours dominé. Ce choix « nordique » d'un état plus imaginé qu'historique, déclenche des critiques. Dans les années 1960, les Monuments historiques y répondront par quelques toitures en tuiles plates ou en bardeaux, ainsi que des couvertures en tuiles canal pour les tours. Il reste que, une fois les travaux achevés, la Cité était sauvée. Son classement au Patrimoine mondial de l'Unesco est une reconnaissance pour l'architecte controversé…

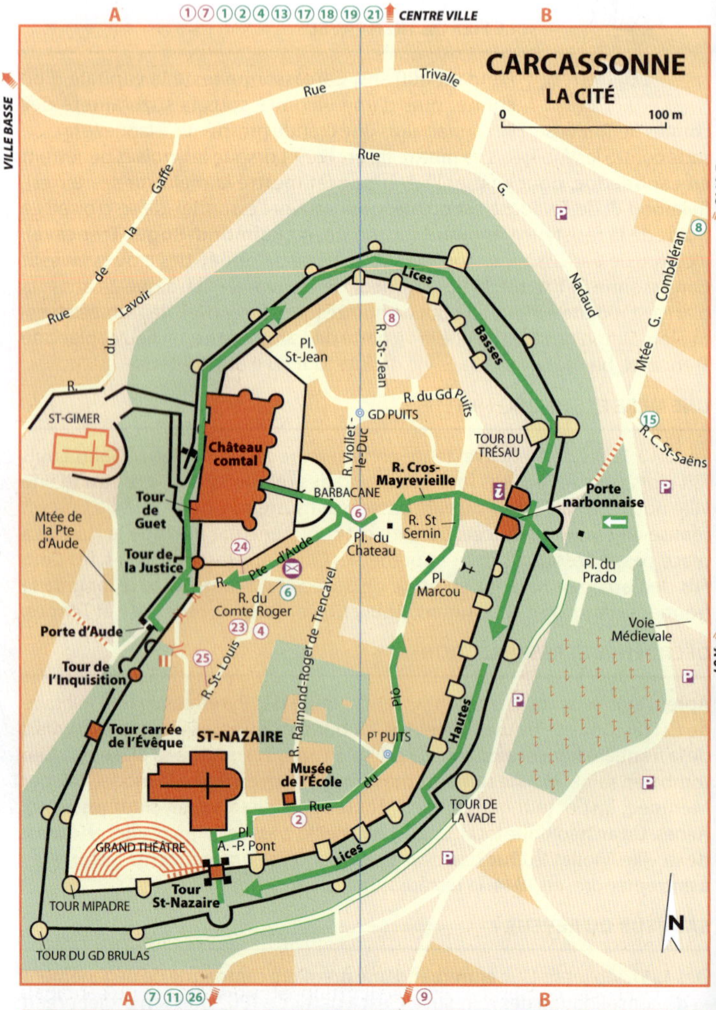

SE LOGER

- Abbaye de Villelongue (Chambre d'hôte) 1
- Anges au Plafond (Chambre d'hôte Les) 2
- Aragon (Hôtel) 26
- Bergerie (Hôtel La) 4
- Best Western Le Donjon (Hôtel) 6
- Château (Auberge du) 7
- Espace Cité (Hôtel) 8
- Maison sur la Colline (Chambre d'hôte La) 11
- Martinet Rouge Birdie (Camping Le) 13
- Montmorency (Hôtel) 15
- Olivette (Chambre d'hôte L') 17
- Relais St-Dominique (Chambre d'hôte) 18
- Rougeanne (Chambre d'hôte La) 19
- St-Martin (Hostellerie) 21

SE RESTAURER

- Bar à Vins (Le) 2
- Brasserie Chez Saskia 25
- Brasserie Le Donjon 24
- Comte Roger 4
- Dame Carcas (Auberge de) 6
- Deux Acacias (Aux) 1
- Marque-Page (Le) 7
- Marquière (La) 8
- Parc Franck Putelat (Le) 9
- Vinothèque (La) 23

Se promener Plan de ville

★★★ LA CITÉ

Pour visualiser ce circuit, reportez-vous au tracé vert sur la carte ci-contre – Visite : 2h.
La Cité de Carcassonne est la plus grande forteresse d'Europe. Elle se compose d'un noyau fortifié, le Château comtal, et d'une double enceinte : l'enceinte extérieure, qui inclut quatorze tours, séparée de l'enceinte intérieure (24 tours) par les lices. Elle compte aujourd'hui une population résidante d'une centaine d'habitants, échappant ainsi au sort des villes-musées uniquement animées par le tourisme.

Porte narbonnaise B
C'est l'entrée principale, la seule où passaient les chars. Un châtelet à créneaux, édifié sur le pont franchissant le fossé, et une barbacane percée de meurtrières précèdent les deux Tours narbonnaises, de part et d'autre de la porte, massives constructions à éperons (ou à becs) destinés à repousser l'assaillant ou à faire dévier les projectiles (à l'intérieur, expositions temporaires). Entre les tours, au-dessus de l'arche, statue de la Vierge.
La **rue Cros-Mayrevieille** (B) permet d'accéder directement au château. À droite de la place du Château se situe un grand puits profond de près de 40 m.

Château comtal A
1 r. Viollet-le-Duc - ✆ 04 68 11 70 70 - http://carcassonne.monuments-nationaux.fr/ - avr.-sept. : 10h-18h30 (dernière entrée 45mn av. fermeture) ; oct.-mars : 9h30-17h (dernière entrée 40mn av. la fermeture) - fermé 1er janv., 1er Mai, 1er et 11 Nov., 25 déc. - 8,50 € (réduit 5,50 €, -26 ans, chômeur gratuit) - supplément audioguide 4,50 € (-18 ans 3 €).
Érigé au 12e s. contre l'enceinte gallo-romaine par Bernard Aton Trencavel, le château était alors le palais des vicomtes. Il fut transformé en citadelle après le rattachement de Carcassonne au domaine royal en 1226. Depuis le règne de Saint Louis, un immense fossé et une grande barbacane de plan semi-circulaire le protègent, en faisant une véritable forteresse intérieure. Du pont, remarquez les hourds, à droite.
La visite commence par le musée.
Des vestiges provenant de la Cité et de la région sont réunis dans le **Musée lapidaire** : lavabo (12e s.) de l'abbaye de Lagrasse, **calvaire★** de Villanière (fin 15e s.), belles fenêtres du couvent des Cordeliers, petits personnages finement sculptés, bornes milliaires, stèles funéraires discoïdales du Lauragais, abusivement dites « cathares », et gisant d'un chevalier mort au combat. Salle d'iconographie de la cité.
Spacieuse, la **cour d'honneur** est entourée de constructions modernes. Du côté sud, le bâtiment présente une façade romane dans sa partie inférieure, gothique au milieu et Renaissance dans sa partie supérieure. On voit bien les colombages. Sur la droite, portes de cachots.
À l'angle sud-ouest de la **cour du Midi** s'élève la plus haute des tours, la tour de Guet, très bien conservée, desservie par un unique escalier de bois.
Sortez du château pour prendre à gauche la rue de la Porte-d'Aude.

Porte d'Aude A
C'est l'élément majeur des lices. Un chemin fortifié, la montée de la porte d'Aude, qui part du pied de la colline (du côté ouest, où s'élève l'église

St-Gimer), y donne accès depuis la ville basse. De tous côtés, elle est puissamment défendue : grand châtelet, petit châtelet, place d'armes et portes.

Lices basses A/B

Accès par la porte d'Aude à droite.

Les lices sont la partie comprise entre les deux enceintes. Les lices basses se situent entre la porte d'Aude et la Porte narbonnaise, au nord-ouest. À l'ouest, elles se rétrécissent jusqu'à disparaître au niveau de la tour de l'Évêque qui barre le passage.

Vous rencontrez d'abord la **tour de l'Inquisition** qui fut le siège du tribunal de l'Inquisition. Un pilier central, avec des chaînes, et un cachot sombre témoignent des tortures subies par les suspects d'hérésie.

Plus loin s'élève la **tour carrée de l'Évêque**. Elle est construite à cheval sur les lices, empêchant ainsi toute communication entre la partie nord et la partie sud de celles-ci. Comme elle était réservée à l'évêque, elle fut aménagée plus confortablement. Depuis la deuxième salle, bonne vue sur le château.

Revenez vers la porte d'Aude et continuez dans les lices basses.

Vous êtes au pied de la **tour de la Justice** où les Trencavel, vicomtes de Béziers et de Carcassonne, protecteurs des cathares, se réfugièrent pour échapper à l'armée de Simon de Montfort en 1209. C'est une tour ronde dont les ouvertures étaient protégées par des volets roulants permettant de voir le pied des murailles sans être vu.

Passez ensuite devant le Château comtal pour circuler sur le front nord, d'époque wisigothique, partie la plus ancienne des lices. Là, les courtines et les tours de l'enceinte intérieure sont très élevées ; les toitures d'origine, plates, de style méridional, sont bien visibles sur les tours de l'enceinte extérieure.

Passez sous le pont-levis, à hauteur de la Porte narbonnaise et continuez vers le sud-est.

Lices hautes A/B

Côté est, à la tour du Trésau (Trésor), elles sont très larges et bordées de fossés. Après la Porte narbonnaise, à gauche, remarquez sur l'enceinte extérieure la tour de la Vade, donjon avancé, haut de trois étages, destiné à la surveillance de tout le côté est. La promenade sur le front sud jusqu'à la tour d'angle du Grand Brulas, face à la tour Mipadre, présente, elle aussi, beaucoup d'intérêt.

Tour St-Nazaire A

C'est là que se termine le tour des lices. Bel ouvrage de plan carré dont la poterne – masquée par une échauguette d'angle – n'était accessible qu'avec des échelles. La tour conserve un puits et un four (au 1er étage). Elle protégeait l'église, placée en arrière dans la Cité. Table d'orientation au sommet.

Rentrez dans la Cité par la porte St-Nazaire.

★ Basilique St-Nazaire A

De l'ancienne église consacrée en 1006 ne subsiste que la nef, mais la basilique reste une totale réussite architecturale. En y pénétrant, on est saisi par le contraste entre la nef centrale, exemple d'art roman méridional, simple et sévère sous sa voûte en berceau, et le chevet gothique, illuminé par les baies de l'abside et de six chapelles. Cet ensemble, ajouré à l'extrême, présente des proportions parfaites, des lignes pures et légères joliment décorées. Les **vitraux★★** forment un ensemble exceptionnel, l'un des plus intéressants du Midi. L'architecture tout en lumière relève de la même veine que celle de la Ste-Chapelle de Paris, fenêtres et rosaces datant pour la plupart des 13e et 14e s. Le vitrail central (1280) du chœur illustre la vie de Jésus encadré par

Les remparts de Carcassonne.
J. Gil / Fotolia.com

1

deux verrières (14e s.) figurant les apôtres Pierre et Paul. Toujours dans le chœur, les vitraux à grands personnages (saint Nazaire et saint Celse), jugés trop vétustes, ont été remplacés au 16e s. et portent les blasons des évêques Pierre d'Auxillon (1497-1512) et Martin de Saint-André (1521-1546). Dans le transept nord, la chapelle de la Vierge est éclairée par l'Arbre de Jessé, illustrant la généalogie du Christ, alors que dans le transept sud, c'est l'Arbre de Vie (14e s), arbre du paradis dont le fruit offrait l'immortalité, qui inonde de lumière la chapelle de la Croix. C'est à la lumière du matin qu'ils prennent toute leur beauté. De remarquables **statues★★** – rappelant celles de Reims et d'Amiens – ornent le pourtour du chœur. Dans la chapelle du croisillon droit, plusieurs tombeaux d'évêques, dont celui de Pierre Roquefort (14e s.), retiennent l'attention.
C'est à Viollet-le-Duc que l'on doit les modifications à l'ouest : il crut par erreur que l'église appartenait à une enceinte fortifiée « wisigothique » et s'autorisa donc à couronner le clocher-mur de créneaux.
Revenez à la Porte narbonnaise par la rue du Plô.

Musée de l'école A

3 r. du Plô - 04 68 25 95 14 - ♿ - 10h-18h (19h en été) - visite sur réserv. (1 mois av.) - fermé 1er janv., 25 déc. - 3,50 € (étudiant, chômeur 3 €, -12 ans gratuit).
Aménagé dans l'ancienne école, il présente une collection de documents, matériel et mobilier anciens. Pupitres, cartables et tableaux noirs s'agrémentent de vieilles affiches instructives. Dans l'une des classes reconstituées, vous pourrez vous laisser tenter par l'art de la plume, de quoi s'imaginer en écolier au début du 20e s. : gare aux pâtés !

LA VILLE BASSE (LA BASTIDE SAINT-LOUIS)

Fondée par Saint Louis sur la rive gauche de l'Aude et longée au nord par le canal du Midi, la ville basse a conservé son quadrillage régulier typique des bastides, s'organisant autour d'une place centrale, la place Carnot.

Laissez la voiture au parking aménagé en bordure du canal, bd Olivier-Sarraut, et entrez dans la ville par la rue du 4-Septembre, piétonne, qui rejoint, au-delà de la place Carnot, la rue de Verdun, perpendiculaire.

Maison des Mémoires Joë-Bousquet

53 r. de Verdun - ✆ 04 68 72 45 55 - ♿ - tlj sf dim., lun. et j. fériés 9h-12h, 14h-18h - visite sur réserv. - gratuit. L'hôtel particulier où vécut Joë Bousquet de 1918 à 1950 est aujourd'hui un lieu de mémoire évoquant la vie et l'œuvre de l'écrivain. On visite à l'étage la fameuse « chambre aux volets clos », inchangée depuis la mort du poète, où l'on découvre les objets familiers qui peuplèrent l'univers de Joë Bousquet pendant plus de trente ans. Au passage, vous admirerez de remarquables plafonds peints témoignant de l'histoire de la demeure.

Musée des Beaux-Arts

1 r. de Verdun - ✆ 04 68 77 73 70 - 15 juin-15 sept. : 10h-18h ; 16 sept.-14 juin : mar.-sam. 9h-12h, 14h-18h et le 1er dim. du mois 14h30-17h30 - visite sur réserv. (1 mois av.) - fermé j. fériés - gratuit.

Des peintures des 17e et 18e s. (maîtres flamands et hollandais) sont présentées avec raffinement, en harmonie avec des porcelaines. La touche régionale est donnée par de grands portraits de Rigaud et Rivalz et par des scènes de batailles du peintre carcassonnais Jacques Gamelin (1738-1803). Toile de Chardin, *Les Apprêts d'un déjeuner*. Le musée rassemble des souvenirs de la famille Chénier, languedocienne d'adoption. La mère d'André Chénier est représentée dans son costume national grec : elle avait épousé, à Constantinople, M. Chénier, consul de France. La peinture du 19e s. est bien représentée avec notamment Courbet, Corot et des artistes académiques.

À proximité Carte de microrégion

Parc australien B2

▶ *Chemin des Bartavelles - ✆ 04 68 25 05 07 - www.leparcaustralien.fr - juil.-août : 10h30-19h ; oct. : merc. et sam. 14h-18h, dim., j. fériés et vac. scol. : 10h30-19h ; reste de l'année : tlj sf dim. 14h-18h - visites guidées se rens. - 9 € (4-12 ans 6,50 €, -4 ans gratuit).*

Autour des wallabies, autruches, cochons et kangourous, un parcours ludique anime la visite, avec ruée vers l'or, initiation aux jeux traditionnels australiens, démonstrations de didgeridoo (instrument à vent) !

Montréal A2

▶ *À 16 km à l'ouest de Carcassonne par l'A 61. Prenez la sortie n° 22 vers Bram, puis la D 43 à gauche dans le village.*

Ce village, qui surplombe les vignobles du Carcassès et les vastes plaines du Razès et du Lauragais, est dominé par la superbe **collégiale St-Vincent** (14e s.) de style gothique méridional. Composé d'une nef unique jalonnée de treize chapelles latérales, l'intérieur de l'église est entièrement revêtu de motifs polychromes. Remarquez la chaire (17e s.) placée à gauche du grand portail et le grand orgue qui date du 18e s. Autour de la collégiale, observez quelques belles façades de maisons anciennes et en face de l'hôtel de ville (18e s.), une belle porte gothique marque l'entrée de la rue du Puits-Banal.

Fanjeaux A2

▶ *9 km plus loin, par la D 119.*

Pl. du Treil - ✆ 04 68 24 75 45 - fanjeaux.com - juil.-août : 10h-13h, 14h-19h ; avr.-juin et sept. : lun.-sam. 10h-12h30, 14h-18h, dim. 10h-12h30 ; oct.-mars : lun., merc., vend. 10h-12h30, mar. et jeu. 14h-18h.

JOË BOUSQUET

Paralysé après avoir été blessé par balle en 1918, **Joë Bousquet** (1897-1950) se réfugie au 53 de la rue de Verdun, à Carcassonne, et ne bougera plus de sa « chambre aux volets clos ». Là, il partage son temps entre l'écriture, la réflexion et les entretiens avec d'illustres visiteurs (André Gide, Paul Valéry, Louis Aragon, Henri Michaux…). Il s'intéresse au surréalisme et se lie d'amitié avec Paul Éluard et Max Ernst. Avec d'autres figures intellectuelles de Carcassonne (l'écrivain François-Paul Alibert, le philosophe Claude-Louis Estève et le poète René Nelli), Joë Bousquet forme le « groupe de Carcassonne » et collabore à une revue, les *Cahiers du Sud*. Il a laissé des recueils de poèmes (*Traduit du silence*, 1936, *Le Meneur de lune*, 1946, *La Connaissance du soir*, 1947) ainsi qu'une importante *Correspondance*.

Lieu sacré dès l'époque romaine (son nom vient de Fanum Jovis, le temple de Jupiter), le bourg garde de beaux témoignages des premières prédications de saint Dominique en pays cathare. Vieilles ruelles, halles du 18e s. et sentiers ombragés s'ajoutent au charme de cette bourgade joliment perchée. En effet, bâti sur un promontoire rocheux, non seulement Fanjeaux se repère de loin mais il permet aussi de lancer son regard vers le lointain. Par beau temps, la vue depuis la terrasse du Seignadou s'étend jusqu'aux Pyrénées !

Maison de saint Dominique – Lors de ses séjours à Fanjeaux, Dominique de Guzmán s'installait dans la sellerie du château (ce dernier a aujourd'hui disparu). La « chambre de saint Dominique » a gardé ses vieilles poutres et une cheminée. Transformée en oratoire en 1948, elle a été dotée de vitraux de **Jean Hugo** représentant les miracles de la mission du saint.

Église – C'est un grand édifice méridional de la fin du 13e s. Le chœur, raffiné, présente un bel ensemble décoratif de six peintures du 18e s. La chapelle de saint Dominique *(2e à gauche)* abrite la poutre, témoin du « miracle du feu ». Remarquer encore les vitraux et le beau bénitier. Dans le **trésor**, bustes reliquaires de saint Louis d'Anjou, l'un des patrons de l'ordre franciscain (vers 115), et de saint Gaudéric, protecteur des paysans (1541).

★ **Le Seignadou** – *À 5mn à pied de l'église.* C'est le promontoire-belvédère d'où saint Dominique vit par trois fois un globe de feu descendre sur le hameau de **Prouille** *(au premier plan)*. Ce prodige le décida à fonder là sa première communauté, perpétuée par un couvent de dominicaines (contemplatives). Du haut de cette colline, vues lointaines sur le Lauragais, la Montagne Noire, les Corbières et les Pyrénées.

Circuit conseillé Carte de microrégion

★ LE CABARDÈS B1-2, A1

Pour visualiser ce circuit de 165 km, reportez-vous à la carte de microrégion (p. 68) – Comptez une journée. Quittez Carcassonne par la D 118 (au nord) en direction de Mazamet. Dans Villegailhenc, prenez à gauche la très étroite D 935 vers Aragon (attention : carrefour très discret !).

Aragon B1

Fièrement dressé sur son éperon rocheux, ce petit joyau du Cabardès (vignoble AOC) offre aux visiteurs le charme de ses étroites ruelles et de son patrimoine préservé. Il faut gagner les hauteurs du village pour découvrir la façade de son château (16e s., chambres d'hôte), l'église (14e s.) et l'**Espace Pierre Sèche**

✆ 04 68 77 17 87 - juil.-août : lun-vend. 14h30-18h ; ouvert tte l'année sur demande préalable - 3 € (enf. 2 €).
Prenez la D 203 au nord-ouest vers Fraisse-Cabardès, puis la D 148 à gauche en direction de Montolieu.

★ Montolieu B1

Pl. Jean-Guéhenno - 9h-12h, 14h-17h, w.-end et j. fériés 9h30-12h30, 14h-18h.
Dominant le confluent de la Dure et de l'Alzeau, Montolieu s'affirme fièrement comme le village du livre. Consacré aux métiers du livre et aux rencontres autour du livre, ce village de pierres sèches du Cabardès est animé par une vingtaine de librairies et bouquineries (dont certaines anglophones), des artisans d'arts graphiques (relieur, copiste, calligraphe, graveur) et un intéressant **Conservatoire des arts et métiers du livre** présentant les différents alphabets, les supports de l'écrit (du parchemin au papier), les casses d'imprimerie, différentes presses typographiques, etc. *✆ 04 68 24 80 04 - ♿ - avr.-oct. : 10h-12h, 15h-18h, w.-end 15h-18h ; reste de l'année : tlj sf w.-end 14h-17h - fermé 1er janv., 25 déc. - 2 €.*
Une petite route (D 64) au sud du village mène à l'ancienne abbaye de Villelongue, nichée au creux d'un vallon.

Ancienne abbaye de Villelongue A1

11170 St-Martin-le-Viel - ✆ 04 68 24 90 38 (association des Amis de l'Abbaye de Villelongue) - www.abbaye-de-villelongue.com - vac. Pâques-30 juin et 1er sept.-vac. Toussaint : tlj sf lun. 10h-12h, 14h-18h30 (16h le sam.), juil.-août : tlj sf lun. 10h-12h, 14h-19h (16h le sam.) - fermé déb. nov-1er avr. - dernière visite 30mn av. la fermeture - 5 € (-16 ans gratuit).
Elle connut une période de prospérité au 13e s., puis le déclin. De l'ensemble monastique, il subsiste quelques vestiges intéressants : le réfectoire, grande pièce couverte de croisées d'ogives dont le mur sud est percé de trois baies surmontées d'un oculus, l'aile méridionale du cloître, la salle capitulaire. L'ancienne abbatiale de plan cistercien a été rebâtie à la fin du 13e s. et au début du 14e s., conservant de l'ancien édifice le chœur à chevet plat, flanqué de chapelles rectangulaires, deux croisillons, le carré du transept. Remarquez dans l'église la clef de voûte du chœur représentant l'Agneau pascal ainsi que les têtes au pilier sud-ouest de la nef.
Prenez la D 164 à droite en direction de Saissac.

SAINT DOMINIQUE ET L'INQUISITION

Envoyé en terres cathares en 1206, Dominique de Guzmán, le futur saint Dominique, avait choisi d'évangéliser les « bonshommes » à la manière des apôtres : celle de la pauvreté et de la non-violence. En avril 1207, après la célèbre « dispute » de Montréal avec les cathares, Dominique se fixe au pied de la colline de Fanjeaux, foyer actif de l'hérésie, et fonde à Prouille une communauté de femmes converties. Mais la croisade de Simon de Montfort, déclenchée deux ans plus tard, marque la fin de son entreprise de conversion. Il part pour Toulouse, où naîtra, en 1215, l'ordre des frères prêcheurs ou ordre dominicain, solidement formés en théologie. Saint Dominique décède en 1221. En 1235, le pape retire aux évêques la responsabilité de l'Inquisition, qu'il confie aux théologiens les plus reconnus de l'époque, les Dominicains. Ironie du sort, cette mesure éloigne l'ordre du pacifisme évangélique de ses débuts.

Saissac A1

Le village de Saissac est posé en amphithéâtre sur une crête dominant la plaine du Carcassès ; de la route principale *(D 103)*, un belvédère permet de découvrir le panorama lointain, marqué par la silhouette de l'église et les ruines du château médiéval, et délimité (par temps clair) par les Pyrénées enneigées. Le vieux village est quant à lui installé en contrebas de la route, dans un **site★** agréable, sur le versant, et parcouru de ruelles pentues, pour certaines entrecoupées d'escaliers.

Laissez la voiture dans le haut du village, si possible sur la placette à côté de la grande tour de l'ancienne enceinte du village.

Vous pouvez alors emprunter le lacis de ruelles qui descendent vers l'**église**, édifice très remanié à partir du 17e s.

Juste en contrebas, une rue (signalisée) conduit au château.

Château de Saissac – *✆ 04 68 24 46 01 - www.payscathare.org - avr.-juin et sept. 10h-18h ; juil.-août : 9h-20h ; oct. : 10h-17h ; fév.-mars et nov.-déc les w.-end et j. fériés 10h-17h - fermé janv. - dernière visite 30mn av. la fermeture - 5 € (6-15 ans 3 €, -6 ans gratuit).* Dominant la plaine, les ruines, assez impressionnantes, de ce château abandonné au 18e s., donnent une idée de la puissance des seigneurs locaux, vassaux des Trencavel. Le logis, restauré, retrace (vidéo) la découverte, en 1979, d'un modeste **trésor** de 2000 deniers datés du 13e s. qui constitue le plus ancien témoignage de présence de monnaies royales dans la région. Une petite exposition (étage) évoque les trésors dans tous les sens du terme, avant de traiter de la monnaie (du minerai à la pièce) et des métiers qui lui sont liés.

Prenez à l'est la D 103.

Brousses-et-Villaret B1

Le dernier des dix **moulins à papier** que comptait le village il y un siècle et demi perpétue la fabrication manuelle de papier. Son musée Gutenberg retrace l'histoire de la typographie ainsi que de ses techniques ; des documents sont imprimés sur des presses anciennes. *✆ 04 68 26 67 43 - www.moulinapapier.com - visite guidée (1h) juil.-août : 11h-19h ; reste de l'année : 10h-12h, 14h-18h - fermé 1er janv., 25 déc. - 7 € (5-12 ans 3 €, -5 ans gratuit), billet combiné avec l'atelier de fabrication.*

Continuez sur la D 103 pour rejoindre la D 118 que vous prendrez à droite. Après Cuxac-Cabardès, tournez à droite dans la D 73 puis la D 9 en direction de Mas-Cabardès.

Mas-Cabardès B1

Ce village, blotti au pied des ruines de son château fort, a gardé une fière allure. Les rues étroites mènent à l'**église** dont le clocher, terminé par une tour octogonale, a conservé une empreinte romane, bien que datant du 16e s. Remarquez en bas de la rue *(à gauche de l'église au carrefour)* la croix de pierre : on y distingue une navette sculptée, emblème des tisserands et témoignage de l'activité textile dans la vallée de l'Orbiel.

Prenez au sud la D 101.

★ Les Quatre Châteaux de Lastours B1

Avant la visite des châteaux, il est conseillé d'aller au belvédère (même billet) situé à la sortie du village : très belle vue d'ensemble sur le site. Rejoignez ensuite l'ancienne usine Rabier (accueil) au centre du village - ✆ 04 68 77 56 02 - http://chateauxlastours.lwd.fr - juil.-août : 9h-20h ; avr.-juin et sept. : 10h-18h ; oct., 1re quinzaine et w.-end en nov.-déc. : 10h-17h ; nov.-déc., fév.-mars : certains j. 10h-17h - fermé janv., 25 déc. - 5 € (6-15 ans 2 €, -5 ans gratuit).

Entre les profonds vallons de l'Orbiel et du ruisseau de Grésillou, une arête rocheuse porte les ruines de quatre châteaux dans un site sauvage. Nommés respectivement Cabaret, Tour Régine, Surdespine et Quertinheux, ces châteaux constituaient au 12e s. la forteresse de Cabaret dont le seigneur, Pierre Roger de Cabaret, était un défenseur de la cause cathare. En 1210, Simon de Montfort dut reculer devant ces murailles, alors que Minerve puis Termes capitulaient. Les rescapés de ces places fortes venaient se réfugier à Cabaret qui résistait à toutes les attaques. Simon de Montfort n'en prit possession qu'en 1211 à la suite de la reddition volontaire de Pierre Roger de Cabaret. Une exposition archéologique fait revivre le village castral abandonné par ses habitants autour de 1240.
Revenez à la D 701 en direction de Salsigne.

Salsigne B1

L'exploitation minière y est très ancienne. Déjà Romains et Sarrasins y extrayaient le fer, le cuivre, le plomb et l'argent. En 1892, on y découvrit de l'or. Actuellement, des concessions subsistent sur les territoires de Salsigne, Lastours et Villanière, même si des questions environnementales semblent devoir remettre en question cette activité. Depuis 1924, elles ont produit 10,5 millions de tonnes de minerai qui ont donné 92 t d'or, 240 t d'argent, 30 000 t de cuivre et 400 000 t d'arsenic. En 1992, l'activité a été réduite à l'or et à l'argent.
À partir de Salsigne, suivez la signalisation vers la grotte de Limousis.

Grotte de Limousis B1

Chemin de la grotte - ✆ 04 68 26 14 20 - www.grottes-de-france.com - visite guidée - juil.-août : 10h-18h (dép. ttes les 45mn) ; avr.-juin et sept. : 10h30-18h30 (dép. ttes les h) ; mars et oct. : 14h30-17h30 (dép. ttes les h) ; nov. : dim. et j. fériés 10h-18h- fermé reste de l'année - 8,80 € (enf. 5,60 €).
Son entrée se trouve dans un paysage calcaire, aride et dénudé, où poussent la vigne et l'olivier. Découverte en 1811, cette grotte présente une suite de salles qui s'étirent sur 663 m, où se succèdent concrétions curieusement ouvragées et miroirs d'eau limpide. Dans la dernière salle, un énorme **lustre★** de cristaux d'aragonite de 10 m de circonférence, d'une remarquable blancheur, constitue le principal intérêt de la grotte.
Revenez, par la D 511, à la D 111 et là, prenez la direction de Villeneuve-Minervois.

Villeneuve-Minervois B1

Lorsque l'on arrive à Villeneuve, la silhouette d'un **moulin à vent** (restauré) se détache au milieu des vignes. La visite offre l'occasion de voir sa restauration *(vidéo)* avant de découvrir les secrets de son fonctionnement grâce à d'intéressantes démonstrations. *✆ 04 68 26 57 56 - www.moulin-benazeth.fr - visite guidée juil.-août : 10h-18h30 ; mai-juin et sept. : 10h-12h, 14h-17h30 ; avr. : 14h-17h - 7 € (6-15 ans 5 €, -6 ans gratuit).*
Traversez le village et prenez la D 112 en direction de Cabrespine.

Gorges de la Clamoux B1

Elles permettent de saisir le contraste qui marque les deux versants de la Montagne Noire.
Jusqu'à Cabrespine, la route suit le fond du vallon cultivé en vergers et vignes.

Gouffre de Cabrespine B1

✆ 04 68 26 14 22 - www.grottes-de-france.com - ♿ - visite guidée (45mn) 4 juil.-31 août : 10h-18h ; avr.-juin et sept.-oct. : 10h-12h, 14h-17h30 ; reste de l'année : se

rens. - fermé 10 déc.-10 fév. - 9,20 € (6-12 ans 5,90 €, -6 ans gratuit) - température constante : 14 °C.

Ce gouffre constitue la partie supérieure d'un vaste ensemble de galeries souterraines drainées par les eaux de la Clamoux. Il doit à ses dimensions (hauteur atteignant jusqu'à 250 m, pour un volume de plus de 1 500 000 m^3) son appellation de « géant ».

Le long balcon en offre une spectaculaire vue générale, alors que les concrétions composent à proximité des parois un ensemble spéléologique caractéristique : coulées de calcite colorées par des oxydes minéraux, stalactites et stalagmites, buissons ou rideaux éblouissants d'aragonite, excentriques paraissant défier les lois de la pesanteur, disques, etc. La visite des salles Rouges et de la salle aux Cristaux parachève la découverte.

Regagnez la D 112.

Elle atteint le village de **Cabrespine**, dominé par le roc de l'Aigle à gauche, puis s'élève rapidement en lacet à travers les châtaigniers et surplombe de profonds ravins au creux desquels se nichent quelques rares hameaux.

À Pradelles-Cabardès, prenez la D 87 à droite vers le pic de Nore.

★ Pic de Nore B1

Alt. 1 211 m. Point culminant de la Montagne Noire, il émerge dans un paysage aux formes arrondies, couvert de lande. Non loin de l'émetteur de télévision, une table d'orientation permet de jouir d'un **panorama★** qui s'étend des monts de Lacaune, de l'Espinouse et des Corbières jusqu'au Canigou, au massif du Carlit et au pic du Midi de Bigorre.

Redescendez à Pradelles-Cabardès et prenez à gauche la D 89 en direction de Castans. Tournez ensuite à droite dans la D 620, vers Caunes-Minervois.

1

Lespinassière B1

Bâti sur un piton, dans un cirque de montagne, Lespinassière est dominé par son château fort dont subsiste une imposante tour carrée du 15e s.

Gorges de l'Argent-Double B1

La rivière de l'Argent-Double, qui prend sa source près du col de Salette, a creusé des gorges profondes et sinueuses.

Caunes-Minervois B1

3 ruelle du Monestier - 11160 Caunes-Minervois - ✆ 04 68 76 34 74 (office de tourisme) - www.hautminervois.fr - juil.-août : 10h-19h ; sept.-oct., avr.-juin : 10h-12h, 14h-18h ; nov.-mars : 10h-12h, 14h-17h.

Le village a connu une certaine notoriété grâce à l'exploitation de son marbre « incarnat », d'une couleur rouge orangé, veiné de gris et de blanc, très recherché au 18e s. et qui fut utilisé pour la décoration du Grand Trianon à Versailles, pour le palais Garnier à Paris et la basilique St-Sernin à Toulouse.

Deux beaux hôtels bordent la place de la Mairie : l'hôtel Sicard (14e s.), avec sa fenêtre d'angle à meneaux, et l'**hôtel d'Alibert** (16e s.), qui s'ouvre sur une ravissante cour Renaissance d'influence italienne présentant des galeries superposées décorées de bustes dans des médaillons.

Le chœur de l'abbatiale de l'**ancienne abbaye bénédictine** a été orné au 17e s. d'un **maître-autel★** baroque en marbre rouge local. En sortant de l'église, admirez le beau chevet roman (11e s.) orné de colonnes engagées et d'arcatures aveugles. Le clocher carré qui s'élève à l'extrémité du croisillon nord comporte trois niveaux de baies géminées reposant pour certaines sur des chapiteaux mérovingiens de réemploi. *✆ 04 68 78 09 44 - juil.-août : 10h-19h ; sept.-oct., avr.-juin : 10h-12h, 14h-18h ; nov.-déc., fév.-mars : 10h-12h, 14h-17h - fermé janv. - 5 € (étudiant et -18 ans 2 €, -10 ans gratuit).*

Dans la rue principale (av. du Minervois), prenez à gauche vers les carrières.

Carrière du Roy – *20mn AR.* Un sentier parmi les cistes, les chênes verts et les genévriers mène à flanc de coteaux vers les anciennes carrières de marbre, dont furent extraites les colonnes rouge sang du Grand Trianon. Dans un site redevenu sauvage, les panneaux explicatifs aident à comprendre les diverses méthodes d'extraction et l'histoire d'une exploitation encore active.

Prenez au sud-ouest la D 620. Après Villegly, tournez à droite dans la D 35.

Conques-sur-Orbiel B1

Ce pittoresque village conserve quelques vestiges de fortifications, dont la porte méridionale surmontée d'une statue de la Vierge, du 16e s. Le clocher-porche de l'**église**, sous lequel passe une rue, a l'aspect d'une construction fortifiée.

Prenez la D 201 au sud pour rejoindre Carcassonne.

NOS ADRESSES À CARCASSONNE

VISITE

Tour des remparts en petit train – *04 68 24 45 70 / 06 08 43 88 06 - visite guidée 20mn (dép. Pte narbonnaise) 1er mai-30 sept. (sf 1er dim.sept.) : 10h-18h30 - 7 € (3-11 ans 4 €).*

Les Calèches de la Cité – *04 68 71 54 57 - www.carcassonne-caleches.com - découverte des remparts en calèche avec commentaires historiques - juil.-août : 10h15-18h ; avr.-juin et de déb. sept. à mi-nov. : vac. scol. et j. fériés 11h-16h30 - 7 € (2-11 ans 4 €).*

HÉBERGEMENT

BUDGET MOYEN

Hôtel Espace Cité – *132 r. Trivalle - 04 68 25 24 24 - www.inter-hotel-carcassonne.fr - P (7 €) - 48 ch. 80/93 € - 8,50 € - wifi gratuit.* Cet hôtel situé au pied de la Cité propose un hébergement fonctionnel dans des chambres rénovées selon un style contemporain. Certaines sont adaptées pour les familles. Accueil sympathique. Petit-déjeuner servi sous forme de buffet, avec quelques tables en terrasse.

Chambre d'hôte La Maison sur la Colline – *Mas de Ste-Croix - 04 68 47 57 94 - www.lamaisonsurlacolline.com - P - - 5 ch. 85/95 € - table d'hôte 30 € - wifi gratuit.* Perchée au sommet d'une petite colline, cette vieille ferme restaurée offre, du jardin, un point de vue enchanteur sur la cité médiévale. Ses chambres, spacieuses pour certaines, meublées d'objets chinés dans les brocantes, possèdent chacune leur couleur : bleu, beige, rose, blanc, tonnelle… Petit-déjeuner sous forme de buffet, servi au bord de la piscine si le temps le permet.

POUR SE FAIRE PLAISIR

Hôtel Montmorency – *2 r. Camille-St-Saëns - 04 68 11 96 70 - www.lemontmorency.com - P - - réserv. conseillée en été - 30 ch. 80/300 € - 12 € - wifi gratuit.* Au pied de la cité, cette adresse est l'annexe de l'hôtel du Château. Vous pourrez bénéficier des jardins, de la piscine, du Jacuzzi et de la terrasse de l'établissement principal. Les chambres sont simples mais très coquettes, certaines de style contemporain, et particulièrement bien tenues.

Hôtel Aragon – *15 montée Combéléran - ✆ 04 68 47 16 31 - www.hotelaragon.fr - P - 🏊 - 29 ch. 85/120 € (selon sais. et vue) - ☕ 9 €.* Un sympathique hôtel tout pimpant à deux pas de la Porte narbonnaise. Chambres confortables et accueil très aimable.

UNE FOLIE

Hôtel Best Western Donjon – *2 r. du Comte-Roger - ✆ 04 68 11 23 00 - www.hotel-donjon.fr - P - 61 ch. 245/390 € - ☕ 12 € - rest. à partir de 19 € - wifi gratuit.* Un orphelinat du 15e s., une maison médiévale et deux pavillons dans le jardin composent cet hôtel entièrement rénové. Chambres personnalisées parfois dotées d'une mini-terrasse. Cuisine traditionnelle à la brasserie *(voir la rubrique Restauration).*

À proximité

PREMIER PRIX

Camping Le Martinet Rouge Birdie – *11390 Brousse-et-Villaret (à 15 km au nord de Carcassonne par la D 203 et chemin à dr., à 200 m de la Dure) - ✆ 04 68 26 51 98 - www.camping-martinet.com - avr.-août - 🏊 - ♿ - réserv. conseillée - 63 empl. 28/30 € - ☕ 6,50 €.* Niché dans la Montagne Noire, dans un paysage chaotique de roches et de chênes-lièges, ce camping est vraiment installé dans un lieu exceptionnel. Ses emplacements superbes font vite oublier les sanitaires un peu justes. Piscine.

BUDGET MOYEN

Chambre d'hôte Le Relais St-Dominique – *11270 Prouille (à 3 km au nord-est de Fanjeaux par la D 802, carrefour D 623, D 4 et D 119) - ✆ 04 68 24 68 17 - www.lerelaisdesaintdominique.com - 🏊 - 5 ch. 70 € ☕.* À deux pas du village médiéval, cette maison de campagne séduit par son intérieur rustique, à la fois simple et charmant. Chambres confortables et bien tenues. Petits-déjeuners servis dans le patio. Jolie piscine et boutique de produits régionaux.

Chambre d'hôte L'Olivette – *R. Pierre-Duhem - 11160 Cabrespine - ✆ 04 68 26 19 25 - http://olivette-cabrespine.com - P - 🚭 - 3 ch. 58/62 € ☕ - rest. 18 € sur réserv. le soir uniquement.* Vous apprécierez la charmante simplicité de cette maison familiale située non loin du gouffre de Cabrespine. Trois chambres confortables et bien tenues, garnies de meubles anciens. La table d'hôte (le soir, sur réservation), rehaussée d'herbes aromatiques du pays, exprime de façon très juste un réel plaisir de recevoir. Vous disposerez en outre de toute la documentation souhaitable pour randonner dans la région.

Chambre d'hôte Les Anges au Plafond – *R. de la Mairie - 11170 Montolieu - ✆ 04 68 24 97 19 - www.lesangesauplafond.com - 3 ch. 70 € ☕.* Au-dessus d'un ancien café de village (si votre regard erre au plafond, vous comprendrez le nom donné aux lieux), trois chambres lumineuses et claires ; chacune a sa couleur, jusque dans les parquets peints… L'harmonie et la gaieté règnent, et l'accueil est en outre charmant. Salon de thé et restaurant à midi, dîner sur commande pour les résidents.

Chambre d'hôte de l'abbaye de Villelongue – *À l'abbaye - 11170 St-Martin-le-Vieil - ✆ 04 68 76 92 58 (après 19h30) - www.abbaye-de-villelongue.com - 4 ch. 68 € ☕.* C'est au sein même de l'abbaye

1

que vous logerez, dans des conditions de confort qui n'ont rien de l'austérité cistercienne. Les chambres, coquettes, ouvrent toutes sur le cloître fleuri, entre autres, de superbes glycines.

POUR SE FAIRE PLAISIR

Auberge du Château – *Château de Cavanac - 11570 Cavanac (à 5 km au sud en dir. de Couffoulens puis D 204 à gauche) - ✆ 04 68 79 61 04 - www.chateau-de-cavanac.fr - fermé janv.-fév., 2 sem. en nov. - ♿ - 🅿 - 🏊 - 29 ch. 75/185 € - ☕ 12 € - rest. 45 € bc.* Château du 17e s. sur un domaine viticole. Belles chambres personnalisées avec vue sur les vignes ou la campagne, plaisante salle des petits-déjeuners et billard. Écuries aménagées en restaurant ; plats traditionnels, grillades et vins de la propriété.

Hostellerie St-Martin – *11000 Montredon (à 4 km au nord-est) - ✆ 04 68 47 44 41 - www.chateausaintmartin.net - fermé 12 nov.-19 mars - ♿ - 🏊 - 15 ch. 85/110 € - ☕ 10 € - wifi gratuit.* Cette bâtisse récente de style régional se situe dans un paisible parc entouré par la campagne, offrant des vues sur la Cité. Les chambres sont plaisantes.

Hôtel La Bergerie – *Chemin de Pech-Marie - 11600 Aragon - ✆ 04 68 26 10 65 - www.labergeriearagon.com - fermé 3 sem. en fév. -15 j. en oct. - ♿ - 🏊 - 8 ch. 100/130 € - ☕ 10 € - rest. 27/75 € - wifi gratuit.* Maison récente qui se fond bien dans le décor de ce pittoresque village perché. Agréables chambres provençales d'où l'on admire le vignoble de Cabardès. Coquet restaurant aux tons ensoleillés ; cuisine inventive élaborée avec des produits régionaux de qualité.

Chambre d'hôte La Rougeanne – *8 allée du Parc - 11170 Moussoulens - ✆ 04 68 24 46 30 / 06 61 94 69 99 - www.larougeanne.com - 🅿 - 🚭 - 5 ch. 90/110 € ☕.* Goûtez au calme dans cette ancienne propriété de vigneron. Les chambres (dotées de prises Internet), décorées avec soin dans les tons pastel, ouvrent sur le parc arboré et, au-delà, la chaîne des Pyrénées. Au rez-de-chaussée, « Verveine » et « Tomette » disposent d'un salon en mezzanine : idéal pour un séjour en famille.

RESTAURATION

PREMIER PRIX

Le Bar à Vins – *6 r. du Plô - ✆ 04 68 47 38 38 - www.lebaravins.fr - 9h-2h - fermé 2 sem. en janv. ou fév. - ♿ - 5/12,50 €.* Situé à deux pas de la cathédrale St-Nazaire, ce bar à vins séduit, aux beaux jours, par son jardin ombragé. Dans l'assiette, tapas, sandwichs, et une belle carte des vins bien sûr ! Et possibilité de poursuivre la soirée dans le même esprit au **Cinq** ouvert par la même direction à deux pas de là *(5 rue du Petit-Puits).*

La Vinothèque (Comptoir des Vins et Terroirs) – *3 r. du Comte-Roger - ✆ 04 68 26 44 76 - www.comptoir-vins.fr - 10h30-22h - 11/80 € la bouteille.* Comme son nom l'indique, c'est avant tout un bar à vins où vous pourrez déguster d'excellents crûs du terroir, accompagnés d'une tartine chaude, d'une salade ou, pourquoi pas, de foie gras. Bien entendu, vous pouvez acheter ces vins ainsi que maints autres produits d'un terroir généreux.

BUDGET MOYEN

Auberge de Dame Carcas – *3 pl. du Château - ✆ 04 68 71 23 23 - www.damecarcas.com - fermé 24-26 déc. - 16/26,50 €.* Sur l'enseigne, la dame Carcas, épouse du roi Sarrasin qui, selon la légende, obligea Charlemagne à lever le siège en lançant par-dessus les remparts un porcelet gras à souhait, porte un petit cochon. L'auberge, rustique, est réputée pour ses plats canailles.

La Marquière – *13 r. St-Jean - ✆ 04 68 71 52 00 - www.lamarquiere.com - fermé merc.-jeu. et 10 janv.-10 fév., 26/36 €.* Cette maison proche des remparts nord vous reçoit dans un cadre sagement provincial, ou dans sa sympathique petite cour-terrasse. Labellisée « qualité Sud de France », elle propose une cuisine traditionnelle à base de produits de saison, simple et savoureuse.

Brasserie Le Donjon – *4 r. Porte-d'Aude - ✆ 04 68 25 95 72 - www.hotel-donjon.fr - fermé dim. soir nov.-mars - menus 16/29,50 €.* Un maître-restaurateur vous propose un menu brasserie ou une formule plus complète alliant (entre autres) foie gras et cassoulet languedocien.

POUR SE FAIRE PLAISIR

Au Comte Roger – *14 r. St-Louis - ✆ 04 68 11 93 40 - www.comteroger.com - fermé 8 fév.-3 mars, dim. et lun. (sf en sais.) et j. fériés - formule déj. 19/27 € - 42/61 €.* Vos flâneries dans la Cité vous mèneront peut-être à cette terrasse ombragée dressée au bord d'une venelle animée. Intérieur moderne épuré et carte attentive au marché.

Chez Saskia – *15 pl. Auguste-Pierre-Pont (accès r. St-Louis) - ✆ 04 68 71 98 71 - fermé mar.-merc. - menu du jour 30 €.* La brasserie du prestigieux Hôtel de la Cité. Vous pourrez déguster une cuisine alliant raffinement et simplicité, en salle ou, aux beaux jours, de l'autre côté de la rue sur la terrasse ombragée des jardins de l'Évêque.

UNE FOLIE

Le Parc Franck Putelat – *80 ch. des Anglais (au sud de la Cité) - ✆ 04 68 71 80 80 - www.restaurantleparcfranckputelat.fr - P - mar.-sam. - formule déj. 35 € bc, menu 60/125 €.* Un restaurant de haute tenue ; dans un cadre exceptionnel et un décor épuré, vous dégusterez une cuisine mariant la tradition aux innovations les plus inattendues, comme cette bouillabaisse de foie gras. Les gourmets ne manqueront un repas ici sous aucun prétexte !

Aux alentours

PREMIER PRIX

Aux Deux Acacias – *D 6113 - 11150 Villepinte (à 14 km au nord-est de Fanjeaux par D 4 puis D 6113) - ✆ 04 68 94 24 67 - www.les-deux-acacias.com - 13/26 € - 10 ch. 50/65 € - ☕ 6,50 € - wifi gratuit.* La simplicité du décor s'oublie vite lorsque vous découvrez le contenu de votre assiette. Sachez que la vedette ici est le fameux cassoulet maison, savamment mitonné avec des produits frais. Accueil chaleureux. Également des chambres, toutes climatisées.

Le Marque-Page – *Pl. de la Liberté - 11170 Montolieu - ✆ 04 68 24 76 72 - fermé dim. soir, lun., merc. soir - formule déj. 14,50 € - menu 25 €.* Un agréable menu (avec cassoulet maison) à déguster sous les platanes.

1

ACHATS

Marché

Marché aux fleurs, légumes et fruits – *Pl. Carnot - ✆ 04 68 10 24 30 - mar., jeu. et sam. 7h-12h30.*

Spiritueux Cabanel – *72 allée d'Iéna - ✆ 04 68 25 02 58 - 8h-12h, 14h-19h - fermé dim. et j. fériés.* Cette liquoristerie propose depuis 1868 un grand choix de spiritueux originaux comme l'Or-Kina, à base de plantes et d'épices, la Micheline dont l'origine remonterait au Moyen Âge, l'Audoise appelée liqueur des cathares, ou le grog maison. Petite offre de crus régionaux en complément.

Artisanat

Le Vieux Lavoir – *R. du Plô - ✆ 04 68 71 00 04 - ouvert tlj 10h30-18h (hiver), 10h-19h (printemps, automne), 10h-23h (été) - fermé janv.* Cette coopérative artisanale permet de découvrir la production des artisans d'art de la région : poterie, marqueterie, travail du cuir, bijoux, textile à prix d'atelier…

Abbaye de Villelongue – *11170 St-Martin-le-Viel - ✆ 04 68 24 90 38 (association des Amis de l'Abbaye de Villelongue) - www.abbaye-de-villelongue.com - vac. Pâques-30 juin et 1er sept.-vac. Toussaint : mar.-dim. 10h-12h, 14h-18h30 (16h le sam.), juil.-août : mar.-dim. 10h-12h, 14h-19h (16h le sam.) - fermé déb. nov-1er avr.* Vous trouverez dans la boutique de l'abbaye de spectaculaires courges décorées (la spécialité du lieu), ainsi que des moulages des sculptures de l'abbaye réalisés en résine chargée de poudre de pierre).

AGENDA

Tournois de chevalerie – *En juil. et août dans les lices.*

Festival des 2 Cités – *En juil. - www.festivaldecarcassonne.com.*

Salon du livre ancien – *Rens. : GLM - Yann Lartisien - pl. des Tilleuls - 11170 Montolieu - ✆ 04 68 24 82 70.*

Feria – *Fin août-déb. sept. (novilladas et animations).*

Fête des courges – Abbaye de Villelongue *(sept.).*

Castelnaudary, maisons au bord du Grand Bassin.
J.-P. Garcin / Photononstop

1

Castelnaudary

11575 Chauriens – Aude (11)

NOS ADRESSES PAGE 136

S'INFORMER
Office de tourisme – *Pl. de la République - 11400 Castelnaudary - ✆ 04 68 23 05 73 - www.castelnaudary-tourisme.com - juil.-août : 10h-12h, 14h30-17h ; janv.-mars : tlj sf w.-end 10h-12h, 14h30-17h ; avr.-juin : tlj sf dim. 10h-12h, 14h30-17h, sam. 10h-12h - fermé 1er janv., 25 déc.*

SE REPÉRER
Carte de microrégion A1 (p. 68) – *Carte Michelin Départements 344 C3.* À 63 km au sud-est de Toulouse et 39 km à l'ouest de Carcassonne par l'A 61.

SE GARER
Parkings place de la République et place de la Liberté.

À NE PAS MANQUER
Les deux portails de la façade nord de l'église St-Michel ; la promenade le long des quais du Grand Bassin ; la vue depuis le moulin de Cugarel et bien sûr la dégustation d'un cassoulet.

ORGANISER SON TEMPS
Comptez 1h pour la ville.

AVEC LES ENFANTS
Le musée archéologique du Présidial et les écluses.

Que serait Castelnaudary sans le cassoulet ? Une petite ville paisible, campée sur une voie d'eau d'exception : le canal du Midi. C'est dans le Grand Bassin qu'elle se reflète, entre les écluses St-Roch et l'île de la Cybèle. Aujourd'hui, le trafic commercial a laissé place à la navigation de plaisance, balisée d'une agréable série d'écluses et de ponceaux. Dans les hauteurs de la ville, le moulin de Cugarel domine le pays lauragais…

Se promener Plan de ville

Pour visualiser ce circuit, reportez-vous au tracé vert sur le plan de ville ci-dessous.

Église St-Michel B2

Érigée en collégiale au 14e s., elle fut reconstruite à l'emplacement d'un édifice antérieur. Le clocher-porche haut de 56 m, la façade nord percée de deux portails (gothique et Renaissance) et ajourée de roses sont remarquables. Dans la deuxième chapelle de la nef gothique, à droite : belle croix de pierre sculptée du 16e s. Orgues (18e s.) de Cavaillé-Coll.

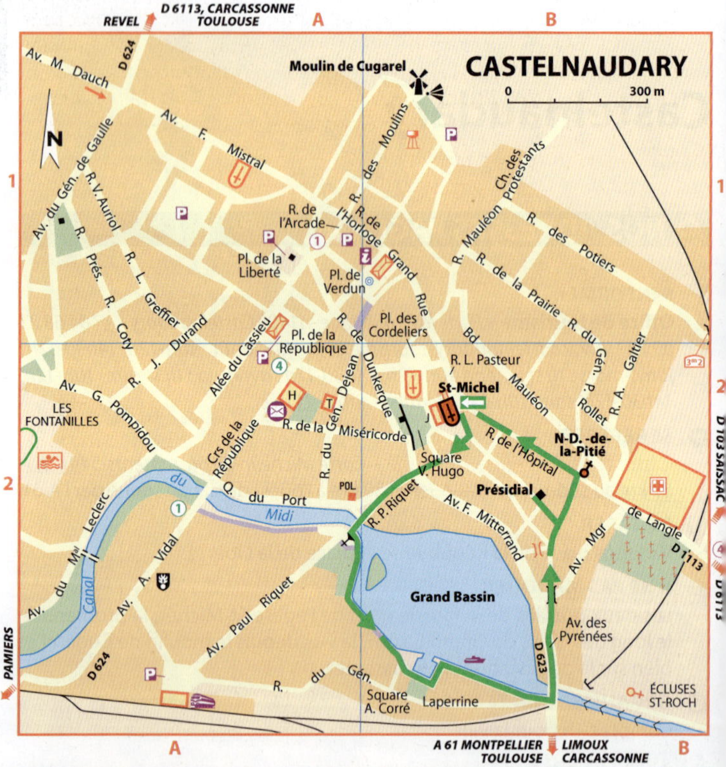

SE LOGER		SE RESTAURER	
Canal (Hôtel du)	1	Petit Gazouillis (Au)	1
Centre et du Lauragais (Hôtel du)	4	Tirou (Le)	4

Prenez la rue du Collège puis à droite la rue Goufferand. Traversez la rue de Dunkerque et atteignez le Grand Bassin par la rue Paul-Riquet.

Le Grand Bassin B2

On en fait le tour par les quais Edmond-Combes et Canelot.

Ce plan d'eau formé par le canal du Midi constitue une retenue pour les quatre écluses de St-Roch *(à l'extrémité est, en traversant l'avenue des Pyrénées et en suivant le chemin de halage)* et une base de navigation de plaisance.

Remontez un peu l'avenue des Pyrénées et prenez à droite la rue de la Haute-Baffe puis la rue des Batailleries. Tournez ensuite à gauche dans la rampe du Présidial.

LES CASSOLES D'ISSEL

Confectionnées dans la région d'Issel (à 6 km au nord de Castelnaudary), les **cassoles** ont donné leur nom au plat local dans lesquelles il est concocté : le fameux **cassoulet**.

Musée archéologique du Présidial B2

04 68 23 00 42 - de mi-juil. à mi-sept. : tlj sf lun. 14h30-18h30 - fermé j. fériés - 2 € (-25 ans gratuit), gratuit 1er dim. du mois.

Édifié à la fin du 16e s. à l'emplacement du château qui donna naissance à la ville, le présidial (tribunal sous l'Ancien Régime) fut en partie détruit sous le règne de Louis XIII. Sur la façade, seule la partie gauche aux trois grandes fenêtres à meneaux date du 16e s. Le musée retrace l'évolution de l'occupation de la région, de la protohistoire à l'époque moderne (formes d'habitat, nécropoles, lieux de culte…). Une salle est consacrée aux céramiques régionales.

Reprenez la rue des Batailleries sur la gauche.

Chapelle N.-D.-de-la-Pitié B2

Elle abrite un bel ensemble de boiseries dorées du 18e s. qui évoque dans le désordre dix épisodes de la vie du Christ.

Par la rue de l'Hôpital, on rejoint l'église St-Michel.

À voir aussi Plan de ville

Moulin de Cugarel B1

Au nord de la ville par la rue des Moulins. Au début du 20e s., une dizaine de moulins étaient encore en activité sur les hauteurs de Castelnaudary. Le moulin de Cugarel, bâti sur la butte du Pech, offre une belle vue sur la plaine du Lauragais. Du 17e s., il a été restauré en 1962. La toiture mobile a été reconstituée.

À proximité Carte de microrégion

Abbaye de St-Papoul A1

5 km au nord-est par la D 103 - 04 68 94 97 75 - www.saintpapoul.fr - juil.-août : 10h-18h30, dim. 14h-18h30 ; avr.-juin et sept. : 10h-11h30, 14h-17h30 ; oct. : 10h-11h30, 14h30-16h30 ; nov.-mars : w.-end pdt vac. scol. 10h-11h30, 14h-16h30 - 3,50 € (-16 ans 2 €).

Fondée en 768 par Pépin le Bref, l'abbaye fut érigée en cathédrale en 1317, avant d'être reléguée au simple rang d'église paroissiale, après la Révolution. Dans le cloître, au sud de l'abbatiale, les colonnettes jumelées s'ornent de chapiteaux assez bien conservés. Autour du chevet de l'église, les deux arcs sont supportés par des chapiteaux préromans. Tous deux relatent la fin du livre de Daniel, dans l'Ancien Testament. Sur le premier, le prophète Habacuq

apporte un repas à Daniel, jeté par le roi Cyrus dans la fosse aux lions, lesquels épargnent le condamné. Sur le second, les crocs acérés des fauves évoquent le châtiment des Babyloniens livrés en pâture par un roi discrédité. Toutes ces sculptures sont l'œuvre du **maître de Cabestany** (2e moitié du 12e s.).
Des moulages de ces chapiteaux sont visibles dans la salle d'exposition consacrée au maître de Cabestany.
Le narthex, le chœur et l'absidiole nord (12e s.) seraient les parties les plus anciennes de l'église. À droite du chœur se trouve le mausolée avec la statue en marbre blanc des Pyrénées de l'évêque François de Donnadieu, mort en 1626. En sortant de l'édifice, remarquez sur votre droite une partie du palais épiscopal *(privé)*.

NOS ADRESSES À CASTELNAUDARY

HÉBERGEMENT

BUDGET MOYEN

Hôtel du Centre et du Lauragais – *31 cours de la République - ✆ 04 68 23 25 95 - www.hotel-centre-lauragais.com - fermé 5-27 janv., dim. soir - 16 ch. 50/70 € - ☕ 8 € - rest. 19/53 € - wifi gratuit.* Dans une maison de ville, chambres fonctionnelles, équipées d'un mobilier canné. Cuisine traditionnelle enrichie de spécialités (cassoulet).

Hôtel du Canal – *88 av. Arnaut-Vidal - ✆ 04 68 94 05 05 - www.hotelducanal.com - ♿ - P - 38 ch. 58/75 € - ☕ 5,50 € - 8 € en ch. - wifi gratuit.* Belle bâtisse ocre, autrefois usine à chaux sur le canal du Midi. Chambres pratiques et bien insonorisées. Petits-déjeuners servis au bord de l'eau. Agréable jardin.

RESTAURATION

PREMIER PRIX

Au Petit Gazouillis – *5 r. de l'Arcade - ✆ 04 68 23 08 18 - fermé merc. et jeu. (sf sais.) - 12,50/22 €.* Après des pérégrinations en Guyane, le chef s'est tourné vers les recettes de ce petit coin de France. Cuisine simple et bien faite, prix plus que raisonnables et agréable salle aux tons pastel.

BUDGET MOYEN

Le Tirou – *90 av. Mgr-de-Langle - ✆ 04 68 94 15 95 - www.letirou.com - fermé 23-30 juin, 20 déc.-20 janv., lun. - P - 22/42 €.* Le chef prépare son cassoulet avec de la viande de porc élevé en plein air. Beau choix de vins régionaux et agréable salle.

ACHATS

Capitale du **cassoulet** mais aussi de toute une tradition culinaire autour du **canard**, Castelnaudary rassemble naturellement les plus grands maîtres en la matière, notamment la **Maison Escourrou** (30 r. de Dunkerque, ✆ 04 68 23 16 88), **Castel Traditions** (287 r. Frédéric-Passy, ✆ 04 68 94 66 25) et la conserverie **Audary** (ZI d'Entourré, ✆ 04 68 94 45 80).

AGENDA

Fête du cassoulet – *Dernier w.-end d'août.* Dégustation de cassoulet, animations sur le canal, concerts gratuits, spectacles de rues, bodegas, marché gourmand, corso fleuri… La tradition veut que les haricots aient poussé sur le sol de Lavelanet, qu'ils soient cuits dans l'eau très pure de Castelnaudary, enfin, que des ajoncs de la Montagne Noire alimentent le feu du four.

La Montagne Noire

★

Aude (11)

NOS ADRESSES PAGE 141

S'INFORMER
Office du tourisme de Revel-St-Ferréol - *Pl. Philippe-VI-de-Valois - 31250 Revel - ✆ 05 34 66 67 68 - www.revel-lauragais.com.*

SE REPÉRER
Carte de microrégion B1 (p. 68) – *Carte Michelin Départements 344 E/F2.*
La Montagne Noire constitue l'arrière-pays de Carcassonne dont elle est distante d'environ 35 km par la D 118, et de Castelnaudary, qui se trouve à une vingtaine de kilomètres par la D 624.

À NE PAS MANQUER
La palette automnale de la forêt de la Montagne Noire ; la promenade sur les rives du bassin de St-Ferréol et la visite du musée du Canal du Midi ; les ateliers d'art de Revel.

ORGANISER SON TEMPS
Prévoyez deux jours, d'autant que vous pourrez passer agréablement la nuit près du lac de St-Ferréol.

AVEC LES ENFANTS
L'arboretum du Lampy et la plage du bassin de St-Ferréol.

À l'extrême sud-ouest du Massif central, la Montagne Noire est tapissée de forêts sombres et de rochers brunis par les ans. Elle s'élève brusquement au-dessus du Thoré, au nord, puis s'incline avec docilité vers les plaines du Lauragais et du Minervois. Les vents y jouent un véritable festival : gonflés de pluie à l'ouest, violents et secs sur le bassin du Bas-Languedoc, « marins » à l'est et vent d'autan sec en Haut-Languedoc. Après ces bourrasques, si la tête tient toujours aux épaules, on découvre les jaunes du maquis, les blancs des châteaux et les bleus des lacs, comme autant d'éclaircies heureuses sur cette montagne… peut-être pas si noire au fond !

Circuits conseillés Carte de microrégion

★ LE CABARDÈS B1-2, A1

Pour visualiser ce circuit, reportez-vous à la carte de microrégion (p. 68). Circuit décrit au départ de Carcassonne (voir p. 123).

★ LES EAUX CAPTIVES AB1

Pour visualiser ce circuit de 75 km, reportez-vous à la carte de microrégion (p. 68). De la prise d'Alzeau au seuil de Naurouze – Comptez environ 5h.
Ce circuit suit le système d'alimentation du canal du Midi imaginé au 17e s. par Pierre Paul Riquet, puis amélioré au cours des siècles suivants par ses

successeurs. La Montagne Noire représentant un formidable château d'eau, Riquet eut l'idée de rassembler les eaux de ses ruisseaux (principalement l'Alzeau, la Bernassonne, le Lampy et le Sor) et de les conduire par un petit canal (la rigole de la Plaine) jusqu'au bief de partage, à Naurouze.

Atteignez la prise d'Alzeau par la D 408 au départ de Saissac en direction de Lacombe, puis par une route forestière à droite.

Prise d'Alzeau B1

Un monument élevé à la mémoire de Pierre Paul Riquet retrace les étapes de la construction du canal du Midi. Il marque l'origine de la rigole de la Montagne qui capte les eaux de l'Alzeau puis, au cours de son cheminement, celles de la Coudière, de Cantemerle, de las Nobiès, de la Bernassonne, de la Falquette, du Lampy et enfin du Rieutord, et les conduit au bassin régulateur du Lampy. On peut voir, derrière la maison de garde, le départ de la rigole de la Montagne.

Faites demi-tour et continuez jusqu'à Lacombe. Tournez à gauche et suivez, par les routes forestières, la direction du Lampy.

Forêt domaniale de la Montagne Noire B1

Forêt de 3 650 ha, essentiellement peuplée de hêtres et de sapins. C'est début novembre qu'il faut admirer ses couleurs flamboyantes.

Bassin du Lampy AB1

Cette retenue de 1 672 000 m^3 d'eau sur le Lampy se déverse dans la rigole de la Montagne qui, de la prise d'Alzeau, se poursuit jusqu'au bassin de St-Ferréol. Riquet avait installé un bassin régulateur de 6 ha environ (le Lampy-Vieux) qui s'avéra très vite insuffisant. À la fin du 18e s., l'ouverture de l'embranchement de La Robine imposa l'aménagement d'un bassin de plus grande capacité (le Lampy-Neuf). Le barrage actuel fut ainsi construit de 1776 à 1780 par l'ingénieur Garipuy.

De magnifiques hêtraies, sillonnées de sentiers ombragés, font du bassin du Lampy un but de promenade apprécié.

Arboretum du Lampy – *1 r. du Lampy - ✆ 04 68 24 46 07 - www.domainelampy-neuf.com - de déb. mai à mi-nov. : 10h-12h30, 14h-18h30 - visite guidée sur réserv. (2 sem. av.) - fermé 1er janv., 11 Nov., 25 déc. - 5 € (-12 ans 4 €).*

La bâtisse fin 19e s. marque l'entrée de ce domaine de 3,5 ha où se côtoient une soixantaine d'essences différentes, dont certaines firent l'objet d'essais botaniques pour les rives du canal. Parmi les seigneurs des bois : séquoias, thuyas géants, cyprès de Lawson, tulipiers de Virginie, ginkgo biloba, érables negundo… Maître des Eaux et Forêts et contemporain de Pierre Paul Riquet, **La Fontaine** est ici à l'honneur grâce à un parcours aménagé autour de fables illustrées.

Prenez la D 4 jusqu'à Saissac, où vous tournerez à droite dans la D 629. Avant Les Cammazes, prenez à droite la route conduisant au barrage.

Barrage des Cammazes A1

Constituée par un barrage-voûte de 70 m de hauteur, la retenue alimente le canal du Midi, fournit de l'eau potable à 116 communes et a permis l'irrigation de toute la plaine du Lauragais à l'est de Toulouse. Des sentiers descendent au bord du Sor, dans un beau site boisé.

Reprenez la D 629 à droite.

La route se poursuit en longeant la rigole de la Montagne.

Voûte de Vauban A1

À l'entrée du village des Cammazes se trouve la voûte de Vauban, sous laquelle passe la rigole de la Montagne avant de se déverser dans le bassin de St-Ferréol.

Cette galerie souterraine de 122 m de long permet à la rigole de changer de bassin versant.
Poursuivez sur la D 629 en direction de Revel.

★ Bassin et barrage de St-Ferréol A1

Avant d'entrer dans le bassin, les eaux sont divisées en deux par une vanne épanchoir : une partie entre dans le bassin, l'autre est dirigée dans la « rigole de ceinture » qui contourne le bassin et rejoint le Laudot moyen en aval du barrage. La vanne épanchoir sert à évacuer les eaux du Laudot supérieur lors de la vidange du bassin, environ tous les dix ans. Le bassin et son barrage constituent le principal réservoir du canal du Midi, sur le versant océanique.
Encadré de collines boisées, le **bassin** s'étend sur 67 ha. Un sentier permet aux promeneurs d'en faire le tour et une plage a été aménagée sur la rive nord : il est possible en été de s'adonner à la pratique de la voile et de la baignade.
Le **barrage** a été construit par Riquet de 1667 à 1672 ; des milliers d'ouvriers, femmes et enfants compris, y travaillèrent. Il se compose de trois murs parallèles : le mur amont, immergé sous l'eau du bassin, le « grand mur » (35 m de haut) et le mur aval. Entre le mur amont et le « grand mur » passe la « voûte d'enfer » et, au-dessus d'elle, la « voûte du tambour » ; entre les murs amont et aval sont situées la voûte de vidange et, juste au-dessus, la « voûte des robinets ». L'espace entre les trois murs a été comblé par un remblai de 120 m d'épaisseur.

1

★ Musée et jardins du Canal du Midi – *Sur la D79^D direction Vaudreuille - ✆ 05 61 80 57 57 - www.museecanaldumidi.fr - juil.-août : 10h-19h ; avr.-juin et sept.-oct. : tlj sf lun. 10h-12h30, 14h-18h ; janv.-mars et nov.-déc. : tlj sf lun. 14h-17h - fermé 1er janv., 1er Mai et 25 déc. - 4 € (-12 ans 2 €).*
Ouvert dans la maison jadis occupée par Riquet, ce musée retrace l'incroyable histoire du canal depuis les premières étapes du projet imaginé par Pierre-Paul Riquet *(voir Canal du Midi, p. 83)*. La présentation des contextes technique, géographique et historique permet de mesurer les défis de ce chantier titanesque qui a mobilisé jusqu'à 12 000 ouvriers, et relevé le défi de parfaitement s'intégrer à son environnement, tissant un magnifique lien entre les hommes et les territoires traversés. Maquette interactive, plans, documents, portraits, photos présentent les protagonistes de cette épopée, ainsi que les principaux ouvrages d'art que Riquet imagina pour résoudre les difficultés posées par le terrain. Enfin, vous saurez tout sur l'exploitation du canal, de son inauguration à nos jours où il a achevé avec succès sa reconversion vers le tourisme.
En contrebas du musée, le **jardin des Illustres** est un **parc** romantique, ponctué des portraits de quelques-uns des intervenants (Colbert, Riquet, Vauban…) et doté d'un superbe jet d'eau. Outre son agrément, la balade permet de mieux comprendre les principes hydrauliques qui régissent l'alimentation en eau du canal : la « voûte des robinets » conduit au cœur du barrage et au système de régulation installé en 1829.
Rejoindre Revel par la D 629 à gauche.

Revel A1

Son passé de bastide (fondée en 1342) vaut à cette petite ville un réseau de rues disposées géométriquement autour de la place centrale à couverts. La **halle** du 14e s., dont la taille est impressionnante, a conservé sa charpente de bois et son beffroi (remanié au 19e s.) ; tout autour, les galeries (17e s., 18e s.) du Nord, du Levant, du Midi et du Couchant complètent le charme de la place.
Sylvea (de l'arbre à l'objet d'art) – *11 r. Jean-Moulin - ✆ 05 61 27 53 02 - www.pmart.fr - ♿ - mai-sept. : 10h-12h30, 14h-18h ; oct.-avr. : tlj sf w.-end 9h-12h,*

ORIGINES
On dit cette montagne « noire » car son **versant nord**, le plus arrosé, est couvert de sombres forêts (chênes rouvres, hêtres, sapins, épicéas). Le versant sud a quant à lui un aspect méditerranéen, âpre et dénudé, où se mêlent garrigues, genêts, châtaigniers, vignes et oliviers.

14h-18h - visite sur réserv. (7 j. av.) - fermé j. fériés. - 4,50 € (-15 ans 3,50 €). Depuis la fin du 19e s. et l'installation d'un compagnon ébéniste des ateliers de Versailles, Revel s'est fait une spécialité du meuble d'art : fabriques de meubles, ateliers d'ébénisterie et de marqueterie, le travail du bronze, de la dorure et de la laque, toujours présents aujourd'hui, attestent de cette vocation. Sylvea propose un panorama très complet de la filière bois, de l'exploitation de la forêt et de l'arbre aux nombreux métiers du bois, certains disparus (charron, sabotier), d'autres toujours vivants (charpentier, menuisier, tonnelier, luthier). Les ateliers d'art présentent leur savoir-faire (création et meubles de style).
Prenez la D 85 à l'est en direction de Pont-Crouzet.

Pont-Crouzet A1
C'est le point de départ de la rigole de la Plaine, canal qui conduit les eaux du Sor vers le poste des Thommasses où elles rejoignent le Laudot moyen, lui-même venu du bassin de St-Ferréol.
Revenez à Revel et prenez la D 622 au sud puis la D 624 vers Castelnaudary.

Poste des Thommasses A1
Il sert à capter les eaux du Laudot moyen arrivant de St-Ferréol ainsi que celles du Sor, elles-mêmes captées à Pont-Crouzet et acheminées par la rigole de la Plaine. Les eaux ainsi réunies sont ensuite dirigées vers le seuil de Naurouze.
Prenez ensuite la D 217 vers le seuil de Naurouze.

★ Seuil de Naurouze A1 *(voir Canal du Midi, p. 83)*

NOS ADRESSES DANS LA MONTAGNE NOIRE

Voir aussi Castelnaudary (p. 136).

HÉBERGEMENT

BUDGET MOYEN

Hôtel Le Pavillon des Hôtes – *18 r. Lacordaire - 81540 Sorèze - ☎ 05 63 74 44 80 - www.hotelfp-soreze.com - 20 ch. 59/75 € - ☕ 12 € - taxe de séjour 0,70 €/pers., taxe « monument historique » 4,06 €/ch. - rest. 21/42 €.* Cette annexe de l'hôtel Abbaye École occupe les anciens dortoirs de filles. Les chambres, simples et de bon goût, se répartissent autour d'un sympathique patio et ouvrent soit sur le beau parc soit sur le village de Sorèze. Des activités culturelles sont également proposées sur le site.

POUR SE FAIRE PLAISIR

La Comtadine – *Lieu-dit L'Hermitage - 31250 St-Ferréol - ☎ 05 61 81 73 03 - www.lacomtadine.com - P - piscine - ♿ - 9 ch. 55/80 € - ☕ 9 € - rest. 15/18 € ou à la carte - wifi gratuit.* À quelques pas du lac, tranquille petit hôtel restauré et entièrement non-fumeurs. Lumineuses chambres contemporaines agrémentées de meubles chinés. Au restaurant, la cuisine prend l'accent du terroir.

Chambre d'hôte La Rougeanne – *11170 Moussoulens - ☎ 04 68 24 46 30 / 06 61 94 69 99 - www.larougeanne.com - P - non-fumeurs - 5 ch. 80/100 € ☕ - accès Internet gratuit dans chaque ch.* Goûtez au calme dans cette ancienne propriété de vigneron. Les chambres, décorées avec soin dans les tons pastel, ouvrent sur le parc arboré et, au-delà, la chaîne des Pyrénées. Au rez-de-chaussée, « Verveine » et « Tomette » disposent d'un salon en mezzanine et sont idéales pour un séjour en famille.

Hôtel Abbaye École Logis des Pères – *18 r. Lacordaire - 81540 Sorèze - ☎ 05 63 74 44 80 - www.hotelfp-soreze.com - piscine - ♿ - 72 ch. 72/159 € - ☕ 12 € - rest. 21/50 € - wifi gratuit.* Hôtel installé dans une aile de la célèbre abbaye-école des bénédictins (17e s.), fondée en 754 par Pépin le Bref. Sobres chambres joliment décorées et parc ombragé de 6 ha. Repas traditionnels servis dans l'ancien réfectoire ou à l'ombre des platanes. Tout ceci n'a rien de monacal, d'autant que les hôtes bénéficient d'un espace détente avec spa, piscine chauffée, fitness, sauna et cabine de massage.

RESTAURATION

BUDGET MOYEN

Hôtel-Restaurant Du Midi – *34 bd Gambetta - 31250 Revel - ☎ 05 61 83 50 50 - formule déj. 14 € - 23 bc/48 € bc - 17 ch. 50/72 € - ☕ 8 € - wifi gratuit.* Situé sur un boulevard fréquenté de Revel, ce relais de poste du 19e s. propose des chambres diversement meublées, plus calmes sur l'arrière.

1

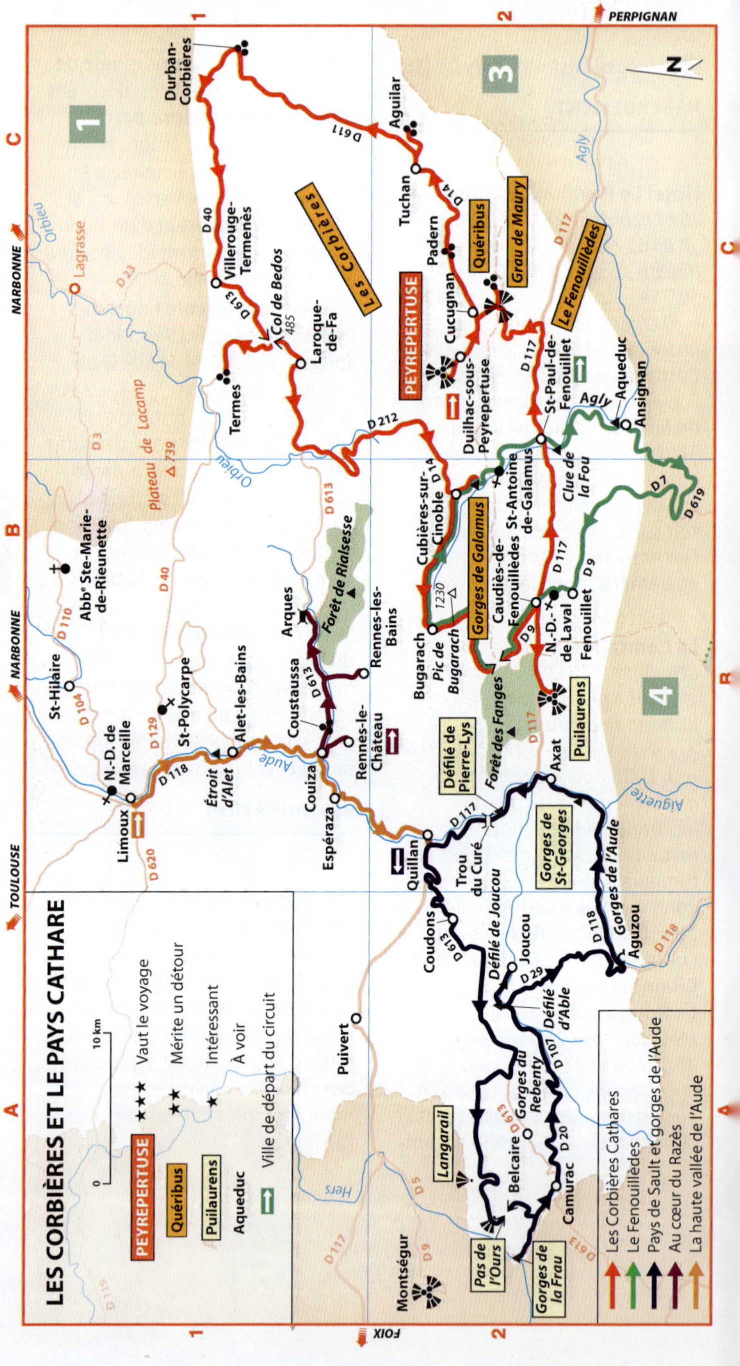
LES CORBIÈRES ET LE PAYS CATHARE
PEYREPERTUSE ★★★ Vaut le voyage
Quéribus ★★ Mérite un détour
Puilaurens ★ Intéressant
Aqueduc À voir
Ville de départ du circuit
0
10 km
Les Corbières Cathares
Le Fenouillèdes
Pays de Sault et gorges de l'Aude
Au cœur du Razès
La haute vallée de l'Aude
TOULOUSE
NARBONNE
PERPIGNAN
FOIX
Limoux
N.-D. de Marceille
St-Hilaire
Abbe Ste-Marie-de-Rieunette
St-Polycarpe
Alet-les-Bains
Étroit d'Alet
Couiza
Coustaussa
Arques
Rennes-le-Château
Rennes-les-Bains
Forêt de Rialsesse
Espéraza
Quillan
Puivert
Montségur
Termes
Laroque-de-Fa
Col de Bedos
485
Villerouge-Termenès
Durban-Corbières
Lagrasse
Plateau de Lacamp
739
Les Corbières
Aguilar
Tuchan
Padern
Quéribus
Grau de Maury
PEYREPERTUSE
Cucugnan
Duilhac-sous-Peyrepertuse
Cubières-sur-Cinoble
Bugarach
Pic de Bugarach
1230
Gorges de Galamus
Caudiès-de-Fenouillèdes
St-Antoine de-Galamus
St-Paul-de-Fenouillet
Le Fenouillèdes
Clue de la Fou
Aqueduc
Ansignan
Agly
N.-D. de Laval
Fenouillet
Puilaurens
Forêt des Fanges
Défilé de Pierre-Lys
Axat
Trou du Curé
Coudons
Défilé de Joucou
Joucou
Gorges de St-Georges
Gorges de l'Aude
Aguzou
Défilé d'Able
Gorges du Rebenty
Belcaire
Camurac
Langarail
Pas de l'Ours
Gorges de la Frau
Aude
Orbieu
Aiguette
Hers
D 620
D 118
D 104
D 110
D 129
D 40
D 613
D 3
D 23
D 212
D 14
D 611
D 117
D 9
D 7
D 619
D 29
D 107
D 20
D 5
1
2
3
4
A
B
C

+ d'adresses

Les Corbières et le Pays cathare 2

Carte Michelin Départements 344 – Aude (11) et Pyrénées-Orientales (66)

Limoux

9 781 Limouxins – Aude (11)

NOS ADRESSES PAGE 149

S'INFORMER

Office de tourisme – *7 av. du Pont-de-France - 11300 Limoux - ✆ 04 68 31 11 82 - www.limoux.fr - juil.-août : 9h-12h30, 14h-18h ; reste de l'année : tlj sf dim. et j. fériés 9h-12h, 14h-18h, sam. 10h-12h, 14h-17h.*

SE REPÉRER

Carte de microrégion B1 (p. 142) – *Carte Michelin Départements 344 E4.* À 26 km au sud de Carcassonne et à 28 km au nord de Quillan par la D 118.

À NE PAS MANQUER

La fontaine miraculeuse de l'église N.-D.-de-Marceille ; l'église Ste-Marie-de-Rieunette ; le chevet roman de l'abbaye d'Alet-les-Bains.

ORGANISER SON TEMPS

Venez de préférence pour le carnaval entre janvier et avril. En dehors de cette période, comptez une demi-journée pour Limoux et ses alentours.

AVEC LES ENFANTS

Les activités aquatiques et les parcours acrobatiques forestiers à Alet ; le musée des Dinosaures à Espéraza.

Ici, le carnaval est affaire de tradition ! Tous les dimanches, entre janvier et avril, les cortèges de masques (les « fécos ») dansent sous les arcades, place de la République. Les rues étroites de la vieille ville s'animent alors. Et lorsque la nuit se met à tomber, la cité entière pétille… comme sa célèbre blanquette !

Se promener

Vous prendrez plaisir à flâner dans le vieux Limoux, encore en partie enclos dans son enceinte du 14e s. : ses rues convergent vers la place de la République, bordée d'immeubles à couverts et dominée par l'élégante flèche gothique de l'église St-Martin.

Musée du Piano

Pl. du 22-Septembre (dans le prolongement du Pont-Neuf et à côté de l'hôpital psychiatrique) - ✆ 09 63 68 34 54 - ♿ - de mi-juin à fin sept. : tlj sf dim. 10h-12h, 14h-17h ; fermé de déb. oct. à fin mai et j. fériés - 3,50 € (-10 ans gratuit), billet combiné avec musée Petiet 5 € (enf. 4 €).

L'ancienne église St-Jacques accueille une intéressante exposition de pianos, principalement français, de la fin du 18e s. à nos jours. Droits, piano forte, carrés, à queue, mécaniques, etc., ils présentent les principales évolutions techniques de cet instrument. Parmi les pièces rares, un Pleyel droit (1825) est le seul au monde à bénéficier du brevet unicorde de ce facteur.

Musée Petiet

Prom. du Tivoli - ✆ 09 63 68 34 54 - ♿ - juil.-août : tlj sf dim. 9h-12h, 14h-18h ; sept.-juin : merc.-vend. 9h-12h, 14h-18h, sam. 10h-12h, 14h-17h - (dernière entrée 30mn av. la fermeture) - fermé 1er janv., 1er Mai, 25 déc. - 3,50 € (-10 ans gratuit), 5 € billet combiné avec musée du Piano.

Le carnaval de Limoux.
D. Muscroft / age fotostock

Installé dans l'ancien atelier de la famille Petiet, il rassemble des œuvres de la 2e moitié du 19e s. : peintures limouxines, délicates et intimistes comme *Les Blanchisseuses* de Marie Petiet (1854-1893), scènes de batailles de la guerre de 1870 par Étienne Dujardin-Beaumetz. On remarque aussi les travaux d'Henri Lebasque *(La Lecture)* et d'Achille Laugé *(Notre-Dame de Paris)*.

À voir aussi

Jardin aux plantes parfumées La Bouichère

Quittez Limoux par la route de Carcassonne puis prenez à droite sous la voie de chemin de fer jusqu'au centre commercial. Tournez à droite au premier rond-point et suivez la signalisation. R. Dewoitine - domaine de Flassian - ✆ 04 68 31 49 94 - www.labouichere.com - 14 juil.-14 août : 10h-18h ; 1er Mai-13 juil. et 15 août-2 oct. : 13h-18h - fermé lun. et mar. - 6,90 € (-12 ans 3,90 €). Production et vente de plantes rares.

UN CARNAVAL DÉBRIDÉ

Les événements se déroulent sur une longue période : dix semaines, avant la fête des Rameaux. Chaque dimanche matin, les *fécos*, personnages masqués déguisés en Pierrot, envahissent la place de la République, dansant dans les cafés des arcades au son de musiciens revêtus de la *bloda* (blouse). Deuxième sortie en fin d'après-midi avec force consommations, dégustées aux comptoirs de chacun des cafés, à la paille puisqu'il est interdit de se dépouiller de son masque. Munis d'une *carabène* (roseau), les *fécos* tapent le front de ceux qu'ils reconnaissent dans la foule des consommateurs en prononçant les mots « te coneissi » (« je te reconnais ! »). Enfin, la 3e sortie de ces journées a lieu aux alentours de 22h, à la lueur des *entorches* : il ne faut pas manquer ces moments où la cité baigne dans une atmosphère des plus étranges, créée par les flammes, les incantations et la musique extrêmement lente jouée par l'orchestre.

Les différents espaces de ces 2 ha s'apparentent à des terrains d'expérimentation de plantes : ici celles à parfums, là celles des terrains secs, plus loin le verger, le jardin carolingien, les légumes oubliés, ou le jardin du clair de lune... Les 2 500 variétés de vivaces (belle collection de plantes à parfums, dont les thyms, sauges, mélisses, origans et pélargoniums) sont étiquetées en rappelant leur usage ou leur histoire, et savamment agencées suivant leur couleur, leur texture, leur intérêt ou leur mode de culture.

À proximité Carte de microrégion

N.-D.-de-Marceille B1

2 km au nord de Limoux par la D 104.

Cette église de pèlerinage a été reconstruite au 14e s. dans le style gothique. Vignobles et cyprès conservent au site son caractère languedocien. À l'intérieur, la Vierge noire apparaît dans l'unique chapelle latérale de gauche, protégée par une grille Louis XIV. On verra de nombreux et touchants ex-voto dans les absidioles encadrant le chœur. Grands tableaux de peintres carcassonnais. À mi-pente de la « voie sacrée », rampe empruntée par les pèlerins, un édicule abrite la fontaine miraculeuse. Enfant, André Chénier parcourut ce chemin et laissa une description élégiaque de cette promenade.

St-Hilaire B1

12 km au nord-est de Limoux, par la D 104.

La tradition attribue aux moines bénédictins de St-Hilaire la découverte de la montée en mousse de la **blanquette**.

Du pied de l'abside de l'église, prenez une rampe aboutissant au cloître.

En forme de trapèze, ce cloître gothique aux colonnettes géminées, soudées au niveau des chapiteaux par un motif en forme de tête d'homme, laisse une impression de gracilité. Du cloître, on passe dans l'**église** romane – très remaniée – pour y admirer, dans la chapelle orientée de droite, l'« ossuaire de saint Sernin », sarcophage à l'antique exécuté au 12e s. par le **maître de Cabestany** : vie et martyre du fondateur de l'église de Toulouse vers le milieu du 3e s.

Abbaye Ste-Marie-de-Rieunette B1

19 km au nord-est. Après St-Hilaire, prenez à droite la D 110 et continuez sur 6 km après Ladern-sur-Laquet.

Depuis 1994, Ste-Marie-de-Rieunette reprend vie grâce à une communauté cistercienne de cinq religieuses missionnée par l'abbaye de Boulaur (Gers). Elles vous font découvrir l'église abbatiale (12e s.) dont l'architecture, exempte de tout remaniement, présente un plan rectangulaire et une belle voûte en berceau brisé. Nichée au cœur de la forêt des Corbières, cette fondation des filles de Cîteaux, mentionnée dès 1162, fut durant des siècles l'enjeu de batailles avec les abbés de Villelongue. Hormis quelques épisodes de retour à

LA BLANQUETTE

Ce vin effervescent AOC provenant des cépages mauzac, chenin et chardonnay, plantés dans 41 communes du Limouxin, doit son nom au fin duvet blanc couvrant le dessous des feuilles du plant mauzac. Dès le 16e s., les documents attestent que la blanquette était livrée en « flascons » bouchés. Élaborée selon la méthode champenoise, elle jouit d'une faveur croissante en France et à l'étranger.

la vie religieuse, l'abbaye était désertée depuis 1528. Vous pourrez également visiter une partie du nouveau cloître reconstruit au 20e s.

St-Polycarpe B1

8 km au sud-est par la D 129.

L'**église fortifiée** arbore un chevet roman dont des bandes lombardes forment la membrure. Sous le maître-autel sont exposées des pièces de l'ancien trésor : chef-reliquaire (tête nue) de saint Polycarpe, chef-reliquaire de saint Benoît, reliquaire de la Ste-Épine, toutes œuvres du 14e s.; tissus du 8e s. Les deux autels latéraux présentent un décor carolingien sculpté d'entrelacs et de palmettes. Sur les murs et les voûtes, vestiges de fresques, restaurées, du 14e s.

Circuit conseillé Carte des Corbières

LA HAUTE VALLÉE DE L'AUDE

Pour visualiser ce circuit de 58 km, reportez-vous à la carte p. 158 – De Limoux à Quillan.

Quittez Limoux au sud par la D 118.

À l'entrée d'Alet, l'Aude écorne un pli du massif des Corbières et la vallée s'encaisse à nouveau : c'est l'**étroit d'Alet**.

Alet-les-Bains

À 9 km. Sur la gauche de la route.

Encore enserré dans ses remparts du 12e s., le vieil Alet ne manque pas de charme. Sur la minuscule **place de la République** se dressent de belles façades à pans de bois, restaurées, et de nobles maisons de pierre du 16e s. à portiques, composant un ensemble plein d'harmonie. De là partent en étoile des rues étroites dont deux, les rues Calvière et la Cadène, aboutissent aux portes des mêmes noms.

Les vestiges de l'**ancienne abbaye** de style roman s'élèvent tout près de la D 118. Triste sort que celui de l'**église abbatiale** : son chœur gothique resté inachevé, elle fut dévastée en 1577 par les huguenots avant d'être amputée des chapelles de son déambulatoire pour laisser place à la route au 18e s., si bien qu'il ne subsiste de l'époque gothique que la tour nord *(à droite, en regardant le chevet)*. Heureusement pour nous, le **chevet roman★** en beau grès rouge ou ocre est, lui, resté en place, et lorsque la caresse du soleil couchant vient faire resplendir les pierres, il est absolument magnifique. Dans la salle capitulaire, sur les élégants chapiteaux romans de la porte et des baies, vous reconnaîtrez sans peine une scène de chasse, *La Fuite en Égypte*, deux capricornes qui s'affrontent…

Couiza *(voir p. 152)*

De Couiza, vous pourrez partir à la poursuite des secrets de l'abbé Saunière à Rennes-le-Château, ou du donjon d'Arques par la D 613 (voir p. 153).

À la sortie de Couiza, prenez sur la gauche la D 12.

Espéraza

Le nom de la commune dériverait de celui d'un certain Exuperatus, propriétaire terrien de la région à l'époque gallo-romaine. Bien des années plus tard, ce fut la première ville où s'installa la chapellerie au début du 19e s.

LES EAUX D'ALET

Eau minérale, pour les cures d'amincissement ou de remise en forme à l'établissement thermal, ou eau vive, pour le canoë, le kayak et le rafting dans le cours de l'Aude.

2

LES ABBAYES
Les Corbières ont attiré les fondations monastiques et toutes leurs dépendances : prieurés, « granges », moulins à huile ou à blé, hospices, etc. Les Bénédictins étaient fixés à Alet, St-Polycarpe, St-Hilaire et Lagrasse ; les Cisterciens tenaient Fontfroide.

Depuis les années 1980, la ville attire les paléontologues et les passionnés de dinosaures grâce aux intéressantes découvertes réalisées à **Campagne-sur-Aude**, juste à côté. Une structure regroupe désormais le musée des Dinosaures et celui de la Chapellerie.
★ **Musée des Dinosaures** – *✆ 04 68 74 26 88 - ♿ - www.dinosauria.org - juil.-août : 10h-19h (dernière entrée 45mn av. la fermeture) ; fév.-juin, de sept.-oct. à mi-nov. : 10h30-12h30, 13h30-17h30 ; fermé janv., 25 déc. - 8 € (-6 ans gratuit) - juil.-août : tlj sf dim. visite du chantier de fouilles - 3,50 € (6-12 ans 2,50 €).*
Il fallait bien un musée à la mesure des découvertes et de la taille de ces géants. D'emblée, il vous entraîne dans les couloirs du temps et livre, dans la **galerie de l'évolution**, quelques secrets de cette longue période si étonnante. Vous êtes alors paré à plonger dans la **serre du crétacé** d'où vous pouvez découvrir le travail minutieux du **laboratoire**. Mais la tentation est forte de revenir vers les immenses **squelettes reconstitués** de dinosaures du monde entier, et de l'Aude en particulier. Ici, la vedette est **Eva**, dinosaure sauropode (12 m, 12 millions d'années) dont le squelette presque complet a été découvert et extrait de la roche.
Musée de la Chapellerie – *✆ 04 68 74 00 75 - www.musee-chapellerie.fr - ♿ - juil.-août : 10h-19h ; fév.-juin et sept.-déc. : 10h30-12h30, 13h30-17h30 - fermé janv., 25 déc. - gratuit.*
La fabrication d'un chapeau de feutre était très complexe, comme vous pourrez le constater en suivant les différentes étapes : traitement de la laine (par cardage, enroulage sur deux cônes, foulage, etc.), « clochage » ou moulage du chapeau, enfin finition (dégageage du bord, garnissage, etc.). Une exposition de couvre-chefs (bicorne de polytechnicien, borsalino…) et une vidéo ajoutent à l'intérêt de la visite.
Revenez sur la D 118 pour rejoindre Quillan.

Quillan *(voir p. 172).*

NOS ADRESSES À LIMOUX

HÉBERGEMENT

PREMIER PRIX

Hôtel Le Mauzac – *9 av. Camille-Bouche (D 118, à l'entrée de la ville en venant de Carcassonne) - 04 68 31 12 77 - www.hotel-le-mauzac.com - P - 21 ch. 44/61 € - 7 € - wifi gratuit.* Cet hôtel bâti à flanc de colline propose des chambres de bon confort, garnies de meubles en pin, climatisées et insonorisées. Préférez celles tournées vers l'arrière. Coquette salle des petits-déjeuners. Accueil charmant.

BUDGET MOYEN

Hostellerie de l'Évêché – *2 av. Nicolas-Pavillon - 04 68 69 90 25 - www.hotel-eveche.com - P - 30 ch. 63/98 € - 10 € - rest. 18/45 € - wifi gratuit.* Un lieu séduisant que cet ancien évêché, posé dans un beau parc en bordure de l'Aude. Calme, confort et silence, seulement troublé par le clapotis de l'eau. Et, qui plus est, vous pourrez y déguster la vigoureuse cuisine locale, arrosée au choix d'eau d'Alet ou de l'un des crus de la région.

UNE FOLIE

Grand Hôtel Moderne et Pigeon – *1 pl. du Gén.-Leclerc - 04 68 31 00 25 - www.grandhotelmodernepigeon.fr - P - fermé dim. soir (de mi-oct. à mi-mai) - 11 ch. 99/165 € - 11,90 € - brasserie 18/22 € ; rest. (fermé dim. soir et lun.) formule déj. 38 € - 39/95 € - wifi gratuit.* Cet ancien hôtel particulier (17e s.) a été refait de fond en comble. Grandes chambres personnalisées avec goût et superbe escalier décoré de fresques et de vitraux. Belles salles à manger 1900, patio-terrasse verdoyant et savoureuse cuisine bourgeoise.

À Alet-les-Bains

PREMIER PRIX

Camping Val d'Aleth – *Chemin de la Paoulette - 11580 Alet-les-Bains (au bourg et au bord de l'Aude) - 04 68 69 90 40 - www.valdaleth.com - ♿ - réserv. conseillée - 37 empl. 19 €.* À deux pas du centre du village, ce camping labellisé « qualité tourisme » est ombragé et ses emplacements sont situés en bordure de rivière. Confort sanitaire moderne et possibilité de séjourner en chambres d'hôte.

BUDGET MOYEN

Chambre d'hôte L'Escalette – *9 r. Calvière - 11580 Alet-les-Bains (près de la pl. de la République) - 04 68 69 99 25 - www.escalette11.com - 3 ch. et 1 studio 45 € - wifi gratuit.* Une salle à manger avec cheminée, un jardin insoupçonné où vous pourrez prendre le petit-déjeuner en été, et des chambres aménagées avec goût, le tout au cœur du village. Accueil très aimable.

À Espéraza

POUR SE FAIRE PLAISIR

Chambre d'hôte La Maison du Chapelier – *7 r. Élie-Sermet - 11260 Espéraza - 04 68 74 22 49 - www.esperazabedandbreakfast.com - fermé nov.-mars - P - - 4 ch. 75 € - wifi gratuit.* Ancienne demeure d'un célèbre chapelier de la région, cette maison de maître a conservé tout son caractère d'origine. Grand parc avec piscine et sauna. Agréables chambres.

RESTAURATION

PREMIER PRIX

Une petite faim ? Vous n'aurez que l'embarras du choix sous les couverts de la place de la République, où nombre de terrasses vous attendent : par exemple, tapas au **Café Gourmand** ou salades pantagruéliques au **Concept**…

BUDGET MOYEN

La Maison de la Blanquette – *46bis prom. du Tivoli - ✆ 04 68 31 01 63 - fermé dim. soir - 18 € bc/40 € bc.* Ce restaurant propose une copieuse cuisine du terroir pour escorter la fameuse blanquette de Limoux et autres crus locaux. Boutique de vins.

À proximité

BUDGET MOYEN

Le Clos St-Hilaire – *5 rte de Carcassonne (D 104) - 11250 St-Hilaire - ✆ 04 68 20 35 75 - www.clos-saint-hilaire.com - fermé mar. (sf juil.-août) et merc. - 12/58 € -10 ch. 58/118 € - ☕ 9 € - wifi gratuit.* À deux pas de l'abbaye, un sympathique hôtel-restaurant perdu dans le vignoble. Bonne cuisine explorant avec talent les traditions du pays. Les chambres sont confortables et fonctionnelles.

BOIRE UN VERRE

Jardin La Buvette – *17 r. du Séminaire - 11580 Alet-les-Bains - ✆ 04 68 69 98 56.* L'ancienne demeure de l'évêque Pavillon et le jardin du séminaire ont été reconvertis en un espace où l'on vend les fruits et légumes de saison (le matin) et où l'on peut déguster une boisson et des petits snacks (toute la journée).

ACHATS

Blanquette de Limoux – S'adresser à l'OT de Limoux ou au syndicat des vins AOC de Limoux *(20 av. du Pont-de-France - ✆ 04 68 31 12 83, www.limoux-aoc.com).* Les Vignerons du Sieur d'Arques *(av. du Mauzac - ✆ 04 68 74 63 45)* s'occupent des réservations des visites de caves.

ACTIVITÉS

Sports d'eau vive

Alet Eau Vive – *Allée des Thermes - 11300 Alet-les-Bains - ✆ 04 68 69 92 67.* Sports d'eau vive sur l'Aude (hydrospeed, rafting, canoë, kayak).

Club de Canoë-Kayak de Limoux – *R. des Violettes - ✆ 06 86 57 80 68 - www.canoelimoux.fr.* Découverte de la vallée de l'Aude : trajet vert (10 km) de Limoux à Alet ; trajet bleu 17 km de Limoux à Couiza. *(canoë : 18/25 € selon trajet ; kayak : 20/27 € ; enf. 10/15 € et 15/20 €, incluant matériel, assurance et transport en navette).* Pour les amateurs d'eaux plus calmes, balades en pédalo sur un plan d'eau.

Balade dans les arbres

Accro Parc – *Allée des Thermes - 11580 Alet-les-Bains - ✆ 04 68 69 94 86 - 20 € (enf. 17 €).* Parcours suspendus de divers degrés de difficulté.

AGENDA

Carnaval de Limoux – *✆ 04 68 31 11 82 - www.limoux.fr. Dix semaines entre janv. et le dim. précédent les Rameaux, ts les w.-ends et Mardi gras (dates mobiles en fonction du calendrier religieux).* Le dim. avant les Rameaux, à minuit, jugement de Sa Majesté Carnaval et Nuit de la blanquette.

Rennes-le-Château

91 Rennois – Aude (11)

NOS ADRESSES PAGE 154

S'INFORMER

Office de tourisme – *11190 Rennes-le-Château - 04 68 74 05 84 - www.rennes-le-chateau.fr.*

SE REPÉRER

Carte de microrégion B1 (p. 142) – *Carte Michelin Départements 344 E5.* À 45 km au sud de Carcassonne, 16 km au nord de Quillan et 21 km au sud de Limoux par la D 118 puis la D 52.

À NE PAS MANQUER

Les peintures murales et les statues polychromes de l'église Ste-Marie-Madeleine; la tour Magdala du domaine de l'abbé Saunière et le pilier wisigothique exposé au musée; du parking aménagé près du château d'eau s'offre un vaste panorama vers l'ouest, sur la haute vallée de l'Aude.

ORGANISER SON TEMPS

Comptez 1h.

AVEC LES ENFANTS

Le donjon d'Arques.

Ancienne capitale du comté du Razès, Rennes-le-Château domine avec aplomb la vallée de l'Aude et ses petites cités à toits rouges. Une rue unique traverse cet étroit village qui accueille les curieux, intrigués par le mystère de l'abbé Saunière et de sa soudaine fortune. Les chasseurs de trésors s'y donnent rendez-vous (à tel point qu'il a fallu interdire les fouilles) et Rennes-le-Château continue à vivre de sa légende.

Se promener

SUR LA PISTE DU TRÉSOR

Église Ste-Marie-Madeleine

La décoration (peintures murales néogothiques, statues polychromes) dont elle a été dotée à la fin du 19e s. ne manque pas d'intriguer le visiteur. À l'entrée, un bénitier est, paradoxalement, supporté par un diable accroupi.

Domaine de l'abbé Saunière

04 68 74 72 68 - www.rennes-le-chateau.fr - du 1er juil. au 15 sept. : 10h-19h15 ; mai-juin et sept. : 10h-18h15 ; 1er oct.-11 oct. : 10h-17h45 ; 12 oct.-31 oct. : 10h-17h15 ; nov.-avr. : 10h-13h, 14h-17h15 - 4,50 €.

Dans un parc d'agrément, on découvre la curieuse tour Magdala, crénelée, dont les deux étages sont aménagés en bureau et bibliothèque. Un belvédère de forme circulaire relie la tour à une véranda qui abritait un jardin d'hiver. Dans une salle en contrebas, musée consacré à la vie de l'abbé ainsi qu'au « mystère » du trésor. La chapelle privée donne accès à la villa Béthania; au 1er étage sont exposés des meubles ayant appartenu à l'abbé Saunière.

UNE FORTUNE MYSTÉRIEUSE

La vie insolite de **Bérenger Saunière**, curé de Rennes-le-Château de 1885 à sa mort en 1917, a fait couler beaucoup d'encre. Où l'abbé trouva-t-il, à partir de 1891, les moyens de restaurer son église en ruine, de se construire un logis luxueux (villa Béthania), une tour-bibliothèque, une serre exotique, et de mener pendant plus de vingt ans un train de vie digne d'un prince ? Quelle était la teneur des parchemins qu'il aurait découverts à la faveur des travaux effectués dans son église ? Qu'est-ce qui le poussa à marteler certaines dalles funéraires ? La réponse pourrait être assez sordide : l'abbé se serait enrichi grâce à un trafic de messes à grande échelle. Mais les âmes les plus crédules aiment à penser qu'un trésor est à l'origine de cette fortune. Les Templiers, les Wisigoths (qui auraient rapporté de Rome le trésor de Jérusalem), et même ces malheureux cathares y auraient enfoui leurs richesses… À moins qu'il ne s'agisse de documents remettant en cause l'histoire officielle de l'Église romaine. Le délire collectif, attisé par les spéculations loufoques de quelques pseudo-historiens et d'authentiques charlatans (allant jusqu'à y voir les prémices de la naissance d'un « cinquième empire » prophétisé par Nabuchodonosor !), a atteint de telles proportions que la municipalité a dû publier un arrêté interdisant de creuser le moindre trou sur la commune, tant les édifices commençaient à être fragilisés !

Musée – Installé dans le presbytère, il est consacré à l'histoire de l'antique Rhedae, Rennes-le-Château. On peut notamment y voir le pilier wisigothique (8e-9e s.) qui soutenait la table de l'ancien maître-autel de l'église et aurait recelé les fameux parchemins du trésor, des dalles funéraires ainsi que l'énigmatique dalle dite « des Chevaliers ».

Circuit conseillé Carte de microrégion

AU CŒUR DU RAZÈS B1

Pour visualiser ce circuit de 24 km, reportez-vous à la carte de microrégion (p. 142).
Oppidum romain, puis cité wisigothique, Rennes est devenue au 12e s. la capitale d'un puissant mais éphémère comté, le Razès, qui attira bien des convoitises avant de rapidement disparaître dans l'oubli.

Couiza B1

À 3,5 km de Rennes-le-Château.
Ville industrielle (chaussures, chapeaux). L'**ancien château des ducs de Joyeuse** (milieu du 16e s.) cantonné de tours rondes, se distingue par son bon état de conservation. Très restauré, il abrite une hôtellerie.
Prenez la D 613 vers Villerouge-Termenès.
La route passe par **Coustaussa** et les ruines *(inaccessibles et dangereuses)* de son château. Construit au 12e s. par Raimond-Roger Trencavel, il subit les assauts de Simon de Montfort en 1210 et 1211. La présence de cathares dans le village a été attestée jusqu'au 14e s.

Rennes-les-Bains B1

À 8,5 km de Couiza par la D 613 puis la D 14 sur la droite.
Parcourue par un torrent, cette station thermale est agréée pour les traitements rhumatologiques, et ses restaurants, fréquentés par les amateurs de truites.

Le donjon d'Arques, construit aux 13e et 14e s.
Eurasia Press / Photononstop

Revenez à la D 613.

2

Donjon d'Arques B1

À 9 km de Rennes-les-Bains. À 500 m du village d'Arques, sur la D 613 - 04 68 69 82 87 - www.chateau-arques.fr - juil.-août : 10h-19h ; avr.-juin et sept. : 10h-13h, 14h-17h ; mars, oct.-nov. : 10h-13h, 14h-18h (dernière entrée 30mn av. la fermeture) - 5 € (-6 ans gratuit).

Arques fut d'abord un site fortifié qui fut confié à Pierre de Voisins après la croisade contre les Albigeois. L'ensemble que l'on voit aujourd'hui a été construit aux 13e et 14e s. Il s'agit d'une enceinte rectangulaire percée d'une porte en arc brisé et agrémentée en son angle sud-ouest d'une tour-logis (14e s.) carrée. Au centre s'élève un donjon quadrangulaire (13e s.) de 25 m de haut. Bâti en beau grès doré et pourvu de très nombreuses meurtrières, il est curieux par le dispositif de ses tourelles d'angle montées sur des socles évidés et s'orne, dans sa partie supérieure, d'un appareil à bossage.

Au village, la maison de **Déodat Roché** (1877-1978), grand spécialiste du catharisme et, peut-être, quelque peu cathare lui-même, abrite une exposition sur l'hérésie.

Peu après le donjon d'Arques, à gauche, une route forestière permet de pénétrer dans la forêt de Rialsesse.

Forêt de Rialsesse B1

Elle fut plantée il y a un siècle. La D 613, route du col de Paradis, permet de voir nettement, au cours de la montée quand on arrive par l'ouest, le passage de la futaie de pins d'Autriche aux couverts de feuillus, sur le versant opposé de la vallée.

NOS ADRESSES DANS LE RAZÈS

HÉBERGEMENT

PREMIER PRIX

Camping La Bernède – *11190 Rennes-les-Bains - ✆ 04 68 69 86 49 - 12 mai-sept. - 34 empl. 16 €.* Un havre de tranquillité et de bien-être. Location de mobil-homes.

BUDGET MOYEN

Chambre d'hôte M. et Mme Pons – *À Pailhères - 11260 Espéraza - ✆ 04 68 74 19 23 - www.domaine-de-pailheres.fr - P - ⊭ - 5 ch. 46 € ☕ - rest. 18 €.* Venez goûter au calme de cette exploitation agricole familiale à l'écart du village. Les chambres, aménagées dans des dépendances remarquablement restaurées, donnent sur la terrasse panoramique et bénéficient d'une vue superbe sur la nature alentour. Table d'hôte réputée, élaborée avec les produits de la ferme.

Chambres d'hôte Au Cœur de Rennes – *R. de l'Église - 11190 Rennes-les-Bains - ✆ 04 68 69 59 68 - www.aucoeurderennes.com - ⊭ - 5 ch. 60 € - table d'hôte 24 € - wifi gratuit.* Un jovial citoyen britannique vous reçoit dans cette ancienne pension de famille rénovée par ses soins. Chambres confortables au décor parfois un peu décalé, ambiance conviviale et halte gourmande.

Hostellerie de Rennes-les-Bains – *1 r. des Bains-Forts - 11190 Rennes-les-Bains - ✆ 04 68 68 88 49 - www.hotel-renneslesbains.com - 7 ch. 65/80 € ☕ - wifi gratuit.* Littéralement posé sur le torrent, un petit hôtel dont certaines chambres sont dotées d'un balcon. Confortable et agréable, malgré un décor très coloré.

POUR SE FAIRE PLAISIR

Château des Ducs de Joyeuse – *11190 Couiza (à 5 km au nord de Rennes-le-Château par rte secondaire) - ✆ 04 68 74 23 50 - www.chateau-des-ducs.com - fermé 15 nov.-31 mars - 35 ch. 94/230 € - ☕ 14 € - rest. 35/59 € - wifi gratuit.* Admirez ce château du 16e s. posé au bord de l'Aude, un peu à l'écart de la route principale, et entrez par la belle cour pavée de galets. La pierre domine le décor des salons, des salles à manger et de certaines chambres.

ACTIVITÉ

Thermes de Rennes-les-Bains – *✆ 04 68 74 71 00 - www.renneslesbains.org. Espace forme, espace esthétique et hébergement ouv. du 2 avr. au 6 nov. - cure thermale du 4 avr. au 5 nov.*

Les Corbières

★★

Aude (11)

NOS ADRESSES PAGE 161

S'INFORMER

Office du tourisme de Cucugnan – *Route de Padern - 11350 Cucugnan - ☏ 04 68 45 69 40 - juil.-août : 10h-19h - avr.-mai et de sept. à mi-nov. : tlj sf dim. 10h-17h - fermé de mi-nov. à fin mars.*

Centre d'études cathares – *Centre de recherche et de documentation sur le catharisme et les dissidences médiévales. Maison des mémoires - 53 av. de Verdun - BP 197 - 11004 Carcassonne cedex - ☏ 04 68 47 24 66.*

Carte inter-sites Pays cathare – *Association des sites du pays cathare - ☏ 04 68 11 37 97 - www.payscathare.org. Elle permet de bénéficier de réductions pour la visite de 20 sites du pays cathare.*

SE REPÉRER

Carte de microrégion C1-2 (p. 142) – *Carte Michelin Départements 344 F/H 5/6.* Les Corbières forment un quadrilatère délimité au sud par la D 117 qui relie Perpignan à Quillan, à l'ouest par la D 118 entre Quillan et Carcassonne, au nord par l'A 61 entre Carcassonne et Narbonne et à l'est par l'A 9 qui rejoint Perpignan.

2

À NE PAS MANQUER

Bien sûr, les fameux châteaux « cathares » de Peyrepertuse, Quéribus et Puilaurens ; le panorama depuis le grau de Maury.

ORGANISER SON TEMPS

En été, se protéger du soleil (chapeau et crème solaire) et emporter de l'eau car l'accès à certains des châteaux peut être assez rude. Une paire de bonnes chaussures est recommandée. Des jumelles peuvent être utiles pour regarder le paysage alentour et observer les rapaces. N'oubliez pas de faire le plein avant de partir, les pompes à essence étant assez rares. Comptez deux jours. Prenez le temps d'emprunter les toutes petites départementales qui s'enfoncent dans la garrigue. Mais attention, c'est souvent étroit, ça tourne et ça monte !

AVEC LES ENFANTS

Les châteaux cathares.

Les Corbières, région montagneuse de l'Aude mordant sur les Pyrénées-Orientales, dominent de leurs hautes barres le sillon du Fenouillèdes. C'est là que se dressent les « citadelles du vertige », dont le nom est lié à des épisodes douloureux du drame cathare. La garrigue épineuse et parfumée est à l'image de la vie de ses habitants : belle, austère et sans artifice… mais bien arrosée. Le vignoble, dont la qualité ne fait que s'améliorer, a en effet conquis le fond des vallées qui sont balisées de caves coopératives.

Circuits conseillés Carte des Corbières

★★ LES CORBIÈRES CATHARES

Pour visualiser ce circuit de 177 km, reportez-vous à la carte p. 158. Au départ de Duilhac-sous-Peyrepertuse - prévoyez une étape d'un soir.

Le vent peut, lors de la visite des châteaux, souffler très fort, en particulier le « cers », vent du sud-ouest.

Ce circuit au cœur des Corbières permet de visiter plusieurs châteaux ayant été liés de près ou de loin à l'épopée cathare. Parmi eux se trouvent les « cinq fils de Carcassonne » : Peyrepertuse, Aguilar, Termes, Puilaurens et Quéribus sont les fleurons de ces châteaux dits « cathares » par la grandeur et la poésie qui émane de leurs ruines. Leur situation de nids d'aigles juchés tout en haut de pitons rocheux imprenables, leur histoire, souvent tragique, ajoutent à l'immanquable attraction que subit tout visiteur, lancé à l'assaut de ces « citadelles du vertige ».

Duilhac-sous-Peyrepertuse

À la sortie nord du village, allez voir la fontaine communale, alimentée par une source d'un débit surprenant pour la région.

★★★ Château de Peyrepertuse *(voir p. 166)*

Revenez à Duilhac et continuez jusqu'à Cucugnan par la D 14.

Cucugnan *(voir p. 165)*

Continuez sur la D 14.

Château de Padern

Pour monter au château, suivez les balises jaunes du « sentier cathare » (20mn à pied AR). Attention aux ruines dangereuses par endroits.

Aujourd'hui en ruine, cette ancienne propriété des abbés de Lagrasse (jusqu'en 1579) a été totalement reconstruite au 17e s. On voit encore les vestiges d'une tour circulaire qui donnait accès aux étages du donjon (ruiné), ainsi qu'un des murs du logis, percé de fenêtres. Belle vue sur le village et le Verdouble.

Au terme de la D 14, prenez à gauche la D 611.

Tuchan

Vous voici dans le centre de production de vins d'appellation fitou. Le vignoble du bassin de Tuchan, que l'on peut parcourir par la pittoresque D 39, fait une tache, verte ou mordorée suivant la saison, au pied de l'imposante mais désolée montagne de Tauch.

Un chemin goudronné, s'embranchant à gauche de la D 39, à l'est de Tuchan, mène au château d'Aguilar.

Château d'Aguilar

Du parking, 10mn à pied AR. Pénétrez dans l'enceinte par le sud-ouest.

Aguilar, qui appartenait à la famille de Termes, devint forteresse royale en 1257, sans avoir été l'enjeu de combats avec les croisés. Construite sur un modeste « pog » (éminence) émergeant d'un océan de vignes, elle fut renforcée au 13e s., sur l'ordre de Saint Louis, par une deuxième enceinte hexagonale flanquée de six tours rondes ouvertes à la gorge et renforcées à la base par un glacis construit en pierre à bossage. Dans l'enceinte primitive, le logis est défendu par des archères ébrasées à l'intérieur et couvertes en plein cintre. Vue agréable sur le vignoble du bassin de Tuchan et, à l'ouest,

Les Corbières.
B. Gardel / hemis.fr

sur les ruines du château de Donneuve dont on distingue l'enceinte polygonale presque entière.
Revenez à Tuchan et prenez la D 611 à droite vers Durban.

2

Durban-Corbières

Durban compte peu dans l'histoire de la croisade puisque dès 1229, Guillaume de Durban jure fidélité au roi de France. Situé en haut du village, le château se compose d'un bâtiment rectangulaire à deux étages, percé de fenêtres géminées (13e s.) ou à meneaux (16e s.), et crénelé. Quelques autres éléments (pans de courtine, tours, citerne) sont visibles.
Quittez Durban à l'ouest par la D 40.
Sur la route qui mène à Albas, un charmant **jardin botanique méditerranéen** est aménagé à flanc de colline. Sur 8 000 m², le sentier, quelque peu labyrinthique, serpente au milieu de multiples essences.

Villerouge-Termenès

Au cœur du village médiéval s'élève le **château** (12e et 14e s.), cantonné de quatre tours. Propriété des archevêques de Narbonne, il fut le théâtre en 1321

LE REMPART DU LANGUEDOC

Position de repli des Wisigoths refoulés du Haut-Languedoc vers le sud, puis champ de bataille ensanglanté par des combats épiques entre Francs et Sarrasins, les Corbières deviennent sous l'Empire carolingien une « marche » dont les péripéties relèvent des rivalités locales. Mais après l'intégration au domaine royal français en 1229, la prise des châteaux acquis à la cause des Albigeois et la renonciation du roi d'Aragon à ses droits de suzeraineté sur les territoires du nord de l'Agly en 1258, la frontière entre la France et l'Espagne se stabilise. Les Cinq Fils de Carcassonne deviennent pour cinq siècles des garnisons royales faisant face à la menace espagnole. L'annexion du Roussillon leur fera perdre leur rôle militaire.

du bûcher du dernier parfait cathare connu, Guillaume Bélibaste, dont la vie de « bonhomme » traqué a été retracée dans un beau roman d'Henri Gougaud (*Bélisbaste*, coll. Points, Le Seuil). Le château a été réhabilité pour recevoir une exposition audiovisuelle sur la vie de Bélibaste, sur l'archevêque de Narbonne, Bernard de Farges, bailli, et la gestion de sa circonscription, le dernier étage étant consacré à la vie quotidienne du bailli au Moyen Âge. Du chemin de ronde, vue sur le village et les alentours. Une aile du château abrite un restaurant médiéval (la Rôtisserie) qui propose des mets des 13e et 14e s. dans le même décorum. *☏ 04 68 70 09 11 - juil.-août : 10h-19h30 ; avr.-juin et de déb. sept. à mi-oct. : 10h-13h, 14h-18h, w.-end 10h-18h ; reste de l'anné se rens. ; (dernière entrée 1h av. la fermeture) - fermé janv. - 6 € (enf. 2 €).*

Prenez au sud-ouest de Villerouge la D 613. Au col de Bedos, tournez à droite dans la D 40.

Col de Bedos

Il est situé sur la D 40, **route de crête★** entre des ravins boisés. Dans l'échancrure de la gorge inférieure du Sou se découpent, sur leur rocher, les ruines du château de Termes.

Château de Termes

Le bureau d'accueil du château de Termes se trouve en bas de la colline, après le pont du village. Pour accéder au château : 30mn à pied AR par un chemin en forte pente puis en gravissant les gradins marquant les enceintes successives. ☏ 04 68 70 09 20 - juil.-août : 10h-19h30 ; avr.-juin et sept.-oct. : 10h-18h ; mars et de déb. nov. à mi-déc. : w.-end, j. fériés et vac. scol. 10h-17h - fermé déc.-fév. - 3 € (-15 ans 2 €).

Tenu par Raymond de Termes, hérétique notoire, le château ne tomba entre les mains de Simon de Montfort qu'à l'issue d'un siège de quatre mois, d'août à novembre 1210. La garnison, exposée au tir de nombreuses machines et minée par la dysenterie, ne survécut pas à une tentative désespérée de sortie générale. Le château fut cédé au roi de France en 1228, fortifié durant la seconde moitié du 13ᵉ s. ou au début du 14ᵉ s., puis détruit en 1653.

Défendu par le formidable fossé naturel du Sou (gorges du Terminet), le site a plus d'intérêt que les ruines de ce « fils de Carcassonne » qui couvrait 16 000 m² de superficie. Le château est composé de deux enceintes. À l'ouest, à l'intérieur de la 2ᵉ enceinte, se trouve la chapelle castrale dont la voûte s'est écroulée. On voit, sur le mur ouest, une ouverture cruciforme ébrasée vers l'intérieur. Parmi les vestiges, peu d'éléments sont antérieurs à la croisade. Des abords de la poterne nord-ouest *(pentes dangereuses)* et du sommet du roc, vues impressionnantes sur les **gorges du Terminet**.

Revenez au col de Bedos et prenez à droite la D 613.

Laroque-de-Fa

Site pittoresque d'éperon fortifié, rafraîchi par le ruisseau du Sou dont on va suivre, de loin, la plongée vers l'Orbieu.

Après Mouthoumet, au pont d'Orbieu, prenez à gauche la D 212 passant devant les ruines du château d'Auriac. À Soulatgé, prenez la D 14 à droite vers Cubières-sur-Cinoble.

★★ Gorges de Galamus *(voir p. 170)*

Poursuivez sur la D 14. Juste avant Bugarach, tournez à gauche dans la D 4 (que prolonge la D 46).

Pic de Bugarach

Par des vallons relativement frais mais déserts, on admire les différentes faces de la montagne (alt. 1 230 m). La montée au col du Linas à travers la vaste combe du haut Agly est imposante. En arrière, les ruines de St-Georges – éperon ouest de la citadelle de Peyrepertuse – se confondent avec leur socle rocheux.

Avant l'arrivée au col de St-Louis, la D 46 à gauche rejoint la D 9 en direction de Caudiès-de-Fenouillèdes.

Forêt domaniale des Fanges

Massif de 1 184 ha connu pour ses sapins de l'Aude exceptionnels. Le **col de St-Louis** (alt. 687 m) est un point de départ de promenades (terrain calcaire souvent chaotique).

Allez jusqu'à Caudiès et tournez à droite dans la D 117 jusqu'à Lapradelle.

★ Château de Puilaurens

À la sortie de Lapradelle, sur la D 22. 30mn à pied AR. 04 68 20 65 26 - juil.-août : 9h-20h ; juin et sept. : 10h-19h ; mai : 10h-18h ; fév.-avr. et de déb. oct. à mi-nov. : 10h-17h - fermé de mi-nov. à fin janv. - 4 € (6-12 ans 2 €) - visite suspendue par temps d'orage (région sujette aux orages soudains et violents).

Au détour d'un petit cirque sauvage, l'enceinte crénelée du château de Puilaurens apparaît soudain au sommet d'une colline boisée dominant la haute vallée de l'Aude. Accroché sur la vallée de la Boulzane à 697 m d'altitude, Puilaurens a conservé une silhouette à peu près intacte. Le château, qui fut un temps refuge pour des cathares, passa ensuite dans le domaine royal et devint l'un des Cinq Fils de Carcassonne, position française la plus avancée face au royaume d'Aragon. Aujourd'hui, abandonné, formidable et mélancolique, il continue à défier le temps et les éléments.

★ **Site** – On remarque de loin l'enceinte crénelée à quatre tours défendant les approches du donjon. Le chemin menant au château, raide par moments, mais bref, a été aménagé en sentier botanique : aubépines, genévriers, viornes lantanes et surtout buis odorants accompagnent le promeneur jusqu'au sommet de la colline, sous les frondaisons des chênes verts, des pins sylvestres et des érables champêtres.

Château – On atteint la porte principale par une rampe coupée de chicanes pour déboucher dans une sorte de réduit percé de meurtrières obliques convergeant vers l'entrée. La cour est entourée de courtines crénelées où court le chemin de ronde. Une poterne au sud-est permet de gagner un bec rocheux d'où la vue se dégage sur les remparts nord, inaccessibles, sur le pic de Bugarach au nord-est et sur la vallée de la Boulzane au sud.

En retournant vers l'entrée, on accède à l'enceinte du donjon où subsistent les vestiges du donjon carré, la tour dite Dame Blanche et des mâchicoulis aménagés dans la courtine.

Revenez à la D 117 et repartez en arrière jusqu'à Maury, via St-Paul-de-Fenouillet (voir p. 169). Là, prenez à gauche la D 19.

★★ Grau de Maury

Ce petit col, lieu de passage entre terres languedocienne et catalane, offre un admirable **panorama**. Les chaînes s'échelonnent en profondeur derrière la crête dentelée qui domine la dépression du Fenouillèdes.

Tournez à droite dans une petite route en forte montée.

★★ Château de Quéribus *(voir p. 163)*

De là, vous rejoignez Cucugnan. La D 14 à gauche peut vous ramener à Duilhac-sous-Peyrepertuse.

NOS ADRESSES DANS LES CORBIÈRES

HÉBERGEMENT

Voir aussi Nos adresses à Cucugnan, p. 165.

BUDGET MOYEN

Chambre d'hôte La Giraudasse – *2 pl. de la Fontaine - 11330 Soulatgé (à 11 km à l'ouest de Peyrepertuse) - 04 68 45 00 16 - www.giraudasse.com - fermé de mi-déc. à janv. - P - - 5 ch. 65 €* . M. Somoza vous reçoit chaleureusement dans cette maison de maître datant de 1670, bâtie au pied d'un petit cours d'eau. Chambres spacieuses à dominante blanche, jardin incluant un verger et excellente table d'hôte concoctée à partir de produits frais. Dégustation de vins de la région.

Chambre d'hôte Le Fitoun – *1 Le Mas - 11350 Paziols (à 4 km au sud de Tuchan) - 04 68 45 43 49 - www.lefitoun.com - P - - 5 ch. 52 €* . Cette charmante maison de village environnée de vignes et d'oliviers s'attache à rester à la fois simple et agréable. Les chambres sont lumineuses et bien tenues. Bon accueil pour cette halte au calme, à prix très doux.

Les gîtes La Capelle – *R. La Capelle - 11540 Roquefort-des-Corbières - 04 68 48 82 80 - www.gitelacapelle.com - P - - 27 ch. 55/75 €.* Disposées autour d'une piscine et de son solarium, douze maisonnettes de bon confort vous attendent pour un séjour de farniente sous les palmiers. Nombreuses activités sur place.

Chambre d'hôte M. Jean-Charles Bruchet – *2 rte de Boucheville - 11140 Gincla (à 4 km au sud de Puilaurens par la D 22) - 04 68 20 50 92 - www.multimania.com/bruchet - fermé oct.-Pâques - - 5 ch. 53 € (réductions de 10 € pour 2 nuits ou plus).* Étape reposante en pleine nature, au cœur de la vallée de la Boulzane. Cette maison de maître abrite 5 chambres tout confort ; leur joli mobilier est fabriqué par le propriétaire lui-même, ébéniste passionné.

POUR SE FAIRE PLAISIR

Chambre d'hôte du Domaine Grand Guilhem – *1 chemin du Col-de-la-Serre - 11360 Cascastel (à 6 km au sud-ouest de Durban) - 04 68 45 86 67 - www.grandguilhem.com - P - - 4 ch. 90 €* . Superbe propriété de vignerons datant du 19e s. entourée d'un parc aux arbres centenaires. Intérieur décoré avec goût, beaux meubles de famille, teintes chaleureuses, terre cuite, carrelages anciens… Soirées « vin et musique », week-ends et séjours à thème (initiation à la dégustation, à la viticulture, etc.).

Chambre d'hôte du Château de Haut Gléon – *11360 Villesèque-des-Corbières (à 4 km au nord-est de Durban) - 04 68 48 85 95 - www.hautgleon.com - - P - 6 ch. 65/70 € - wifi gratuit dans les salles communes.* Aménagées dans d'anciennes maisons de bergers et de vendangeurs, les chambres de cette propriété viticole possèdent chacune une décoration différente, mais toujours atypique. Alicante, la plus insolite, avec sa salle de bains en mezzanine, ravira les amateurs. Dégustation des vins du domaine dans le caveau.

Hostellerie du Grand Duc – *11140 Gincla (à 4 km au sud de Puilaurens) - 04 68 20 55 02 - www.host-du-grand-duc.com - fermé 3 nov.-31 mars - P - 12 ch. 75/80 € - 11 € - rest. 32/62 €.* Cette maison de maître est précédée d'un joli jardin à l'ombre des tilleuls. Son décor soigné et ses vastes chambres, meublées à l'ancienne, ne manquent pas de cachet, mais c'est surtout le calme que vous savourerez ici sans modération.

RESTAURATION

BUDGET MOYEN

La Cave d'Agnès – *29 r. Gilbert-Salamo - 11510 Fitou - ✆ 04 68 45 75 91 - fermé 13 nov.-31 mars, merc. -* P *- 23,50/31,50 €.* Sur les hauteurs du village, une grange au cachet rustique préservé : vieille cheminée, poutres, pierres, bois brut, expo-vente de peintures locales. Cuisine à l'accent régional.

POUR SE FAIRE PLAISIR

Le Clos de Cascastel – *Quai de la Berre - 11360 Cascastel-des-Corbières - ✆ 04 68 45 06 22 - fermé de mi-janv. à déb. fév., de mi-nov. à mi- déc. et lun. - formule déj. 17 € - 19/32 € bc.* Mets régionaux et sélection de corbières à apprécier dans une chaleureuse salle relookée ou sous les canisses de la terrasse meublée en teck, où voisinent platane et oliviers.

ACHATS

Déposée par le département de l'Aude à l'Institut national de la propriété industrielle, la marque « Pays cathare » s'appuie sur des critères de qualité stricts, définis par les professionnels, et constitue une garantie pour le consommateur.

Cave des Vignerons de Fitou – *Les Cabanes - D 6009 - 11510 Fitou - ✆ 04 68 45 71 41.* Créée en 1933, cette cave coopérative produit vins de table et mousseux. On peut leur préférer le fameux muscat de Rivesaltes, le maccabéo ou encore bien entendu le fitou, tous trois médaillés d'or, et enfin le Terre natale primé depuis 2008, vedette parmi les vedettes.

Le château de Quéribus.
W. Winter / age fotostock

Château de Quéribus

★★

Aude (11)

2

NOS ADRESSES PAGE 165

S'INFORMER

Office du tourisme de Cucugnan – *Route de Padern - 11350 Cucugnan - 04 68 45 69 40 - juil.-août : 10h-19h - avr.-mai et de sept. à mi-nov. : tlj sf dim. 10h-17h - fermé de mi-nov. à fin mars.*

SE REPÉRER

Carte de microrégion C2 (p. 142) – *Carte Michelin Départements 344 G5.* À 40 km au nord-ouest de Perpignan et à 50 km à l'est de Quillan. Sur la D 123, au niveau du grau de Maury *(voir p. 160)*, une route en forte montée conduit jusqu'au site.

À NE PAS MANQUER

La salle gothique du donjon et le panorama depuis les chicanes.

ORGANISER SON TEMPS

Comptez 20mn AR et 45mn pour la visite.

AVEC LES ENFANTS

La visite du château et le spectacle *Le Sermon du curé de Cucugnan* au théâtre Achille-Mir, à Cucugnan.

Perchée sur un étroit piton rocheux à 729 m d'altitude, une sentinelle est battue par les vents : c'est le château de Quéribus, dernier refuge des cathares. Véritable nid d'aigle surplombant Corbières et Fenouillèdes, il fait face à son grand frère Peyrepertuse, tous deux Fils de Carcassonne. Une beauté brute postée dans l'Aude, à la frontière des Pyrénées-Orientales.

Découvrir

★ Château

20mn à pied AR. Bonnes chaussures recommandées - 04 68 45 03 69 - www.queribuscucugnan.fr - visite libre ou audioguidée - juil.-août : 9h-20h ; avr.-juin et sept. : 9h30-19h ; oct. : 9h-18h30 ; nov.-janv. : 10h-17h ; fév. : 10h-17h30 ; mars : 10h-18h - fermé 1er janv., 25 déc. - 5,50 € (6-15 ans 3 €), billet combiné avec le théâtre de poche Achille-Mir de Cucugnan.

Trois enceintes successives protègent le donjon, placé au point culminant du piton rocheux. De forme polygonale, il comporte 2 étages : la salle inférieure et la haute **salle gothique★** voûtée d'ogives retombant sur un pilier circulaire excentré. Les singularités de son plan et de son éclairage ont donné lieu, comme à Montségur, à des interprétations liées à un symbolisme solaire… Interprétations abusives, bien entendu, si l'on songe que le château actuel n'est pas celui que connurent les cathares ! Il ne reste en effet presque rien du château antérieur à la croisade : le dispositif militaire que l'on voit aujourd'hui a été aménagé à la fin du 13e s. puis au 16e s. pour répondre aux progrès de l'artillerie.

Des chicanes *(intenable par vent violent)*, **vue★** sur la plaine du Roussillon, la Méditerranée, les Albères et le Canigou, les massifs du Puigmal et du Carlit, également visibles depuis la terrasse du donjon.

Au niveau inférieur, au nord du donjon proprement dit, une salle voûtée donne accès à une galerie souterraine débouchant sur une casemate.

LA FIN DU CATHARISME

Mentionné pour la première fois dès 1020 sur le testament du comte catalan de Besalú, le château de Quéribus vit ses plus grands moments d'histoire à l'heure du catharisme. En effet, c'est entre ses murailles de pierre que s'achève l'épopée sanglante de la croisade contre les Albigeois. Après la chute de Montségur en 1244, Chabert de Barbaira, seigneur du château, offre un dernier refuge aux cathares. Parmi eux, une figure, le diacre du Razès, Benoît de Termes, y vécut ses dernières heures. Onze ans plus tard, en 1255, Chabert de Barbaira, protecteur des cathares, est fait prisonnier par Olivier de Termes, un de ses anciens compagnons d'armes rallié à Saint Louis. Il est alors contraint d'abandonner la citadelle au roi en échange de sa liberté. Les cathares qui ont pu échapper aux bûchers et aux tortures s'exilent en Catalogne ou en Lombardie ou feignent la soumission. Une fois ce dernier bastion cathare tombé, le château devient possession de la couronne de France. En 1258, le traité de Corbeil, qui fixe la frontière franco-aragonaise au sud des Corbières, fait de Quéribus une forteresse royale. L'intérêt stratégique de cet édifice, devenu l'un des Cinq Fils de Carcassonne, perdurera jusqu'à la signature du traité des Pyrénées, en 1659.

Cucugnan

Dominé par le moulin restauré, le village est bien connu pour le sermon de son curé, pièce d'anthologie du folklore d'oc du 19e s. adaptée en vers occitans par Achille Mir. Alphonse Daudet reprit, avec le succès que l'on sait, la version provençale écrite par Joseph Roumanille.

Dans le théâtre de poche Achille-Mir, place du Platane, est donné un spectacle de théâtre virtuel sur le thème du **Sermon du curé de Cucugnan** selon la version d'Achille Mir, avec la voix de l'écrivain Henri Gougaud. *04 68 45 03 69 - mars-oct. : 10h-19h ; nov.-fév. : 13h30-18h - fermé janv., 25 déc. - 5,50 € (6-15 ans 3 €), billet combiné avec le château de Quéribus.*

NOS ADRESSES À CUCUGNAN

HÉBERGEMENT

PREMIER PRIX

Chambre d'hôte Les Santolines – *11 r. Alphonse-Daudet - 11350 Cucugnan - 04 68 45 00 04 / 06 89 99 02 55 - www.les-santolines.fr - 3 ch. 50 €.* Si vous cherchez un hébergement simple et sans fioritures, dans le cadre rustique d'une maison de village, cette adresse comblera vos attentes. Les trois chambres, très bien entretenues, allient sobriété et confort. Les propriétaires accueillants sauront vous conseiller sur les visites et activités possibles aux alentours.

BUDGET MOYEN

Chambre d'hôte et gîte L'Écurie de Cucugnan – *10 r. Achille-Mir - 11350 Cucugnan (dans le haut du village) - 04 68 33 37 42 / 06 76 86 38 52 - www.queribus.fr - - 5 ch. 60/65 €.* Perchée sur les hauteurs du village, cette ancienne écurie abrite cinq chambres indépendantes et de grande qualité (auxquelles s'ajoute un gîte loué à la semaine). De jolies salles d'eau, une literie impeccable et de nombreuses petites attentions transforment un simple séjour en ravissement. En été, découverte des vins de la région lors de dégustations conviviales.

UNE FOLIE

Chambre d'hôte La Tourette – *4 passage de la Vierge - 11350 Cucugnan - 04 68 45 07 39 - www.latourette.eu - - 3 ch. 100/120 € - 10 €.* La propriétaire a décoré cette maison avec un goût sûr ; les chambres Prune, Turquoise et Indigo sont insolites et réellement exquises. Jacuzzi sous un olivier, dans le patio.

RESTAURATION

BUDGET MOYEN

Auberge de Cucugnan – *2 pl. de la Fontaine - 11350 Cucugnan - 04 68 45 40 84 - www.auberge-de-cucugnan.com - fermé 1er janv.-1er mars - P - 18/46 € - 9 ch. 50 € - 7 € - wifi gratuit.* Ambiance campagnarde dans cette ancienne grange que l'on atteint après avoir parcouru un dédale de ruelles. Cuisine généreuse, fleurant bon le terroir. Chambres parfaitement tenues.

Auberge du Vigneron – *2 r. Achille-Mir - 11350 Cucugnan - 04 68 45 03 00 - www.auberge.vigneron.com - fermé 11 Nov.-15 mars - 22/40 € - 7 ch. 51/65 € - 8 € - wifi gratuit.* Le chef travaille de beaux produits et élabore une cuisine régionale où l'originalité trouve sa place. Salle aménagée dans l'ancien chai et jolie terrasse face au vignoble.

Château de Peyrepertuse

★★★

Aude (11)

NOS ADRESSES PAGES 161 ET 165

S'INFORMER

Office du tourisme de Cucugnan – *Route de Padern - 11350 Cucugnan - ☏ 04 68 45 69 40 - juil.-août : 10h-19h - avr.-mai et de sept. à mi-nov. : tlj sf dim. 10h-17h - fermé de mi-nov. à fin mars.*

SE REPÉRER

Carte de microrégion C2 (p. 142) – *Carte Michelin Départements 344 G5.* À 47 km au nord-ouest de Perpignan et à 54 km à l'est de Quillan. Sur la D 14, au sud de Duilhac-Peyrepertuse, empruntez sur 3,5 km la route étroite qui mène au site.

À NE PAS MANQUER

Le grand escalier et le panorama du château St-Georges.

ORGANISER SON TEMPS

Comptez 20mn de marche sur un sentier abrupt pour accéder au château et 1h pour la visite.

Un des plus beaux exemples de fortification des Corbières ! Dans ces reliefs culminant à près de 800 m d'altitude s'étire la longue silhouette presque camouflée de Peyrepertuse. Réputée imprenable, cette forteresse, la plus grande des Cinq Fils de Carcassonne, n'a en fait jamais été assiégée. Même aux heures les plus brûlantes du catharisme, l'histoire semble avoir épargné cette citadelle du vertige.

LA « PIERRE TROUÉE »

Peyrepertuse, dont l'étymologie vient de l'occitan *pèira*, « pierre », auquel est ajouté *pertusa*, « trouée », doit son nom au rocher sur lequel il est perché. La découverte d'amphores et de monnaies atteste une occupation dès les débuts du 1er s. av. J.-C. et la première mention du château date de 1070. Possession des comtes catalans de Besalú jusqu'au tout début du 11e s., le château passe ensuite dans le domaine des comtes de Barcelone, puis devient un fief de la vicomté de Narbonne. Contrairement à la légende, Peyrepertuse n'a joué aucun rôle dans la croisade contre les Albigeois, même s'il est vrai que son seigneur, Guilhem de Peyrepertuse, est sympathisant de la cause cathare. Il se soumet pourtant sans combattre à Simon de Montfort dès 1217. Excommunié sept ans plus tard pour ses liens tenaces avec la cause cathare, il rejoint la révolte de Raimond Trencavel qui tentait de récupérer son héritage en 1240, puis finit par se soumettre définitivement le 16 novembre de la même année, encore une fois assez tôt pour éviter que la citadelle soit assiégée.

Les imposantes ruines du château.
R. Mattes / hemis.fr

Découvrir

★★★ LE CHÂTEAU

2

De l'aire de stationnement, suivez, en passant sur la face nord, un sentier aboutissant à la porte d'entrée. Comptez 30mn à pied AR.

04 82 53 24 07 / 06 71 58 63 36 - www.chateau-peyrepertuse.com - juil.-août : 9h-20h30 ; juin-sept. : 9h-19h ; avr.-mai et oct. : 10h-18h30 ; nov.-mars : 10h-17h - fermé janv., visite interdite par temps d'orage - 7,50 € (enf. 3 €). Prudence en cas de cers, vent du sud-ouest plutôt décoiffant. En été, prévoir de l'eau et se protéger du soleil (site exposé et montée au château assez rude) ; se munir de bonnes chaussures.

Peyrepertuse comprend deux ouvrages distincts séparés par une esplanade, ancrés à l'est (Peyrepertuse proprement dit) et à l'ouest (St-Georges) de l'éperon, mesurant 300 m dans sa plus grande longueur.

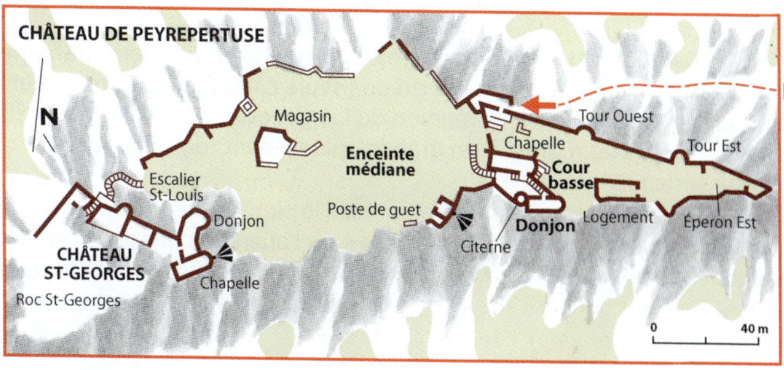

Un rempart sur la frontière

Devenu forteresse royale, le château de Peyrepertuse est érigé en bastion redoutable par Saint Louis, conscient du parti qu'il pourrait tirer de sa position défensive. En 1242, il ordonne la construction d'un escalier pour atteindre la partie haute de la place et fait construire le donjon St-Georges dans les années 1250. C'est à cette même période qu'il entreprend le réaménagement de l'ancien donjon et de l'église. En 1258, le traité de Corbeil fait de Peyrepertuse l'un des Cinq Fils de Carcassonne, aux côtés d'Aguilar, de Quéribus, de Termes et de Puilaurens. L'impressionnante ligne de défense formée par ces cinq forteresses protégera la frontière avec l'Aragon (puis l'Espagne) jusqu'en 1659, date à laquelle le traité des Pyrénées attribue le Roussillon à la France. Peyrepertuse perd alors tout intérêt stratégique. Le château continuera cependant d'abriter une faible garnison jusqu'à la Révolution de 1789.

Château bas

C'est le château féodal à proprement parler. Il occupe le promontoire effilé en proue dont l'enceinte de la **cour basse** épouse la forme. Elle n'est complète que du côté nord, montrant sur cette face une forte courtine, à deux tours ouvertes à la gorge, c'est-à-dire sans mur vers l'intérieur de la place ; les défenses sud se réduisaient à un simple parapet, reconstitué.

En revenant sur vos pas, admirez le front est du donjon complètement remodelé au 13e s., avec ses tours demi-rondes, reliées par une courtine crénelée. Le **donjon** vieux *(entrez par la porte haute)*, noyau du château, forme un quadrilatère dont on ne voit, de la cour, que la face flanquée d'une tour ronde (citerne). L'ouvrage fut complété aux 12e et 13e s. par une chapelle fortifiée *(mur de gauche)* soudée au premier réduit par des courtines fermant les petits côtés de la cour.

Enceinte médiane

Les murailles nord épousent étroitement les bords du plateau à pic. Un bâtiment polygonal en ruine servait sans doute de magasin. Au sud, près du donjon du château bas, un poste de guet isolé offre, par un trou béant, une vue sur Quéribus.

Château St-Georges

Le château ne fut jamais accessible aux chevaux, ni même aux mulets ; il est relié au reste de la forteresse par un étroit escalier abrupt, l'**escalier St-Louis**, construit sur mandat du roi vers 1242 *(marches glissantes ; ascension risquée par grand vent)*.

À 796 m d'altitude, cette forteresse royale domine d'une soixantaine de mètres le château bas. Elle fut construite en une seule campagne au point culminant de la montagne après la réunion du Languedoc au domaine royal. Elle conserve de hautes murailles en grand appareil, dont tout l'intérêt vient de leur site aérien.

Gagnez, en revenant vers l'est, le promontoire le plus avancé, site de l'ancienne chapelle, dominant le château bas. **Vues★★** sur l'ouvrage, dans son site panoramique : bassin du Verdouble, château de Quéribus, Méditerranée à l'horizon.

Le Fenouillèdes

★★

Pyrénées-Orientales (66)

NOS ADRESSES PAGE 171

S'INFORMER
Office du tourisme de St-Paul-de-Fenouillet – *9bis r. Gilbert-Brutus - ℘ 04 82 53 24 07 - www.st-paul66.com - juil.-août : tlj sf dim. 10h-12h, 15h-19h ; janv.-juin : tlj sf dim. et lun. 10h-12h, 14h-18h ; reste de l'année : se rens. - fermé j. fériés.*

SE REPÉRER
Carte de microrégion C2 (p. 142) – *Carte Michelin Départements 344 F/G6.*
À 24 km à l'ouest de Perpignan par la D 117, Estagel marque l'entrée du Fenouillèdes.

À NE PAS MANQUER
Le pont-aqueduc romain d'Ansignan ; l'église gothique de l'ancien ermitage N.-D.-de-Laval ; la vue sur le Canigou depuis le terre-plein de l'ermitage St-Antoine-de-Galamus.

ORGANISER SON TEMPS
Prévoyez une bonne demi-journée avec une halte pour déjeuner à St-Paul-de-Fenouillet, ou à Cubières pour pique-niquer.

2

Entre Corbières méridionales et Conflent, le Fenouillèdes surprend par sa beauté sauvage. À partir d'Estagel, le sillon évidé se consacre aux vignobles de maury et des côtes-du-roussillon. Entre Sournia et Prades, c'est un visage plus dur que présente le massif : ici, les garrigues de chênes verts et d'épineux côtoient les rangs de vignes. La région, dont le passé tumultueux a laissé de nombreux vestiges, abrite également quelques ravissants chemins de traverse.

Circuit conseillé Carte de microrégion

Pour visualiser ce circuit de 60 km au départ de St-Paul-de-Fenouillet, reportez-vous à la carte de microrégion (p. 142) – Comptez environ 4h.

St-Paul-de-Fenouillet C2

Bourg de la rive gauche de l'Agly, peu avant son confluent avec la Boulzane. Abbaye fondée au 9e s. devenue collégiale au 14e s. et coiffée d'un dôme à l'époque baroque, le **Chapitre** accueille aujourd'hui des expositions d'art et un petit musée d'art et traditions populaires.
Quitter St-Paul au sud par la D 619.

Clue de la Fou C2

Cluse forée par l'Agly. Franchir la rivière ; un violent courant d'air souffle en permanence.
Prenez à gauche vers Ansignan la route qui suit la rivière de près.

Pittoresque et tout en virages, la route court face au sillon du Fenouillèdes viticole avec, à l'arrière-plan, l'aiguille rocheuse du château de Quéribus *(voir p. 163)*. Dans le lointain surgit le Canigou.

On passe tout près du pont-aqueduc romain d'**Ansignan**, bien conservé et toujours en service. La route, de plus en plus sinueuse, atteint Sournia par Pézilla-de-Conflent.

Prenez à droite la D 7 vers Prats-de-Sournia.

La vue se développe sur les Corbières, au nord, et sur la Méditerranée visible, en deux pans, par la trouée du bas Agly.

Après Le Vivier, prenez à gauche la D 9 vers Caudiès.

De jolies vues sur l'ermitage N.-D.-de-Laval et, à l'horizon, sur le pic de Bugarach se succèdent au cours de la montée vers **Fenouillet**, village dominé par deux ruines, et qui a donné son nom à la région.

N.-D.-de-Laval B2

L'église gothique de cet ancien ermitage dresse sur une esplanade plantée d'oliviers son vaisseau au toit rose flanqué d'une tour à couronnement octogonal et toiture de briques en éteignoir. Au pied de la rampe, la porte inférieure forme un oratoire abritant une statue de la Sainte Parenté, du 15e s. ; la porte supérieure dédiée à Notre-Dame « de Donne-Pain » (Vierge à l'Enfant, également du 15e s.) montre des colonnes et chapiteaux romans réemployés.

On atteint **Caudiès-de-Fenouillèdes**, porte occidentale du Fenouillèdes.

Continuez au nord sur la D 9. Au col de St-Louis, prenez à droite la D 46 et encore à droite la D 45.

Pic de Bugarach B2

Voir Les Corbières, p. 160.

Tournez à droite dans la D 14.

Cubières-sur-Cinoble offre un terrain privé aménagé pour la halte et le pique-nique, dans un site frais au bord de l'Agly ombragé.

Prenez à droite la D 10 qui suit le ruisseau de Cubières puis l'Agly.

★★ Gorges de Galamus B2

Attention aux embouteillages en été… et si vous en avez le temps, partez à la découverte des gorges à pied.

La route, en corniche, très étroite (2 m), est accrochée à la verticale de la paroi rocheuse. On n'aperçoit que très rarement le torrent tant le trait de scie au fond duquel il coule est étroit et abrupt.

Ermitage St-Antoine-de-Galamus – *Laissez la voiture au parking de l'ermitage situé avant le tunnel. 30mn à pied AR.* On y descend depuis le terre-plein de l'ermitage (vue sur le Canigou). La construction de l'ermitage masque la chapelle aménagée dans la pénombre d'une grotte naturelle.

La D 7 qui ramène à St-Paul-de-Fenouillèdes suit un tracé sinueux avant de se faufiler parmi les vignes. Dans un grand virage, vue à droite sur le Canigou.

NOS ADRESSES DANS LE FENOUILLÈDES

HÉBERGEMENT

POUR SE FAIRE PLAISIR

Chambre d'hôte du Domaine de Coussères – *66220 Prugnanes (à 5 km au nord-ouest de St-Paul-de-Fenouillet par D 117 et D 20) - ✆ 04 68 59 23 55 - www.cousseres.com - fermé 1er oct.-1er avr. - ⊠ - 5 ch. 83 € ☕ - repas 25 €.* Posée sur une butte au milieu des vignes, cette superbe bastide domine un majestueux paysage de montagne et de garrigue. Grandes chambres personnalisées, joliment décorées et accueillante table d'hôte. Calme absolu, beau jardin, piscine et multiples terrasses ajoutent au charme du lieu.

RESTAURATION

BUDGET MOYEN

Le Relais des Corbières – *10 av. Jean-Moulin - 66220 St-Paul-de-Fenouillet - ✆ 04 68 59 23 89 - www.lerelaisdescorbieres.com - fermé dim. soir et lun. sf juil.-août, 2-28 janv., j. fériés - 17/45 € - 9 ch. 47 € - ☕ 8,50 €.* Certes la route est proche, mais poussez la porte, vous ne serez pas déçu. Un accueil charmant et une cuisine sans chichis vous attendent dans une salle aux allures rustiques. Terrasse sur le côté de la maison. Une adresse qui rend bien service dans la vallée.

UNE FOLIE

Pascal Borrell – *La Maison du Terroir - av. Jean-Jaurès - 66460 Maury (à 8 km à l'est de St-Paul-de-Fenouillet par la D 117, dir. Perpignan) - ✆ 04 68 86 28 28 - www.maison-du-terroir.com - fermé 2 sem. en fév., dim. soir, lun. et merc. (sept.- juin) - 25/65 €.* Une cuisine catalane mise au goût du jour dans cette maison du terroir où vous pourrez en outre vous procurer vins et produits régionaux.

ACTIVITÉS

Train touristique du Pays cathare et du Fenouillèdes – *Infos à l'OT de St-Paul - ✆ 04 68 20 04 00 - 04 68 59 99 02 - www.tpcf.fr.* Il circule tlj en juil.-août mais également entre avril et fin octobre pourvu qu'il y ait un minimum de réservations. Trajet de 60 km d'Axat à Rivesaltes via Lapradelle (Puilaurens), Caudiès-de-Fenouillèdes, St-Paul et Maury.

2

Quillan

3 405 Quillanais – Aude (11)

NOS ADRESSES PAGE 177

S'INFORMER
Office de tourisme – *Square André-Tricoire - 11500 Quillan - ✆ 04 68 20 07 78 - www.aude-en-pyrenees.fr.*

SE REPÉRER
Carte de microrégion B2 (p. 142) – *Carte Michelin Départements 344 E5.*
À 28 km au sud de Limoux par la D 118 et à 76 km à l'ouest de Perpignan par la D 900 puis la D 117. Quillan ouvre sur la haute vallée de l'Aude.

À NE PAS MANQUER
La vue depuis le pâturage de Langarail, le belvédère du Pas de l'Ours et la randonnée dans les gorges de la Frau, dans le pays de Sault ; le paysage offert par le défilé de Pierre-Lys… et le château de Puivert.

ORGANISER SON TEMPS
Quillan est le point de départ d'une excursion d'une journée au pays de Sault et dans les gorges de l'Aude.

AVEC LES ENFANTS
Le musée du Quercorb et la visite des grottes de l'Aguzou réservée aux plus de 10 ans; l'hiver, le domaine skiable de Camurac.

Capitale touristique de la haute vallée de l'Aude, Quillan émerge d'un épais manteau forestier au milieu d'un cirque hérissé de petits cônes calcaires; c'est l'un des meilleurs centres d'excursions des avant-monts pyrénéens. Le deuxième mercredi du mois, cette sympathique petite cité s'anime pour la grande foire qui attire de nombreux chalands et passants.

Se promener

Sur l'esplanade de la gare, original monument à l'abbé Armand *(voir défilé de Pierre-Lys)*. Sur la rive droite de l'Aude s'élèvent les ruines d'une forteresse médiévale de plan carré avec échauguettes aux angles, rare exemple de ce type d'architecture militaire dans la région. Elle fut construite au 13e s. et servit de garnison aux troupes de Gui de Lévis, principal lieutenant de Simon de Montfort.

À proximité Carte de microrégion

Puivert A1

16 km à l'est. Quitter Quillan par la D 117 et continuez après le col du Portel vers Lavelanet.
Dans le paysage très mouvementé et boisé des confins du plateau de Sault, les douces prairies de Puivert (du latin *podii viridis*, colline verte) surprennent. Son petit lac est la réplique mélancolique d'un lac naturel qui se vida brusquement au 13e s. Enfin, si la silhouette de pierre du donjon ne résonne plus du chant des troubadours, elle apporte une belle note de romantisme au décor.

Le château de Puivert.
B. Rieger / hemis.fr

2

Château – *Du hameau de Camp-Ferrier, avant d'accéder au village de Puivert, 500 m par une route étroite en forte montée - ✆ 04 68 20 81 52 - www.chateau-de-puivert.com - mai-15 nov. : 9h-19h ; de mi-déc. à fin avr. : 10h-17h - fermé de mi-nov. à mi-déc., 1er janv., 25 déc. - 5 € (5-12 ans 3 €).* Acquis à la foi cathare, le château de Puivert fut assiégé en 1210. Confié ensuite à la famille de Bruyères, il fut embelli et agrandi au 14e s. : donjon, cour d'honneur et courtines datent de cette période. Le Château neuf du 14e s., dont une partie a été détruite, conserve sa tour-porte carrée ornée d'un blason portant le lion des Bruyères et son donjon de 35 m de haut. Celui-ci comprend quatre salles superposées. On visite successivement la salle basse, puis la salle des gardes, couverte d'une voûte en berceau, la chapelle à voûte d'ogives et la « piscine » (cuve à ablutions) encastrée dans le mur, enfin la salle dite « des Musiciens », dont la voûte d'ogives retombe sur des culs-de-lampe représentant des artistes jouant de leurs instruments (cornemuse, tambourin, vielle, luth, psaltérion, rebec, etc.), évoquant ainsi l'éclat de la vie seigneuriale à Puivert au temps des troubadours. Par l'escalier à vis, qui donne accès à chacune des salles, on peut monter sur la terrasse.

Musée du Quercorb – *✆ 04 68 20 80 98 - www.quercorb.com/musee - de mi-juil. à fin août : 10h30-19h ; du 9 avr. à mi-juil. et sept. : 10h30-12h30, 14h-18h ; oct. : 14h-17h - fermé nov.-mars - 4 € (-15 ans 1,60 €).*

Évocation attrayante de l'histoire, des traditions et des métiers de la région du Quercorb, à l'aide de maquettes et de reconstitutions (cuisine, forge, atelier de tourneur sur bois, sans oublier la fabrication des sonnailles et le travail du jais). Ne pas manquer, au 2e étage, la salle de **l'Instrumentarium** qui présente les reconstitutions des huit instruments de musique médiévaux figurant sur les culs-de-lampe du donjon du château, ainsi qu'une évocation de l'art des troubadours.

Revenez à Quillan par le même chemin ou bien gagnez le plateau de Sault par la D 16 puis la D 120 à travers la forêt de Picaussel.

Si vous avez le temps et souhaitez prolonger votre découverte du Pays cathare, nous vous conseillons de poursuivre vers **Montségur★★** *(24 km au sud-ouest de Puivert)* et **Foix★** *(46 km à l'ouest de Puivert, guide Pyrénées Toulouse Gers).*

★★ **Montségur** *(voir ausi le guide Pyrénées Toulouse Gers)*

✆ 05 61 01 06 94 - www.montsegur.fr - juil.-août : 9h-19h30 ; avr.-juin : 10h-18h30 ; sept. : 9h30-18h30 ; oct. 10h-18h ; nov. : 10h30-17h ; fév. et déc. : 11h-16h30 ; mars : tlj sf lun. 10h30-17h30 - possibilité de visite guidée (1h) - fermé janv., 25 déc. - 4,50 € (-8 ans gratuit, 8-15 ans 2 €).

Prévoyez de vraies chaussures de marche : il faut compter une bonne heure à pied aller-retour par un sentier escarpé pour accéder au château. Perché sur son « pog » à 1 216 m d'altitude, le château occupe un **site★★** dominant des à-pics de plusieurs centaines de mètres. Il offre un panorama remarquable sur les rides du Plantaurel, la coupure de la vallée de l'Aude et le massif du Saint-Barthélemy. Le château actuel a été édifié après 1245 par le nouveau seigneur de Mirepoix, Guy de Lévis II, sur les ruines de celui qui connut le drame *(voir encadré ci-dessous).*

On accède à la **forteresse★**, dont le plan pentagonal épouse le contour de la plate-forme du sommet, par une porte au sud. Autour de la cour intérieure, divers bâtiments (logis, annexes) étaient adossés au rempart.

Autrefois, une porte au 1er étage du donjon permettait d'y accéder à partir du rempart. Un escalier intérieur menait à la salle basse, réservée à la défense et à l'entrepôt de vivres. Aujourd'hui, on pénètre dans la salle basse après avoir contourné l'enceinte par la porte nord, à travers une brèche qui donne sur l'ancienne citerne. Au pied du donjon, côté nord-ouest, s'étagent les vestiges du **village** cathare qui font encore aujourd'hui l'objet de fouilles. Le village s'étend au pied du rocher, dans la vallée du Lasset.

Musée archéologique du château de Montségur – *✆ 05 61 01 10 27 - www.montsegur.fr - juil.-août : 11h-13h, 14h-20h ; mai-juin et sept. : 11h-13h, 14h-19h ;*

MONTSÉGUR, LIEU DE MÉMOIRE ET D'ÉMOTION

Reconstruit en 1204 à l'emplacement d'une forteresse antérieure, le château de Montségur abrite une centaine d'hommes sous le commandement de Pierre Roger de Mirepoix. À l'extérieur, mais toujours sur le pog, vit une communauté de réfugiés cathares avec son évêque, ses diacres, ses parfaits et ses parfaites. La fière indépendance du lieu, bien que la croisade contre les Albigeois soit en voie de s'achever, portent ombrage à l'Église et à la royauté. Le massacre des membres du tribunal de l'Inquisition à Avignonet, par une troupe venue de Montségur le 28 mai 1242, met le feu aux poudres et la décision est prise de réduire ce foyer de résistance. Le siège, dirigé par le sénéchal de Carcassonne, Hugues des Arcis, à la tête d'une armée de 10 000 hommes, commence en juillet 1243. Entrecoupé de combats, il dure dix mois et s'achève une nuit de janvier 1244 lorsqu'une escouade de montagnards basques, escaladant à la faveur de la nuit la falaise abrupte, prend pied sur le plateau supérieur. Elle y installe un trébuchet monté par pièces détachées avec lequel les murailles sont criblées de boulets. En l'absence de renforts, Pierre Roger de Mirepoix offre de rendre la place et obtient la vie sauve pour la garnison. Une trêve de 15 jours est conclue, du 1er au 15 mars 1244. Refusant d'abjurer, les religieux cathares, qui étaient plus de 200, descendent de la montagne le matin du 16 mars et montent sur le gigantesque bûcher du « Camp dels Cremats », sous la conduite de leur évêque, Bertrand Marty.

avr. : 14h-19h ; mars et oct. : 14h-18h ; fév. et nov.-déc. : 14h-17h - fermé janv., 25 déc. - gratuit. Installé dans le bâtiment de la mairie, il abrite des objets révélés par les fouilles effectuées sur les lieux : important mobilier du 13e s., outillage permettant de faire remonter au Néolithique l'occupation du pog et documentation sur le catharisme.

Circuit conseillé Carte de microrégion

★★ PAYS DE SAULT ET GORGES DE L'AUDE A2-B2

Pour visualiser ce circuit de 144 km, reportez-vous à la carte de microrégion (p. 142) – Comptez environ une journée. Quittez Quillan à l'ouest par la D 117.
Office du tourisme du Pays de Sault – *11340 Belcaire (à l'entrée du village, sur la droite en arrivant de Quillan) - 04 68 20 75 89 - vac. scol. : lun.-sam. 9h-12h, 15h-18h, dim. 9h-12h ; hors vac. scol. : lun., jeu. et vend. 9h-12h, mar. et sam. 9h-12h, 15h-18h.*
Ce circuit emprunte un tronçon spectaculaire de la **route du Sapin de l'Aude** dont les futaies comptent des arbres de plus de 50 mètres. La route s'élève en impressionnants lacets, dominant la cuvette où se trouve Quillan.
Tournez à gauche dans la D 613 qui court sur le plateau de Sault.
Profondément entaillé par la vallée du Rebenty, le plateau de Sault auquel on accède à partir de **Coudons** se révèle ici riant, du moins en été, lorsque le soleil illumine les champs de blé.
Après Espezel, à un croisement marqué d'une croix, prenez à droite la D 29 (direction Bélesta). Poursuivez jusqu'à la maison forestière, puis engagez-vous à gauche sur la route forestière. Laissez la voiture dans un coude à gauche, au pied des abreuvoirs de Langarail.

2

★ Pâturage de Langarail A2

45mn à pied AR.
Site d'estive. Suivre la direction donnée par la piste caillouteuse jusqu'aux bombements, d'où la **vue** se dégage au nord, au-delà de la forêt de Bélesta jusqu'aux avant-monts de la chaîne vers le Lauragais. Par temps dégagé, vous apercevrez la citadelle de **Montségur,** juchée sur son « pog ».
Revenez sur la route forestière et poursuivez vers l'ouest.

★ Pas de l'Ours A2

Passage en haute corniche rocheuse au-dessus des gorges de la Frau.
Au col de la Gargante, montez à gauche en suivant « Belvédère à 600 m ».

★★ Belvédère du Pas de l'Ours

15mn à pied AR.
Du belvédère, vue grandiose sur l'entaille de la Frau ; 700 m plus bas, le piton de Montségur, la montagne de la Tabe ; en arrière on distingue très haut les déblais blancs de Trimouns.
Dépassez le col de la Gargante et descendez jusqu'à Comus où vous prenez à droite.

★ Gorges de la Frau A2

1h30 à pied AR.
Laissez la voiture au point de départ d'une large route forestière. On longe le pied de parois calcaires virant au jaunâtre. Après 45mn de marche, faire demi-tour à l'endroit où la vallée dessine un brusque coude.
Revenez à Comus et prenez à droite vers Camurac.

On quitte le bassin supérieur de l'Hers, où, malgré la rudesse du climat, les versants étaient naguère cultivés en terrasses, pour gagner le col des Sept Frères.

Domaine skiable de Camurac – *Alt. 1 400-1 800 m.* Sur le plateau de Sault, station familiale et chaleureuse dotée de 16 pistes de ski alpin de tous niveaux. Boucle de ski de fond pour les débutants et parcours balisé réservé aux promenades en raquettes.

Prenez à gauche la D 613 en direction de Belcaire.

Belcaire – La « capitale » du pays de Sault est dominée par le « casteillas » où on aperçoit quelques vestiges d'un ancien château fort. Le village constitue en outre un agréable lieu de séjour où un lac artificiel permet de se rafraîchir en été.

Avant Belcaire, prenez à droite la D 20 jusqu'à Niort-de-Sault. À Niort, obliquez sur la gauche.

Vous descendez alors les **gorges du Rebenty** qui découpent le plateau de Sault en « grand » et « petit » plateau. Plus loin, la route se glisse sous les impressionnants surplombs du **défilé d'Able**. Enfin, on atteint le **défilé de Joucou** où les tunnels succèdent aux surplombs jusqu'à **Joucou**, village bâti autour d'une ancienne abbaye.

Faites demi-tour.

Après les deux tunnels, prendre à gauche la D 29 qui passe par Rodome, Aunat et Bessède-de-Sault, dans un paysage très vallonné, riant sous le soleil de l'été, nettement plus austère en hiver ou lorsqu'un brouillard soudain s'empare du plateau.

Rejoignez la D 118 que vous empruntez à gauche vers Axat.

Suivant le cours de l'Aude, la route, pittoresque, longe le rebord du plateau de Sault.

Grottes de l'Aguzou A2

04 68 20 45 38 - www.grotte-aguzou.com - sortie spéléo par groupe de 8 à 12 pers. sur demande préalable (quelques j. en juil.-août à 15 j. ou 3 sem. en hors sais.) - dép. 9h - 50 € (enf. 40 €) 1 j.; dép. 9h et 14h - 30 € (enf. 25 €) 1/2 j. Se munir de tennis, bottes ou chaussures de randonnée légères et prévoir un repas froid.

Riche réseau souterrain découvert en 1965. Casque à lampe frontale vissé sur la tête (visite sportive mais accessible aux enfants à partir de 10 ans), vous découvrirez une concentration de cristaux et de splendides aragonites.

★ Gorges de St-Georges B2

Maison des Pyrénées cathares, pays d'accueil touristique d'Axat – *Rd-pt du Pont-d'Anies - 04 68 20 59 61 - www.pays-axat.org - juil.-août : 10h-19h ; juin : sam. 10h-12h30, 14h30-18h30, dim. 10h-14h ; 23 avr.-8 Mai 10h30-19h ; reste de l'année : se rens. - fermé j. fériés.*

Taillées verticalement dans le roc nu, réellement impressionnantes, ce sont les gorges les plus étroites de la haute vallée de l'Aude. Dans ces **gorges de l'Aude**, sillon d'une dizaine de kilomètres, le torrent bouillonne entre de hautes murailles couvertes d'une abondante végétation.

Poursuivre jusqu'à **Axat**, centre réputé de sports d'eau vive, où l'on prend à gauche la D 177 en direction de Quillan.

★ Défilé de Pierre-Lys B2

Passage impressionnant entre des falaises où s'accrochent quelques buissons. Le dernier tunnel, le **Trou du Curé**, rappelle le souvenir de l'**abbé Félix Armand** (1742-1823), curé de St-Martin-Lys, qui fit ouvrir le passage au pic et à la pioche.

NOS ADRESSES À QUILLAN

HÉBERGEMENT

PREMIER PRIX

Résidence de tourisme l'Espinet – *1 km au nord par D 118 - ☎ 04 68 20 88 88 - www.lespinet.com - ♿ - 111 villas et 24 studios 65/127 €/la nuitée pour 5 pers.* En plus de la résidence de vacances, cette très belle structure englobe un centre de remise en forme et de soins du corps, afin de profiter de grands moments de détente. Sports de pleine nature, tennis et relaxation au bord de la superbe piscine couverte.

BUDGET MOYEN

Hôtel Cartier – *31 bd Charles-de-Gaulle - ☎ 04 68 20 05 14 - www.hotelcartier.com - fermé sam. midi d'oct. à juin, 15 déc.-15 mars - 29 ch. 42/80 € - ☕ 8,50 € - rest. 18/35 € - wifi gratuit.* Immeuble du début du 20e s. situé sur le boulevard quillanais. Les chambres, bien insonorisées, offrent un confort complet et un sobre décor. Salle de restaurant rustique (« Les Trois Quilles »). Spécialités audoises.

BUDGET MOYEN

Hôtel-Restaurant Bayle – *38 av. d'Ax-les-Thermes - 11340 Belcaire - ☎ 04 68 20 31 05 - www.hotel-bayle.com - 10 ch. 45/48 € - ☕ 6 € - rest. 18/30 €.* Une institution du pays de Sault : cet hôtel très simple vous accueillera chaleureusement. Cuisine du terroir au restaurant, dont la salle à manger s'agrandit aux beaux jours face à la montagne.

Chambre d'hôte La Cocagnière – *3 pl. du Pijol - hameau de Camp-Sylvestre (à 6 km à l'est de Puivert par la D 117, puis petite rte à dr.) - ☎ 04 68 20 81 90 - www.lacocagniere.com - fermé 15 nov.-15 mars - 4 ch. 53/63 € ☕ - repas 20 €.* À l'orée du hameau de Camp-Sylvestre, cette bergerie rénovée avec passion séduit à coup sûr, tant elle cumule les atouts : l'hébergement de grande qualité, l'accueil aimable des jeunes propriétaires, l'excellente table d'hôte et la nature toujours en fête.

POUR SE FAIRE PLAISIR

Hôtel La Chaumière – *25 bd Charles-de-Gaulle - ☎ 04 68 20 02 00 - www.pyren.fr - P - 26 ch. 75/100 € - ☕ 11 € - rest. 24/55 €.* Une grande façade en rotonde, de style montagnard, donne accès à cet hôtel confortable, idéal pour qui souhaite rayonner dans la région à partir de Quillan. Cuisine de terroir.

ACTIVITÉS

Multisports

La Forge – *Rte de Perpignan (D 117) - ☎ 04 68 20 23 79 - fermé janv.-mars et de mi-sept. à mi-déc.* Ouvert toute l'année pour les groupes *40 €.* Cette importante structure, qui rassemble auberge de jeunesse, camping et base de loisirs, vous offre un éventail complet d'activités : sports en eau vive, randonnées, escalade, etc.

Sud Rafting – *Rd-pt du Pont-d'Aliès - 11140 Axat - ☎ 04 68 20 53 73 - www.sudrafting.fr - juil.-août 9h-20h ; reste de l'année 9h-12h, 14h-18h - fermé Toussaint-Pâques.* Organisation de séjours sportifs en plein air. Activité d'eau vive et de montagnes. Tout public. Snack, buvette et point photo sur place.

Train touristique

Petit Train rouge – *Train du Pays Cathare et du Fenouillèdes - 66200 Caudiès-de-Fenouillèdes - ☎ 04 68 20 04 00 - www.tcpf.fr - pour les horaires, se rens.* Ce train touristique relie Axat à Rivesaltes en traversant de superbes paysages sur 60 km.

PERPIGNAN, LA CÔTE VERMEILLE ET LA PLAINE DU ROUSSILLON
0
10 km
Perpignan ★★ Mérite un détour
Céret ★ Intéressant
Tautavel À voir
Ville de départ du circuit
La plaine du Roussillon
La route des crêtes
En longeant la Côte
La route des Albères
La vallée de la Rome
Au pied des Albères
A
B
BÉZIERS
MONTPELLIER
NARBONNE
Parc naturel régional de la Narbonnaise
1
2
3
4
AUDE
FOIX
PRADES
PRATS-DE-MOLLO-LA-PRESTE
PYR.-ORALES
ESPAGNE
MER MÉDITERRANÉE
La Franqui
Cap Leucate
Fitou
Fort de Salses
Port-Leucate
Étang de Leucate ou de Salses
Paquebot Lydia
Port-Barcarès
Centre européen de Préhistoire
Tautavel
Estagel
Baixas
Rivesaltes
Agly
Caladroi
Força Réal
Bélesta
Têt
Perpignan
Canet-Plage
Étang de Canet
Cabestany
Toulouges
Ille-sur-Têt
Mas Palégry
Thuir
Castelnou
Ponteilla
St-Cyprien
St-Cyprien-Plage
Les Capellans
Fontcouverte
Elne
Monastir del Camp
Côte Vermeille
St-Génis-des-Fontaines
St-André
Argelès-s-Mer
Argelès-Plage
Collioure
Port-Vendres
Cap Béar
Le Boulou
Sorède
Maureillas-las-Illas
Prieuré Santa Maria del Vilar
Valmy
St-Martin-de-Fenollar
Céret
Les Cluses
Col de l'Ouillat
Tour Madeloc
Banyuls-s-M.
Site de Paulilles
Tech
Panissars
Le Perthus
Bellegarde
Pic des 3 Termes
Métle Maillol
Cap Réderis
Cerbère
FIGUERES, GIRONA
FIGUERES
A 61
A 9
D 6009
D 611
D 14
D 9
D 117
D 18
D 12
D 83
D 612
D 614
D 616
D 900
D 81
D 21
D 617
N 116
D 615
D 612A
D 48
D 2
D 914
D 618
D 115
D 13
D 71
D 86
D 627
936
1129

+ d'adresses

Perpignan, la Côte Vermeille et la plaine du Roussillon 3

Cartes Michelin Départements 344 – Aude (11) et Pyrénées-Orientales (66)

Perpignan

★★

NOS ADRESSES PAGE 191

Agglomération : 162 678 Perpignanais - Ville : 116 676
Pyrénées-Orientales (66)

S'INFORMER

Office de tourisme – *Pl. Armand-Lanoux - palais des congrès - 66002 Perpignan - ℘ 04 68 66 30 30 - www.perpignantourisme.com - de mi-juin à mi-sept. : lun.-sam. 9h-19h, dim. et j. fériés 10h-16h - de mi-sept. à mi-juin : lun.-sam. 9h-18h, dim. et j. fériés 10h-13h - fermé 1er janv., 1er Mai, 1er Nov., 25 déc.*
Point info tourisme – *Bât. Le Palmarium - de mi-juin à mi-sept. : lun.-sam. 10h-19h ; de mi-sept. à mi-juin : lun.-sam. 10h-18h - fermé dim. et j. fériés.*
Visite guidée – *Rens. à l'office de tourisme ou sur www.vpah.culture.fr - juil.-août : tlj sf dim. ; reste de l'année se rens. - 5 € (-12 ans gratuit).* Perpignan, qui porte le label Ville d'art et d'histoire, propose des visites-découvertes (2h à 2h30) animées par des guides-conférenciers agréés par le ministère de la Culture et de la Communication.

SE REPÉRER

Carte de microrégion AB2 (p. 178) – *Carte Michelin Départements 344 I6.* Situé à l'extrême sud-est, Perpignan est desservie par l'A 9, la bien-nommée « Catalane ». Presque parallèle à l'autoroute, la D 6009 et la D 900 sont pratiques, surtout si vous venez de Narbonne située à 64 km au nord.

SE GARER

Se garer au centre de Perpignan n'est pas chose aisée. Tentez votre chance aux parkings (payants) aménagés sous la promenade des Platanes : accès par le bd Wilson et le cours F.-Palmarole.

À NE PAS MANQUER

Le palais des Rois de Majorque ; le patio à galeries gothiques de la maison Julia ; le musée des Arts et Traditions populaires de la Casa Pairal ; le Dévot Christ de la chapelle accolée à la cathédrale St-Jean et les peintures gothiques catalanes du musée des Beaux-Arts Hyacinthe-Rigaud.

ORGANISER SON TEMPS

Prévoyez une journée. Profitez de la fraîcheur matinale pour visiter la ville et consacrez votre après-midi aux visites de musées.

AVEC LES ENFANTS

Le palais des Rois de Majorque, la Casa Pairal et le musée numismatique Joseph-Puig, le Centre de sculpture romane à Cabestany qui proposent des mini-guides à énigmes, Le Centre européen de préhistoire et le musée de la Préhistoire européenne de Tautavel ou encore le jardin exotique de Ponteilla.

La sardane, danse traditionnelle catalane.
S. Grandadam / age fotostock

Perpignan, c'est encore la France mais c'est aussi, et peut-être avant tout la Catalogne, comme en témoigne une langue toujours vivante de part et d'autre de la frontière franco-espagnole. Ici, le bâti parle du passé : des comtes de Roussillon et des rois de Majorque, des Catalans et des Aragonais, puis des Français. Ville frontière, de partage culturel, baignée par la mer et à deux pas des sommets pyrénéens, elle a su, au fil des siècles et des conquêtes, se construire une identité particulière, fruit de passages et de mélanges incessants, et fait petit à petit peau neuve. Aimer Perpignan, c'est apprécier l'ombre de ses promenades plantées de platanes, savourer son rythme de vie, lézarder sur les terrasses en dégustant des tapas, avant l'effervescence nocturne…

Se promener Plan de la ville

Pour visualiser le circuit, reportez-vous au tracé vert sur le plan de ville p. 182.

★ Le Castillet B1

04 68 35 42 05 - 10h30-17h30 - fermé lun. - gratuit.

L'emblème de Perpignan porte les couleurs sang *(prononcez « sank »)* et or de la Catalogne. Il domine la place de la Victoire de ses deux tours couronnées de créneaux et de mâchicoulis exceptionnellement hauts ; remarquer leurs fenêtres à grilles de fer forgé. À l'intérieur, la **Casa Pairal** abrite le **musée catalan des Arts et Traditions populaires** : meubles, outillage, art religieux, costumes, belle croix aux Outrages. De la tourelle du Castillet (142 marches), **vue** sur les monuments de la ville, le Canigou, les Albères au sud et les Corbières au nord.

Promenade des Platanes BC1

Elle bénéficie effectivement de l'ombre de ses platanes et de la fraîcheur de ses fontaines ; pour les promeneurs en quête d'exotisme, palmiers dans les allées latérales. Possibilité de location de vélos.

La Miranda C2

Dans ce petit jardin public aménagé sur les anciens bastions, derrière l'église St-Jacques, vous trouverez les plantes de la garrigue, les arbres et arbustes indigènes ou acclimatés à la région (grenadiers, oliviers, aloès, etc.).

Église St-Jacques C2

Sanctuaire élevé au 14e s. dans un ancien quartier de jardiniers et de tisserands, au sommet des remparts. Sous le porche sud, grande croix aux Outrages. Dans l'absidiole de droite, la statue de saint Jacques (15e s.) est placée au-dessus d'une cuve baptismale toujours alimentée en eau vive; un grand retable des Tisserands (fin 15e s.) est consacré aux scènes de la vie de la Vierge.

La nef se prolonge à l'ouest par la **chapelle de la Sanch**, siège de la confrérie des Pénitents de la Sanch (du précieux « Sang ») fondée au 15e s. par le saint

SE LOGER

- Alexander (Hôtel) 1
- Domaine du Mas Boluix (Chambre d'hôte) 3
- Domaine du Moulin (Chambre d'hôte) 5
- France (Hôtel de) 15
- Kyriad (Hôtel) 9
- Loge (Hôtel de la) 17
- Mas des Arcades (Hôtel Le) 11
- New Christina (Hôtel) 13

SE RESTAURER

- Antiquaires (Les) 1
- Barathym (Le) 18
- Galinette (La) 7
- Passerelle (La) 9
- Rencontre (La) 19

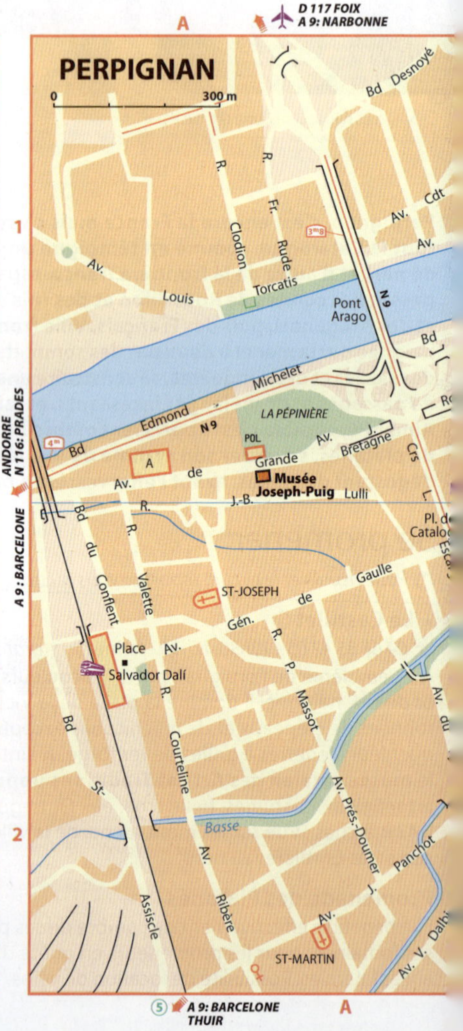

valencien Vincent Ferrier. La confrérie, qui assistait les condamnés à mort, s'illustre aujourd'hui le Vendredi saint par ses processions solennelles.

★ Cathédrale St-Jean C1

L'église principale, commencée en 1324 par Sanche II de Majorque, n'a été consacrée qu'en 1509. Par le passage à gauche, on peut s'approcher de l'ancien sanctuaire de St-Jean-le-Vieux (la structure du portail roman en marbre, qui alterne les arcs géminés et un pendentif sculpté, est un héritage hispanisant de la route de St-Jacques, unique en France).

La façade, de galets et de briques, est flanquée à droite d'une tour carrée dotée d'un beau campanile de fer forgé (18e s.) avec son bourdon (15e s.).

La nef, imposante, repose sur de robustes contreforts intérieurs séparant les chapelles. St-Jean se caractérise par ses riches retables (16e-17e s.). Dans la niche

centrale du maître-autel, statue de saint Jean Baptiste, patron de la cité, portant les armes de Perpignan : draperie « d'or à quatre pals (bandes) de gueules » (armes de l'Aragon et de la Catalogne royale). Les volets peints (1504) de l'orgue monumental représentent le Baptême du Christ et le Festin d'Hérode. Dessous, un passage ouvre sur la chapelle romane N.-D.-dels-Correchs où sont déposés un gisant du roi Sanche et une collection de reliquaires anciens protégés par des grilles de fer.
En sortant de la cathédrale par le portail latéral droit, on verra dans la chapelle accolée, le poignant **Dévot Christ★**, en bois sculpté, vraisemblablement rhénan, du début du 14e s.

Campo Santo C1

✆ 04 68 51 19 80 - ♿ - 1er oct.-30. avr. : tlj sf lun. et j. fériés 11h-17h30 - gratuit.
Au sud de la cathédrale, le Campo Santo est un vaste cimetière du début du 14e s., de plan carré. Il offre un ensemble architectural homogène avec ses niches funéraires en ogives et ses enfeus en marbre, enchâssés dans des murs ornés de galets et de chaînages de briques. C'est l'un des rares cimetières médiévaux subsistant en France.

Place de la Loge B1

La place (avec sa *Vénus* de Maillol) et la rue piétonne de la Loge, pavée de marbre rose, constituent le centre d'animation de la ville. L'été, on y danse la sardane plusieurs fois par semaine.

★ Loge de Mer B1

Ce bel édifice, construit en 1397, remanié et agrandi au 16e s., était le siège d'un tribunal de commerce maritime. La girouette, en forme de navire, à l'angle du bâtiment, symbolise l'activité maritime que déployaient les commerçants du Roussillon.

★ Hôtel de ville B1

Patio : tlj sf dim. 8h-12h, 14h-18h - ♿.
Les grilles sont du 18e s. Dans la cour à arcades, bronze de Maillol : *La Méditerranée.* Sur la façade du bâtiment, trois bras de bronze, symbolisant les « mains » ou catégories de la population appelées à élire les cinq consuls, seraient, en fait, d'anciennes torchères. À l'intérieur, la salle des Mariages présente un beau plafond à caissons du 15e s.

Palais de la Députation B1

Du 15e s., il abritait au temps des rois d'Aragon la commission permanente ou « députation » représentant les *corts* catalanes. Remarquez les énormes claveaux du portail, typiquement aragonais, le bel appareil de la façade tout en pierre de taille et les baies reposant sur des colonnettes de pierre très fluettes.
Poursuivez dans la rue d'Alsace-Lorraine. Sur la droite, la rue Mailly donne accès au musée des Beaux-Arts.

Musée des Beaux-Arts Hyacinthe-Rigaud B2

Hôtel de Lazerme - ✆ 04 68 35 43 40 - ♿ - 10h30-18h - fermé lun., 1er janv., 1er Mai, 14 Juil., 25 déc. - 4 € (-26 ans gratuit).
Il porte le nom de **Hyacinthe Rigaud** (1659-1743), artiste perpignanais dont les portraits – d'apparat pour la plupart – lui valurent une célébrité telle que pour satisfaire sa clientèle, Louis XIV et la haute société, il dut créer un atelier. À côté du joyau du musée, le *Portrait du cardinal de Bouillon*, sont exposées des peintures gothiques catalanes, dont le fameux retable dit de la Trinité, du 15e s. L'art contemporain est représenté de façon prestigieuse, entre autres, par

La capitale du Roussillon

DE MAJORQUE À L'ARAGON

Ancien oppidum sur la via Domitia en direction de l'Espagne, Perpignan se développe et devient la capitale du royaume de Majorque, détaché provisoirement de l'Aragon en 1276. La ville constitue un grand centre d'apprêt et de teinture des étoffes en provenance des villes drapières les plus importantes d'Europe. Le royaume de Majorque disparaît en 1344, confisqué à son cousin par Pierre IV d'Aragon ; Roussillon et Cerdagne sont intégrés au principat de Catalogne qui constitue, au sein du royaume d'Aragon, une entité autonome. Les *corts* catalanes siègent à Barcelone, mais délèguent une « députation » à Perpignan. Entre les deux versants pyrénéens se crée une communauté commerciale, linguistique et culturelle.

FRANÇAISE ?

En 1463, Louis XI met 700 lances à la disposition du roi Jean II d'Aragon pour l'aider à réduire les Catalans ; en échange, il récupère Perpignan et le Roussillon. Mais les Perpignanais ne l'entendent pas de cette oreille. La résistance au siège français est rude et désespérée : les Perpignanais sont surnommés les « Mangeurs de rats ». Ils ne capitulent que sur l'ordre du roi d'Aragon qui décerne à la ville le titre de « Fidelissima » (très fidèle).

ESPAGNOLE ?

Retournement de situation en 1493 : Charles VIII restitue la province à Ferdinand le Catholique, souverain d'Aragon, dont les successeurs, rois de l'Espagne unifiée, font de Perpignan l'une des places les plus fortes d'Europe. Mais en 1640, Richelieu profite d'une révolte des Catalans contre le roi d'Espagne, Philippe IV, pour signer avec eux un traité d'alliance : Louis XIII devient, l'année suivante, comte de Barcelone.

NON, FRANÇAISE

Là ne se termine pas la valse-hésitation : une garnison espagnole tenant la ville, Louis XIII en personne vient sous ses murs avec l'élite de l'armée française et reprend Perpignan. En 1659, le traité des Pyrénées ratifie la réunion du Roussillon à la couronne. Perpignan est désormais en France.

NOËL CATALAN

Fortes d'un passé à rebondissements, les fêtes de Noël font partie de la tradition catalane, très vivace ici. Dans plusieurs quartiers de la ville, on installe des *pessebres* (crèches de Noël). Diverses animations, les *nadals*, sont organisées dans les rues, dont les traditionnels chants de Noël en catalan. Un marché de Noël est également proposé sur la place Gambetta. Enfin, les enfants ne manquent pas de faire le *Caga Tio*, une coutume qui consiste à frapper avec un bâton une bûche, tout en chantant. Durant une pause et en ayant soin de ne pas se faire voir, les parents placent sous la bûche gourmandises, fruits et cadeaux. On dit alors que la bûche a *cagat* (on ne traduira pas !) ces présents.

Maillol, Dufy, Picasso, Alechinsky, Appel. Une place importante est réservée à l'art hispanique et à l'art d'Amérique du Sud.
Revenez dans la rue d'Alsace-Lorraine.

Place Arago B2

Entourée de palmiers et de magnolias, la statue de **François Arago** (1786-1853) s'élève au centre de la place.
Revenez au palais de la Députation.
Face au palais de la Députation, prendre la petite **rue des Fabriques-d'En-Nabot**, jadis en plein quartier des *parayres* (apprêteurs d'étoffes, première corporation de Perpignan aux 13e et 14e s.). Au n° 2 se trouve la **maison Julia★**, l'un des rares hôtels particuliers bien conservés de Perpignan qui possède un beau patio à galeries gothiques du 14e s.
Revenez au Castillet.

À voir aussi Plan de ville

★ Palais des Rois de Majorque BC2

Du centre piéton, accès par la rue Petite-la-Monnaie - 4 rue des Archers - ✆ 04 68 34 48 29 - juin-sept. : 10h-18h (dernière entrée 30mn av. fermeture) ; oct.-mai : 9h-17h - possibilité de visite guidée (1h15) - fermé 1er janv., 1er Mai, 1er nov., 25 déc. - 4 € (Pass inter-sites 3 €, 12-18 ans 2 €, -12 ans gratuit).
À l'avènement des rois de Majorque (1276-1344), Perpignan ne disposait pas de demeures seigneuriales dignes de ce nom. On éleva donc un palais, au sud de la ville, sur la colline du Puig del Rei. Les murs reprennent un appareillage assez fréquent dans le Roussillon, formé d'une alternance de galets roulés et de briques pleines, les « cayroux ».
Par une rampe voûtée qui traverse l'enceinte de briques rouges, vous accédez à un agréable jardin méditerranéen.
Passez sous la **tour de l'Hommage**, vous y reviendrez ensuite pour découvrir, de sa terrasse, un beau **panorama** à 360° qui s'étend du mont Canigou au littoral en embrassant le Fenouillèdes et les Corbières. Vous entrez alors dans la cour d'honneur, ajourée de deux étages de galeries, dont les éléments de décoration mêlent archaïsmes romans – arcs de plein cintre taillés dans du marbre bleu de Baixas – et nouveautés gothiques – arcatures en ogive de la galerie supérieure.
Au premier étage, le palais Blanc s'ouvre sur la cour par de grandes ouvertures en ogive. La **grande salle de Majorque**, qui abrite une cheminée à trois foyers, présente une majestueuse charpente dont les arcs brisés sont en pierre de taille. Rejoignez ensuite les appartements de la reine qui ont conservé un superbe plafond peint aux couleurs catalanes.
La chapelle basse « de la reine », au pavement de céramique verte et aux trois clefs de voûte ornées d'un décor floral, héberge une belle Vierge à l'Enfant (15e s.).
Gagnez enfin la chapelle supérieure, consacrée à la sainte Croix, par un **portail roman★** aux voussures alternées de marbre bleu et rose. Au-dessus des chapelles royales, le donjon se devait d'être le bastion inexpugnable du palais.

Chapelle N.-D.-des-Anges B2

32 r. du Mar.-Foch.
Cette ancienne salle capitulaire gothique (13e s.) de monastère a été transformée en chapelle d'hôpital militaire au 19e s. Elle accueille des expositions temporaires *(rens. à l'office de tourisme).*

Le palais des Rois de Majorque.
J.-P. Azam / hemis.fr

★ Musée numismatique Joseph-Puig A1

42 av. de Grande-Bretagne - ✆ 04 68 62 37 64 - www.mairie-perpignan.fr - visite sur réserv. (1 j. av.) - fermé sam. apr.-midi-lun. - 4 € (-26 ans gratuit).

La villa Les Tilleuls (1907) a été transformée partiellement en musée pour abriter, selon le souhait du Perpignanais Joseph Puig, le fonds numismatique que ce dernier a légué à sa ville natale. 2 500 pièces sont exposées en permanence, sur les 45 000 qui constituent le fonds. À l'aide de loupes Fresnel, on découvre des monnaies principalement catalanes frappées à Valence, Barcelone, Perpignan ou Majorque, mais aussi roussillonnaises (postérieures au traité des Pyrénées) ou d'autres pays méditerranéens (Rome, Grèce, Égypte). Parmi les médailles, observez celles d'Arago mère et fils, réalisées par David d'Angers ; d'autres pièces sont particulièrement représentatives de l'histoire de la numismatique : le sceau des rois de Majorque, un double ducat d'or à l'effigie de Ferdinand II d'Aragon, des statères d'or gaulois imités de la Grèce antique.

3

À proximité Carte de microrégion

Cabestany B2

5 km au sud-est par la D 22.

À l'intérieur de l'**église N.-D.-des-Anges**, sur le mur de la chapelle de gauche, est déposé le célèbre **tympan★** roman, œuvre du **maître de Cabestany** *(voir p. 43)*, représentant la résurrection de la Vierge, son Assomption et sa Gloire entre le Christ et saint Thomas à qui elle avait envoyé sa ceinture.

Centre de sculpture romane – *Parc Guilhem - ✆ 04 68 08 15 31 - www.maitre-de-cabestany.com - mai-sept. : 10h-12h30, 13h30-18h30 - reste de l'année : 10h-12h30, 13h30-18h - fermé lun. - 3 € (12-18 ans, étudiant, chômeur 1 €, -12 ans et hab. de Cabestany gratuit).*

Musée dédié au **maître de Cabestany**, ce sculpteur du 12e s. dont on sait peu de choses mais dont le style est reconnaissable. Vous pourrez ici toucher et observer en détail des moulages de ses œuvres, identifiées dans nombre d'édifices du Roussillon, mais aussi du Languedoc (Lagrasse, St-Hilaire, St-Papoul).

Tautavel A2

À 33 km au nord-ouest de Perpignan par la D 900, puis la D 117.

Voilà un petit village des Corbières des plus renommés ! Situé au pied des contreforts des Pyrénées, Tautavel est un berceau de la préhistoire, ayant donné son nom à l'homme de Tautavel, chasseur préhistorique vivant dans la plaine du Roussillon, il y a quelque 450 000 ans. C'est à partir des restes de crâne humain découverts en 1971 et 1979 dans la caune de l'Arago que les scientifiques ont reconstitué l'apparence d'un de nos ancêtres les plus lointains.
★ **Centre européen de préhistoire** – *Av. Léon-Jean-Grégory - ✆ 04 68 29 07 76 - www.450000ans.com - ♿ - juil.-août : 10h-19h ; avr.-juin et sept. : 10h-12h30, 14h-18h ; janv.-mars et oct.-déc. : 10h-12h30, 14h-17h - fermé 1er janv. et 25 déc. - 8 € (7-14 ans 4 €, -7 ans gratuit) - (visite 1h mini).* Les salles, équipées de consoles interactives et d'écrans vidéo, instruisent sur la place de l'homme dans l'univers, les premiers outils trouvés sur les terrasses côtières du Roussillon, la formation géologique de la grotte, le climat, la faune et l'outillage de l'homme de Tautavel.
Tout un étage est consacré à l'évocation visuelle et sonore du paléolithique inférieur. À côté des dioramas très réalistes, l'attraction principale est le **fac-similé** de la caune de l'Arago, réalisé par des moulages de la grotte réelle. Le visiteur voit défiler plusieurs scènes filmées : le retour de la chasse, l'hibernation d'un ours, la transformation de la grotte jusqu'à sa forme actuelle.
Une grande baie vitrée permet d'embrasser du regard le planal de la Devèze et de la caune d'Arague. La **reconstitution du squelette de l'homme de Tautavel** et les vestiges de son **crâne** donnent une idée de la stature de l'une des plus anciennes espèces humaines connues à ce jour hors d'Afrique : droite et haute d'environ 1,65 m.
En sortant, remarquez le **Mur de Moretti**. C'est la Ville de Paris qui commanda en 1979 à Raymond Moretti cette fresque pour décorer le Forum des Halles. C'est entre autres parce qu'elle retrace l'histoire du monde qu'elle a été replacée à Tautavel, dans un des berceaux de la préhistoire. Dans la partie gauche, qui représente « l'hémisphère physique », défile une galerie de portraits depuis celui de l'homme de Tautavel (en fait, son crâne) jusqu'à Maurice Ravel. À droite, « l'hémisphère culturel » se décline en teintes froides et illustre les acquis du langage et de l'écriture.
Musée de la Préhistoire européenne - Préhistorama – *✆ 04 68 29 07 76 - www.450000ans.com - ♿ - juil.-août : 10h-19h ; avr.-juin et sept. : 10h-12h30, 14h-18h ; janv.-mars et oct.-déc. : 10h-12h30, 14h-17h - fermé 1er janv. et 25 déc. - 8 € (7-14 ans 4 €, -7 ans gratuit).* C'est l'Europe avant l'heure ! Cinq « théâtres virtuels » vous présentent en 3D la vie quotidienne des premiers habitants de l'Europe à travers leurs outils, la chasse, l'habitat. Préparée par le professeur Henry de Lumley, cette exposition vous permettra de mieux connaître nos plus lointains ancêtres. Indispensable complément à la visite du Centre européen de préhistoire.

Circuit conseillé Carte de microrégion

LA PLAINE DU ROUSSILLON

Pour visualiser ce circuit de 128 km, reportez-vous à la carte de microrégion (p. 178) – Comptez environ une journée. Quittez Perpignan au sud, puis tournez à gauche dans la D 914 (direction Argelès-Collioure). Prenez ensuite à droite une petite route en direction de Villeneuve-de-la-Raho.

Mas Palégry B3

✆ 06 18 92 64 14 - www.musee-aviation.com - ♿ visite sur demande auprès de Marc Noetinger - gratuit.

Au milieu des vignobles, ce mas sert de cadre à un **musée d'Aviation** (avions et maquettes). Parmi les modèles exposés : le Republic RF84F *Thunderflash* et un De Havilland *Vampire*.

De Villeneuve-la-Raho, rejoignez la D 612 à Bages et prenez-la à gauche vers Thuir, puis tournez à droite à Trouillas vers Ponteilla.

Jardin exotique de Ponteilla A3

✆ 04 68 53 22 44 - ♿ - 27 mai-9 sept. : lun.-vend. 10h30-18h30, w.-end et j.fériés 14h-18h30 ; mai et sept. 14h-18h30 - fermé le reste de l'année - 5 € (5-12 ans, handicapé et étudiant 4 €, -5 ans gratuit), parcours explorateur 4 €, formule combinée 7 €.

Un parcours fléché tracé dans ce parc de 3 ha ouvre la voie à une promenade botanique à travers les continents sur des sentiers baptisés des noms de grands botanistes d'autrefois. Chemin faisant, vous découvrirez des magnolias, des cacaoyers, des agaves et des yuccas, des araucarias (aussi appelés le « désespoir du singe »), des hévéas, des albizias, toutes sortes de palmiers et des centaines d'autres espèces peu courantes sous nos latitudes. Vous serez surpris par les senteurs inattendues de certaines plantes : froissé, le feuillage du faux poivrier dégage la senteur poivrée qui lui a valu son nom ; quant aux feuilles de la sauge *rutilans*, pas de doute, ça sent bien l'ananas ! Des panneaux éducatifs thématiques (la vanille, les épices, le caoutchouc...) ainsi que des jeux de pistes viennent agrémenter cette agréable promenade aussi instructive que rafraîchissante et qui ravira les botanistes en herbe.

Faites demi-tour, traversez la D 612. À Trouillas, prenez à gauche la D 37 jusqu'à Villemolaque puis la D 40 en direction de Passa.

Prieuré du Monastir del Camp à Passa A3

✆ 04 68 38 80 71 - tlj sf jeu. 15h-17h (juil.-août : 18h) ; le mat. tte l'année sur demande - 4 € (-12 ans gratuit).

Cette imposante bâtisse à l'élégante façade fortifiée dissimule une chapelle romane au beau portail de marbre blanc, dont certains des chapiteaux sont attribués au maître de Cabestany, et un harmonieux cloître gothique aux arcades trilobées, lieu idéal pour une méditation empreinte de sérénité, avant (pourquoi pas ?) une dégustation des vins élaborés par le maître des lieux.

Prenez la D 2 jusqu'à Fourques puis à droite la D 615 qui mène à Thuir.

Thuir A3

Connu surtout pour ses **caves Byrrh**. Dans un étonnant réseau souterrain sont stockés quelque 30 millions de litres de vin. La particularité de ces caves est l'utilisation d'immenses cuves et foudres de chêne, dont le plus grand a une capacité de 1 000 200 l (record mondial). La visite est également l'occasion de découvrir un hall de gare (ateliers Eiffel) et un kiosque de dégustation de la fin du 19e s. *6 bd Violet - ✆ 04 68 53 05 42 - www.byrrh.com - ♿ - visite guidée juil.-août : 10h-11h45, 14h-18h45 ; avr.-juin et sept.-oct. : 9h-11h45, 14h30-17h45 ; nov.-mars : tlj sf lun. visite à 10h45, 15h30 - fermé 1er janv., 1er Mai et 25 déc.- 2 € (-18 ans gratuit).*

Prenez la D 48, à l'ouest.

La route grimpe sur les coteaux de l'Aspre. Soudain, à la sortie d'un vallon, la **vue★** embrasse le village médiéval de Castelnou, le massif du Canigou s'élevant au dernier plan.

★ Castelnou A3

Le village fortifié aux ruelles pavées se masse au pied du **château** féodal (10e s.), remanié au 19e s. Les murailles supportent jasmin, glycine et autres plantes exubérantes dont le parfum imprègne la cité au printemps. Plusieurs salles se visitent. *✆ 04 68 53 22 91 - juil.-sept. : 10h-18h30 ; avr.-juin : 10h30-17h30 ; oct. : 11h-17h30 ; nov.-déc. et fév : 11h-17h (sf sam.) - fermé 25 déc et janv. - 5,50 € (10-16 ans 3,50 €, -10 ans gratuit).*

Église de Fontcouverte A3

Église isolée dans un cimetière ombragé d'un gros chêne vert. Beau **site★** solitaire dominant la plaine.

Ille-sur-Têt A3 *(voir p. 248)*

Prenez la D 21 au nord.

Bélesta A2

Village remarquablement groupé sur un nez rocheux surgissant des vignes, Bélesta est une ancienne ville-frontière entre les royaumes d'Aragon et de France. Le bourg est connu depuis longtemps par les archéologues, qui ont répertorié dans les galeries de la caune (grotte) de Bélesta de nombreux vestiges préhistoriques, dont une sépulture collective vieille de 6 000 ans environ (néolithique moyen) qui, outre 32 squelettes humains, recelait un ensemble de 28 céramiques.

Château-musée – *✆ 04 68 84 55 55 - de mi-juin à mi-sept. : 14h-19h ; de mi-sept. à mi-juin : tlj sf mar. et sam. 14h-17h30 - 4,50 € (-12 ans gratuit) - 3,50 € sur présentation de ce guide. Possibilité de stationner près de la cave coopérative ou de la poste.* La visite s'articule autour de quatre axes : méthodes et matériel de fouilles archéologiques, reconstitution à l'identique du site de Bélesta (carré de fouilles de la caune, chambre de la sépulture collective), céramiques qui accompagnaient les ossements (vases, bols, marmites, écuelles en parfait état de conservation) et dioramas évoquant les tâches quotidiennes dans la caune (meunerie, travail de l'os, métallurgie). Les pollens retrouvés lors des fouilles dressent le portrait du climat et de la végétation préhistoriques.

Prenez la direction du col de la Bataille (par la D 38).

Le **château de Caladroi** apparaît bientôt au milieu d'un parc planté d'essences exotiques. Par un agréable tracé de crête entre les vallées de la Têt et de l'Agly, on atteint le col puis, de là, l'ermitage de Força Réal.

Ermitage de Força Réal A2

Le sommet culminant à 507 m et formant un bastion avancé au-dessus du Roussillon est occupé par une chapelle du 17e s. De là, **panorama★★** grandiose sur la plaine, la côte du cap Leucate au cap Béar, les Albères, le Canigou. Au nord-ouest, les deux crocs du Bugarach et le rocher de Quéribus pointent parmi les crêtes des Corbières méridionales. Remarquez le contraste entre la vallée de la Têt, au damier de cultures maraîchères souligné par des rideaux d'arbres, et la vallée de l'Agly où le vignoble a gagné uniformément les versants.

Redescendre au col et, de là, atteindre **Estagel**, patrie de **François Arago** (1786-1853) dont le buste, par David d'Angers, se trouve à la mairie.

Continuez par la D 117.

Rivesaltes A2

L'une des capitales viticoles du Roussillon, Rivesaltes, sur la rive droite de l'Agly, a vu naître le **maréchal Joffre** (1852-1931), dont la statue équestre est érigée sur l'allée-promenade. Sa maison natale *(11 r. du Mar.-Joffre)* abrite un **musée** évoquant sa vie et sa carrière. *✆ 04 68 64 04 04 - juin-sept. : mar.-sam. 10h30-12h30, 15h-18h30 - 3 € (-12 ans 1 €, handicapé gratuit).*

Musée-mémorial du Camp de Rivesaltes – Une douloureuse page d'histoire est évoquée ici : celle des camps dans lesquels les républicains espagnols furent internés après la fin de la Guerre civile (1938). Juifs et Tziganes sous l'Occupation, puis Harkis après 1962 leur succédèrent dans ce « camp Joffre » qui ne fut fermé qu'en 1970. Conçu par **Rudy Ricciotti** comme un long couloir enterré s'ouvrant peu à peu vers la lumière, le musée-mémorial peine à voir le jour… en raison de problèmes (qui ne semblent pas seulement financiers) qui freinent le projet.

Prenez au sud-ouest de Rivesaltes la D 614.

Baixas A2

Cet agréable village médiéval est dominé par l'imposante silhouette de l'**église Ste-Marie★**. Elle recèle un trésor, un exceptionnel ensemble de retables illustrant avec brio l'art baroque catalan. Les yeux sont irrésistiblement attirés par le monumental **retable du maître-autel★★**, haut de 17 m et resplendissant de colonnettes, ors, statues, scènes en bas relief. Ce décor foisonnant est dû au sculpteur perpignanais Lluis Generès.

Continuez sur la D 614 puis tournez à gauche dans la D 616. À Baho, prenez au sud une route passant au-dessus de la Têt et de la N 116. Tournez à droite puis à gauche pour atteindre Toulouges.

Toulouges A2-3

Au flanc sud et au chevet de l'**église**, deux plaques rappellent le souvenir du synode de 1027 et du concile de 1064-1066, instituant et développant l'une des plus fameuses « trêves de Dieu » de l'Occident. Les trêves de Dieu, instituées par l'Église, suspendaient les guerres entre catholiques, les anciens belligérants étant tenus par leur serment, et le risque d'excommunication. À l'intérieur de l'église, la croix des Impropères ou des Outrages présente les instruments de la Passion. *Sur demande - ✆ 04 68 54 43 90.*

Regagnez Perpignan par la D 900.

NOS ADRESSES À PERPIGNAN

HÉBERGEMENT

PREMIER PRIX

Hôtel de la Loge – *1 r. des Fabriques-d'En-Nabot - ✆ 04 68 34 41 02 - www.hoteldelaloge.fr - 22 ch. 55/70 € - ☕ 8/10 €.* Le plus central des hôtels de la capitale roussillonnaise occupe un bel hôtel particulier du 16e s. décoré et meublé avec goût. L'accueil est chaleureux et ce lieu romantique, qui rénove petit à petit ses installations, plein de charme.

Hôtel de France – *Quai Sadi-Carnot - ✆ 04 68 84 80 35 - www.hoteldefrance-perpignan.fr - 24 ch. 59/81 € - ☕ 9 € - wifi gratuit.* Un hôtel historique puisqu'il a ouvert ses portes en 1833 et a reçu nombre de célébrités de passage dans la ville parmi lesquelles Salvador Dalí. Largement rénové (la dernière fois en 2010), il propose des chambres parfois un peu exiguës, mais insonorisées et dotées d'un confort standard. Son plus reste sa situation, très centrale.

BUDGET MOYEN

Hôtel Alexander – *15 bd Clemenceau - ✆ 04 68 35 41 41 -*

www.hotel-alexander.fr - 23 ch. 36/95 € - ☕ 7,50 € - wifi gratuit. Ce petit hôtel pourvu de balcons se trouve en centre-ville. Les chambres climatisées, réparties sur trois niveaux et desservies par un ascenseur, bénéficient d'un entretien irréprochable. Accueil chaleureux et agréable salle de petit-déjeuner aux couleurs catalanes.

POUR SE FAIRE PLAISIR

Hôtel New Christina – *51 cours Marie Louis de Lassus - ✆ 04 68 35 12 21 - www.hotel-newchristina.com - P (9 €) - piscine - fermé de mi-déc. à mi-janv. - 25 ch. 93/105 € - ☕ 9,95 € - rest. (fermé midi) 23 € menu, 15 € plat du jour - wifi gratuit.* Chambres fonctionnelles d'allure simple (murs crépis, mobilier en bois cérusé). Pour la détente : petite piscine sur le toit, Jacuzzi, hammam et bar. Salle à manger façon « bistrot moderne » et recettes traditionnelles présentées sur ardoise.

Hôtel Kyriad – *8 bd Wilson - ✆ 04 68 59 25 94 - http://www.perpignantourisme.com/hebergements/hotels/best-western-hotel-windsor - 49 ch. 89/180 € - ☕ 12 € - wifi gratuit.* Nouvelle enseigne pour l'ex-Windsor entièrement rénové. Mobilier fonctionnel en bois roux dans les chambres. Une suite décorée à la catalane. Cour intérieure ornée d'une fontaine.

À proximité

POUR SE FAIRE PLAISIR

Chambre d'hôte du Domaine du Moulin – *66300 Caixas (à 6 km au sud de l'église de Fontcouverte, dir. Fourques) - ✆ 04 68 38 87 84 - www.domaine-du-moulin-caixas.com - fermé de fin nov. à mars - réserv. conseillée - piscine - 29 € menu - 3 ch. 120/160 € le w.-end (nuit du vend. et du sam.) - ☕ 8 €.* Dans la montagne, cette ancienne maison de meunier est le rendez-vous préféré des gargantuas ! Avec son menu de 23 plats, le patron vous fait découvrir la cuisine régionale… en grand. Pour digérer, une promenade dans les chênes-lièges ou une sieste dans le jardin s'impose…

Chambre d'hôte Domaine du Mas Boluix – *Chemin du Pou-de-les-Colobres - ✆ 04 68 08 17 70 - www.domaine-de-boluix.com - P - non-fumeurs - 5 ch. 91 € ☕.* Une atmosphère paisible règne en ce mas du 18e s. perdu au milieu des vignes de Cabestany. Ses chambres aux murs immaculés, égayées de superbes tissus catalans, portent chacune le nom d'un artiste du pays. Vue étendue sur le Roussillon. Dégustation et vente des vins du domaine.

UNE FOLIE

Le Mas des Arcades – *840 av. d'Espagne (à 2 km sur N 9) - ✆ 04 68 85 11 11 - hotel-mas-des-arcades.fr - P - piscine - 62 ch. 95/180 € - ☕ 11 € - rest. formule déj. 20 € - 28/48 € - wifi gratuit.* Établissement récemment rénové : réception et salons tendance. Chambres pimpantes, pour moitié dotées de balcon et agréablement tournées côté piscine. Au restaurant, jardin d'hiver, choix classico-traditionnel et grillades d'été en plein air.

RESTAURATION

PREMIER PRIX

Le Barathym – *7 r. des Cardeurs - ✆ 04 68 50 98 14 - formules déj. 14/18 €.* Dans une ruelle proche de la place de la Loge, ce restaurant, qui affirme proposer une « cuisine inspirée », jouit d'une certaine popularité parmi les Perpignanais, lesquels apprécient la salle sobrement décorée et les innovations culinaires du chef. Mais il devrait mieux adapter ses tarifs, même si les formules du déjeuner demeurent intéressantes.

BUDGET MOYEN

Les Antiquaires – *R. Michel-Torrent - pl. Desprès - ✆ 04 68 34 06 58 - www.lesantiquairesperpignan.fr.gd - fermé dim. soir et lun, janv. et juil. - menu 25/44 €.* Sympathique adresse du vieux Perpignan, décorée d'objets anciens chinés chez les antiquaires voisins. Dans l'assiette, cuisine traditionnelle.

La Rencontre – *18 r. des Cardeurs - ✆ 04 68 34 42 73 - www.restaurant-larencontre.fr - formules déj. 9,50/14/17 €, menus 27 € -ouv. déj. mar.-vend., dîner tlj.* Plus classique que son voisin d'en face, un restaurant de bonne tenue proposant une carte à base de produits régionaux de saison, qu'ils viennent de la mer ou de la montagne.

La Passerelle – *1 cours Palmarole - ✆ 04 68 51 30 65 -www.restaurant-perpignan-lapasserelle.com - fermé lun. midi et dim. - formule déj. 22 €.* En bordure de la Basse (et d'une passerelle, nom oblige), un restaurant convivial où le poisson, qui tient la vedette, rappelle que la mer est toute proche.

La Galinette – *23 r. Jean-Payra - ✆ 04 68 35 00 90 - fermé de mi-juil. à mi-août, 22 déc.-5 janv., dim. et lun. - formule déj. 19 €, menu 62 €.* Mobilier contemporain, moulures et tables joliment dressées : un décor soigné où l'on se régale de belles spécialités de poissons escortées d'un choix complet de vins régionaux.

BOIRE UN VERRE

Espi – *43 bis quai Vauban - ✆ 04 68 85 39 38 - www.maison-espi.fr - été : 7h30-0h30, j. fériés 7h30-13h, 15h-0h30 ; reste de l'année : 7h30-19h30, j. fériés 7h30-13h.* Dans cet immense magasin d'une moderne sobriété, chaque famille de produits comprend d'originales spécialités tels la glace au miel et pignons grillés, le massepain à l'orange et à la pastèque confite, la crème au touron ou le gâteau roussillon à la crème catalane. Salon de thé avec terrasse et restauration rapide à midi.

EN SOIRÉE

En soirée, nombreux bars musicaux à découvrir dans le vieux Perpignan, comme le pub irlandais O'Shannon, le Corto Maltese, le Tio Pepe ou le Mediator, les soirs de concert.

ACHATS

Rues commerçantes

Le centre-ville possède un secteur piétonnier où l'on trouve diverses boutiques de vêtements (prendre par la rue Mailly) et autres commerces franchisés propres à ce genre de quartier.

Conduisant à la gare immortalisée en son temps par Salvador Dalí, l'avenue du Gén.-de-Gaulle, dans un quartier très populaire, est bordée de différents commerces. La rue de l'Adjudant-Pilote-Paratilla, surnommée « rue des Olives », est réputée pour son rôtisseur et ses deux épiceries datant du début du siècle dernier.

Marchés

Se rens. à l'office de tourisme ✆ 04 68 66 30 30. Des **marchés de fruits et légumes** se tiennent tous les jours sauf lundi sur la place de la République, tous les matins place Cassanyes. **Marché aux puces** avenue du Palais-des-Expositions dimanche matin.

Gourmandises

Au Paradis des Desserts – *13 av. du Gén.-de-Gaulle - ✆ 04 68 34 89 69 - www.touron-catalan.fr - 8h-12h, 16h-19h - fermé lun., j. fériés (apr.-midi), 3 sem. en août.* Les amateurs de touron frais aux parfums inédits doivent retenir cette adresse où œuvre un talentueux pâtissier. Toute sa fabrication est personnalisée, à l'image du chocolat Trio, de la glace au touron (avec zestes de citron, cannelle et caramel), ou du péché d'Élodie, gâteau phare du magasin.

Maison Sala – *1 r. Adjudant-Pilote-Paratilla - ✆ 04 68 51 03 75 - 8h15-19h - fermé dim., lun. et fin juin-mi juil.* La famille Sala est aux commandes de cette épicerie depuis 1913. Deux spécialités ont fait sa renommée : les anchois de Collioure, salés ou *boquerones* et la morue sauvage d'Islande. On y trouve également des épices, des olives, des fruits et légumes secs en vrac ainsi que des produits et souvenirs catalans.

Lor – *12 r. Becquerel - mas Guérido - BP 533 - 66330 Cabestany Cedex - ✆ 04 68 85 65 05 - 9h-30-12h, 14h-19h - fermé dim. et j. fériés.* Vidéo-projection de la grande usine perpignanaise fabriquant des gourmandises comme les tourons, les rousquilles et les croquants. Dégustation en fin de visite. Gratuit.

Grenats de Perpignan

Bijouterie Gourgot – *13 r. Louis-Blanc - ✆ 04 68 34 27 46 - mar.-sam. 9h30-12h, 14h-18h45, lun. 14h30-19h - fermé j. fériés.* Magasin-atelier de grenats de Perpignan.

Jacques et Maxime Creuzet-Romeu – *9 r. Fontfroide - ✆ 04 68 34 16 94 - 9h-12h, 14h-19h - fermé w.-end et j. fériés, 1re quinz. d'août.* Cet artisan joaillier réalise des bijoux en grenats de Perpignan. Possibilité de visiter son atelier (téléphoner avant).

Artisanat

Centre d'artisanat d'art Sant Vicens – *R. Sant-Vicens - ✆ 04 68 50 02 18 - www.santvicens.fr - mars-déc. : 10h-12h, 14h30-19h, dim. et j. fériés 14h30-19h ; janv.-fév. : 14h30-18h - fermé lun., 1er janv.* Exposition-vente : œuvres d'artistes roussillonnais, antiquités, peintures, vins régionaux, etc. On peut aussi y admirer des céramiques de Sant Vicens décorées d'après des dessins de Lurçat ou de Picart le Doux.

AGENDA

Procession de la Sanch – Le Vendredi saint, au son des *goigs* (chants traditionnels), les pénitents revêtus de la *caparutxa* (capuchon de pénitent, prononcez « caparoutcha ») parcourent la ville entre la cathédrale et l'église St-Jacques, en portant les représentations de la Passion.

Jazzèbre – *Fin sept.-fin oct. - www.jazzebre.com.* Concerts en plein air et en salles (bars compris).

Festival Visa pour l'Image – *2 sem. en sept. -www. visapourlimage.com.* La grande rencontre des photographes de presse.

Fort de Salses

★★

Pyrénées-Orientales (66)

NOS ADRESSES PAGE 197

S'INFORMER

04 68 38 60 13 - http://salses.monuments-nationaux.fr - visite guidée juin-sept. : 9h30-19h ; reste de l'année : 10h-12h, 14h-17h (dernier dép. 1h av. fermeture) - fermé 1er janv., 1er Mai, 1er et 11 Nov., 25 déc. - 7 € (-18 ans gratuit), gratuit 1er dim. du mois (nov.-mars).

SE REPÉRER

Carte de microrégion B2 (p. 178) – *Carte Michelin Départements 344 I5.* À 16 km au nord de Perpignan par la D 900 en direction de Sigean. Vous pouvez également y accéder à pied depuis l'aire de repos de l'A 9.

À NE PAS MANQUER

La crête arrondie des courtines, le tracé polygonal de la contrescarpe et le donjon.

ORGANISER SON TEMPS

Comptez 1h.

AVEC LES ENFANTS

Un jeu de piste permet aux enfants de mener une enquête au sein de la forteresse.

3

Émergeant des vignes, cette forteresse à demi enterrée affiche d'imposantes dimensions. Le grès rose des pierres et le rouge patiné des briques adoucissent aujourd'hui sa rigueur. Le fort de Salses, élevé au 15e s., constitue un exemple unique en France de l'architecture militaire médiévale espagnole, adaptée par Vauban aux exigences de l'artillerie moderne. Le site n'est plus stratégique mais bien agréable, à l'endroit où les eaux de l'étang viennent presque baigner les Corbières.

UNE FORTERESSE ESPAGNOLE

En 1493, Ferdinand le Catholique fait construire en un temps record, par un ingénieur du nom de Ramirez, ce fort, qui pouvait abriter une garnison de 1 500 hommes et satisfaire aux exigences de l'artillerie. Lorsque Richelieu entreprend la reconquête du Roussillon, Salses est l'enjeu d'une lutte implacable entre Français et Espagnols. Finalement, en septembre 1642, apprenant la chute de Perpignan, le gouverneur espagnol de Salses se rend. En 1691, Vauban fait effectuer quelques travaux d'amélioration et raser des superstructures plus décoratives qu'utiles à la défense ; mais du fait de la nouvelle frontière établie aux Pyrénées, le rôle militaire de Salses est terminé.

UN LIEU STRATÉGIQUE

En 218 avant J.-C., **Hannibal** s'apprête à envahir l'Italie. Venant d'Espagne, il doit franchir le Perthus, puis le pas de Salses entre le Roussillon et les plaines du Bas-Languedoc. En toute hâte, Rome envoie cinq sénateurs pour demander aux autochtones de s'opposer au passage des Carthaginois. Mais l'assemblée rejette la proposition « d'attirer la guerre sur son propre territoire pour qu'elle ne passât point en Italie ». Hannibal est donc autorisé à passer. Plus tard, quand les Romains occuperont la région, ils fonderont un camp à Salses et le relieront, par la voie Domitienne, au Perthus.

Se promener

En début de visite, on circule sur les parties hautes de l'**enceinte**. On remarque, d'une part, la crête arrondie des courtines, dispositif rare mis en place au 15e s. et destiné à faire ricocher les boulets et à décourager l'escalade ; d'autre part, le tracé polygonal de la contrescarpe, qui permettait aux assiégés de faire ricocher les tirs dans les angles. L'épaisseur du mur d'enceinte (escarpe) atteint 9 m en moyenne. Les bâtiments d'enceinte servaient de casernes, de casemates. Le sous-sol voûté, autour de la cour centrale, était occupé par les écuries (100 chevaux environ et 1500 hommes) ; au-dessus de celles-ci se trouvaient de grandes nefs voûtées à l'épreuve du feu et des bombes ; l'une, dans l'aile est, servait de chapelle. On débouche ensuite dans le **« réduit »** du donjon, isolé de la cour centrale par un fossé intérieur et une muraille à éperon. Là étaient situées l'étable, la boulangerie, et à côté de celle-ci, un local pourvu de bassins.

Le **donjon** proprement dit est divisé en sept niveaux alternativement plafonnés et voûtés. Destiné au logement du gouverneur, il servit de poudrière au 19e s. Des couloirs en chicane, pris sous le tir des guetteurs, des ponts-levis piétonniers en constituaient les ultimes défenses.

À proximité Carte de microrégion

Le vignoble de Fitou B2

Au nord par la D 900.

Là, séparés de la mer par l'**étang de Leucate (ou de Salses)**, s'étend le territoire des vignobles des Corbières maritimes, dont l'épicentre se situe à Fitou, qui a donné son nom à un vin AOC puissant et charpenté. Nombreuses possibilités de dégustation et d'achat.

UN NOBEL DANS LES VIGNES

Claude Simon, prix Nobel de littérature en 1985, est né à Tananarive en 1913. Par sa mère, il appartenait à une vieille famille roussillonnaise descendant d'un conventionnel et général d'Empire, Lacombe-Saint-Michel. Écrivain de la mémoire, se situant dans la lignée de Proust, il évoque, de son écriture ample, sensuelle et très « visuelle », des scènes de son enfance perpignanaise, revenant de façon récurrente dans la plupart de ses ouvrages *(L'Acacia)*, et en particulier dans le dernier paru, *Le Tramway* (2001). Il s'est éteint en juillet 2005.

NOS ADRESSES AUTOUR DE SALSES

Voir aussi Nos adresses à Perpignan (p. 191) et à Port-Barcarès (p. 199).

HÉBERGEMENT

BUDGET MOYEN

Chambre d'hôte La Salsepareille – *4 av. Xavier-Llobères - 66600 Salses-le-Château - ✆ 04 68 38 61 70 - www.salsepareille.com - ▭ - 4 ch. 60 € ☕ (formule « week-end Escapade » 2 nuits et un repas : 150 €) - repas 23 €.* Dans une maison bourgeoise, chambres correctes et sans prétention. On ne pourra rester insensible à la délicieuse table d'hôte, préparée par une propriétaire passionnée. Excellente cuisine régionale servie dans la vaste salle à manger, boisson et sourire compris !

Chambre d'hôte Casa Clara – *21 r. des Commerçants - 66510 St-Hippolyte (à 10 km par la D 11 vers Le Barcarès) - ✆ 04 68 28 48 14 / 06 78 13 14 53 - www.casaclara66.com - ▭ - 3 ch. 60/68 € ☕.* Derrière les volets couleur lavande se cachent 3 superbes chambres – « Marocaine », « Africaine » et « Bord de mer » – où décor exotique et grand confort vous invitent au voyage… N'oubliez pas de goûter au charme apaisant du Jacuzzi, installé au milieu des bougainvilliers de la cour intérieure. Accueil sympathique.

RESTAURATION

BUDGET MOYEN

Le Commerce – *2 bd de la Révolution - 66250 St-Laurent-de-la-Salanque (à 12 km au sud-est par St-Hippolyte) - ✆ 04 68 28 02 21 - www.lecommerce66.com - fermé dim. soir sf juil.-août et lun., 1er-21 mars, 30 oct.-21 nov. - 16,50/39 € - 11 ch. 52/56 € - ☕ 8,50 € - wifi gratuit.* Au centre de la localité, cuisine du terroir servie avec le sourire dans une salle rustique rajeunie par des tons jaunes. Les petites chambres sont dotées d'un mobilier catalan.

À Fitou

La Cave d'Agnès – *29 r. Gilbert-Salamo - 11510 Fitou - ✆ 04 68 45 75 91 - P - fermé 13 nov.-31 mars - 23,50/31,50 €.* Une fois que vous aurez goûté à la douceur de vivre de cette vieille grange retranchée sur les hauteurs du village, vous aurez du mal à la quitter. Outre les grillades préparées sous vos yeux dans la salle à manger rustique, le chef mitonne des recettes à base de produits de saison. À arroser d'un bon fitou…

ACHATS

Vin

Les Vignerons de Fitou – *Les Cabanes - D 6009 - 11510 Fitou - ✆ 04 68 45 71 41.* Créée en 1920, cette cave coopérative produit vins de table et mousseux. On peut leur préférer le fameux muscat de Rivesaltes, le maccabéo ou encore le fitou cuvée Référence, tous trois médaillés d'or, et enfin le Terre natale plusieurs fois primé, vedette parmi les vedettes.

Port-Barcarès

3 514 Barcarésiens – Pyrénées-Orientales (66)

NOS ADRESSES PAGE CI-CONTRE

S'INFORMER

Office de tourisme – *Pl. de la République - 66420 Le Barcarès - ☎ 04 68 86 16 56 - www.portbarcares.com - juil.-août : 9h-20h - reste de l'année : 9h-12h30, 14h-18h.*

Annexe – *Centre culturel Cocteau-Marais - quart. Grande Plage - 66420 Le Barcarès - ☎ 04 68 86 18 23 - juil.-août : 9h-12h30, 14h-19h.*

SE REPÉRER

Carte de microrégion B2 (p. 178) – *Carte Michelin Départements 344 J6.* À 25 km au nord de Perpignan et à 50 km au sud de Narbonne par l'A 9, puis la D 83 après la sortie 41. Pour passer entre mer et étang, empruntez la sortie 40 en venant de Narbonne et suivez la D 627.

SE GARER

Des parkings sont à votre disposition le long des plages et à proximité de l'office de tourisme.

À NE PAS MANQUER

Le paquebot *Lydia* qui constitue l'attraction de la station et la vue depuis le belvédère aménagé près du sémaphore de cap Leucate.

ORGANISER SON TEMPS

Comptez 30mn (hors baignade).

AVEC LES ENFANTS

Aqualand ou encore les nombreux aménagements dont dispose Port-Barcarès, qui bénéficie du label Station Kid.

Huit kilomètres de plage aménagée, des habitations groupées en essaims, une infrastructure hôtelière des plus complètes et un port de plaisance, vous voici à Port-Barcarès ! Construite sur le grau qui sépare l'étang de Salses de la Méditerranée, la station est un des fleurons de l'aménagement touristique du littoral du Languedoc-Roussillon, mis en œuvre dans les années 1970.

Séjourner

La station, avec sa structure résidentielle, est familiale mais l'été, elle accueille sans sourciller presque 20 fois sa population hivernale, soit environ 70 000 résidents.

Le Lydia

Paquebot volontairement ensablé en 1967, il constitue la grande attraction de la façade maritime du Roussillon (discothèque et casino).

À côté du *Lydia (suivez les flèches),* sur une esplanade bordant la plage, l'**allée des Arts** rassemble quelques sculptures contemporaines dont les *Soleillonautes,* totems sculptés dans des troncs d'arbres du Gabon.

LA VOILE LATINE
On trouvait autrefois des voiles latines sur tout le pourtour méditerranéen, de l'Espagne à l'Égypte. Formée d'une seule pièce triangulaire, cette voile varie de taille et de forme selon les régions : la catalane est plus ramassée, la provençale plus pointue à son sommet. Ces voiles, associées aux coques bigarrées des barques catalanes, sont les témoins d'une navigation que certaines associations tentent de préserver de l'oubli en restaurant et remettant à flots de vieux bateaux dans les différents ports de la côte.

À proximité Carte de microrégion

Port-Leucate B2

9 km au nord de Port-Barcarès par la route côtière.
Station jumelle née à la même époque sur le cordon littoral et connaissant elle aussi un grand succès d'affluence estival.
Aquamagic – *À Port-Leucate - 04 68 21 49 49 - www.aqualand.fr - 18 juin-4 sept. : 10h-19h - 20 € (enf. -1 mètre gratuit).* Parc de loisirs (toboggans, piscine) situé en bord de mer et spécialement aménagé pour les tout-petits.

Ports de plaisance B2

L'ensemble portuaire de **Port-Leucate** et de **Port-Barcarès** constitue la plus vaste base de navigation de plaisance de la côte française de la Méditerranée. On y pratique la voile, le ski nautique et les autres sports aquatiques en vogue. Un boulevard nautique d'une dizaine de kilomètres, indépendant de la mer et de l'étang de Leucate, forme un plan d'eau sans clapotis d'où se détachent les canaux secondaires « résidentiels » desservant les marinas.

Randonnée

3

★ Cap Leucate B2

2h à pied par un sentier longeant les falaises. Départ du sémaphore du cap, à Leucate-Plage (17 km au nord de Port-Barcarès par la D 627).
Du belvédère aménagé près du **sémaphore du cap Leucate, vue★** sur la côte, du Languedoc aux Albères. En suivant le sentier en corniche (soyez prudent, et gare aux éboulements), les falaises barrent, au nord, l'étang de Leucate ou de Salses. Elles offrent de belles vues sur tout le golfe du Lion.
On atteint **La Franqui**, petite station balnéaire, où l'écrivain **Henri de Monfreid** (1879-1974), né à Leucate, aimait se retirer. La plage des **Coussoules** offre un vaste espace sauvage.

NOS ADRESSES À PORT-BARCARÈS

HÉBERGEMENT

BUDGET MOYEN

Hôtel des Deux Golfs – *Sur le port - 11370 Port-Leucate - 04 68 40 99 42 - www.hoteldes2golfs.com - P - 30 ch. 48/65 € - 6 € - wifi gratuit.* Situé dans la marina, cet hôtel fonctionnel présente des chambres simples dont la plupart ouvrent, par de petites loggias, sur le port de plaisance.

RESTAURATION

BUDGET MOYEN

Biquet-Plage – *Chemin du Mouret - 11370 Leucate-plage - ✆ 06 60 05 68 69.* À première vue une simple paillotte, mais c'est aussi une institution et un lieu où règnent l'art et l'inspiration. Biquet, une personnalité peu commune, propose une cuisine de la mer toute simple à base de poissons du jour, de fruits de mer et de tellines poêlées à l'ail et au persil, volontiers agrémentée de touches exotiques, dans une atmosphère conviviale.

El Castell Embruixat – *Av. Jeanne-d'Arc - 66510 Saint-Hippolyte - ✆ 04 68 62 84 61 - http://elcastellembruixat.com - fermé dim.soir, lundi - 17,5/34,50 €.* Au centre du petit village de St-Hippolyte, ce restaurant a tout pour vous séduire. Une terrasse ombragée, agrémentée d'une petite fontaine qui apporte la fraîcheur en été. À l'intérieur, belle salle à manger aux boiseries anciennes. On ajoute l'accueil simple et souriant des deux jeunes propriétaires qui vous proposent une cuisine du Sud-Ouest ! Idéal pour passer un agréable moment.

POUR SE FAIRE PLAISIR

L'Amparo – *Résidence La Sardane - 66420 Le Barcarès - ✆ 04 68 86 10 44 - fermé dim. soir, lun. (sf juil.-août et j. fériés), 1er déc.-20 janv. -* P *- 25/40 €.* Ce restaurant du bord de mer appartient à la famille Sitjar depuis 1886. La salle à manger, habillée de mobilier en acajou, offre une belle vue sur la plage à travers sa grande baie vitrée. En été, formule pizza grill côté esplanade, et d'excellentes spécialités méditerranéennes.

ACTIVITÉS

Sports nautiques

Centre méditerranéen du nautisme – *Av. de la Coudalère - ✆ 04 68 86 07 28 - http://portbarcares.ucpa.com - fermé dim. mat. et sam., oct.-avr.* Pratique du funboard, catamaran, voile…

Téléski nautique – *Parc des Dosses - ✆ 04 68 86 23 45 - www.teleskibarcares.com - 19 €/h.* Un double câble maintenu par cinq pylônes formant un circuit fermé de 850 m permet de s'initier au ski nautique… sans être tiré par un bateau. Accessible aux enfants à partir de 8 ans.

Cercle de voile du Cap Leucate – *Av. de la Pinède - 11370 Port-Leucate - ✆ 09 71 37 59 32 - www.cercledevoile.com.* École française de voile. Stages, cours et location d'Optimist, catamaran et planche à voile. École de char à voile (cours, stages et location).

Plongée

Leucate Plongée – *À Port-Leucate - capitainerie du port - ✆ 06 09 95 71 70 - http://leucateplongée.free.fr.* Baptêmes de plongée pour les débutants, randonnées aquatiques.

Équitation

Centre équestre de loisirs du Barcarès – *Allée des Campings - 66420 Le Barcarès - ✆ 06 12 47 06 77.* Promenades à cheval, à l'heure ou à la journée, de l'étang de Salses au bord de la mer. Cours d'équitation merc. et w.-end.

Thalasso

Institut Thalassol – *Av. Thalassa - 66420 Le Barcarès - ✆ 04 68 86 30 90 - www.thalasso.com.* Cet institut propose différentes cures : soins circulatoires, minceur, rhumatologie, sérénité, remise en forme, etc.

L'étang de Canet.
D. Lerault / Photononstop

Canet-Plage

12 372 Canétois – Pyrénées-Orientales (66)

3

NOS ADRESSES PAGE 203

NOS ADRESSES PAGE 203

S'INFORMER

Office du tourisme de Canet-en-Roussillon – *Pl. de la Méditerranée - 66140 Canet-en-Roussillon - ✆ 04 68 86 72 00 - www.ot-canet.fr - juil.-août : 9h-19h ; reste de l'année : 9h-12h, 14h-18h, dim. et j. fériés 9h30-12h30, 14h30-17h30 - fermé 1er janv., 25 déc.*

SE REPÉRER

Carte de microrégion B2 (p. 178) – *Carte Michelin Départements 344 J6*. À 13 km à l'est de Perpignan par la D 617. Traversez Canet-en-Roussillon pour gagner la station (dirigez-vous vers le port ou le front de mer).

SE GARER

Nombreux parkings au port (parkings Barcelone, Bastia et Ajaccio) et le long de la mer (Espace Méditerranée, parking de la Côte Vermeille et parking du front de mer). L'été, inutile de vouloir se rendre à St-Cyprien en voiture : stress et bouchons garantis.

À NE PAS MANQUER
Les cabanes de pêcheurs de l'étang de Canet et le Centre d'art contemporain de St-Cyprien.

ORGANISER SON TEMPS
Préférez la matinée pour la plage si vous craignez la foule. L'après-midi, filez au Centre d'art contemporain de St-Cyprien, ou faites un tour du côté du village ou des rives de l'étang.

AVEC LES ENFANTS
La plage, l'aquarium, le sentier de l'étang du Canet.

C'est la station préférée des Perpignanais qui s'y précipitent dès les premiers rayons de soleil (la population peut être multipliée par huit l'été !). Il faut dire que Canet-Plage n'est qu'à 15 km de la capitale catalane française et qu'elle bénéficie de belles et longues étendues de sable fin.

Séjourner

La station classique des Perpignanais doit son animation intense à un port de plaisance très actif (voile), à de nombreux clubs sportifs et à son casino.

Plages

Location de parasols et de matelas sur toutes les plages.
Au nord du port, on trouve la plage du Sardinal qui accueille surtout les campeurs (terrains juste à côté). Au sud du port vous attend une succession de 7 plages : dans l'ordre, celles des Enfants, du Roussillon, centrale, du Grand Large (minigolf à proximité), de la Marenda, sud et du Marestang.
La voile se pratique au départ des plages du Grand Large, sud et du Marestang, qui disposent d'un chenal de navigation et de clubs de voile.

Aquarium

Bd de la Jetée, sur le port - 04 68 80 49 64 - ♿ - juil.-août : 10h-23h ; de déb. janv. à fin juin : 10h-12h, 14h-18h - 6,50 € (5-12 ans 4,50 €). Espèces locales et tropicales. Toutes les couleurs et les formes du monde du silence.

Étang de Canet

À l'ouest de la station par la D 81 en direction de St-Cyprien - 04 68 80 89 78 et 06 10 75 70 41 - on peut se rendre à l'étang de Canet en voiture (parking), à pied ou à bicyclette - point d'accueil (juin-sept.), situé dans une des cabanes de pêcheurs - possibilité de visite guidée.
D'une superficie de 956 ha, il est classé Zone naturelle protégée. Sur ses rives, un village de dix cabanes de pêcheurs en sanils (roseaux réputés pour leur solidité et leur étanchéité) a été reconstitué. Seule l'une d'entre elles se visite, les neuf autres étant louées à des professionnels, qui y abritent leur matériel hors saison (l'anguille se pêche dans l'étang entre mars et mai, puis entre octobre et décembre). Un sentier de 2,5 km permet de découvrir la faune (dont 300 espèces d'oiseaux) ainsi que la flore de l'étang. L'étang de Canet et plus particulièrement les roseaux qui y poussent nous éclairent sur l'étymologie du nom de la station : Canet vient en effet du latin *canna*, qui signifie « roseau ».

À proximité Carte de microrégion

SAINT-CYPRIEN B3

La ville a deux visages bien distincts, l'ancien village à environ 3 kilomètres de la mer, et la station qui se développe autour du port.

St-Cyprien (village)

Cette pimpante petite cité résidentielle aux rues bordées de palmiers, un peu à l'écart de l'agitation estivale des stations voisines, a conservé un petit centre, l'ancien village, d'aspect très catalan.

Centre d'art contemporain – *Pl. de la République - ✆ 04 68 21 32 07 - tlj sf mar. 10h-12h, 14h-18h - 5 € (-12 ans gratuit).* Précédé d'une magnifique tonnelle, il présente des « installations » d'artistes contemporains.

Collections de St-Cyprien – *4 r. Émile-Zola, près de la mairie - ✆ 04 68 21 06 96 - www.collectionsdesaintcyprien.com - juil.-août : 10h-12h, 15h-19h ; reste de l'année : tlj sf mar. 10h-12h, 14h-18h - fermé 1er janv., 1er Mai, 1er Nov., 24-25 et 31 déc. - 4 € (-12 ans gratuit) - visite lors des expositions temporaires : se rens.* Né en 1894 à Montauban, **François Desnoyers**, installé dans la région de Perpignan où il mourut en 1972, a voulu cette fondation aujourd'hui remise à neuf. Vous y verrez d'intéressantes expositions temporaires.

St-Cyprien-Plage

Trois quartiers constituent la station : un quartier résidentiel au nord, le port et le plan d'eau artificiel des Capellans, séparé de la mer par un cordon de plages. L'animation se concentre surtout dans le quartier du port de plaisance, le 2e du bassin méditerranéen, et aux Capellans où ont poussé dans les années 1960 des immeubles de 5 à 10 étages et des marinas.

Les plages de sable (3 km) offrent tous les plaisirs de la baignade et des sports nautiques.

Jardin des plantes des Capellans – *Suivre dir. ZA du Port, puis Jardin des plantes. ✆ 04 68 37 32 00 - tlj (sf lun. en hiver) 14h-19h (17h en hiver). Entrée libre.* Agréable lieu de découverte et de détente, ce jardin vous invite à observer quelques trésors du patrimoine naturel méditerranéen. De beaux arbres, bien sûr, comme un palmier jupe ou un troène du Japon centenaires, mais aussi une roseraie, une bambouseraie, une petite pièce d'eau et son incontournable pont rouge.

Le tableau serait incomplet sans les paons, blancs ou aux vives couleurs, qui assurent parfois le spectacle.

3

NOS ADRESSES À CANET-PLAGE

TRANSPORTS

Plages – Desserte des plages en juil.-août en bus entre Cerbère et Barcarès, en tram et petit train dans Canet. *Rens. à l'office de tourisme. Le reste de l'année, bus n° 1 (CTP - ✆ 04 68 61 01 13).*

HÉBERGEMENT

POUR SE FAIRE PLAISIR

La Lagune – *28 av. Armand-Lanoux - 66750 St-Cyprien-Sud - ✆ 04 68 21 24 24 - www.hotel-lalagune.com - P - fermé 11 Nov.-2 avr. - ♿ - 49 ch. 94/165 € - ☕ 13 € - rest. 29/34 € bc -*

wifi gratuit. Directement sur la plage, hôtel inséré dans un complexe résidentiel conçu pour une clientèle « club ». Chambres avant tout pratiques avec vue sur la piscine ou la lagune. Billard. En saison, animations musicales et repas servis en terrasse. Cuisine simple.

Chambre d'hôte La Vieille Demeure – *4 r. de Llobet - 66440 Torreilles - ✆ 04 68 28 45 71 - www.la-vieille-demeure.com - fermé de déb. oct. à Pâques - 5 ch. 75/120 € - 7 € - wifi gratuit*. Cette maison située au cœur du village a beaucoup de cachet : patio de style andalou, verger d'agrumes (oranges, citrons, pamplemousses), chambres raffinées et personnalisées mariant à merveille sols en terre cuite, tissus, bibelots et mobilier choisis. Certaines jouissent d'une terrasse privative donnant sur le jardin.

RESTAURATION

BUDGET MOYEN

Le Don Quichotte – *22 av. de Catalogne - Canet-Plage - 66140 Canet-en-Roussillon - ✆ 04 68 80 35 17 - www.ledonquichotte.com - fermé de mi-janv. à mi-fév., lun. et mar. (sf j. fériés) - 18/48 €*. Le patron de ce sympathique restaurant soutient les viticulteurs locaux en proposant une belle sélection de leurs vins pour escorter sa carte traditionnelle privilégiant les produits locaux.

ACTIVITÉS

Ulm

Aéro Service Littoral - base ULM – *Rte de Ste-Marie - 66440 Torreilles - ✆ 04 68 28 13 73 - www.ulm66.fr - 8h-12h30, 14h-19h*. Cette société propose des cours d'ULM (multi-axes, pendulaire ou paramoteur), de parapente motorisé et de pilotage d'hélicoptère ; elle organise également des baptêmes de l'air et des promenades touristiques.

Sports nautiques

Club nautique Canet-Perpignan – *Zone technique - Le Port - 66140 Canet-Plage - ✆ 04 68 73 33 95 - www.asso.ffv.fr/cn-canet - été : 9h-19h ; reste de l'année : w.-end 9h-17h*. École de voile agréée par la Fédération française de voile.

Parc aquatique

Aqualand – *Av. des Champs-de-Neptune - 66750 St-Cyprien-Plage - ✆ 04 68 21 49 49 - www.aqualand.fr - P - juil.-août : 10h-19h ; 20 juin-6 juil. et 1re sem. de sept. : 10h-18h - 25 € (-12 ans 18,50 €)*. Piscine à vagues, bains bouillonnants, toboggans à virages.

Elne

★

7 325 Illibériens – Pyrénées-Orientales (66)

NOS ADRESSES PAGE 206

S'INFORMER

Office de tourisme – *Pl. St-Jordi - 66200 Elne - ✆ 04 68 22 05 07 - www.ot-elne.fr - juil.-août : 9h-19h, w.-end 9h-12h, 14h-18h ; juin et sept. : 9h-12h, 14h-17h, sam. 9h30-12h ; reste de l'année : se rens.*

SE REPÉRER

Carte de microrégion B3 (p. 178) – *Carte Michelin Départements 344 I7.*
À 14 km au sud de Perpignan par la D 914 et à 6 km de la mer (St-Cyprien-Plage), entre les vergers d'abricotiers et de pêchers qui bordent la D 4 et la D 612, Elne est une ville-étape sur le chemin de l'Espagne.

À NE PAS MANQUER

Le cloître et les chapiteaux historiés de la cathédrale.

ORGANISER SON TEMPS

Comptez 2h pour visiter la cathédrale et les musées.

AVEC LES ENFANTS

Le Tropique du Papillon ; le musée Terrus.

Cette petite ville emprisonnée par des remparts est la capitale spirituelle mais aussi la cité la plus ancienne du Roussillon. Elle a eu le privilège d'en abriter le siège épiscopal (du 6e s. à 1602), ce qui lui a valu de briller, plus intensément même que Perpignan. Vestige de cette splendeur : le superbe cloître de sa cathédrale. Aujourd'hui, le regard aime à dévaler les collines orangées couvertes d'abricotiers et de pêchers.

3

Se promener

★ Cathédrale Ste-Eulalie-et-Ste-Julie

Sa construction remonte au 11e s. puis fut complétée aux 14e-15e s., montrant les trois phases d'évolution de l'art gothique. Le plan primitif prévoyait deux clochers : seul fut réalisé le clocher carré de droite, en pierre.

Dans la chapelle à côté du portail sud (chapelle n° 3), retable peint par un maître catalan du 14e s. : les apparitions et les miracles de saint Michel ; en face de la porte d'entrée sud-est, sous la croix de la Passion dite des « Impropères », intéressant bénitier de marbre cannelé en creux, évidé dans une vasque antique décorée d'une large feuille d'acanthe.

★★ **Cloître** – *✆ 04 68 22 70 90 - mai-sept. : 10h-19h ; nov.-mars : tlj sf lun. 10h-12h, 14h-18h ; avr. et oct. : tlj sf lun. 10h-18h - fermé 1er janv., 1er Mai, 25 déc. et 1re sem. de janv. - 4,50 € (-12 ans 2 €).*

La galerie sud, adossée à la cathédrale, fut élevée au 12e s. Les trois autres furent bâties du 13e au 14e s. (mais partie gothique copiée sur la partie romane). Les **chapiteaux historiés**★★ des colonnes jumelées s'illustrent, particulièrement sous les tailloirs des piliers quadrangulaires, par un fantastique décor dans lequel les griffons, sirènes, béliers et lions entourent les personnages de la Genèse. La galerie sud, romane, est la plus remarquable; le chapiteau n° 12, relatif à Adam et Ève, est la pièce maîtresse du cloître. De la galerie est (où sont exposés des sarcophages des 6e et 7e s.), un escalier à vis monte à une terrasse d'où l'on découvre une partie du cloître, les clochers de la cathédrale, au sud les Albères et la Méditerranée à l'est.

Musée d'Archéologie – *Accès par l'escalier au fond de la galerie est (ancienne chapelle St-Laurent).* Poteries du 15e au 17e s., céramiques antiques (4e s. av. J.-C.) et céramiques sigillées d'Illibéris. Au fond, une vitrine sur la culture de Véraza (Aude) avec des reconstitutions de cabanes en bois et roseaux.

Musée d'Histoire – *Accès par la galerie ouest (salle Louis-Bessède, ancienne salle capitulaire).* Archives, sceaux de la ville. Dans une vitrine : Vierge des Tres Portalets (13e s.) et Vierge du portail de Perpignan (14e s.).

Musée Terrus

3 r. Porte-Balaguer - ✆ 04 68 22 88 88 - www.museeterrus.over-blog.com - ♿ - mai-sept. : 10h-19h ; oct.-avr. : (sf lun.) 10h-12h, 14h-18h - fermé 1er janv., 1er Mai, 25 déc. - 2,50 € (-12 ans gratuit).

Vous verrez les œuvres d'un enfant du pays, **Étienne Terrus** (1857-1922), ainsi que celles d'artistes amis comme Maximilien Luce, Aristide Maillol, Guillaume de Monfreid (gravures sur bois). Influencé par les impressionnistes et les fauves, Terrus a toutefois adopté un style personnel qu'on retrouve dans ses paysages roussillonnais *(Vue d'Espira-de-Conflent* ou *Mas d'Adal)* ou ses natures mortes.

Le Tropique du Papillon

✆ 04 68 37 73 78 - www.tropique-du-papillon.com - ♿ - avr.-sept. : h. se rens. - fermé reste de l'année - 7 € (3-12 ans 5 €).

Hétérocères ou rhopalocères ? Papillons de nuit comme de jour volettent en liberté dans la moiteur de cette serre tropicale où ont été aménagées une salle pédagogique et une nursery. Vous y apercevrez quelques spécimens aux ailes délicatement colorées.

NOS ADRESSES À ELNE

HÉBERGEMENT

PREMIER PRIX

Chambre d'hôte du Mas de la Couloumine – *Rte de Bages - ✆ 04 68 22 36 07 - www.mas-couloumine.com - 5 ch. 46/55 € - wifi gratuit.* C'est aux portes du village, dans un verger de kiwis et d'arbres fruitiers, que se trouvent ces 5 chambres, très simples mais bien tenues et pourvues de salles d'eau. Cuisine d'été et barbecue à la disposition des hôtes. Petits-déjeuners avec gâteaux, confitures maison et fruits du verger.

BUDGET MOYEN

Chambre d'hôte Els Ocellets – *Chemin dels Horts - 66200 Latour-Bas-Elne - ✆ 04 68 22 75 28 - www.ocellets.fr.st - P - 2 ch. 60 €.* Idéalement située en lisière du petit village, cette maison d'hôte a l'avantage d'être relativement proche des plages (3 à 5 km) tout en bénéficiant du calme de la campagne. Aménagées dans une construction traditionnelle catalane, indépendante de l'habitation principale, les deux chambres, aux tons pastel, offrent confort et tranquillité.

Chambre d'hôte Can Oliba – *24 r. de la Paix - ✆ 04 68 22 11 09 - www.can-oliba.com - elna@club-internet.fr - ⊭ - 6 ch. 60/65 € ☕ - suite (4 à 5 pers.) 90 € - ch. (3 pers.) 75 € - wifi gratuit.* Belle maison catalane du 17e s. postée au centre du village historique près de la cathédrale et de son cloître. La décoration intérieure est originale : meubles chinés, couleurs fortes et tableaux modernes. Chambres de bon confort. Accueil charmant. Jardinet et piscine.

Argelès-Plage

10 015 Argelésiens – Pyrénées-Orientales (66)

NOS ADRESSES PAGE 208

S'INFORMER

Office de tourisme – *Pl. de l'Europe - 66700 Argelès-sur-Mer - ✆ 04 68 81 15 85 - www.argeles-sur-mer.com - avr.-sept. : 9h-20h ; reste de l'année : lun.-vend. 9h-12h, 14h-18h, sam. 9h-12h.*

SE REPÉRER

Carte de microrégion B3 (p. 178) – *Carte Michelin Départements 344 J7.* À 28 km au sud de Perpignan par la D 914, ou par le littoral en suivant la D 81, qui conduit de St-Cyprien-Plage à Collioure. Argelès-Plage est reliée à Argelès-sur-Mer par la D 618.

À NE PAS MANQUER

Les grandes plages de sable ; les criques confidentielles et la promenade en bord de mer.

ORGANISER SON TEMPS

En été, tenez compte des embouteillage : lézardez le matin face à la Grande Bleue, puis quittez la plage quand la foule arrive.

AVEC LES ENFANTS

Argelès-Plage a reçu le label Famille Plus récompensant les stations qui privilégient les activités et les aménagements destinés aux enfants. Les aigles de Valmy offrent également une occasion de sortie.

L'été, avec les soixante terrains qui en font la capitale européenne du camping, Argelès, qui marque la limite entre la côte sableuse du Roussillon et les criques rocheuses de la Côte Vermeille, entre en effervescence. Il suffit de reculer dans l'arrière-pays pour retrouver la fraîcheur des jardins irrigués, la couleur des vergers ou encore le parfum des micocouliers et des eucalyptus saturés de soleil.

Se promener

Le nom d'Argelès vient du latin *argilla* qui signifie « argile ». La cité est en effet bâtie sur des terres argileuses, mais surtout connue pour ses plages. Ces grands espaces ne doivent pas faire oublier un épisode tragique de la guerre civile espagnole, la **Retirada**. En 1939, après la prise de Barcelone par les franquistes, des dizaines de milliers de républicains sont venus se réfugier ici.

Les plages

Plage nord, plage des Pins et plage sud (surveillées de juin à septembre) : 7 km de sable blond ; Le Racou (au sud du port) : 3 km de criques. Une promenade de 2 km longe la mer, entre pins maritimes, aloès, mimosas, oliviers, lauriers-roses...

LA SARDANE

C'est sous l'égide du musicien argelésien Jordi Barre (1920-2011) qu'a été fondé, en 1958, le **Foment de la Sardana** qui organise au parc de Valmy depuis 1976 l'aplech (rassemblement champêtre) de danseurs et de musiciens chaque 1er dim. de sept.

Argelès-sur-Mer

2,5 km à l'ouest par la D 618. Au centre de la vieille ville, la **Casa des Albères** est un musée catalan d'art et traditions populaires. *04 68 81 42 74 - juin-sept. : mar.-vend. 10h-18h, w.-end 10h-13h, 14h-18h ; oct.-mai : mar.-sam. 10h-12h, 14h-17h - 3 € (-12 ans gratuit).*

Parc de Valmy

Chemin de Valmy sur les hauteurs, en bordure de la D 914 (sortie 12) - 04 68 81 14 78 - de mi-juin à mi-sept. : 10h-19h ; 1er-15 juin et 15-30 sept. : 13h-19h ; mai : 14h-19h - 2€ (enf. 1€). Le parc du château de Valmy propose un jardin olfactif, des jeux pour enfants, et un circuit botanique à travers plusieurs paysages types de la région : maquis, forêt de chênes-lièges, cédraies, etc.

Les Aigles de Valmy – *Chemin de Valmy, à l'entrée du parc - 04 68 81 67 32 - www.lesaiglesdevalmy.com - - d'avr. à nov. (apr.-midi) : h. se rens. - 8,50 € (enf. 6,50 €) - chiens interdits.* Mini zoo et spectacle de fauconnerie d'une heure où vous pourrez voir évoluer aigles, milans, vautours et autres rapaces en toute liberté.

NOS ADRESSES À ARGELÈS

TRANSPORTS

De juin à sept., une navette payante en bus et en petit train est assurée entre Argelès-sur-Mer et Argelès-Plage. Navette gratuite entre la plage et le village en petit train d'oct. à mai.

HÉBERGEMENT

PREMIER PRIX

Hôtel Acapella – *Chemin de Neguebous - 04 68 95 89 45 - www.hotel-acapella.fr - P - 30 ch. 35/99 € - 7,50 € - wifi gratuit.* Les chambres, pratiques et dotées de balcons, sont climatisées (certaines par ventilateur). Piscine chauffée et espace de remise en forme.

Camping La Sirène et l'Hippocampe – *Rte de Taxo - 66700 Argelès-sur-Mer (D 914 sortie 10, direction Taxo d'Aval, plage nord) - 04 68 81 04 61 - www.camping-lasirene.fr - de mi-avr. à fin sept. - - 903 empl. 40 €.* Ombragé, équipements haut de gamme, jeux aquatiques et plongée sous-marine. Club enfants. Mobile homes, chalets et bungalows.

Camping Les Criques de Porteils – *Corniche de Collioure, D 114 - 66700 Argelès-sur-Mer - ✆ 04 68 81 12 73 - www.lescriques.com - ♿ - de fin mars à fin oct. - 🏊 - 250 empl. 48 € (2 pers.).* Un site exceptionnel tout près de la frontière espagnole. Aménagé en terrasses sur 4,5 ha, le terrain surplombe les plages de galets, accessibles du camping par un escalier privé. Les hébergements se font en tentes bengalis, mobile homes ou sur emplacements nus. Les enfants s'amusent à la mini-ferme, ou dans l'une des deux piscines chauffées pendant que les adultes s'adonnent à des activités inédites comme l'initiation au « land art », des concerts de musique classique sur la plage ou des randonnées avec un guide. Vue exceptionnelle sur la mer, les Pyrénées et les vignes.

POUR SE FAIRE PLAISIR

Hôtel Plage des Pins – *Allée des Pins - ✆ 04 68 81 09 05 - www.plage-des-pins.com - P - fermé de déb. oct. à mi-mai - 50 ch. 72/190 € - ☕ 12 € - accès wifi (salles communes).* Grande bâtisse située face à la mer. Chambres avec balcons. Belle piscine.

RESTAURATION

BUDGET MOYEN

L'Amadeüs – *Av. des Platanes - 66700 Argelès-sur-Mer - ✆ 04 68 81 12 38 - www.lamadeus.fr - fermé 2 janv.-2 fév., 12 nov.-20 déc., lun. et mar. (sf le soir en sais.) et merc. midi (16 juin-14 sept.) - 24/71 €.* Spécialités régionales dans un cadre contemporain avec cheminée, ou sur un pont-terrasse en teck ; calme patio sur l'arrière.

ACHATS

Marché artisanal – *Parking des Platanes - 66700 Argelès-sur-Mer - www.argelesvillageartisanal.com - de mi-juin à mi-sept. : 17h-0h.*

ACTIVITÉS

Antarès Sub – *Quai Marco-Polo - 66700 Argelès-sur-Mer - ✆ 04 68 81 46 30 /06 78 48 76 30 - www.antares-sub.com - juil.-août : 8h-20h ; reste de l'année : 8h-12h, 14h-18h.* La plus ancienne école de plongée d'Argelès. Stages ou explorations d'épaves.

Central Windsurf – *3 pl. des Pins - ✆ 06 38 45 52 72 - www.centralwindsurf.com.* Cours de voile, planche, funboard, etc. Locations et balades encadrées en kayak de mer.

Argelès Aventure – *7 imp. Copernic - plage nord - 66700 Argelès-sur-Mer - ✆ 04 68 95 41 66 - www.argeles-aventure.com - réserv. conseillée (juil.-août) - fermé nov.-janv.* À 300 m de la plage : un parc acrobatique forestier avec 8 parcours, dont un accessible aux enfants à partir de 2 ans. Et, unique au monde, un parc aquatique pour pratiquer le canyoning dans une installation géante. Frissons garantis !

Centre de balnéothérapie Balnéo Vital – *Chemin de Neguebous - 66700 Argelès-sur-Mer - ✆ 04 68 95 32 00 - www.lesalberes.com.* Remise en forme, soins corporels ou esthétiques, massages, etc.

Collioure

★★

2 937 Colliourencs – Pyrénées-Orientales (66)

NOS ADRESSES PAGE 214

S'INFORMER

Office du tourisme de Collioure – *Pl. du 18-Juin - 66190 Collioure - 04 68 82 15 47 - www.collioure.com - juil.-août : 9h-20h, dim. 10h-18h - avr.-juin et sept. : tlj sf dim. 9h-12h, 14h-19h - oct.-juin : tlj sf dim. 9h-12h, 14h-18h.*

En juil. et en août, l'office du tourisme de Collioure propose, avec le concours de la Direction Nature, des sorties nature sous forme de randonnées commentées : mar. le maquis (faune et flore), jeu. « le petit peuple de la nuit », vend. « de la rivière à la mer ». L'occasion idéale pour oublier sa voiture le temps d'une promenade.

SE REPÉRER

Carte de microrégion B3 (p. 178) – *Carte Michelin Départements 344 J7.*
À 31 km au sud de Perpignan par la D 914 puis la D 114, ou encore d'Argelès-Plage en suivant le littoral par la D 81.

SE GARER

Redoutable (et toujours payante) épreuve en été ! Tentez votre chance vers le parking de la gare, pas vraiment éloigné du centre. Sinon, sur les hauteurs de la ville.

À NE PAS MANQUER

La dégustation d'anchois salés ; le vieux port ; les retables de N.-D.-des-Anges ; les paysages du chemin du fauvisme et l'atmosphère intimiste du musée d'Art moderne.

ORGANISER SON TEMPS

Comptez 1h pour découvrir la ville, davantage pour la savourer.

AVEC LES ENFANTS

Un baptême de plongée ou une promenade en mer avec le CIP *(voir Nos adresses).*

Ah ! Collioure... Son église fortifiée, avançant si près de la côte qu'on la croirait dans la mer, ses deux petits ports séparés par le vieux château royal, avec leurs filets étendus et leurs barques catalanes aux couleurs vives et à la mâture typique, ses vieilles rues aux balcons fleuris, entrecoupées d'escaliers, sa promenade du bord de mer, ses terrasses de cafés et ses boutiques aux vitrines colorées ! Et, pour parfaire ce tableau, un ciel presque toujours bleu... que rêver de plus ?

Se promener Plan de ville

Pour visualiser ce circuit, reportez-vous au tracé vert sur le plan de ville ci-contre. Gagnez à pied le Vieux Port ou « port d'Amont » par le quai de l'Amirauté, le long du ravin du Douy, généralement à sec.

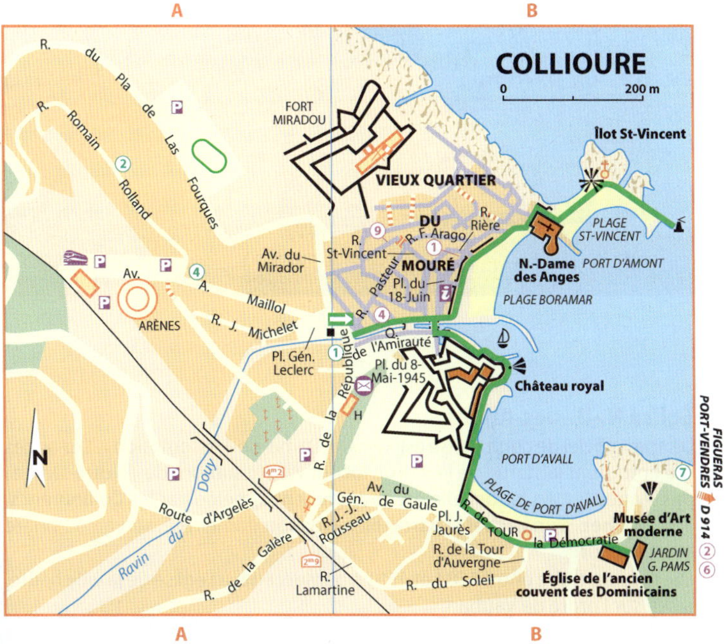

SE LOGER		SE RESTAURER	
Casa Païral (Hôtel)	1	Casa Leon	1
Madeloc (Hôtel)	2	Farigole (La)	2
Méditerranée (Hôtel)	4	Frégate (La)	4
Trois Mas (Relais des)	7	Neptune (Le)	6
		5e Péché (Le)	9

3

Chemin du fauvisme

Visite libre ou guidée - se rens. à l'office de tourisme - ✆ 04 68 82 15 47 ou à l'Espace Fauve - ✆ 04 68 98 0716.

De nombreux peintres, séduits par ses couleurs, ont immortalisé Collioure sur leurs toiles. Dès 1910, les premiers **fauves** s'y réunissaient : Derain, Braque, Friesz, Matisse… Plus tard, Picasso et Foujita y séjournèrent. Ce chemin permet de découvrir des vues peintes par certains d'entre eux, chaque étape (20 au total) étant signalée par la reproduction d'un tableau affichée sur un panneau.

UN PORT FORTIFIÉ

Le Collioure médiéval est avant tout le port de commerce du Roussillon, d'où s'exportent les fameux draps « parés » de Perpignan. C'est l'époque où la marine catalane règne sur la Méditerranée, jusqu'au Levant. En 1463, l'invasion des troupes de Louis XI inaugure pour la ville une période troublée. Le château se développe sur l'éperon rocheux séparant le port en deux anses, autour du donjon carré élevé par les rois de Majorque. Charles Quint et Philippe II le transforment en une citadelle renforcée par le fort St-Elme et le fort Miradou. Après la paix des Pyrénées, Vauban met la dernière main aux défenses : la cité enclose est rasée à partir de 1670 et laisse la place à un vaste glacis. La ville basse devient désormais l'agglomération principale.

Église N.-D.-des-Anges B

Le nom officiel de cette église est « Notre-Dame-de-l'Assomption ». Les anges qui entourent la statue de la Vierge lui ont valu le surnom de « Notre-Dame-des-Anges », sous lequel elle est couramment appelée par les Collioürencs. Son **clocher**, d'un cachet si particulier avec son dôme rose, servait de phare au Vieux Port.

Elle fut construite entre 1684 et 1691 pour succéder à l'église de la ville haute, rasée sur l'ordre de Vauban.

L'intérieur, sombre, surprend par la richesse de ses neuf **retables★★** sculptés sur bois et dorés *(éclairage par minuteries, payant)*. Celui du maître-autel (1698) est l'œuvre du Catalan Josep Sunyer. C'est un immense triptyque de trois étages qui occupe tout l'arrière-chœur, cachant entièrement l'abside. Toutes les statues, finement sculptées, suscitent l'admiration. De Josep Sunyer également, remarquer le retable du St-Sacrement, à gauche du chœur, de taille plus modeste mais tout aussi délicatement sculpté. La sacristie abrite le **trésor** : beau meuble-vestiaire d'époque Louis XIII, peintures du 15e s., reliquaire du 16e s. et Vierge du 17e s. qui aurait appartenu à l'église sacrifiée.

Ancien îlot St-Vincent B

Il est relié à l'église par deux plages dos à dos. Derrière la petite chapelle, le vaste panorama s'étend sur la Côte Vermeille. Une digue mène au phare.

Revenez sur vos pas.

Vieux quartier du Mouré B

Flâner dans les ruelles escarpées et fleuries de ce vieux quartier situé près de l'église est un vrai régal.

Traversez le Douy, au fond du port de plaisance.

Château royal B

☏ 04 68 34 48 29 - www.cg66.fr - juin-sept. : 10h-18h ; oct.-mai : 9h-17h (dernière entrée 45mn av. fermeture) - fermé 1er janv., 1er Mai, 15-16 août et 25 déc. - 4 € (-15 ans gratuit).

Construit sur un site d'occupation romain, ce château, qui dresse sa masse imposante au pied de la mer entre le port d'Amont et le port d'Avall, fut la résidence d'été des rois de Majorque entre 1276 et 1344 avant de revenir au roi d'Aragon. Vauban fit ajouter l'enceinte extérieure. On visite les souterrains, la place d'armes, la prison du 16e s. (présentation d'une forge catalane), la chapelle du 13e s., la cour d'honneur, la chambre de la reine, les salles hautes, les remparts et le chemin de ronde. Les casernements du 17e s. reçoivent

La silhouette familière de Notre-Dame-des-Anges.
B. Gardel / hemis.fr

des expositions de peinture en saison. Une partie de la visite est également consacrée au patrimoine maritime catalan.
On contourne alors, en suivant le quai, les impressionnantes murailles du Château royal.
Du parking ouest, côté Douy, bonne **vue** sur la ville et le port ; en arrière, les Albères, au-dessus de la mer.
Poursuivez jusqu'à la plage de port d'Avall, dite du Faubourg.

Église de l'ancien couvent des Dominicains B

Elle est située à droite sur la route de Port-Vendres. Désaffectée, elle abrite désormais une cave coopérative.
Des terrasses du jardin public Gaston-Pams, dominé par un moulin à vent, très belle vue sur la baie de Collioure et la cité.

Musée d'Art moderne B

✆ 04 68 82 10 19 - juil.-août : 10h-12h, 14h-18h ; sept.-juin : (sf mar.) 10h-12h, 14h-18h - fermé 1er janv., 1er Mai, 1er nov., 25 déc. - 2 €.
Le succès artistique de Collioure justifiait bien un musée et c'est le peintre **Jean Peské** (1870-1949) qui en a été l'initiateur. Les collections ont trouvé place dans le cadre agréable de la villa Pams, au pied d'un jardin en terrasses où règnent les oliviers. Son fonds, enrichi régulièrement par des donations, est exposé dans d'intéressantes expositions.

LES ANCHOIS DE COLLIOURE

Le port abrite encore quelques authentiques barques catalanes repérables à leurs couleurs vives. Ce sont là les derniers témoins de l'époque où la pêche à l'anchois battait son plein. L'anchois salé, spécialité de Collioure, est préparé de la même façon depuis des générations. Dès leur arrivée au port, les poissons sont brassés avec du sel. Étêtés et éviscérés, ils sont ensuite placés en saumure dans des tonneaux, de mai à août : une lente fermentation doit s'opérer. À maturation, les anchois sont lavés et leur arête centrale enlevée. Placés sur des buvards, ils sont égouttés. La dernière opération consiste à les ranger dans des boîtes ou des pots en verre avec de l'huile ou bien roulés autour d'une câpre. Face à la concurrence venue, entre autres, du Maroc, deux produits dérivés ont vu le jour : la crème d'anchois et les olives fourrées aux anchois. L'anchois salé de Collioure reste très utilisé dans la cuisine catalane.

NOS ADRESSES À COLLIOURE

VISITE

Petit train touristique – *☎ 04 68 98 02 06 / 06 15 15 66 04 - www.petit-train-touristique.com - de Collioure à Port-Vendres, en passant par le fort St-Elme - juil.-août : 10h-20h ; avr.-juin et de déb. sept. à déb. nov. : 10h-18h - dép. parking de la Poste - 6,50 € (4-12 ans 4,50 €).*

HÉBERGEMENT

POUR SE FAIRE PLAISIR

Hôtel Méditerranée – *Av. Aristide-Maillol (conduisant aux arènes et à la gare) - ☎ 04 68 82 08 60 - www.mediterranee-hotel.com - P (10 €/j) - fermé nov.-mars - 23 ch. 65/105 € - ☕ 10 € - wifi gratuit.* Pratiques et pourvues de balcons, les chambres de cet hôtel des années 1970 adoptent progressivement un style actuel rehaussé de teintes locales. Jardin en terrasses. Solarium.

Hôtel Madeloc – *R. Romain-Rolland - ☎ 04 68 82 07 56 - www.madeloc.com - fermé 2 nov.-29 mars - P - 22 ch. 65/114 € - ☕ 11 €.* Sur les hauteurs, chambres meublées en rotin, souvent dotées d'une terrasse. Piscine sur le toit et jardin à flanc de colline. Expositions de peintures et de sculptures.

Casa Païral – *Imp. des Palmiers - ☎ 04 68 82 05 81 - www.hotel-casa-pairal.com - fermé du 11 Nov. à Pâques - P - 27 ch. 89/269 € - ☕ 14 € - wifi gratuit.* Cette noble demeure est posée au sein d'un superbe jardin méditerranéen. Les chambres ont beaucoup de personnalité et sont bien sûr dotées de tous les équipements souhaitables.

UNE FOLIE

Relais des Trois Mas – *Rte de Port-Vendres - ☎ 04 68 82 05 07 - www.relaisdestroismas.com - P - fermé de fin nov. à déb. fév. - 23 ch. basse sais. 100/340 €, haute sais. 165/465€ - ☕ 18 €.* Ces trois mas ménagent une vue imprenable. Chambres personnalisées portant le nom d'un peintre. Jardin, piscine et Jacuzzi complètent le décor. Cuisine du terroir actualisée servie en été sur la terrasse panoramique.

RESTAURATION

BUDGET MOYEN

La Frégate – *24 bd Camille-Pelletan - ☎ 04 68 82 06 05 - www.fregate-collioure.com - fermé janv. et déc. - 27 ch. 50/150 € - ☕ 8 €.* Une salle à manger parée de faïence sert de cadre à une cuisine du terroir simple et bonne. Situé face au château, cet hôtel reprend des couleurs grâce à sa cure de jouvence : petites chambres bien tenues et toutes rénovées.

Le 5ᵉ Péché – *18 r. de la Fraternité - ☎ 04 68 98 09 76 - fermé janv., 23 nov.-26 déc., lun. et mar. (sf juil.-août) - 18/24 €.* C'est bien entendu de gourmandise dont il s'agit ici ! Mais l'on cède volontiers à ce péché-là, étonnant mélange nippo-catalan concocté par le chef, authentique Tokyoïte. Bref, l'absolution n'est peut-être pas certaine, mais qu'importe ! Les péchés gourmands se regrettent rarement.

POUR SE FAIRE PLAISIR

La Farigole – *Rte de Port-Vendres - ☎ 04 68 98 09 59 - www.arapede.com - fermé janv. et déc. - P - 27/36 € - 20 ch. (hôtel L'Arapède) 65/110 € - ☕ 11 €.* Restaurant décoré de photos anciennes de Collioure, terrasse face à la Grande Bleue et recettes du terroir. Hôtel moderne bâti à flanc de colline. Harmonieux mobilier de style catalan dans de vastes chambres tournées vers la mer et la piscine à débordement.

Casa Leon – *2 r. Rière - ✆ 04 68 82 10 74 - 26,50/33 €.* Très apprécié des Colliourencs, ce petit restaurant tenu par des passionnés de la pêche propose une excellente cuisine de la mer. Vous apprécierez le thon grillé, un vrai steak de la mer ou la poêlée de langoustines et gambas déglacées au rancio, et plus généralement tous les poissons grillés, d'une incomparable fraîcheur.

Le Neptune – *Rte de Port-Vendres - ✆ 04 68 82 02 27 - www.leneptune-collioure.com - P - fermé lun. de juil. à sept. et merc. d'oct. à juin - 38/79 €.* Des superbes terrasses de ce restaurant, vue imprenable sur le vieux port. Le décor aux couleurs du Sud s'agrémente de tableaux. Dans l'assiette, produits de la mer et spécialités régionales.

EN SOIRÉE

Bar d'hôtel

Bar des Templiers – *12 quai de l'Amirauté - ✆ 04 68 98 31 10 - www.hotel-templiers.com - 7h30-2h - fermé 8-20 nov.* L'hôtel des Templiers est l'établissement le plus prestigieux de Collioure : les plus grands artistes (Derain, Picasso, Matisse) y sont descendus. Les toiles qui couvrent les murs du bar témoignent de cette époque. Un lieu authentique et plein de poésie où habitués et visiteurs se côtoient.

ACHATS

Vin

Le Dominicain Cave – *Rte de Port-Vendres - ✆ 04 68 82 05 63 - www.dominicain.com - 8h-12h, 14h-18h - P - fermé dim. (sept.-avr.).* Installée dans un ancien couvent de dominicains du 13e s., cette cave coopérative propose des vins de Banyuls et de Collioure. Accueil sympathique et dégustation.

Anchois

Anchois Desclaux – *3-5 rte dép. 914 - ✆ 04 68 82 05 25 - www.anchoixdesclaux.com - P - 9h-12h, 14h-19h, dim. et j. fériés 9h30-12h30, 14h-19h.* Depuis plus d'un siècle, le savoir-faire se transmet dans cette entreprise familiale. Visite commentée des ateliers de salaison et de conserverie. Dégustation gratuite et magasin d'usine (produits catalans).

Anchois Roque Collioure – *17 rte d'Argelès - ✆ 04 68 82 22 30 - roque.collioure@wanadoo.fr - ouv. lun.-sam. 8h-18h30, dim. et j. fériés 9h30-12h, 14h-18h30 - visite 9h-12h, 14h-17h - visite avec dégustation - gratuit - fermé w.-end et j. fériés.* Depuis 1870, la maison Roque perpétue la préparation traditionnelle des anchois. Boutique au rez-de-chaussée, et atelier au premier étage pour observer les mains expertes qui manipulent les petits poissons.

ACTIVITÉS

Plongée

C I P Collioure – *15 r. de la Tour-d'Auvergne - ✆ 04 68 82 07 16 - www.cip-collioure.com - 9h-12h, 14h-18h.* Ce centre de plongée met à votre disposition un équipement et un encadrement professionnel pour l'apprentissage et la pratique de ce sport (baptêmes, enseignement).

AGENDA

Feria – *Autour du 15 août.* Novillada aux arènes.

Banyuls-sur-Mer

4 680 Banyulencs – Pyrénées-Orientales (66)

NOS ADRESSES PAGE 219

S'INFORMER

Office de tourisme – *Av. de la République - 66650 Banyuls-sur-Mer - ☏ 04 68 88 31 58 - www.banyuls-sur-mer.com - juil.-août : 9h-19h ; reste de l'année : tlj sf dim. 9h-12h, 14h-18h - fermé 1er janv., 1er et 8 Mai, 1er et 11 Nov., 25 déc.*

SE REPÉRER

Carte de microrégion B3 (p. 178) – *Carte Michelin Départements 344 J8.* À 38 km au sud de Perpignan par la D 914 qui mène ensuite vers l'Espagne par la côte.

À NE PAS MANQUER

La baignade dans les criques, la plongée dans la réserve naturelle marine, la visite des caves et l'intimité de la métairie Maillol.

ORGANISER SON TEMPS

Comptez une demi-journée pour visiter les caves de Banyuls et la métairie Maillol, ou suivre le sentier sous-marin.

AVEC LES ENFANTS

Les poissons de l'aquarium ou, mieux, dans la mesure où ils en seront capables, ceux du sentier sous-marin de la réserve.

La plus méridionale des stations balnéaires de France s'allonge au bord d'une jolie baie, à l'abri de la tramontane, surplombée par un inoubliable paysage de vignobles en terrasses. C'est ici que le biologiste Charles Victor Naudin (1815-1899) a eu l'audace folle d'implanter des caroubiers, des eucalyptus et des palmiers, jusqu'alors inconnus sur ce rivage. Ces essences exotiques ont essaimé ensuite avec succès sur toute la Côte d'Azur, dont elles composent depuis le décor familier.

Se promener

La plage

La plage principale (sable et galets) s'abrite dans l'anse fermée, à l'est, par l'île Petite et l'île Grosse, reliées à la terre par une digue.

Aquarium du laboratoire Arago

☏ 04 68 88 73 39 - www.biodiversarium.fr - juil.-août : tlj (h. se rens.) ; fermé en janv. - 4,80 € (-6 ans gratuit), billet combiné avec le jardin 7,20 €.

Les eaux de la Côte Vermeille, profondes, claires et poissonneuses, ont attiré l'attention des scientifiques, justifiant l'installation à Banyuls du **laboratoire Arago**, centre de recherches et d'enseignement en océanographie, biologie marine et écologie terrestre. Plus ancien aquarium public de Méditerranée, il présente les spécimens de la faune méditerranéenne. Les commentaires, plus ou moins bien associés au contenu des 39 aquariums, s'adressent aux plongeurs et aux pêcheurs. Une collection de 250 espèces d'oiseaux (naturalisés) est également visible à l'entrée.

Cave du Mas Reig.
N. Thibaut / Photononstop

Écrin bleu : sentier sous-marin de la Réserve naturelle marine de Banyuls-Cerbère

✆ 04 68 88 56 87 - Sentier sous-marin de la réserve marine de Banyuls-Cerbère.
À vos palmes, masques et autres tubas ! Munis de plaquettes d'informations submersibles, vous entamerez ce parcours d'une longueur de 250 m, ponctué de cinq stations d'observation situées à une profondeur maximale de 5 m. Chaque station, matérialisée par une bouée, vous permettra d'observer un biotope différent, qu'il s'agisse d'herbiers de posidonie, de roches ou de galets. Avec un peu de chance, outre les sars, loups, girelles et rougets, vous pourrez apercevoir un dauphin, une tortue caouanne, ou encore un hippocampe moucheté !

Réserve naturelle marine de Banyuls-Cerbère

C'est entre Banyuls et Cerbère, sur l'unique côte rocheuse du Languedoc-Roussillon, qu'a été créée en 1974 la première Réserve naturelle marine de France et la seule à ce jour à être exclusivement marine.

Sur une longueur de 6,5 km de côte et une superficie maritime de 650 ha, elle vise avant tout à protéger les espèces menacées, tant par une pêche

LE BANYULS

Le vignoble règne sur les derniers flancs des Albères dont les pentes schisteuses, découpées en terrasses soutenues par des murettes, sont défendues contre le ruissellement dans les zones les plus exposées, par un système de rigoles entrecroisées en X.

Les raisins sont vinifiés selon les méthodes ancestrales mises au point par les Templiers. Après un long vieillissement en cuve de chêne dans des celliers ou dans des parcs de vieillissement à l'air libre, on obtient un cru fameux : le banyuls. De type doux, sec ou demi-sec, le banyuls a sa place en apéritif, en dessert mais aussi en accompagnement de certains plats comme le foie gras, les fromages forts, les gibiers et le chocolat…

LE BERCEAU D'ARISTIDE

Banyuls, dont le nom vient du latin *balneum* qui signifie bain, est la patrie d'**Aristide Maillol** (1861-1944). Ce sculpteur, bien connu pour son amour des formes voluptueuses, a laissé à sa terre natale de nombreuses sculptures. Citons *La Jeune Fille allongée* sur le port de Banyuls, et les monuments aux morts de l'île Grosse (Banyuls), Céret, Elne et Port-Vendres.

intensive que par la pollution (rejet des eaux usées en mer) et la fréquentation touristique (plaisance, chasse sous-marine…).

À voir aussi

★ Métairie Maillol

Suivez la route du col de Banyuls. 1er parking avant le chemin de terre (8mn de marche), 2e parking (petit) en surplomb du jardin, accès par un escalier - ✆ 04 68 88 57 11 - mai-sept. : 10h-12h, 16h-19h ; oct.-avr. : 10h-12h, 14h-17h - fermé lun. et j. fériés - 5 € (enf. 4 €).
Enfant de Banyuls, **Aristide Maillol**, « monté » à Paris à 20 ans, s'initie d'abord à la peinture puis, suivant la tendance du cercle nabi, à la renaissance de l'artisanat d'art avec la céramique et la tapisserie. Marqué par l'influence décisive de Gauguin, il affirme finalement son génie dans la sculpture à la quarantaine passée, tirant de ses esquisses ou peintures d'après modèles les éléments de ses compositions de nus robustes. C'est ainsi que le sculpteur, grâce à son observation constante, à sa recherche du mouvement équilibré, à son sens de la grandeur, a laissé des compositions remarquables : ses statues sont tout aussi gracieuses que puissantes. En son temps, Rodin lui rendit un sobre et retentissant hommage.
Maillol aimait se retirer dans ce petit mas au fond d'un vallon torride en été. Sauvée de justesse par sa compagne et modèle favori Dina Vierny, sa maison rend l'artiste présent à travers quelques belles photos, des citations, des sculptures et terres cuites mises en lien avec leurs esquisses dessinées. Claude Roy écrit ainsi : « C'est à la métairie qu'il faut vivre avec Maillol pour le sentir tout à fait accordé avec son pays, et son pays avec son œuvre, et son ciel avec ses yeux, et sa sagesse avec les arbres, les bêtes, les eaux […]. C'est là-bas le cher et chaud asile du vieux sculpteur, la métairie où il va faire retraite, enfin tranquille, enfin tout seul, enfin son maître. » (*Maillol vivant*, 1947). Le lieu, de petite taille, établit une émouvante intimité avec le sculpteur, la table dressée de la salle à manger commémorant sa convivialité. Dans le jardin en terrasses ombragé de cyprès et de micocouliers, parmi les feuilles d'acanthes, se trouve la tombe de l'artiste, sous le geste mélancolique et paisible du bronze *La Méditerranée*.

Caves à vin

Plusieurs caves sont ouvertes à la visite, dont deux sur la route des crêtes.
Grande Cave – *Route du Mas-Reig - ✆ 04 68 98 36 92 - www.banyuls.com - visite guidée avr.-oct. : 10h-19h30 ; nov.-mars : tlj sf dim. 10h-13h, 14h30-18h30 - gratuit.* Propose la projection d'un film sur l'histoire du banyuls, une visite guidée de l'allée des cuves de chêne, du parc de vieillissement au soleil et de la cave des foudres centenaires.
Cellier des Templiers-cave du Mas Reig – *Route du Balcon-de-Madeloc - ✆ 04 68 98 36 70 - ♿ - visite guidée en juil.-août : 10h-19h30 - gratuit.* Date des Templiers (13e s.), dont le château féodal et la sous-commanderie (Mas Reig) se trouvent tout à côté.

NOS ADRESSES À BANYULS-SUR-MER

HÉBERGEMENT

BUDGET MOYEN

Hôtel Les Elmes – *Plage des Elmes - ✆ 04 68 88 03 12 - www.hotel.des.elmes.com - 31 ch. 48/159 € - ☕ 10 € - rest. 28/48 € - wifi gratuit.* Accueillant hôtel situé en bord de plage. Chambres rénovées dans un style marin (au 2e étage). Poissons et coquillages en vedette au restaurant **(Littorine)** avec terrasse ouverte sur la mer.

RESTAURATION

POUR SE FAIRE PLAISIR

Al Fanal – *18 av. du Fontaulé - ✆ 04 68 88 00 31 - 19/58 € - 13 ch. 52/60 € - P.* Savoureuse cuisine de poisson et belle carte de vins régionaux à déguster dans une salle à manger ouverte sur la mer. Hôtel **(El Llagut)** sans prétention.

BOIRE UN VERRE

Salon de thé

La Paillote – *14 r. St-Pierre - ✆ 04 68 88 30 30 - www.lapaillote.com - juil.-août et vac. scol. : 12h-13h30, 20h-2h sf dim. ; reste de l'année ouv. à midi (sf merc. et dim.) et jeu.-vend.-sam. soirs.* Petit salon de thé niché dans les ruelles du vieux Banyuls. On vous y accueille avec une belle carte de cocktails de jus de fruits frais et de coupes glacées. Vous pourrez également y choisir votre ambiance musicale. Cyberespace.

ACHATS

Marché, brocante

Foire à la Brocante – *Allées Maillol - ✆ 04 68 88 78 10 - juil.-août : vend. 7h-13h.*

Marché artisanal – *Av. de la République - ✆ 04 68 88 00 62 - www.banyuls-sur-mer.com - juil.-août : tlj sur le front de mer 18h-0h.* Principale animation de Banyuls durant l'été, ce marché nocturne présente toute les facettes de l'artisanat local.

Vin de Banyuls

Cave L'Étoile – *26 av. du Puig-del-Mas - ✆ 04 68 88 00 10 - de mi-juin à mi-sept. : 8h-12h30, 14h-19h, w.-end 10h-12h30, 15h-18h30 ; reste de l'année : 8h-12h, 14h-18h, w.-end et j. fériés 9h30-12h, 15h-18h30.* La plus ancienne coopérative vinicole de la ville (1921) s'est spécialisée dans le vieux banyuls. Une douzaine de variétés sont commercialisées et ont gagné la confiance de tables prestigieuses. L'Étoile élabore aussi des collioures AOC rosés et rouges.

Cave St-Jacques – *25 av. du Puig-del-Mas - ✆ 04 68 88 00 10 - www.cave-saintjacques.com - juil.-août : 9h-20h ; reste de l'année : 9h-12h30, 14h-19h, dim. 9h-12h30 - fermé 1er janv., 25 déc.* Large choix de vins régionaux – AOC collioure, côtes-du-roussillon, banyuls – choisis sur dégustation chez de petits producteurs ; n'hésitez pas à demander conseil au caviste.

ACTIVITÉ

Thalasso

Thalacap Catalogne – *Av. de la Côte-Vermeille - ✆ 04 68 98 36 66 - www.thalacap.com - fermé janv. (sf 1er janv.).* Institut de thalassothérapie posté sur les hauteurs de Banyuls, face à la Méditerranée. Hébergement possible en résidence hôtelière (chambre ou appartement) ; restaurant panoramique.

3

La Côte Vermeille

★★

Pyrénées-Orientales (66)

NOS ADRESSES PAGE 223

SE REPÉRER
Carte de microrégion B3 (p. 178) – *Carte Michelin Départements 344 J/K 7/8.*
À 30 km au sud-ouest de Perpignan par la D 914 jusqu'à Argelès-Plage qui marque l'entrée de la Côte Vermeille.

À NE PAS MANQUER
Le panorama depuis le belvédère de la tour Madeloc ou le cap Réderis ; les étendues viticoles de Banyuls et l'ambiance hispanique de Cerbère.

ORGANISER SON TEMPS
Prévoyez au moins une demi-journée mais attention, la route du littoral est très encombrée l'été !

AVEC LES ENFANTS
Le long de cette côte, l'invitation à la baignade est irrésistible.

Côte Vermeille, côte merveille, le slogan est lancé. Après les longues plages de sable des côtes languedociennes et roussillonnaises, nous voici au pays des rochers où viennent se briser les vagues, où les ports de pêche et de plaisance se nichent au fond des anses protégées des tempêtes. Et la mer, la mer jouant sur toute la gamme des bleus ! L'Antiquité avait élu cette côte pour y fonder de petites cités maritimes, le 20e s. en a fait des pôles touristiques. Le 21e s. saura-t-il en préserver l'authenticité et le charme ?

Circuits conseillés Carte de la Côte Vermeille

Cette portion de littoral très rocheux a été baptisée « Côte Vermeille » au 19e s. Aux premiers ou aux derniers rayons de soleil, la roche prend en effet une teinte rouge rosé.

LA ROUTE DES CRÊTES

Pour visualiser ce circuit de 37 km, reportez-vous à la carte p. 222 – Comptez environ 2h30 d'Argelès-Plage (voir p. 207) à Cerbère.

Après Argelès, la route (D 914) s'élève sur les premiers contreforts des Albères. Elle ne cessera désormais d'en recouper les éperons, à la racine des caps baignés par la Méditerranée.

À l'entrée de Collioure, au rond-point, prenez à gauche la D 86.

La route, en montée, commence dans le vignoble de Collioure.

Prenez de nouveau à gauche, au premier carrefour, la route en descente.

N.-D.-de-Consolation

Ermitage célèbre en Roussillon. La chapelle renferme de nombreux ex-voto de marins.

Faites demi-tour et prenez à gauche (route de montagne, sans protection).

Barques catalanes.
J. Puig / age fotostock

Les chênes-lièges se multiplient. La roche noire, schiste feuilleté, apparaît.
Suivez la signalisation « Circuit du vignoble » vers Banyuls.
Cette belle route de corniche mène à une table d'orientation. En face, au bord de la route, ruines d'anciennes casernes (1885) en brique et en schiste.
Prenez à droite le chemin qui monte à la tour Madeloc (pentes à 23 % – croisements et virages difficiles).
La route passe devant deux ensembles fortifiés pour atteindre une plate-forme.

3

Tour Madeloc

Compter 45mn à pied AR.
Alt. 652 m. Ancienne tour à signaux qui, avec la tour de la Massane, à l'ouest, faisait partie d'un réseau de guet au temps de la souveraineté aragonaise et majorquine : la tour de la Massane surveillait la plaine du Roussillon tandis que la tour Madeloc observait la mer. Elle est précédée par une poterne faisant belvédère et offrant un **panorama★★** sur les Albères, la Côte Vermeille et le Roussillon. La tour proprement dite est en schiste, ronde et couronnée de mâchicoulis.
Dans la descente qui rejoint la D 86, belles **vues★** dégagées, spectaculaires, sur la mer et Banyuls.
Poursuivez à droite.
La route, pittoresque grâce aux vues renouvelées sur les versants, mène à Banyuls. Elle passe devant la cave souterraine du Mas-Reig, aménagée dans le plus ancien domaine vigneron du terroir de Banyuls.

Banyuls *(voir p. 216)*

★★ Cap Réderis

Au point culminant de la route, faire quelques pas en direction du cap pour jouir d'une vue mieux dégagée. Magnifique **panorama** s'étendant sur les côtes du Languedoc et de Catalogne, jusqu'au cap de Creus.

Plus loin, dans un grand virage, vue à gauche sur toute la baie de Banyuls. La route est très sinueuse, la mer toute proche. En contrebas, nombreuses baies et anses rocheuses. La descente sur Banyuls réserve une vue de la ville avec sa plage de galets de schiste et ses palmiers.

Cerbère

Petite station balnéaire bien abritée au fond de son anse, avec plage de galets en schiste feuilleté. Dernière localité en territoire français, Cerbère est desservie par une gare internationale (Paris-Barcelone) : le viaduc du chemin de fer se remarque dès l'arrivée par la route tortueuse. Maisons blanches, terrasses de cafés et allées piétonnières annoncent déjà l'Espagne.

EN LONGEANT LA CÔTE

Pour visualiser ce circuit de 33 km, reportez-vous à la carte ci-dessus – Comptez environ 2h de Cerbère à Argelès-Plage.
Après Cerbère, la corniche se déroule parmi les vignes, découvrant un vaste paysage marin. Les plages se succèdent, séparées par des promontoires très pointus.

★★ Cap Réderis *(voir p. 221)*

Banyuls *(voir p. 216)*

À la sortie de Banyuls, on passe devant le centre héliomarin. Au loin, sur la gauche, la tour Madeloc se dresse fièrement.

★ Site de Paulilles

Laissez la voiture au parking gratuit aménagé. Accès au site : nov.-mars : 9h-17h, avr. et oct. 9h-19h ; mai-juin et sept. : 9h-20h, juil.-août 9h-21h. Maison du site : nov.-mars : tlj sf mar. 9h-12h, 14h-17h; avr. et oct. : tlj sf mar. 9h-13h, 14h-18h ; mai et sept. : 9h-13h, 14h-19h ; juin : 9h-13h, 14h-20h ; juil.-août : 9h-20h - gratuit.
La **baie de Paulilles** fut longtemps connue dans la région pour son usine de dynamite, créée en 1875 dans un éloignement volontaire des frontières du nord et de l'est par Paul Barbe en liaison avec Alfred Nobel. Abandonné

en 1984, puis menacé par un projet immobilier, le site appartient désormais au Conservatoire du littoral, l'aménagement des lieux ayant été assuré par le Conseil général.
Un sentier dallé conduit à l'ancienne maison du directeur qui, transformée en maison de site, accueille des expositions temporaires, ainsi qu'une émouvante évocation de la vie des travailleurs et de leur famille jadis installés sur le site dans un véritable village, doté de son église, de son école et de ses commerces : vous y partagerez une vie quotidienne, souvent pénible (maladies professionnelles, catastrophes qui ont endeuillé la région) mais dont certains aspects (la plage) ont laissé des souvenirs attendris à ceux qui vécurent sur les lieux.
En contrebas de la maison, le jardin du directeur présente de belles essences méditerranéennes. Plus loin, la végétation locale reprend ses droits dans un lieu où seuls quelques bâtiments industriels (en particulier un château d'eau d'où l'on découvre une belle vue sur la baie, ainsi que les bases de la dynamiterie agrémentées de maquettes) ont été conservés. Les sentiers donnent accès à la plage, superbe et préservée.
Avant Port-Vendres, prenez à droite vers le cap Béar puis, après l'hôtel des Tamarins, traversez la voie ferrée et longez la baie, versant sud.

Cap Béar

La route *(peu propice à la circulation automobile)* s'élève, en corniche, très étroite et sinueuse. Du sémaphore, qui se dresse à son extrémité, on découvre la côte, du cap Leucate au cap Creus.

Port-Vendres

Port-Vendres (*Portus Veneris*, le « port de Vénus »), né autour d'une anse où les galères trouvaient abri, s'est développé sous l'impulsion de Vauban à partir de 1679, comme port militaire et place fortifiée. C'est aujourd'hui le port de pêche le plus actif de la côte roussillonnaise.

★★ Collioure *(voir p. 210)*

La route quitte les contreforts des Albères avant d'arriver à Argelès.

NOS ADRESSES SUR LA CÔTE VERMEILLE

HÉBERGEMENT

POUR SE FAIRE PLAISIR

Chambre d'hôte Domaine de Valcros – *Paulilles - 66660 Port-Vendres - ✆ 04 68 82 04 27 - www.domainedevalcros.com - P - ⊭ - 3 ch. 75/89 € ☕, 1 appart. (450/980 €/sem.) - wifi gratuit.* Ce vieux mas catalan, rénové depuis peu, se situe entre mer et montagne, au cœur du vignoble de Banyuls. Ses chambres climatisées, spacieuses et élégantes, associent sol en terre cuite, murs blancs, voilages et tissus rouge et or. Il est possible de rejoindre la plage (300 m) par un chemin privé. Belle terrasse surplombant la baie.

RESTAURATION

POUR SE FAIRE PLAISIR

La Côte Vermeille – *Quai Fanal - 66660 Port-Vendres (dir. la criée) - ✆ 04 68 82 05 71 - fermé 5 janv.-2 fév., 1er-7 juil., dim. et lun. (sf juil.-août) - 29 € bc/58 €.* Table ancrée sur le port : le chef n'a donc que deux pas à faire pour trouver à la criée le meilleur de la marée du jour. Saveurs méditerranéennes. Le frère officie en salle.

Ferme-auberge Les Clos de Paulilles – *Baie de Paulilles - 66660 Port-Vendres - ✆ 04 68 98 07 58 - www.clos-de-paulilles.com - fermé midi sf dim. (juin-sept.) - ♿ - P - 39 € bc.* Au cœur d'une propriété viticole, ce restaurant sert une cuisine campagnarde et arrose chaque plat d'un vin du domaine différent. Pour ne pas vous enivrer trop vite, installez-vous sur la terrasse ombragée, rafraîchie d'une brise marine salvatrice.

Le Boulou

5 293 Boulounencs – Pyrénées-Orientales (66)

NOS ADRESSES PAGE 230

S'INFORMER

Office de tourisme – *1 r. du Château - 66160 Le Boulou - ✆ 04 68 87 50 95 - www.tourisme-leboulou.fr - juil.-août : 9h-12h30, 14h30-18h30 ; reste de l'année : tlj sf dim. 9h-12h, 14h (15h lun.)-18h, sam. 9h-12h.*

Circuit culturel – *✆ 04 68 87 50 95 - www.tourisme-leboulou.fr - visite guidée gratuite du Boulou les mar. à 15h sur réserv. à l'office de tourisme.*

SE REPÉRER

Carte de microrégion A3 (p. 178) – *Carte Michelin Départements 344 I7.* À 27 km au sud de Perpignan par la D 900 ou l'A 9 (sortie « Le Boulou », la dernière en France) ou encore à 19 km à l'ouest d'Argelès-sur-Mer par la D 618.

À NE PAS MANQUER

Les vestiges médiévaux du Boulou ; les peintures murales de la chapelle St-Martin-de-Fenollar ; le panorama depuis le fort de Bellegarde et celui depuis le pic des Trois Termes.

ORGANISER SON TEMPS

Comptez 30mn pour faire le tour du Boulou.

AVEC LES ENFANTS

Le musée du Liège de Maureillas-las-Illas et le fort de Bellegarde ; la vallée des Tortues ; l'abbaye de St-André.

Au pied des Albères, Le Boulou (El Voló, en catalan) se situe sur la rive gauche du Tech, au carrefour des axes Perpignan-Barcelone et Argelès-Amélie-les-Bains. Couronnée par son église au discret portail de marbre blanc, la ville combine les petites places ensoleillées, quelques boutiques colorées et une intense circulation. Cette station thermale est le point de départ de nombreuses excursions dans le Roussillon.

Se promener

De son passé médiéval, la cité conserve à l'est, non loin du Tech, une tour quadrangulaire, vestige de l'enceinte du 14e s., ainsi que la chapelle St-Antoine, du début du 15e s.

Église N.-D. d'El Voló

De l'édifice roman du 12e s. subsiste le beau **portail** en marbre blanc réalisé par le **maître de Cabestany** *(voir p. 43)*. Au-dessus de l'arc décoré d'entrelacs, sept corbeaux sculptés supportent une frise illustrant des scènes de l'enfance du Christ.
Remarquez, à l'intérieur, le retable baroque du maître-autel ainsi que sur le mur gauche de la nef une prédelle du 15e s., surmontée de deux panneaux représentant à gauche saint Jean Baptiste et, à droite, saint Jean l'Évangéliste (15e s.).

Circuits conseillés Carte du Boulou

LA ROUTE DES ALBÈRES

Pour visualiser ce circuit de 49 km, reportez-vous au tracé sur la carte p. 226 – Comptez une demi-journée. Quittez Le Boulou à l'ouest par la D 115.
Le massif des Albères constitue la dernière avancée de la chaîne pyrénéenne à l'est. Cette montagne, à peine découpée, avant de s'engloutir dans la mer, isole deux compartiments affaissés : au nord, le Roussillon, au sud (en Catalogne espagnole), l'Ampurdan. Le point culminant, le pic Neulos, atteint 1 256 m.

★ Céret *(voir p. 234)*

Quittez Céret au sud-ouest par la D 13F, route de Fontfrède.
Laissant la route de Las Illas au col de la Brousse (alt. 860 m), prendre à droite une route en sous-bois, très sinueuse.
On atteint le **col de Fontfrède** (stèle juin 1940-juin 1944 : par cette montagne, les évadés de France rejoignirent, après un périple mouvementé passant par les geôles franquistes, l'armée de la Libération), puis la fontaine *(coin pour pique-niquer)*.
Revenez au col de la Brousse et prenez à droite vers Las Illas.
La route serpente à travers une végétation touffue. Puis des jardins en terrasses, des fermes éparpillées à flanc de pente, chacune avec son petit chemin d'accès, des troupeaux de chèvres à clarines signalent la présence humaine à chaque tournant. Le mas de la Case Nove, sur la gauche de la route, dans un grand virage, puis le mas Llansou, tout de suite après, sur la droite, sont caractéristiques de l'habitat traditionnel des Albères.
Après la traversée de Las Illas, la route suit la rivière du même nom, parcours en corniche offrant de bonnes vues sur les gorges.

Maureillas-las-Illas

Dans cette agréable villégiature, située au milieu de forêts de chênes-lièges (appelées suberaies) et de vergers, d'anciens bouchonniers ont créé un **musée du Liège** retraçant le travail de cette matière, depuis la levée sur l'arbre jusqu'au marquage du bouchon. *✆ 04 68 83 15 41 - juil.-août : 10h30-12h, 15h30-19h ; fév.-juin : tlj sf mar. 14h-17h - fermé janv. et j. fériés. - 3 € (-12 ans gratuit).*

Chapelle St-Martin-de-Fenollar

✆ 04 68 87 73 82 - visite guidée juil.-août : 10h30-12h, 15h30-19h ; reste de l'année : tlj sf mar. 14h-17h - fermé janv. et j. fériés - 3 € (-12 ans gratuit).

Fondée au 9e s. par les bénédictins d'Arles-sur-Tech, elle conserve, dans le chœur, d'intéressantes **peintures murales★** du 12e s. illustrant le mystère de l'Incarnation : au registre inférieur, l'Annonciation, la Nativité, l'Adoration des mages et le Retour des mages dans leur pays ; au-dessus, les 24 vieillards de l'Apocalypse ; à la voûte, le Christ en majesté entouré des quatre évangélistes, figurés par des anges tenant chacun un livre et le symbole approprié. Ce décor peint, caractérisé par la vigueur du trait et la fraîcheur des tons ocre, rouge, vert et bleu, séduisit des artistes comme Picasso et Braque.

La D 900, passant devant les Thermes, ramène au Boulou.

LA VALLÉE DE LA ROME

Pour visualiser ce circuit de 53 km, reportez-vous à la carte ci-dessous – Comptez une demi-journée. Quittez Le Boulou au sud par la D 900, en direction du Perthus. Cette route est très encombrée en été par les touristes allant se ravitailler en alcools, tabac, voire carburant, de l'autre côté de la frontière…

La vallée de la Rome, empruntée depuis plus de 2 000 ans par la voie Domitienne (via Domitia, construite entre 177 et 120 av. J.-C.), reste toujours une voie de communication très importante entre la France et l'Espagne. Délaissant l'autoroute « La Catalane », on y découvre un ensemble de sites mégalithiques, gallo-romains et médiévaux dans de superbes paysages, où tous les verts de la végétation sont mêlés.

Chapelle St-Martin-de-Fenollar

Voir ci-dessus.

Revenez à la D 900.

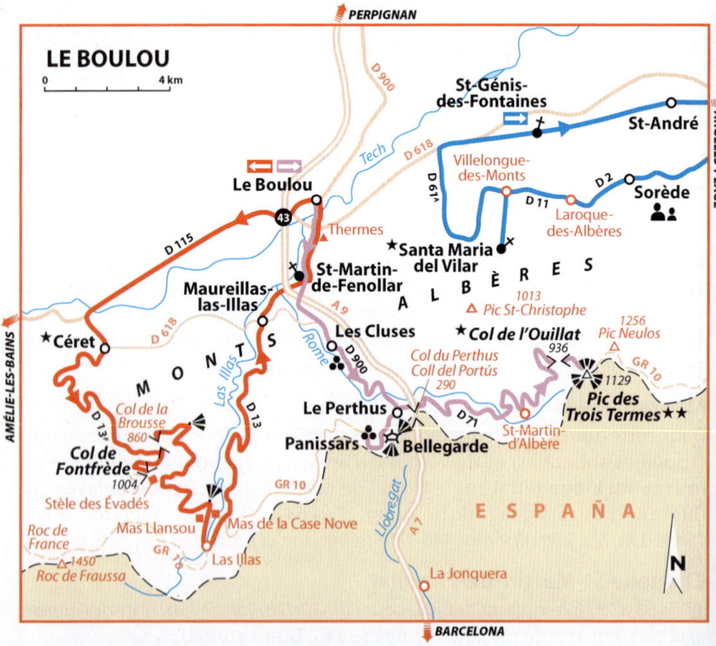

Les Cluses

Ce nom désigne un ensemble de hameaux situés de part et d'autre du défilé étroit (ou *clusa*, en latin) qu'empruntaient la voie Domitienne et la vallée de la Rome à cet endroit. De part et d'autre subsistent des vestiges de fortifications romaines des 3e-4e s. : sur la rive gauche, le **château des Maures** ou « Castell dels Moros » ; sur la rive droite, le **fort de la Cluse Haute**.
Du belvédère aménagé sur la « Dressera » (ancienne voie de crête romaine), on surplombe les ruines d'une porte, peut-être un ancien poste de péage où était perçu le « quarantième des gaules » sur les marchandises transitant entre la Narbonnaise et la Tarraconaise.
Contiguë à ce dernier fort, l'**église St-Nazaire** est une construction préromane à trois nefs (fin 10e s.-début 11e s.) se terminant par des absides en cul-de-four (restes de fresques dans la médiane : Christ Pantocrator dans une mandorle et un ange ailé, sans doute exécutés par le maître de Fenollar).

Le Perthus

Depuis la préhistoire, Le Perthus (mot dérivé d'un verbe latin signifiant « ouvrir à coups de pic ») n'a cessé de connaître le flux et le reflux des hordes, des armées, des réfugiés, des touristes enfin. Le bourg a succédé au 19e s. à un simple village de cabanes de douaniers.
Du centre du Perthus, prenez à gauche la direction du fort de Bellegarde.

Fort de Bellegarde

✆ 04 68 54 27 53 - www.le-perthus.com - mai-sept. : 10h30-18h30 ; reste de l'année se rens. - 3,50 € (enf. 2 €).
Isolé sur un rocher au-dessus du Perthus, à 420 m d'altitude, cet ouvrage de grande puissance a été reconstruit par Vauban entre 1679 et 1688 à l'emplacement d'un fort espagnol. On accède au fort par un pont-levis suivi d'une rampe qui débouche sur la place d'armes, vaste cour intérieure. Le bastion St-André conserve dans une salle basse le puits utilisé depuis le 18e s., entièrement creusé dans le rocher et parementé sur 50 m de hauteur.
De la grande terrasse, vaste **panorama★★** découvrant à l'ouest le Canigou et le pic de Fontfrède, au nord la vallée de la Rome et son étranglement au défilé des Cluses, la Pyramide de Ricardo Bofill qui, en bordure de l'autoroute, symbolise la jonction des deux Catalognes, le village étiré du Perthus, au sud le site de Panissars, et en Espagne la vallée du río Llobregat avec, en arrière-plan, la ville de La Jonquera.

Site archéologique de Panissars

Le col de Panissars constitua dans l'Antiquité, sous le nom de « Summum Pyrenaeum », la voie principale de franchissement des Pyrénées. Il marque la limite de partage des eaux, la frontière franco-espagnole et le point de jonction des voies Domitienne et Augustéenne (la via Augusta se poursuit jusqu'à Cadix en Andalousie). On y a retrouvé en 1984 les soubassements d'un monument romain enjambant la voie tracée dans le rocher : il est fort probable qu'il s'agisse des vestiges du trophée de Pompée érigé au retour de sa campagne victorieuse en Espagne sur Sertorius (71 av. J.-C.). Les bâtiments de la cour intérieure abritent des expositions sur la via Domitia, l'histoire du fort ou encore les trophées de Pompée.
Faites demi-tour et, au nord du Perthus, prenez à droite la D 71 vers le col de l'Ouillat.
D'abord ombragée de châtaigniers, la route s'attarde un instant sur le replat cultivé de St-Martin-d'Albère (magnifiques chênes). La vue se dégage sur le

Canigou et le versant sud des Albères ; au nord, la montagne St-Christophe dessine un profil humain regardant le ciel. Dans un virage à droite, vue sur le pic des Trois Termes.

★ Col de l'Ouillat

Alt. 936 m. Lieu de halte en lisière de la forêt domaniale de pins laricio de Laroque-des-Albères, dans un site frais (terrasse belvédère).

Passant dans la zone du hêtre puis du pin, la route débouche au pied du pic des Trois Termes.

★★ Pic des Trois Termes

Alt. 1 129 m. **Panorama** sur les ravins et les crêtes des Albères, la plaine du Roussillon et son chapelet d'étangs côtiers, les coupures du Conflent et du Vallespir. Du côté de l'Espagne, vue sur la Costa Brava, au-delà du cap de Creus, jusqu'à la courbe de la baie de Rosas.

Faites demi-tour pour regagner Le Boulou, ou regagnez Le Boulou par Sorède, sachant que le chemin non revêtu entre le pic des Trois Termes et Sorède n'est accessible qu'aux véhicules tout-terrain.

AU PIED DES ALBÈRES

Pour visualiser ce circuit de 32 km, reportez-vous à la carte p. 226 – Au départ de St-Génis-des-Fontaines (8,5 km à l'est du Boulou par la D 618 en direction d'Argelès et Collioure).

Saint-Génis-des-Fontaines

13 r. Georges-Clemenceau - 66740 St-Génis-des-Fontaines - 04 68 89 84 33 - www.ville-saintgenisdesfontaines.fr - juil.-août : 9h30-12h30, 15h-19h - avr.-juin et sept. : 9h30-12h30, 14h-18h - reste de l'année : 9h30-12h, 14h-17h - fermé 1er janv., 1er Mai, 25 déc.

Dans la plaine alluviale du Tech, le petit bourg entouré de vergers et de vignes dévoile volontiers ses charmes à ceux que les attraits de la Côte Vermeille toute proche ne font pas négliger les Albères. L'église paroissiale, avec son exceptionnel linteau sculpté, et le cloître sont les témoins esseulés du rayonnement de l'ancienne abbaye bénédictine.

Église – Le **linteau★★** en marbre blanc qui surmonte la porte de l'église représente deux groupes de trois apôtres entourant le Christ, qui trône au centre d'une gloire portée par deux anges agenouillés. Datant de 1020, il est l'une des plus anciennes manifestations datées de l'art roman en France.

Cloître – *04 68 89 84 33 - ♿ - juil.-août : 9h30-12h30, 15h-19h ; avr.-juin et sept. : 9h30-12h, 14h-18h ; janv.-mars et oct.-déc. : 9h30-12h, 14h-17h - fermé 1er janv., 1er Mai, 25 déc. - 2 € (-12 ans gratuit).* Le cloître, du 13e s., restitué à son emplacement d'origine après avoir été démantelé, comporte des galeries s'ouvrant par des arcs en plein cintre reposant sur des chapiteaux sculptés. Le décor de marbre frappe par sa variété : marbre rose de Villefranche-de-Conflent, blanc et gris de Céret.

Quittez St-Génis-des-Fontaines à l'est par la D 618.

St-André

Allée de la Liberté - 04 68 89 04 85 - www.saint-andre66.fr - de mi-juin à mi-sept. : tlj sf lun. 10h-12h, 14h30-19h30 - reste de l'année : tlj sf lun. 10h-12h, 15h-18h - fermé de janv. à mi-mars.

Laissez la voiture sur la placette ombragée à droite de la rue principale du village. Par une voûte, accédez à l'église.

Le linteau en marbre blanc de l'église Saint-Génis-des-Fontaines.
R. Manin / hemis.fr

L'**église**, du 12e s., présente extérieurement d'importants fragments d'appareil préroman en « arête de poisson ». Le portail est surmonté d'un linteau de marbre, de technique similaire à celui de St-Génis-des-Fontaines. À la fenêtre, décor de palmettes et de galons de perles avec, aux angles, les médaillons des évangélistes.

À l'intérieur, les fenêtres ont été dotées, en 1973, de châssis vitrés rappelant les dalles ajourées des claustras antiques. La table d'autel à lobes fait apparaître des motifs décoratifs analogues à ceux du linteau.

Pour compléter la visite de l'église, jetez un coup d'œil à la **Maison transfrontalière d'art roman**. *04 68 89 04 85 - www.saint-andre66.fr - de mi-juin à mi-sept. : tlj sf lun. 10h-12h, 14h30-19h - reste de l'année : tlj sf lun. et dim. 15h-18h - fermé de mi-sept. à mi-mars - 2 €, Pass Inter-Sites.*

Vous y découvrirez les reproductions à taille réelle des sculptures de l'ancienne abbaye de St-André, ainsi que le moulage du linteau ou celui de la stèle funéraire musulmane découverte dans l'église. Pour les enfants, bornes interactives et ateliers ludiques animent la visite.

Revenez en arrière et, après 500 m, prenez à gauche la D 11 vers Sorède.

Sorède

Ce village, spécialisé depuis des temps immémoriaux dans la fabrication de fouets et autres cravaches en bois de micocoulier, abrite aujourd'hui un vaste espace consacré aux tortues.

Vallée des Tortues – *06 74 18 92 11 - www.lavalleedestortues.com - de mi-mai à mi-août : 9h-19h ; de mi-août à fin sept. : 10h-18h ; reste de l'année se rens. Les horaires de fermeture correspondent aux horaires des dernières entrées - 10 € (2-10 ans 8 €). Compter 1h30 de visite.* À la fois centre d'élevage et d'étude, ce parc de 2 ha ne manquera pas de ravir les amoureux de ces reptiles, aussi sympathiques que silencieux. Une quarantaine d'espèces du monde entier, qu'elles soient terrestres ou aquatiques, sont ici représentées. Une nursery et des panneaux explicatifs agrémentent une visite à l'issue de laquelle vous seriez impardonnable de ne pas distinguer du premier coup d'œil la tortue d'Hermann de la tortue marginée. Également un itinéraire botanique sur la flore du bassin méditerranéen.

Retournez à Sorède et poursuivez sur la gauche la D 2 jusqu'à Laroque-des-Albères, puis la D 11 vers Villelongue-des-Monts. Du centre du village, suivez le Cami del Vilar, sur 2 km environ, en direction du prieuré.

★ Prieuré Santa Maria del Vilar

✆ 04 68 89 64 61 - http://prieureduvilar.free.fr - juil.-août : 15h-18h30 ; avr.-juin et sept.-oct. : 15h-18h ; nov.-mars : 14h30-17h30 - 4 € (enf. 2 €). Festival international lyrique et médiéval du Vilar, juil.-août : merc. 20h30.

C'est au cœur d'un site agréable, planté de chênes verts, d'oliviers et de cyprès, que se niche ce prieuré élevé au 11e s. par des moines de Vilabertrán. Abandonné depuis des siècles, il a repris vie grâce à une association. La visite est assurée par la communauté de moines orthodoxes roumains en résidence. À l'entrée de l'église, un portail en marbre blanc cérétan est une belle illustration du style roman catalan primitif. Il ornait depuis 1924 le château du Mesnuls en région parisienne, avant de retrouver, ces dernières années, ses Albères natales. Dans l'abside, admirez les fresques des 11e et 12e s. dont l'intensité des couleurs reste remarquable malgré les dégâts des infiltrations. À l'extérieur, le pignon du transept nord est coiffé d'un paratonnerre datant du 12e s. dont la simple pièce de fer, enchâssée dans une poterie, attire encore la foudre aujourd'hui. Le charmant cloître-promenoir abrite une exposition archéologique et religieuse, et la salle carolingienne, des expositions de peinture.

Retour à St-Génis par la D 61A, puis la D 618 à droite.

NOS ADRESSES AU BOULOU

HÉBERGEMENT

PREMIER PRIX

Camping Les Bruyères – *Rte de Céret - 66480 Maureillas-Las-Illas (au sud du Boulou, par la D 618, rte de Céret) - ✆ 04 68 83 26 64 - www.camping-lesbruyeres.fr - de mi-mars à mi-nov. - ♿ - réserv. conseillée - 95 empl. 19 € - wifi gratuit.* Cet agréable petit camping bien entretenu est installé sur un terrain planté de chênes-lièges. Emplacements en terrasses, bien ombragés et souvent délimités par des murets en pierre. La piscine ménage une belle vue sur les monts Albères. Mini-golf et parcours sportif.

BUDGET MOYEN

Relais des Chartreuses – *106 av. d'En-Carbonner - ✆ 04 68 83 15 88 - www.relais-des-chartreuses.fr - fermé 1er janv.-1er mars - ♿ - P - 14 ch. 60/155 € - ☕ 12 € - rest. 33 € - wifi gratuit.* Édifié à flanc de colline, mas en pierre, sans doute du 17e s., entièrement restauré. Spacieuses chambres personnalisées. Sauna, Jacuzzi et terrasse sous les tilleuls.

POUR SE FAIRE PLAISIR

Hôtel du Village Catalan – *66300 Le Boulou (accès par D 900 et A 9) - ✆ 04 68 21 66 66 - www.little-france.com/hcatalan - ♿ - P - 77 ch. 85/93 € - ☕ 11 €.* Sur une aire d'autoroute, hôtel d'étape doté de chambres fonctionnelles insonorisées, donnant parfois sur le jardin et la piscine. Garage privatif pour huit d'entre elles.

À St-André

BUDGET MOYEN

Chambre d'hôte Les Vignes – *40 r. des Albères - 66690 St-André - ✆ 04 68 89 18 13 - www.chambres-dhotes-lesvignes.fr - ♿ - P - 🚭 - 5 ch. 65 € ☕ - wifi gratuit.* Installées dans une construction indépendante de la maison des propriétaires, ces cinq chambres (dont une, au rez-de-chaussée, pour personne à mobilité réduite) disposent d'un mobilier neuf et de la climatisation, bien appréciable en été. Petits-déjeuners très copieux, accompagnés de charcuterie. Bon accueil et prix doux.

RESTAURATION

PREMIER PRIX

Hostal dels Trabucayres – *Place du village - 66480 Maureillas-Las-Illas - ✆ 04 68 83 07 56 - fermé 21 oct.-14 avr., mar. et merc. (hors sais.) - P - rest. (fermé de déb. janv. à mi-mars) 15 bc/53 € bc - 5 ch. 33/37 € - ☕ 5,50 €.* Vénérable et modeste auberge postée sur le GR 10 au cœur d'une suberaie. Cadre rustique originel, plats du terroir catalan et calme absolu. Chambres très simples et deux gîtes récents.

BUDGET MOYEN

L'Hostalet de Vivès – *R. de la Mairie - 66490 Vivès (à 7 km à l'ouest du Boulou) - ✆ 04 68 83 05 52 - www.hostalet-vives.com - P - fermé 13 janv.-5 mars, mar. (hors sais.) et merc. - 22/33 € - 3 ch. 60/75 € - ☕ 12 €.* Ravissante maison en pierre du 12e s. ayant conservé son cachet d'antan. Service en costume traditionnel et « gargantuesques » plats catalans. Quelques chambres fonctionnelles.

À Sorède

PREMIER PRIX

L'Auberge de Margaux – *10bis rte de Laroque - 66690 Sorède - ✆ 04 68 95 41 63 - www.aubergedemargaux.fr - formule déj. et dîner 12 € - 16/28 €.* Les amateurs de cuisine locale apprécient ce restaurant pour ses plats traditionnels et ses spécialités de poissons. Ne manquez pas de goûter, servie en portions copieuses, la grillade catalane avec son boudin noir et bien sûr la parillade maison cuite à la plancha.

EN SOIRÉE

Joa casino Le Boulou – *Rte du Perthus - espace des Thermes - ✆ 04 68 83 01 20 - www.joa-casino.com - 10h-3h.* 101 machines à sous, roulette anglaise et française, black-jack et Texas Hold'em poker. Un restaurant et un bar sur place.

ACHATS

Artisanat en micocoulier

ESAT Les Micocouliers – *R. du Stade - 66690 Sorède - ✆ 04 68 89 04 50 - www.fabrique-micocouliers.com - ♿ - P - mai-sept. : 9h-11h45, 13h45-16h45 (vend. apr.-midi 13h45-16h30) ; reste de l'année : 9h-11h30, 13h-15h - fermé w.-end, 23-31 déc. et j. fériés.* Dans ce centre d'aide par le travail, on fabrique fouets, cannes et cravaches en micocoulier. Visite possible de l'atelier en semaine.

ACTIVITÉS

Thermalisme

Thermes du Boulou – *D 900 - Espace des Thermes - ✆ 04 68 87 52 00 - www.chainethermale.fr - fév.-nov. : 7h-13h.* Soins des maladies de l'appareil digestif et cardio-artérielles.

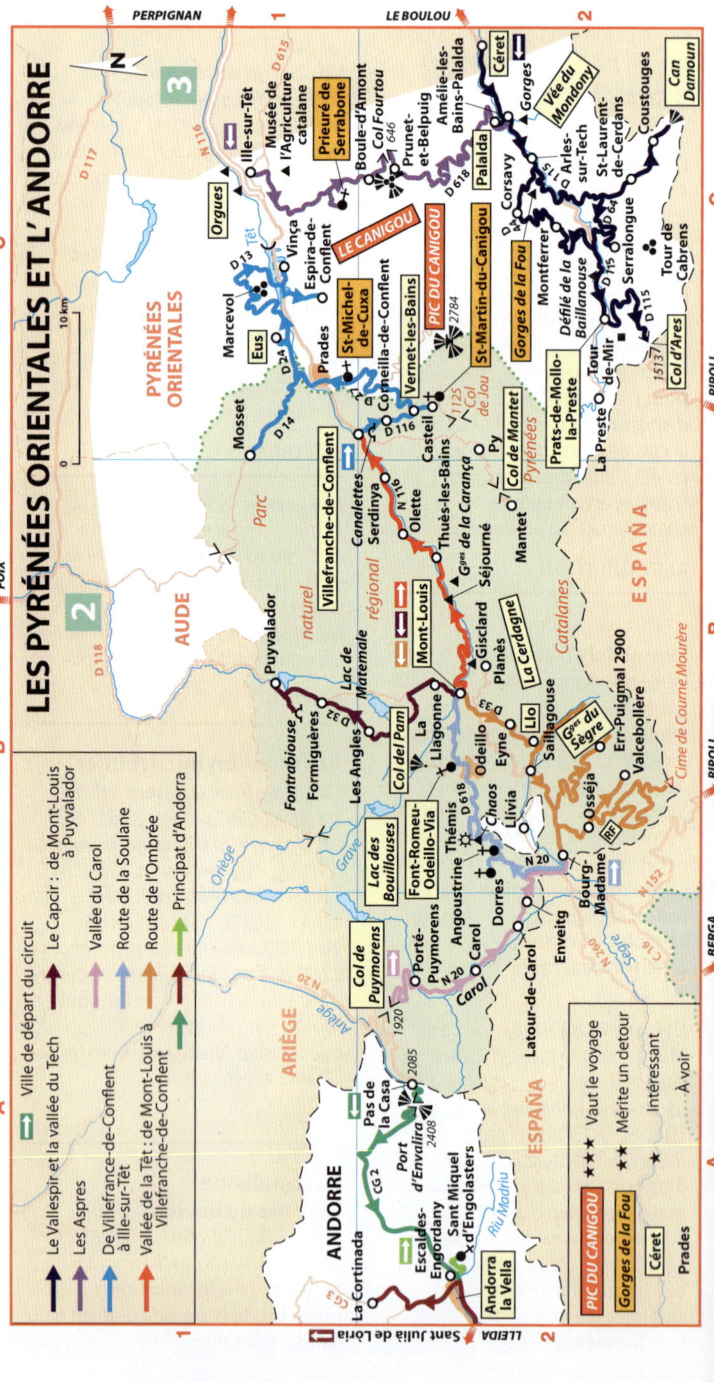
LES PYRÉNÉES ORIENTALES ET L'ANDORRE
Ville de départ du circuit
Le Vallespir et la vallée du Tech
Les Aspres
De Villefranche-de-Conflent à Ille-sur-Têt
Vallée de la Têt : de Mont-Louis à Villefranche-de-Conflent
Le Capcir : de Mont-Louis à Puyvalador
Vallée du Carol
Route de la Soulane
Route de l'Ombrée
Principat d'Andorra
PIC DU CANIGOU
Gorges de la Fou
Céret
Prades
★★★ Vaut le voyage
★★ Mérite un detour
★ Intéressant
À voir
PERPIGNAN
LE BOULOU
FOIX
RIPOLL
BERGA
LLEIDA
Sant Julià de Lòria
AUDE
ARIÈGE
PYRÉNÉES ORIENTALES
ESPAÑA
ANDORRE
Parc naturel régional Pyrénées Catalanes
Ille-sur-Têt
Orgues
Musée de l'Agriculture catalane
Prieuré de Serrabone
Boule-d'Amont
Col Fourtou
Prunet-et-Belpuig
LE CANIGOU
Vinça
Espira-de-Conflent
Marcevol
Eus
Prades
St-Michel-de-Cuxa
Codalet
Corneilla-de-Conflent
Vernet-les-Bains
Mosset
Villefranche-de-Conflent
Canalettes
Serdinya
Olette
Thuès-les-Bains
Gges de la Carança
Séjourné
Casteil
St-Martin-du-Canigou
Col de Jou
Py
Col de Mantet
Mantet
Mont-Louis
Gisclard
Planès
La Cerdagne
Puyvalador
Fontrabiouse
Formiguères
Lac de Matemale
Les Angles
Col del Pam
La Llagonne
Odeillo
Eyne
Llo
Saillagouse
Gges du Sègre
Err-Puigmal 2900
Valcebollère
Cime de Coume Mourère
Osséja
Llivia
Chaos
Thémis
Font-Romeu-Odeillo-Via
Lac des Bouillouses
Angoustrine
Dorres
Bourg-Madame
Enveitg
Latour-de-Carol
Carol
Porté-Puymorens
Col de Puymorens
Pas de la Casa
Port d'Envalira
Sant Miquel d'Engolasters
Escaldes-Engordany
Andorra la Vella
La Cortinada
Riu Madriu
Céret
Gorges
Vée du Mondony
Amélie-les-Bains-Palalda
Palalda
Corsavy
Arles-sur-Tech
St-Laurent-de-Cerdans
Coustouges
Can Damoun
Montferrer
Défilé de la Baillanouse
Serralongue
Tour de Cabrens
Prats-de-Mollo-la-Preste
La Preste
Tour de Mir
Col d'Ares
Têt
Ariège
Oriège
Segre
N 116
N 20
N 152
N 260
D 117
D 118
D 615
D 618
D 14
D 24
D 13
D 116
D 115
D 32
D 33
D 618
CG 2
CG 3
C 16
10 km
N

+ d'adresses

Les Pyrénées orientales et l'Andorre 4

Cartes Michelin Départements 344 – Aude (11) et Pyrénées-Orientales (66)
Cartes Michelin Départements 343 – Ariège (9) et Haute-Garonne (31)

Céret

★

7500 Cérétans – Pyrénées-Orientales (66)

NOS ADRESSES PAGE 240

S'INFORMER

Office de tourisme – *1 av. Georges-Clemenceau - 66400 Céret - ☎ 04 68 87 00 53 - www.ot-ceret.fr - juil.-août : 9h-13h, 14h-19h, dim. 10h-13h ; de mi-avr. à fin juin et sept. : tlj sf dim. et j. fériés 9h-12h, 14h-18h ; reste de l'année : tlj sf dim. et j. fériés 10h-12h, 14h-17h, sam. 9h-12h30.*

SE REPÉRER

Carte de microrégion C2 (p. 232) – *Carte Michelin Départements 344 H8.* À 33 km au sud-ouest de Perpignan par l'A 9 ou la D 900 puis la D 115. Pénétrez dans le Vieux Céret par la D 618.

À NE PAS MANQUER

Les vues depuis le Vieux Pont et le musée d'Art moderne ; en juillet, la feria et le festival folklorique. Dans les environs : la mystérieuse tombe de l'église abbatiale Ste-Marie, à Arles-sur-Tech, les gorges de la Fou et la vue depuis le site de Can Damoun.

ORGANISER SON TEMPS

Comptez 1h pour la ville (plus le samedi, jour de marché) et autant pour le musée.

AVEC LES ENFANTS

La visite du musée d'Art moderne de Céret et celle du Musée médiéval à Serralongue.

Amateurs d'art moderne, Céret est votre destination ! Marquée par les plus grands courants picturaux du 20e s., la petite cité du Vallespir peut s'enorgueillir de l'empreinte laissée par les artistes qui y ont séjourné. Parmi eux, les peintres cubistes qui surent si admirablement coucher sur leurs toiles les couleurs des vergers irrigués, où domine le rouge des cerises. Foyer vivant de la tradition catalane, la ville se met à vibrer en été au rythme des corridas et des sardanes. Aux terrasses des cafés, lieu de retrouvailles amicales, on se prend à rêver de ne plus repartir.

Se promener

Le Vieux Céret

Entre la place de la République et la place de la Liberté, les cours ombragés de gigantesques platanes sont favorables à la flânerie. Des remparts, il reste, place de la République, une porte fortifiée, la porte de France, et place Pablo-Picasso, un vestige restauré de la porte d'Espagne. Face aux arènes, *La Sardane de la paix*, en fer forgé soudé sur Inox, a été édifiée en 1973 d'après un dessin de Picasso et lui est dédiée.

L'ÉCOLE DE CÉRET

Au début du 20e s., les Cérétans virent accourir une foule d'artistes à la suite du sculpteur **Manolo Hugué** (1872-1975) : le compositeur **Déodat de Séverac**, **Pablo Picasso**, **Georges Braque**, **Juan Gris**, mais aussi **Auguste Herbin**, **Kisling** ainsi que le poète et peintre **Max Jacob**. L'école de Céret était née. Après l'interruption due à la Première Guerre mondiale, les séjours d'artistes encouragés par Manolo, Pierre Brune et Pinkus Krémègne reprennent avec **André Masson** et **Chaïm Soutine** en 1919, **Marc Chagall** en 1928-1929 et bien d'autres. Pierre Brune fut à l'origine de la création du musée d'Art moderne, qui ouvrit ses portes en 1950 avec un fonds constitué par les dons des artistes de passage à Céret. Depuis 1966, chaque été sont présentées d'importantes expositions d'art contemporain, faisant de Céret un haut lieu de la création artistique.

★ Vieux Pont

Nullement déprécié par le voisinage du pont routier moderne et du pont ferroviaire, ce « pont du Diable » (14e s.) à une seule arche de 45 m d'ouverture enjambe le Tech, à 22 m au-dessus de la rivière. Belle vue, d'un côté sur le massif du Canigou et, de l'autre, sur les Albères qui s'abaissent vers le col du Perthus. Descendre à pied, vers l'aval, à une scierie, pour admirer le pont.

★★ Musée d'Art moderne

✆ 04 68 87 27 76 - www.musee-ceret.com - ♿ - de déb. juil. à mi-sept. : 10h-19h ; 2 mai-30 juin et de mi- à fin sept. : 10h-18h ; 1er janv.-1er Mai : tlj sf mar. 10h-18h - possibilité de visite guidée (1h) sur demande (1 mois av.) - fermé 1er janv., 1er Mai, 1er nov., 25 déc. - 8 € coll. permanente + expo temporaire (-12 ans gratuit).

Le bâtiment, inauguré en 1993, a été conçu par l'architecte barcelonais Jaume Freixa. La porte d'entrée est flanquée d'un diptyque réalisé avec brio par Antoni Tàpies sur des plaques de lave émaillée. À l'intérieur, les volumes spacieux se répartissent harmonieusement autour des patios. Consacré à l'**art moderne**, le rez-de-chaussée abrite quelques œuvres célèbres parmi lesquelles la *Femme oiseau* de Joan Miró (1893-1983), *Les Gens du voyage* de Marc Chagall (1887-1985) ou encore la provocante *Marianne en deuil* de Ben. Par le don d'une quinzaine d'œuvres, **Matisse** (1869-1954) a participé à la création des collections du musée, aux côtés de **Picasso** dont vous pourrez voir une série de coupelles tauromachiques et des céramiques. Bien entendu, un hommage est rendu au sculpteur catalan Manolo Hugué, pionnier de l'art à Céret, et à Pierre Brune (1887-1956), fondateur du musée. Au **1er étage**, la collection d'art contemporain s'ouvre sur l'œuvre magistrale du sculpteur Toni Grand (1935-2005). Aux portraits en pied de Vincent Bioulès succèdent les acryliques de Claude Viallat, et les énigmatiques installations de Joan Brossa. L'accrochage est renouvelé tous les ans.

4

Circuit conseillé Carte de microrégion

★ LE VALLESPIR ET LA VALLÉE DU TECH C2

Pour visualiser ce circuit de 130 km au départ de Céret, reportez-vous à la carte de microrégion (p. 232) – Quittez Céret par la D 115 – Environ 6h.

Sur la route de l'Espagne, le Vallespir nous fait déjà changer d'air ! Traversée par les méandres du Tech, cette terre de contrastes oppose ses reliefs accidentés à la douceur de sa vallée où cerisiers et mimosas composent une éclatante palette. Amateurs d'authenticité et de tradition, ces communes, les plus méridionales du territoire français, vous combleront à coup sûr !

Amélie-les-Bains C2

10 km à l'est par la D 115.

22 av. du Vallespir - 66110 Amélie-les-Bains-Palalda - 04 68 39 01 98 - www.amelie-les-bains.com - se rens. pour les h.

Amélie, qui s'appelait autrefois « Bains-d'Arles » (sur Tech, bien entendu), doit son nom à la reine Amélie, épouse de Louis-Philippe, qui lança la station thermale au 19e s. Ses habitants sont les Améliens.

Établissements thermaux – La station est alimentée par des eaux riches en soufre jaillissant à 63 °C et réputées pour le traitement des rhumatismes et des affections des voies respiratoires. Les thermes du Mondony, établis à la sortie des gorges du Mondony, et les thermes romains, qui abritent une piscine romaine restaurée, sont gérés par la même société *(voir Nos adresses)*.

Gorges et vallée du Mondony C2

30mn à pied AR. Partez des thermes romains et, longeant l'hôtel des Gorges, atteignez la terrasse dominant la sortie des gorges. Suivez alors le sentier en corniche et les galeries accrochées à l'escarpement. Fraîche promenade, très agréable l'été.

★ **Vallée du Mondony** C2 – *6 km d'Amélie au Mas-Pagris. Parcours de corniche impressionnant (garages de croisement sur les 2 derniers km).*

Se détachant de l'avenue du Vallespir à la sortie amont de la localité, la route (signalisée « Montalba ») s'élève sur les pentes du piton du Fort-les-Bains. Tracée ensuite en palier, en vue des découpures du roc St-Sauveur, elle domine la vallée déserte, boisée uniformément de chênes verts. Laissant à gauche l'antenne de Montalba, poursuivez dans des gorges granitiques jusqu'au petit bassin de Mas-Pagris, base de promenades dans le haut vallon du Terme.

★ Palalda C2

À 3 km du centre d'Amélie par la D 618. Jumelé administrativement avec Amélie-les-Bains, le bourg médiéval de Palalda est un très bel exemple de village catalan. Parcourez les petites rues fleuries, parfois en forte pente, au pied de la mairie. La placette bordée par l'**église St-Martin** (beau retable retraçant la vie de saint Martin), le musée et la mairie, est le point le plus plaisant.

Les cerises de Céret.
M. Wagner / Fotolia.com

Musée de Palalda – *✆ 04 68 39 34 90 - sur demande (7 j. av.) de mi-fév. à mi-déc. : 10h-12h, 14h30-17h30, sam. et lun. 14h30-17h30 - fermé dim. - 2,50 €.* Il abrite deux sections. Le **musée des Traditions et Arts populaires** présente des outils de métiers aujourd'hui disparus ou mécanisés comme par exemple la fabrication des espadrilles. Remarquez le « truc », jeu de cartes typiquement catalan. Vingt mètres en contrebas, place de la Nation, deux salles reconstituent l'atmosphère d'une cuisine et d'une chambre au début du 20e s. On observera aussi l'évocation de la cargolade, plat d'escargots grillés, dégustés avec un aïoli et arrosés de rivesaltes ou de banyuls. On en a l'eau à la bouche !
Le **musée de la Poste en Roussillon** – Tableaux, documents, objets divers et reconstitution d'un bureau de poste de la fin du 19e s. retracent l'histoire de cette activité en Vallespir. Ainsi, les tours à feu et un code dans l'utilisation des fumées permettaient d'avertir l'ensemble de la région, en un quart d'heure, en cas d'invasion ennemie. Parmi les machines exposées : rare exemplaire de la « Daguin », machine à oblitérer. On remarquera enfin le costume du postillon avec ses imposantes bottes.
Revenez à Amélie et poursuivez sur la D 115.

Arles-sur-Tech C2

4

Foyer de traditions en haut Vallespir (on y fabrique des tissus catalans traditionnels), Arles s'est bâti autour d'une abbaye installée au bord du Tech vers l'an 900, dont subsistent l'église et le cloître.
Église abbatiale Ste-Marie – *De la place centrale (au sud de la D 115), un escalier permet d'y accéder - ✆ 04 68 83 90 66 - juil.-août : 9h-18h, dim. 14h-17h ; sept.-juin : 9h-12h, 14h-18h (avr.-juin et sept.-oct. : dim. 14h-17h) - fermé 1er Mai, 1er nov., 11 Nov., 1er janv., 25 déc.- 3,50 € (-12 ans gratuit).* Au tympan du portail, un Christ en majesté s'inscrit dans une croix grecque décorée des symboles évangélistes (11e s.). Au-dessus, belle statue funéraire (début du 13e s.) de Guillaume Gaucelme de Taillet. À gauche de l'entrée principale de l'église, derrière une grille, sarcophage en marbre blanc du 4e s., la **Sainte Tombe**, d'où suintent chaque année plusieurs centaines de litres d'une eau très pure.
Dans la 1re chapelle à droite, le grand retable baroque des saints Abdon et Sennen retrace le martyre de ces jeunes princes kurdes vénérés jadis en Roussillon pour leur pouvoir protecteur. La 2e chapelle réunit trois représentations du Christ : ces effigies, les *misteris*, sont portées par les pénitents la nuit du Vendredi saint. Une porte, au bas du collatéral gauche, donne accès au cloître gothique (13e s.).
Quittez Arles au sud par la D 115.

LE MYSTÈRE DE LA SAINTE TOMBE

Depuis le 16e s., le sarcophage de l'église abbatiale Ste-Marie d'Arles-sur-Tech se remplit d'une eau limpide dont la provenance reste une énigme. En 1961, les hydrologues Pérard et Leborgne entreprirent une étude afin d'élucider l'étrange phénomène. Après avoir comparé le niveau d'eau du sarcophage aux épisodes pluvieux, ils conclurent à une porosité du couvercle. Conclusion démentie par les représentants de la paroisse, qui déclaraient y puiser l'eau même en saison sèche. En 1997, une nouvelle enquête est réalisée. Au terme de trois années de recherche, il apparaît que le phénomène serait la conjugaison d'infiltration d'eau de pluie et de condensation de rosée. Pourtant, face aux explications scientifiques s'opposent toujours la force et le charme du mystère.

La route passe de la rive droite à la rive gauche du Tech.
Laissez la voiture près du sentier qui mène, à droite, dans les belles gorges de la Fou.

★★ Gorges de la Fou C2

1h30 à pied AR (parcours de 1 500 m le long de passerelles bien entretenues). Port du casque obligatoire. ✆ 04 68 39 16 21 - juil.-août : 9h30-18h30 ; avr.-juin et sept. : 10h-18h ; oct.-nov. : 10h-17h - fermé déc.-mars et en cas de pluie - 6,60 € (5-12 ans 3,40 €). Une promenade que vous n'êtes pas près d'oublier ! La fissure n'atteint pas 1 m de largeur par endroits, pour une hauteur de plus de 200 m. Les parties où grondent les cataractes, chutant de marmite en marmite, alternent avec des passages plus lumineux. Remarquez plusieurs blocs coincés.
Revenez à la D 115. À 3 km, prenez à gauche la D 3.
La route est agréablement tracée sur le versant « ombré » du Vallespir foisonnant de verdure (érables, châtaigniers) avivée par de nombreux ruisseaux.

St-Laurent-de-Cerdans C2

À 10 km du carrefour.
Bourg le plus peuplé de cette partie sud du Vallespir, connu pour ses ateliers de fabrication d'espadrilles et pour ses ateliers de tissage (tissus catalans traditionnels). Un **musée** évoque cette activité. *✆ 04 68 39 55 75 - juil.-août : 10h-12h, 15h-18h, w.-end et j. fériés 10h-12h, 15h-17h ; oct.-juin : tlj sf w.-end et j. fériés 15h-17h - 2,50 € (enf. 1,50 €).*

Coustouges C2

4 km plus loin.
Petit village de montagne occupant l'emplacement d'un poste de garde romain, dont il conserve la trace dans son nom (*custodia* : « garde »).
L'**église** fortifiée du 12e s. a gagné avec le temps une admirable patine. Un cordon décoratif en dents d'engrenage court sous les combles, de même sous le parapet de la tour. Il se superpose, au chevet, à un délicat motif d'arcatures. La porte sud ouvre sur un porche obscur, d'où l'on pénètre dans le vaisseau par un portail roman taillé, fait exceptionnel en Roussillon, non dans le marbre mais dans la pierre tendre, et décoré de nombreuses sculptures. Le chœur est fermé par une belle grille de fer forgé, montrant ce décor de volutes que l'on retrouve souvent en Vallespir dans les pentures des portes anciennes.

Can Damoun

Site★ panoramique, au-dessus des vallées sauvages et silencieuses des confins ampourdanais. Des abords de l'oratoire N.-D.-du-Pardon (1968), vue sur la baie de Rosas, à l'extrémité de la Costa Brava.

Faites demi-tour jusqu'à La Forge-del-Mitg et prenez à gauche la D 64. Tournez ensuite à gauche vers Serralongue.

Serralongue C2

Montez à pied à l'église. édifiée aux 11e et 12e s., l'**église romane**, en granit rose et bleu, présente un beau portail à quatre voussures où s'ouvre une porte ornée de ferronnerie catalane et d'un verrou en forme de dragon. À l'intérieur, le retable baroque en bois polychrome et doré date de 1713 ; la roue à cloches, appelée *rodella*, était chargée jadis de chasser les mauvais esprits.

En sortant, remarquez au sommet de la colline les ruines du *conjurador* : cet édicule à quatre ouvertures, au-dessus desquelles des niches abritaient autrefois les quatre évangélistes, servait lorsque l'orage menaçait les récoltes. Le curé venait y prier pour « conjurer » le péril en se tournant du côté des nuées.

Musée médiéval – *✆ 04 68 39 62 14 - juil.-août : 14h30-18h30, mat. sur demande préalable ; sept.-juin : sur demande préalable - visite guidée de l'église, du conjugador et du musée 3,50 € (enf. 1,50 €).*

Des forges catalanes aux moulins à farine ou encore des meules à charbon de bois aux foulons à draps, c'est toute l'histoire des activités traditionnelles du haut Vallespir qui vous est contée à travers une série de **maquettes animées★**, véritables petits chefs-d'œuvre réalisés par un homme aussi passionnant que passionné !

Faites demi-tour et prenez la D 64 à gauche puis la D 115 à gauche vers Le Tech.

Défilé de la Baillanouse C2

La route, emportée par des inondations catastrophiques en octobre 1940, fut reconstruite plus haut. On reconnaît encore, à droite, un arrachement de terrain au flanc du Puig Cabrès. De là descendit un éboulement énorme ayant barré la vallée sur une hauteur de 40 m.

★ Prats-de-Mollo C2 *(voir p. 243)*

Dans la montée vers le col d'Ares, on découvre tout de suite vers le sud la **tour de Mir**, l'une des tours à signaux les plus élevées du Roussillon.

Plus loin, on aperçoit les **tours de Cabrens** dans l'éventail des vallées boisées convergeant vers Serralongue. Bientôt apparaît sur la gauche la chapelle N.-D.-du-Coral.

★ Col d'Ares C2

Alt. 1 513 m. Situé à la frontière, il ouvre la route vers l'Espagne (Ripoll, Vic, Barcelone).

Faites demi-tour. Au Tech, prenez à gauche la D 44.

À gauche, une curieuse montagne pyramidale porte la tour de Cos (alt. 1 116 m).

Montferrer C2

L'église a un joli clocher roman. À gauche, ruines d'un château.

Continuez sur la D 44.

Dans un virage à gauche, au point culminant de la route (899 m), le panorama prend toute son ampleur sur le massif du Canigou, les Albères, le Roussillon et la Méditerranée. La route traverse bientôt le ruisseau de la Fou (très belle vue). On aperçoit à gauche l'ancienne tour de guet de **Corsavy**, élevée par le seigneur du même nom pour surveiller la vallée, puis l'on traverse le village du même nom (ruines de l'ancienne église paroissiale). La D 43 descend dans la fraîche vallée du Riuferrer.

NOS ADRESSES À CÉRET ET EN VALLESPIR

HÉBERGEMENT

PREMIER PRIX

Hôtel des Bains et des Gorges – *6 pl. Arago - 66110 Amélie-les-Bains-Palalda - ✆ 04 68 39 29 02 - www.hotel-restaurant-bains-gorges.com - fermé 15 déc.-1er mars. - 43 ch. 35/50 € - ☕ 6 € - rest. 13/18 €.* L'intérêt de cet hôtel tient avant tout à sa proximité avec les thermes et à ses prix, plutôt doux. Chambres sobres et propres, disposant parfois d'un balcon. Cuisine catalane dans une spacieuse salle à manger au décor rénové.

BUDGET MOYEN

Hôtel Les Arcades – *1 pl. Picasso - 66400 Céret - ✆ 04 68 87 12 30 - www.hotel-arcades-ceret.com - 30 ch. 46/63 € - P - ☕ 7 € - wifi gratuit.* Au cœur du village, cet hôtel familial tenu par deux frères a une amusante collection d'affiches, lithos et tableaux laissés ici par des peintres de passage… Préférez les chambres de derrière, plus calmes que celles de la façade.

Hôtel Les Glycines – *R. du Jeu-de-Paume - 66150 Arles-sur-Tech - ✆ 04 68 39 10 09 - fermé de mi-nov. à mi-fév. - P - 49/52 € - ☕ 7,50 € - rest. formule déj. 13 € - 16/27 €.* La façade ocre de cette bâtisse proche du centre-ville dissimule un agréable hôtel-restaurant. Chambres fonctionnelles, salle à manger contemporaine et terrasse ombragée d'une glycine centenaire où il fait bon s'attabler autour d'un plat traditionnel ou d'une spécialité catalane.

POUR SE FAIRE PLAISIR

Hôtel Le Roussillon – *Av. Beau-Soleil - 66110 Amélie-les-Bains-Palalda - ✆ 04 68 39 34 39 - P - 30 ch. 73 € - ☕ 10 € - rest. formule déj. 16,50 € - 23 €.* Aux portes d'Amélie, construction récente aux chambres bien rénovées, spacieuses et claires. Un beau bâtiment du 19e s., situé à côté, abrite les salons dotés de billards.

Chambre d'hôte Sanglier Lodge – *6 r. Route-Royale - 66230 Le Tech - ✆ 04 68 39 62 51 - www.sanglier-lodge.com - fermé nov.-avr. - ⊠ - 4 ch. 68 € ☕ - rest. 25 €.* Parmi les 4 chambres aménagées dans cette habitation au cœur du village, la plus atypique reste celle qui trouve sa place dans l'ancienne boulangerie, où subsiste le four à pain. Un rangement astucieux utilisant chaque recoin met les salles d'eau en valeur. Cuisine régionale et grillades aux accents sud-africains.

Chambre d'hôte Case Guillamo – *66230 Serralongue - ✆ 04 68 39 60 50 - www.caseguillamo.com - P - ⊠ - 90/140 € ☕ - rest. 30 €.* Seul le chuchotement du ruisseau en contrebas peut troubler le calme de cette clairière, accessible par un chemin de 2 km dans la forêt. Autant dire que cette grande bâtisse respire la quiétude. Chambres de caractère rustique. Table d'hôte gourmande, préparée par un grand amateur de cuisine.

UNE FOLIE

Domaine de Falgos – *66260 St-Laurent-de-Cerdans - ✆ 04 68 39 51 42 - www.falgos.com - fermé 12 nov.-19 mars - P - 25 ch. 139/209 € - rest. 39/50 € - wifi gratuit.* Voilà un lieu de villégiature de rêve pour ceux qui veulent se mettre au vert… À 1 100 m d'altitude, dans un magnifique domaine au cœur des Pyrénées-Orientales, vous pourrez profiter du golf et du fitness de ce bel hôtel récent agréablement décoré. Quelques appartements avec cuisine.

RESTAURATION

BUDGET MOYEN

Le Chat qui Rit – *1 r. de Céret - 66400 Reynès (la Cabanasse, à 1,5 km par la rte Amélie) - ✆ 04 68 87 02 22 - lechatquirit@wanadoo.fr - www.le-chat-qui-rit.fr - fermé sem. de noël, 4-31 janv., 1re quinz. de mars, mar. soir, merc. tte la journée (sf juil.-août) - P - formule déj. 14 € - 24/40 €.* Cette maison bâtie en 1884 au bord de la route abrite aujourd'hui un restaurant où l'on propose, dans un décor privilégiant l'abstraction, une cuisine de saison à base de produits de la région, complétée par de copieux buffets de hors-d'œuvre et de desserts. Accueil attentionné et atmosphère conviviale.

Del Bisbe – *4 pl. Soutine - 66400 Céret - ✆ 04 68 87 00 85 - fermé juin, nov., fév., mar. et merc. - formules déj. à partir de 13 € - 20/32 € - 9 ch. 40 € - ☕ 6 €.* Cet hôtel-restaurant a investi la maison de l'Évêque, une demeure du 18e s. Authentique décor rustique, jolie terrasse sous une treille et cuisine du terroir. Bar à tapas. Petites chambres très simples en sus.

BOIRE UN VERRE

Salon de thé

La Rosquilla Fondante Séguéla (Pâtisserie Pérez-Aubert) – *12 r. des Thermes - 66110 Amélie-les-Bains-Palalda - ✆ 04 68 39 00 16 - 8h-12h30, 15h-19h - fermé merc., 2 sem. en fév. et 3 sem. en juil.* Ici, en 1810, Robert Séguéla, pâtissier de son état, inventa la rousquille, biscuit parfumé au citron et enrobé d'un glaçage au sucre. L'établissement est aujourd'hui un salon de thé lumineux et calme proposant environ 50 références de thés, des infusions aux fruits, des glaces maison, etc.

ACHATS

Marché

Marché aux légumes – *Pl. de la République - 66110 Amélie-les-Bains - 7h-12h.*

Espadrilles

Création catalane - *Chemin du Baynat-d'En-Pouly - 66100 St-Laurent-de-Cerdans - ✆ 04 68 54 08 68 - www.espadrille-catalane.com - mai-sept. : lun.-sam. 10h-12h, 14h-19h, dim. (de mi-juin à mi-sept.) 15h-19h ; reste de l'année : lun.-vend. 15h-17h.* Depuis février 2008, cette entreprise a repris le flambeau de la fabrication d'espadrilles et de *vigatanes* (les espadrilles catalanes traditionnelles des danseurs de sardane, avec leur ruban tressé que l'on noue autour de la cheville). Les collections affichent un beau choix de motifs et de coloris.

Vin

Les Caves du Roussillon – *10 r. des Thermes - 66110 Amélie-les-Bains - ✆ 04 68 39 00 29 - www.lescavesduroussillon.fr - mai-août : 9h-19h30, dim. et j. fériés 9h-12h30 ; reste de l'année : 9h-19h, dim. et j. fériés 9h-12h30.* Les amateurs de bons vins peuvent venir déguster ici quelques crus régionaux : banyuls, collioure, rivesaltes… Avec plus de 300 vins du Roussillon et une centaine de banyuls, le choix serait plutôt difficile sans les conseils avisés de l'équipe de l'établissement. Les jeudis matin, dégustation en compagnie d'un propriétaire récoltant.

4

ACTIVITÉS

Thermalisme

Établissement thermal – *Pl. du Mar.-Joffre - 66110 Amélie-les-Bains-Palalda - ✆ 0 825 826 366 - www.chainethermale.fr - hte sais. : 7h-16h ; reste de l'année : se rens. - fermé dim., 21 déc.-25 janv.* Avec ses mimosas, lauriers-roses, palmiers et agaves, Amélie-les-Bains (alt. 230 m) s'illustre par la douceur de son climat. La station est alimentée par des eaux riches en soufre jaillissant à 63 °C, réputées pour le traitement des rhumatismes et des affections respiratoires. Amélie possède deux établissements : les thermes du Mondony, et les thermes romains, qui abritent une piscine romaine restaurée. Le spa thermal *(ouv.ts les sam.)* propose ses forfaits « aqua » à partir de 55 € et un accès au spa avec jets sous marins et bains de boue pour 25 €.

Golf

Golf-Compact – *Parc des Sports - 66110 Amélie-les-Bains - ✆ 04 68 39 37 66 - se rens. pour les h.* Ce « compact golf » ombragé est situé à côté du Tech, dans un environnement arboré et fleuri. Il dispose d'un parcours de 7 trous par 21, pratique pour l'entraînement des joueurs débutants ou confirmés. Club house. Terrain de tennis.

AGENDA

Céret de Toros – C'est le nom de la feria qui se tient durant le 2e week-end de juillet : lâchers de vachettes, animations diverses dans les rues, corridas organisées par l'ADAC (Association des Aficionados céretans) et réputées pour les élevages sélectionnés.

Festival folklorique de sardane – Cette grande rencontre de *colles* (équipes de danseurs), qui a lieu durant la 2e quinzaine de juillet, en nocturne, est aussi un concours. Après le défilé dans les rues, les danseurs, réunis dans les arènes, exécutent au son de la *cobla* (orchestre) différentes sardanes, pour lesquelles ils sont jugés. Tout s'achève par la sardane de Germanor (de fraternité) où quelques centaines de danseurs se retrouvent en cercles concentriques pour célébrer l'amitié après la compétition. Depuis quelques années, cette dernière sardane se fait aux lampions.

Amélie-les-Bains devient un haut lieu du folklore durant la 2e sem. d'août avec le **Festival folklorique international**. Rens. à l'office de tourisme.

Procession nocturne des Pénitents noirs – *Vendredi saint - dép. du cloître de l'abbaye Ste-Marie d'Arles-sur-Tech.*

Fête de l'ours d'Arles-sur-Tech – *1er w.-end de fév.*

Fête de la cerise – *3e w.-end de mai.* Grand marché de la cerise et défilés de *bandas* sur les boulevards.

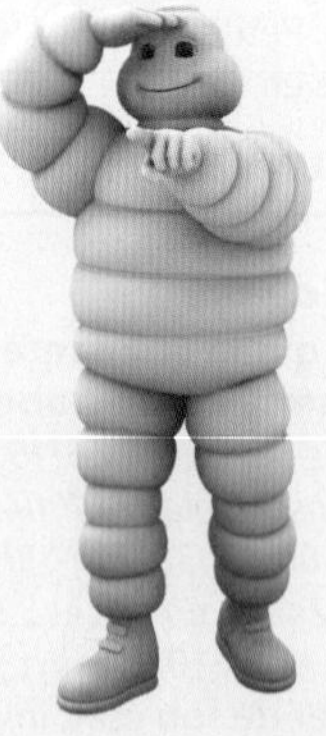

Prats-de-Mollo

★

1 148 Pratéens – Pyrénées-Orientales (66)

NOS ADRESSES PAGE 245

S'INFORMER
Office de tourisme – *Pl. du Foiral - 66230 Prats-de-Mollo - La Preste - 04 68 39 70 83 - www.pratsdemollolapreste.com - juil.-août : 9h-12h30, 14h-18h30 ; reste de l'année : tlj sf w.-end et j. fériés 9h-12h, 14h-18h.*

SE REPÉRER
Carte de microrégion C2 (p. 232) – *Carte Michelin Départements 344 F8.*
À 63 km au sud-ouest de Perpignan par l'A 9 puis la D 115, Prats-de-Mollo est la commune la plus au sud sur le méridien de Paris. Avant d'entrer dans Prats, ralentissez à la hauteur du défilé de la Baillanouse sur la D 115.

À NE PAS MANQUER
Le retable baroque de l'église romane ; le panorama depuis le fort Lagarde et la vue depuis la ville haute.

ORGANISER SON TEMPS
Comptez 2h pour la ville.

AVEC LES ENFANTS
La visite-spectacle du fort Lagarde, notamment la relève de la garde.

Accrochée aux contreforts sud du massif du Canigou, Prats-de-Mollo (prononcez, à la catalane, « Pratss-de-Moyo ») allie le cachet d'une ville close fortifiée au charme d'une cité catalane de montagne. Place frontalière, ancienne terre de révolte, la petite ville voit ses ruelles pittoresques s'animer en février lorsque la Fête de l'ours bat son plein. Toute l'année, prenez ici un grand bol d'air pur au cœur d'une nature préservée.

4

Se promener Plan de ville

Pour visualiser le circuit, reportez-vous au tracé vert sur le plan p. 244. Entrez dans la ville par la porte de France et suivez la rue commerçante du même nom. Face à la place d'Armes, monter les degrés de la rue de la Croix-de-Mission, dominée par une croix des Outrages.

Église

Une église romane fortifiée, dont subsiste le clocher crénelé, précéda le bâtiment actuel, qui date du 17e s. Portail décoré de volutes en fer forgé, à la manière catalane, du 13e s. Un curieux ex-voto est fiché dans le mur de droite : c'est une côte de baleine mesurant plus de 2 m. Dans la chapelle qui fait face à la porte est placée la statue de Notre-Dame du Coral, copie de celle du 13e s. vénérée dans l'ancien sanctuaire de bergers du même nom situé près du col d'Ares *(voir Le Vallespir)*. Le **retable baroque★** du maître-autel (1693), mesurant près de 10 m de haut et recouvert de feuilles d'or en 1745, n'est pas sans rappeler celui de la cathédrale de Séville ; il représente la vie et le martyre des saintes Juste et Ruffine, patronnes des deux cités.

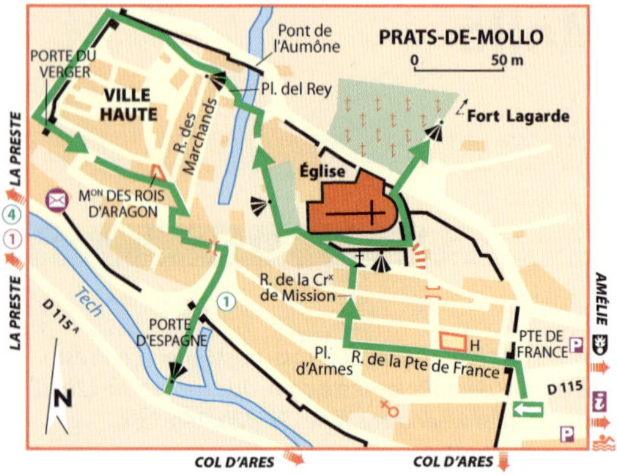

SE LOGER

Bellevue (Hôtel)........... ①

Val du Tech (Hôtel Le)...................... ④

SE RESTAURER

Ribes................................ ①

Longez le côté sud de l'église et contournez le chevet par un chemin de ronde fortifié. Porte de la Fabrique, pénétrez dans le chemin couvert, en forte montée, menant au fort Lagarde (on peut également emprunter à droite de la porte de la Fabrique un sentier pédestre, moins pentu).

Fort Lagarde

04 68 39 70 83 - juil.-août : 10h30-13h, 14h-18h30 ; avr.-juin et sept.-oct. : tlj sf lun. 14h-18h - possibilité de visite guidée (1h30) sur demande (1 j. av.) - 3,50 € (-12 ans 2,50 €).

Bâti sur un éperon rocheux dominant la ville, le fort Lagarde est une réponse à la menace espagnole et à la révolte des Angelets. La place d'armes et le Pâté à Comète, qui abrite le pavillon et les caves des officiers, ont été construits à partir de 1686, d'après les plans de fortifications établis par **Vauban**. Le donjon, en forme d'étoile, édifié en 1677, constitue la base de la construction. Il enserre la tour de La Guardia, ancienne tour à signaux, datant du 13e s. Au sud, deux lignes de défense protègent le donjon : la contregarde et l'enceinte basse dite « fausse braie ». L'ouest, quant à lui, est renforcé par une place d'armes et une traverse. Malgré ces principes de fortification bastionnée, l'édifice tomba aux mains de l'ennemi lors de la guerre de 1793 entre Français et Espagnols. Ce n'est que l'année suivante que les troupes françaises purent récupérer cette place stratégique.

Revenez à l'église et prenez à droite.

En vue de l'hospice, descendre les marches à gauche et suivre la rue longeant, en contrebas, le jardin de l'hospice. Traverser le torrent sur un pont fortifié immédiatement en aval du vieux pont en dos d'âne de la Guilhème. On pénètre alors dans la ville haute.

★ Ville haute (Ville d'Amoun)

Place del Rey, où se dresse une ancienne maison du génie militaire, s'élevait l'une des résidences des comtes de Besalú, ayant régné, au 12e s., sur l'un des nombreux comtés catalans. Au départ de la rue des Marchands, montez à droite un escalier sculpté. Du sommet, vue sur l'église dominant la ville basse.

Longez le mur d'enceinte et sortez de la ville par une porte moderne pour y rentrer par la suivante (bretèche), dite du Verger.

On arrive à un carrefour dominé par une maison formant proue ; selon certains, il s'agirait d'un ancien palais des rois d'Aragon, selon d'autres, elle aurait abrité le siège de la corporation des tisserands – on produisait autrefois des draps et des toiles de grande qualité dans la région du haut Vallespir. Une ruelle en descente mène enfin à la porte de sortie. Passer la porte d'Espagne ; de la passerelle sur le Tech, vue sur le front sud de la ville.

À proximité Carte de microrégion

La Preste C2

À la sortie nord-ouest de Prats-de-Mollo, la D 115[A] mène, en 8 km, à la station hydrominérale de La Preste (alt. 1 130 m). Ses cinq sources, jaillissant à 44 °C, traitent les maladies de l'appareil urinaire et les maladies métaboliques. C'est Napoléon III qui fit construire cette route d'accès. Il avait l'intention de faire une cure à la station ; la guerre de 1870 l'obligea à y renoncer.

★ **Ripoll**

55 km au sud-ouest, en Catalogne espagnole. Voir p. 353.

NOS ADRESSES À PRATS-DE-MOLLO

HÉBERGEMENT

BUDGET MOYEN

Hôtel Bellevue – *Pl. du Forail - 66230 Prats-de-Mollo-La-Preste - ✆ 04 68 39 72 48 - www.hotel-le-bellevue.fr - fermé mar., merc. du 30 oct. au 30 mars - P - 17 ch. 50/70 € - ☕ 10 € - rest. 23/50 €.* Curistes et touristes sont bien reçus dans cette maison familiale. Au restaurant, le jeune patron leur mitonne des recettes catalanes actualisées. Les chambres au mobilier de bois sont fraîches et bien tenues, style contemporain. Terrasse en façade et petit jardin sur l'arrière.

Hôtel Le Val du Tech – *À La Preste - 66230 Prats-de-Mollo-La-Preste - ✆ 04 68 39 71 12 - www.hotel-levaldutech.com - fermé 1er nov.-7 avr. - 25 ch. 50/56 € - ☕ 7 € - rest. 16/26 €.* Cet hôtel-restaurant s'accroche à flanc de colline à quelques encablures des thermes. Curistes et randonneurs apprécient de se retrouver dans sa salle à manger rustique, autour de bons petits plats traditionnels. Les chambres, agrémentées d'un mobilier rustique typiquement catalan, donnent pour la plupart sur la vallée.

RESTAURATION

BUDGET MOYEN

Ribes – *À La Preste - 66230 Prats-de-Mollo-La-Preste - ✆ 04 68 39 71 04 - P - www.hotel-ribes.com - fermé 23 oct.-17 avr. - 17/29 €.* Situation isolée au beau milieu des prés, vue reposante et splendide sur les Pyrénées et la vallée du Tech, ambiance familiale et généreuse table régionale (le frère du patron, agriculteur, fournit viandes et légumes) : cette adresse respire l'authenticité. Les chambres, proprettes, séduiront les amoureux de grand calme.

SPECTACLE

Visite-spectacle – Visite guidée du fort sur le thème militaire : des cavaliers en costume d'époque illustrent l'entraînement militaire au 18e s. *✆ 04 68 39 70 83 - de mi-juil. à fin août tlj sf sam. : spectacle à 15h30 - 9,50 € (enf. 6,50 €).*

4

Prieuré de Serrabone

★★

Pyrénées-Orientales (66)

NOS ADRESSES PAGE CI-CONTRE

S'INFORMER

04 68 84 09 30 - www.cg66.fr - 10h-18h (dernière entrée 30mn av. fermeture) - fermé 1er janv., 1er Mai, 1er nov., 25 déc. - 3 € (enf. 2 €).

SE REPÉRER

Carte de microrégion C1 (p. 232) – *Carte Michelin Départements 344 G7.*
À 41 km à l'ouest de Perpignan par la N 116. Après Ille-sur-Têt, prenez à gauche la très étroite D 618 qui dessert Bouleternère puis longe les gorges du Boulès. À 7,5 km de Bouleternère, accès par une route à droite en forte pente, très sinueuse (4 km).

À NE PAS MANQUER

Les chapiteaux aux influences orientales de la galerie sud et la tribune de marbre rose de l'église.

ORGANISER SON TEMPS

Comptez 45mn.

Dans le paysage austère et parfumé des Aspres, le chemin ménage jusqu'au bout la surprise de la découverte de ce prieuré solitaire et perché. C'est au cœur d'un océan végétal que se dévoile l'édifice aux murs de schiste. Posé dans un jardin botanique aux essences subtilement mêlées, voilà l'une des merveilles de l'art roman en Roussillon.

Visiter

Serrabone, c'est tout simplement la « bonne montagne », la « bonne terre » : elle était en effet autrefois couverte de prairies et de vergers. Lors d'une visite qu'il fit en 1834, **Prosper Mérimée** déplora vivement : « Les bâtiments dépendant du monastère tombent en ruine et l'église elle-même est en très mauvais état. » Une restauration suivit peu de temps après, grâce au mécène Henri Jonquères d'Oriola. Son aspect extérieur étonne par la rudesse de son architecture et la couleur sombre du schiste avec lequel il a été construit. Modeste édifice, sans luxe aucun – peut-être pour mieux s'intégrer à la sévérité du site –, il réserve, une fois la porte franchie, la surprise d'un décor sculpté aussi merveilleux qu'inattendu.
On pénètre dans l'église par la galerie sud.

★ Galerie sud

Ouvrant sur le ravin, cette galerie du 12e s., empreinte d'une sérénité et d'une harmonie inouïes, est ornée de chapiteaux dont les sculptures rappellent les thèmes d'influence orientale, habituels aux sculpteurs romans du Roussillon. Remarquez la différence entre les chapiteaux intérieurs de la galerie, peu différents de ceux de la tribune, et les chapiteaux extérieurs, au relief à peine marqué, œuvres d'artisans assurément moins habiles.

La tribune de marbre rose.
T. Balaguer / age fotostock

Église

La nef date du 11e s., le chœur, le transept et le collatéral nord sont du 12e s. Mais le clou de la visite est la **tribune★★** de marbre rose qui frappe par la richesse de sa décoration. Les dix colonnes et les deux piliers rectangulaires supportant les six croisées d'ogives sont ornés de chapiteaux qui représentent, de façon stylisée, des animaux affrontés : aigles, griffons, mais surtout lions, des motifs floraux et aussi des anges. La partie la plus remarquable réside dans l'ornementation délicate des trois archivoltes, sculptées en méplat et en creux dans le marbre, et les écoinçons ornés de fleurs, véritable broderie dans la pierre.

NOS ADRESSES PRÈS DE SERRABONE

ACHATS

Gourmandises

Relais de Serrabone – *✆ 04 68 84 26 24 - relaisserrabone@aol.com - sur la D 618, au pied de la route conduisant au prieuré - mars-oct. : 10h-19h - fermé nov.- fév.* Créé et géré par un groupement de producteurs locaux (fermiers et artisans, dont une partie travaille en biologique), il propose des produits du terroir qui vous feront monter l'eau à la bouche : miel, herbes aromatiques, fromage, vin, jus de fruits, olives…

Ille-sur-Têt

5 278 Illois – Pyrénées-Orientales (66)

NOS ADRESSES PAGE 250

S'INFORMER

Office de tourisme – *Sq. de la Poste - 66130 Ille-sur-Têt - ✆ 04 68 84 02 62 - www.ille-sur-tet.com - juil. : 9h30-12h30, 14h-18h, dim. 9h30-12h30 ; reste de l'année : tlj sf w.-end et j. fériés 9h-12h, 14h-17h.*

SE REPÉRER

Carte de microrégion C1 (p. 232) – *Carte Michelin Départements 344 G6.* Sur la N 116, à 26 km à l'ouest de Perpignan et à 21 km à l'est de Prades.

À NE PAS MANQUER

Les tableaux et sculptures de l'Hospici d'Illa ; les cheminées de fées des Orgues d'Ille et le circuit des Aspres arides.

ORGANISER SON TEMPS

Prévoyez 1h pour la ville, au moins autant pour le cirque et 3h pour les Aspres.

AVEC LES ENFANTS

Les pièces d'orfèvrerie de l'Hospici d'Illa et les paysages des Orgues d'Ille.

Au cœur de la plaine, les toits de tuiles rouges surgissent des remparts. Vous êtes à Ille-sur-Têt (prononcez [ij], comme dans « fille »), petite ville de plaine postée au cœur d'un immense verger. Ici, abricotiers, pêchers et cerisiers sont irrigués par la Têt et le Boulès, son affluent. Rien d'étonnant, donc, si le marché aux fruits et légumes se révèle des plus animés ! Pour des excursions fortes en émotions, empruntez la route du Conflent vers Prades ou celle des Aspres vers Amélie-les-Bains. De belles surprises architecturales et naturelles en perspective…

Se promener

Suivez la ligne verte tracée sur le sol qui vous permettra de vous promener sans omettre aucune de ses richesses.

Remarquez l'imposante silhouette de l'église St-Étienne-de-Padraguet, à façade baroque ; voir en ville, à l'angle de la rue des Carmes et de la rue Deljat, « les Énamourats », sculpture médiévale, et place del Ram une magnifique croix sculptée gothique du 15e s.

Église des Carmes

Édifiée au 17e s., l'église des Carmes abrite un ensemble de peintures de l'atelier des Guerra, dynastie d'artistes baroques perpignanais.

Hospici d'Illa

✆ 04 68 84 83 96 - juil.-août : 10h-13h, 14h-18h, w.-end et j. fériés 14h-18h ; avr.-juin et sept. : tlj sf mar. 14h-18h ; reste de l'année : tlj sf w.-end, j. fériés et mar. 14h-18h - fermé déc., janv. et 1er Mai - 3,70 € (-13 ans gratuit).

Dans l'ancien hospice St-Jacques (corps de logis des 16e et 18e s.), une série d'alcôves abrite des tableaux, sculptures et pièces d'orfèvrerie romans

LA VÉNUS D'ILLE
En 1834, lors d'une mission d'inspection des Monuments historiques, **Prosper Mérimée** séjourna à Ille-sur-Têt. Il en fit alors le cadre de l'une de ses plus célèbres nouvelles, *La Vénus d'Ille*. Dans ce récit fantastique, un jeune homme, à la veille de son mariage, dispute une partie de jeu de paume avec des Aragonais de passage. Pour plus d'aisance, il a passé sa bague au doigt d'une antique statue de Vénus, objet de superstitions dans la région. Quand il veut reprendre son anneau, il n'y parvient pas, comme si la statue voulait la garder en gage de fiançailles. Le lendemain matin, le jeune homme est trouvé mort : tout laisse supposer – mais comment y croire ? – qu'il a été étouffé par l'étreinte de la Vénus de bronze…

et baroques. La sacristie expose les fresques (11e s.) de l'église de Casesnoves. Dans le fond du jardin, l'église romane de la Rodona (11e, 12e et 14e s.) s'ouvre par un portail en arc brisé.

★ Les Orgues d'Ille

Au nord d'Ille-sur-Têt; 15mn à pied pour accéder au site - ✆ 04 68 84 13 13 - www.ille-sur-tet.com - de mi-juin à mi-sept. : 9h15-20h (dernière entrée 45mn av. la fermeture) ; de déb. avr. à mi-juin et de mi-sept. à mi-oct. : 9h30-19h ; vac. de fév., mars, de mi- à fin oct. et vac. de la Toussaint : 10h-18h ; reste de l'année : 14h-17h30 - possibilité de visite guidée (1h) sur demande (7 j. av.) - fermé vac. de Noël - 3,70 € (-10 ans gratuit).

Pour mieux vous imprégner de la nature environnante, suivez le sentier d'interprétation qui vous conduit jusqu'à cet amphithéâtre minéral, sculpté par la Têt. C'est lors de l'affaissement des Pyrénées, il y a plus de cinq millions d'années, que l'ancienne colline s'est transformée en cirque de sable. Au centre de ce décor fragile et éphémère, remarquez la « Sibylle », la plus imposante des cheminées de fées, ces colonnes de roches tendres érodées par les pluies et couronnées d'un conglomérat de galets, plus résistant à l'érosion.
En poursuivant vers l'ouest, en direction de Montalba, sur votre gauche, vous apercevez d'autres formations, d'une couleur plus ocre. Après 1 km, au débouché d'une série de virages, un **belvédère** *(table d'orientation)* vous permet d'embrasser du regard le site des Orgues et, à l'horizon, Ille-sur-Têt.

À proximité Carte de microrégion

Musée de l'Agriculture catalane C1

À St-Michel-de-Llotes. 3 km au sud d'Ille par la D 2.
Vous saurez tout sur le temps des labours, la taille des vignes, l'élevage… grâce aux multiples outils exposés - *✆ 04 68 84 76 40 - http://jtosti.com/musee - été : 10h-12h, 14h-19h, w.-end 14h-19h ; reste de l'année : tlj sf mar. 14h-18h - se rens. pour le tarif.*

Circuit conseillé Carte de microrégion

★ LES ASPRES

Circuit de 56 km d'Ille-sur-Têt à Amélie-les-Bains, tracé sur la carte de microrégion (p. 232) – Comptez environ 3h. Quittez Ille-sur-Têt au sud (D 2) pour rejoindre Bouleternère par la D 16.

www.aspres-thuir.com.
La D 618, prise à gauche, au sortir des vergers de la vallée de la Têt, s'enfonce dans les garrigues, le long des gorges du Boulès.
À 7,5 km, prenez à droite vers Serrabone.

★★ **Prieuré de Serrabone** C1 *(voir p. 246)*

ORIGINES
Les Aspres doivent leur nom à l'aridité, à l'« âpreté » de leurs terres pierreuses couvertes de garrigues.

Boule-d'Amont C2

5 km plus loin.
Une très belle route (très sinueuse et étroite par moments, signalez votre approche dans les virages) conduit à ce minuscule village étagé à flanc de coteau et dont l'église romane, massive, abrite un inattendu ensemble de retables baroques ainsi que des sculptures en bois polychrome *(2 € pour lumière et commentaires)*.

Col Fourtou C2

Alt. 646 m. Vue en arrière sur le Bugarach, point culminant des Corbières (alt. 1 230 m), en avant sur les monts frontière du Vallespir : roc de France et, plus à droite, pilon de Belmatx, à l'arête dentelée. À droite apparaît le Canigou.

Prunet-et-Belpuig C2

La **chapelle de la Trinité** s'ouvre par une porte à pentures à volutes. À l'intérieur, Christ habillé du 12e s. et retable baroque de la Trinité, représentant le Saint-Esprit sous l'aspect d'un adolescent, à côté du Christ, adulte, et du Père éternel, vieillard. *Tlj sf mar. 9h-18h.*
De la chapelle, traversez la lande (30mn à pied AR). Le village est dominé par les ruines sombres du **château** (13e s.), très bien situé sur un piton commandant un vaste **panorama**★ : Canigou, Albères, côtes du Roussillon et du Languedoc, Corbières (pic de Bugarach).
Après le **col Xatard**, la route descend vers Amélie-les-Bains, jalonnée par les seuls villages de St-Marsal et de Taulis, et contourne le bassin supérieur de l'Ample, sur des pentes où foisonnent les chênes verts et les châtaigniers.

NOS ADRESSES DANS LES ASPRES

HÉBERGEMENT ET RESTAURATION

PREMIER PRIX

Auberge du Val d'Amont – *Le Village - 66130 Boule-d'Amont - 04 68 59 23 70 - http://aubergebouledamont.over-blog.com* - P - *3 ch. 40 € - 6 € - rest. menu à la carte à partir 16,90 € et menu à 13,90 €.* Trois chambres simples et jolies partagent des sanitaires communs. Belle terrasse et salle à manger rustique (plats régionaux au menu catalan et truites du torrent).

Abbaye Saint-Michel-de-Cuxa

★★

Pyrénées-Orientales (66)

S'INFORMER

Abbaye – *04 68 96 15 35 - http://monsite-orange.fr/abbaye.cuixa - visite guidée (1h15) sur demande préalable juil.-août : j. fériés (sf fête religieuse) et lun. 9h-11h50, 14h-18h, dim. et j. fériés (fête religieuse) 14h-18h (dernière entrée 25mn av. la fermeture) - visite libre reste de l'année : j. fériés (sf fête religieuse) et lun. 9h30-11h50, 14h-17h, dim. et j. fériés (fête religieuse) 14h-17h - fermé jeu. de l'Ascension, 15 août, 1er nov., 25 déc. - 5 € (-18 ans 3 €).*

SE REPÉRER

Carte de microrégion C1 (p. 232) – *Carte Michelin Départements 344 F7.*
À 45 km à l'ouest de Perpignan par la N 116 puis à partir de Prades la D 127 en direction de Taurinya sur 3 km.

À NE PAS MANQUER

Les influences orientales lisibles dans les chapiteaux du cloître.

ORGANISER SON TEMPS

Comptez 1h. L'idéal serait bien sûr de profiter ici d'un des concerts du festival Pablo Casals de Prades *(voir p. 258 et 261)*.

Le succès et la riche ornementation romane de St-Michel-de-Cuxa tiennent au nombre impressionnant de reliques qu'elle abritait au Moyen Âge, lorsqu'elle était la plus grande église de pèlerinage de Catalogne. Qu'en reste-t-il aujourd'hui ? Malgré les aléas de l'histoire, un bestiaire orientalisant et des décors floraux parmi les plus beaux du Roussillon. Leur inspiration comme leur histoire enseignent que l'art ne connaît pas de frontières.

4

Découvrir

★★ Abbaye

Ce sont les comtes de Cerdagne qui offrirent protection et argent aux moines du monastère d'Eixalada après qu'une crue furieuse de la Têt les en eut chassés en 878 ; cinq ans plus tard, le nouveau monastère de Cuxa (prononcez « coutcha ») connaissait déjà une activité intense. Possédant un grand nombre de reliques (90, plus deux tombeaux de martyrs), il devient un centre de pèlerinage important, ce qui influe sur l'architecture de l'église.

Après avoir traversé une salle où sont exposés divers documents sur l'histoire de l'abbaye, vous accéderez aux vestiges du cloître.

★ **Cloître** – L'ensemble est loin d'être complet mais ont pu être rassemblés et réinstallés sur place les arcades et chapiteaux qui se trouvaient à Prades ou chez des particuliers. Les arcades de la galerie appuyée contre l'église ainsi que celles d'une grande partie de la galerie ouest et l'amorce de la galerie est ont été remontées, reconstituant ainsi près de la moitié du cloître. La sculpture des chapiteaux (12e s.) est caractérisée par l'absence de thème religieux : seul le souci du décor semble avoir compté pour l'artiste. L'ensemble, rose, dominé par la haute masse de l'église, est une merveille de légèreté. Vous y repérerez diverses influences très insolites.

LE VOYAGE D'UN CLOÎTRE CATALAN

Quatre églises se sont succédé à Cuxa. La dernière, l'église actuelle, une des plus anciennes de France, fut consacrée en 974. Au 11e s., l'abbé Oliba développe les grands monastères catalans : Montserrat, Ripoll et St-Michel-de-Cuxa. Il agrandit le chœur de l'église abbatiale de Cuxa, ouvre des chapelles, fait élever les deux clochers et ouvrir la chapelle souterraine de la Crèche. St-Michel-de-Cuxa devient la plus grande église de pèlerinage de Catalogne. Après le 12e s., le rayonnement de l'abbaye faiblit, puis s'amorce une longue période de décadence et l'abbaye est vendue : à la Révolution, les œuvres d'art disparaissent et les galeries du cloître sont éparpillées. En 1907, le sculpteur américain George Grey Barnard retrouve et achète plus de la moitié des chapiteaux primitifs. Ils sont acquis en 1925 par le Metropolitan Museum de New York qui entreprend une reconstitution : ainsi, depuis 1938, le cloître de Cuxa s'élève sur les hauteurs de la vallée de l'Hudson. À partir de 1952, des travaux considérables sont entrepris à St-Michel-de-Cuxa et, en 1965, des bénédictins de Montserrat s'y installent.

Église abbatiale – Vous pénétrez depuis le cloître par un portail orné d'une arcade, reconstitué à partir des restes d'une ancienne tribune (12e s., démontée au 16e s.) qui, comme à Serrabone *(voir p. 246)*, trônait au centre de la nef. Aucun autre reste que ce réemploi n'est visible dans l'église.

Le **vaisseau** est un des très rares spécimens de l'art préroman en France, caractérisé ici par l'arc outrepassé, dit « wisigothique ». Presque en fer à cheval, ce type d'arc présente la particularité de se refermer sur lui-même. Il se distingue cependant des arcs mozarabes par la disposition de ses pierres, qui ne sont pas agencées en rayon mais superposées horizontalement.

La nef centrale, qui se termine par une abside rectangulaire, a retrouvé sa couverture en charpente. L'architecture est typique des églises de pèlerinage : des collatéraux mènent à l'abside, où étaient exposées les reliques. À l'origine, les pèlerins montaient l'escalier monumental couvrant la crypte pour traverser l'atrium, puis entraient.

Crypte – *Sous l'atrium et la chapelle contemporaine de la Trinité.* Parce qu'elle fut construite au 11e s., face à la nef, et non avant elle et sous le chœur, cette crypte n'en est pas vraiment une. Comblée au 16e s., elle devient un sanctuaire souterrain, ce qui lui vaut d'échapper aux destructions et aux remaniements. En son centre, la chapelle circulaire de la Vierge de la Crèche est couverte d'une **voûte★** soutenue par un unique pilier central. Son absence de décoration ne nuit en rien, bien au contraire, à son élégance.

Contournez les bâtiments pour voir le beau **clocher★** roman, à quatre étages de baies jumelées, surmontées d'oculi et de créneaux, orné de bandes lombardes. Il fut consolidé par des contreforts au 14e s. À l'origine, son pendant symétrique dominait le transept côté cloître, mais celui-ci s'est écroulé.

Villefranche-de-Conflent

★

234 Villefranchois – Pyrénées-Orientales (66)

NOS ADRESSES PAGE 260

S'INFORMER

Office de tourisme – *2 r. St-Jean - 66500 Villefranche-de-Conflent - ✆ 04 68 96 22 96 - www.villefranchedeconflent.fr - juin-août : 10h30-12h30, 14h-18h ; reste de l'année : 10h30-12h, 14h-17h - fermé janv., 25 déc.*

SE REPÉRER

Carte de microrégion C1-2 (p. 232) – *Carte Michelin Départements 344 F7.*
À 42 km à l'est de Font-Romeu par la N 116 et à 8 km au sud-ouest de Prades.

SE GARER

Laissez la voiture à l'extérieur des remparts (plusieurs parkings aménagés, mais y trouver une place peut se révéler chose ardue en pleine saison).

À NE PAS MANQUER

Le circuit des remparts de la Ville Forte ; le somptueux portail de l'église St-Jacques ; les maisons de la rue St-Jean et les vues depuis le fort Libéria. Dans le Conflent, le charmant village d'Eus et le mobilier de l'église d'Espira-de-Conflent ; Vernet-les-Bains.

ORGANISER SON TEMPS

Comptez 2h. Pensez à prendre une petite laine si vous comptez visiter les grottes l'été.

AVEC LES ENFANTS

Les remparts ; le parc animalier de Casteil et un parcours dans le Conflent à bord du célèbre Train jaune.

4

À la croisée du Cady et de la Têt, ce « verrou » stratégique servit longtemps de poste avancé du royaume d'Aragon face à la ligne des Fils de Carcassonne. Fortifiée dès l'origine, complétée au 17e s. par Vauban, Villefranche est une merveille d'architecture militaire, classée au Patrimoine mondial de l'Unesco au titre des Sites majeurs de Vauban. Plus pacifique, le marbre rose ennoblit de nombreux monuments de la cité, comme souvent en Roussillon, et la foire de la St-Luc perpétue une tradition commerciale venue du fond des âges (1303).

Se promener

★ LA VILLE FORTE

Villefranche bénéficia, comme son nom l'indique (« ville franche »), de privilèges fiscaux dès son origine, au 11e s., ce qui lui valut d'être la capitale administrative et économique du Conflent jusqu'au 18e s.

2h. Vous prendrez d'autant plus de plaisir à déambuler dans les rues de la petite cité que nombre d'artisans (chez qui le meilleur côtoie le pire avec

allégresse) et de magasins de produits typiquement catalans (sandales ou *vigatanes*, fers pour la crème brûlée, friandises telles que les rousquilles...) y ont élu domicile, entraînant une animation incessante.
Pénétrer dans l'enceinte par la porte de France, ouverte sous Louis XVI (à gauche de l'ancienne porte comtale) et remonter la rue St-Jacques.

★ Remparts

2 r. St-Jean - ☎ 04 68 96 22 96 - juil.-août : 10h-20h ; juin et sept. : 10h-19h ; mars-mai : 10h30-12h30, 14h-18h ; reste de l'année : 10h30-12h, 14h-17h (déc. 14h-17h) - fermé janv. - 4 € (-12 ans gratuit).

Le circuit parcourt deux étages de galeries superposées : un chemin de ronde voûté aménagé dans l'épaisseur du mur au 11e s. et une galerie supérieure (17e s.) percée de larges meurtrières donnant sur l'extérieur. Aux 13e et 14e s., on a flanqué les courtines (fin 11e s.-début 12e s.) de tours rondes, puis au 17e s., de six bastions (à partir de la porte de France et dans le sens des aiguilles d'une montre : Corneilla, la Montagne, la Reine, le Roi, la Boucherie et le Dauphin). Entre ces derniers, un chemin de ronde à ciel ouvert, avec arcatures, permet de découvrir le front nord, le long de la Têt.
Au 17 de la rue St-Jacques, espace information sur le fort Libéria.

Église St-Jacques

Des 12e et 13e s., cette église dont le nom rappelle que Villefranche est situé sur un itinéraire secondaire des pèlerinages de Compostelle, assemble deux nefs parallèles. Pénétrez dans l'église par le merveilleux **portail** « à quatre colonnes » et archivolte torsadée ; les chapiteaux appartiennent à l'école de St-Michel-de-Cuxa.
Dans la **nef gauche**, la profondeur de la cuve baptismale en marbre rose s'explique par la coutume du baptême par immersion pratiquée en Catalogne jusqu'au 14e s. Une Vierge à l'Enfant du 14e s., Notre-Dame de Bon Succès, en marbre, est invoquée contre les épidémies. Au-dessus de l'autel de la petite nef, retable de Notre-Dame de Vie (1715) de Sunyer. Dans la **nef droite**, la chapelle latérale du milieu abrite un grand Christ en croix (14e s.), dans la tradition réaliste catalane. Les autres chapelles latérales recèlent d'intéressants retables baroques. Au fond de l'église, comme c'est la coutume outre-Pyrénées, se trouve le **chœur ouest** appelé « chœur des stalles » ; celles-ci datent du 15e s. ; sur le podium repose un Christ gisant, œuvre poignante du 14e s.

Porte d'Espagne

Réaménagée, comme la porte de France, en entrée monumentale en 1791. La machinerie de l'ancien pont-levis subsiste.

Rue St-Jean

Pour revenir à la porte de France, traverser la ville en suivant la rue St-Jean (remarquer la statue en bois, du 14e s., de saint Jean l'Évangéliste) dont les maisons des 13e et 14e s. ont souvent gardé leur porche en plein cintre ou en arc brisé. Belles enseignes de corporations en fer forgé.

★ Fort Libéria

Accès par l'escalier dit des « mille marches », par le sentier ou par véhicules 4 x 4 - ☎ 04 68 96 34 01 - dép. à l'intérieur des remparts, à droite de la porte de France - juil.-août : 9h-20h ; mai-juin : 10h-19h ; reste de l'année : 10h-18h - 6 € (5-11 ans 3,50 €).
Dominée par la montagne de Belloc, la ville offrait une prise trop facile à un ennemi campé sur les hauteurs. Vauban aurait dit que, des roches voisines, des tireurs auraient pu « canarder à coups de fusil tout ce qui paraîtrait dans

ses rues ». Aussi, dès 1679, alors qu'il commandait les travaux de fortification de la place, il songea à protéger celle-ci en élevant un fort sur la montagne. Remanié au 19e s., le fort a alors été doté d'un escalier dit des « mille marches » (il en comprend 734 en réalité) en marbre rose du Conflent, qui relie le fort à la ville au niveau du petit pont fortifié St-Pierre (1263), jeté sur la Têt.

Afin d'épouser la forte déclivité du terrain, la fortification est composée de trois enceintes établies l'une au-dessus de l'autre. La plus élevée, côté montagne, a la forme d'une étrave et est protégée par un fossé. Une galerie percée dans la contrescarpe renforce le dispositif défensif.

Dans un sombre réduit furent incarcérées huit femmes inculpées dans l'affaire des Poisons : la dernière, dénommée « la Chopelin », y mourut en 1724 après quarante-quatre années de détention.

Du fort, **vues remarquables★★** sur les vallées en contrebas et sur le Canigou.

LES GROTTES Carte de microrégion

☏ 04 68 05 20 20 / 06 07 27 11 31 - www.3grottes.com - Les Grandes Canalettes juil.-août : 10h-19h30 ; avr.-juin : 10h-18h - Cova Bastera juil.-août : 11h-19h ; juin et sept. : 11h30-16h30 - Les Canalettes juil.-août : 12h-17h30 - Les Grandes Canalettes et Les Canalettes 9 € (enf. 5 €), Cova Bastera 7 € (enf. 5 €).

Cova Bastera C2

Située sur la route de Mont-Louis, face aux remparts, cette grotte, extrémité du réseau des Canalettes, fait découvrir les fortifications souterraines de Vauban (la grotte fut transformée en casemate) et les différentes phases d'occupation du site grâce à des scènes peuplées de personnages grandeur nature.

Grotte des Canalettes C2

Parking à 700 m au sud, en contrebas de la route de Vernet.

Les concrétions étonnent par la variété de leurs formes : coulées de calcite, excentriques. Parmi les plus belles, on remarquera la Table, un gour que la calcite a peu à peu rempli, et un bel ensemble de draperies d'un blanc étincelant.

Grotte des Grandes Canalettes C2

Elle appartient au même réseau que la grotte des Canalettes. Depuis la salle d'expo (vous y verrez des géodes et une impressionnante gogotte – concrétion calcaire de la forêt de Fontainebleau), le couloir des Cupules vous conduit à la salle Blanche avec ses concrétions (stalactites, stalagmites, gours ou draperies). Le Balcon précède le « lac aux Atolls » avec ses « coraux souterrains » et le superbe « Temple d'Angkor », vaste salle ruisselante de stalactites et de draperies, aménagée en auditorium où un spectacle de son et lumière permanent permet d'apprécier une acoustique hors du commun. Bref, un enchantement, d'autant qu'en été, il y règne une fraîcheur des plus agréables (14 °C).

Circuit conseillé Carte de microrégion

DE VILLEFRANCHE-DE-CONFLENT À ILLE-SUR-TÊT C1-2

Pour visualiser ce circuit de 68 km, reportez-vous à la carte de microrégion (p. 232) – Comptez environ 6h. Quittez Villefranche-de-Conflent au sud par la D 116.

Corneilla-de-Conflent C2

★ **Église Ste-Marie** – Cette belle église romane appartenait à un ancien prieuré de chanoines réguliers de St-Augustin. Flanquée d'un clocher carré

LE TRAIN JAUNE
Le Conflent et la Cerdagne peuvent se visiter en train : une ligne SNCF à voie métrique relie les gares de Villefranche-de-Conflent et de Latour-de-Carol (21 stations dont 13 arrêts facultatifs), sur un parcours de 62 km. La section de Mont-Louis à Olette est la plus pittoresque, empruntant le pont Gisclard et le viaduc Séjourné. Construit à l'instigation du député Emmanuel Brousse, ce train touristique aux couleurs catalanes (jaune et rouge), surnommé le « Canari », existe depuis 1910.

en moellons de granit, la courte façade est percée d'un portail de marbre à six colonnes du 12e s. Les trois fenêtres du chevet, sous une bande en dents d'engrenage, s'ornent de colonnettes, de chapiteaux à décor floral ou animal richement sculptés, et de voussures comprimées dans les embrasures. Le chœur conserve trois **Vierges★** assises romanes en bois sculpté, la plus ancienne, Notre-Dame de Corneilla, est caractéristique de l'école catalane du 12e s. ; la deuxième, la « Barcelonaise », date du 13e s. et la dernière (14e s.) provient de la chapelle de Cuxa où elle était vénérée au Moyen Âge. Dans le bas-côté gauche, remarquer l'ancien **retable gothique★** du maître-autel, daté de 1345, bel ensemble sculpté en marbre blanc illustrant la vie de la Vierge et de Jésus. À noter, quelques détails insolites…
La route remonte la vallée du Cady, domaine des vergers de pommiers et de poiriers. Le torrent s'épanche sur un lit caillouteux.

★ Vernet-les-Bains C2

2 r. de La Chapelle - 66820 Vernet-les-Bains - ☎ 04 68 05 55 35 - www.vernet-les-bains.fr - 2 juil.-28 août : 9h-12h30, 14h-18h30, sam. 9h-12h, 15h-18h, dim. et j. fériés 10h-12h30 ; 30 mai-1er juil. : 9h-12h, 14h-18h, sam. 9h-12h, 15h-18h, dim. et j. fériés 10h-12h30 - fermé 1er janv., dim. et lun. de Pâques, 1er et 8 Mai, dim. de Pentecôte, 1er et 11 Nov.
Au pied des contreforts boisés du Canigou, le site de Vernet est d'une grande fraîcheur ; le grondement du torrent du Cady, tout proche, crée un fond sonore montagnard assez inattendu dans ce décor encore méditerranéen. Ville thermale, Vernet-les-Bains accueille de longue date les patients qui souffrent de maladies respiratoires comme les randonneurs qui viennent s'y détendre après l'effort.
Vieux Vernet – De la place de la République, monter au « puig » (piton) de l'église par la rue J.-Mercader bordée de petites maisons colorées et fleuries, souvent décorées d'une treille.
Église St-Saturnin – Sa situation, en vue du cirque du haut Cady et de la tour de St-Martin, fait son principal intérêt. Cette ancienne chapelle N.-D.-del-Puig (12e s.), adossée à un château fort (reconstitué), mérite une visite pour la présentation de son mobilier et de différents vestiges lapidaires : une cuve baptismale *(face à l'entrée)*, une prédelle de la Crucifixion ayant fait partie d'un retable peint du 15e s., la table d'autel romane et, surtout, l'impressionnant Christ (16e s.) suspendu dans l'abside.
Musée de Géologie – *☎ 04 68 05 77 97/52 37 - ♿ - avr.-sept. : 14h-18h - fermé lun. - 4 € (12-18 ans 3,50 €).* Voilà un sympathique musée qui intéressera tant les amateurs de fossiles et de minéraux que les profanes. Ceux-ci, guidés par un collectionneur passionné, y découvriront des pièces étonnantes : ammonites et fossiles marins, véritables œuvres d'art créées par la nature, comme ce poisson fossilisé avec ses écailles et ses nageoires, vieux de 120 millions d'années, criant de réalisme !

Dans Vernet, prenez la petite route du Canigou.

Casteil C2

2,5 km plus loin.

Une route des plus étroites conduit à ce village, point de départ de randonnées et d'escalades vers le sommet emblématique du **Canigou** *(voir p. 264)* et vers l'abbaye.

Suivez le fléchage vers le parc animalier, face auquel un parking de terre battue est aménagé.

Parc animalier de Casteil – *✆ 04 68 05 67 54 - www.zoodecasteil.com - avr.-oct., 10h-20h ; nov., déc., fév. et mars : merc., sam., dim. 13h-18h ; vac. de Noël et de fév. : 13h-18h (dernière entrée 1h30 av. la fermeture), fermé en janv. - 8 € (enf. 6 €, -3 ans gratuit) - chiens et autres animaux domestiques interdits - prévoir des chaussures de marche.*

C'est sur un versant assez raide (180 m de dénivelé) que vous parcourrez deux sentiers balisés (jaune : 2,5 km, rouge : 3,5 km) tracés dans un parc de 20 ha. Au fil de votre balade, vous longerez des volières (paons, pintades, cygnes noirs…) et des enclos abritant des couples de carnivores (parmi lesquels des ours, des loups, ainsi qu'un lion d'humeur volontiers maussade), et de plus paisibles herbivores (daims, mouflons, chevreuils, yacks ou watussis aux cornes impressionnantes).

Dans la descente vers le col d'Eusèbe, la D 27, encadrée de pommiers puis de chênes, procure de très jolies vues sur la vallée du Cady. Après Fillols, on atteint le col de Millères, d'où part la route vers le Canigou *(voir p. 266)*.

Revenez à Vernet-les-Bains et prenez la D 27 vers Taurinya.

La descente s'accentue dans la vallée de la Taurinya, avec de belles échappées sur St-Michel-de-Cuxa et Prades.

★★ Abbaye St-Michel-de-Cuxa *(voir p. 251)* C1

Prades C1

10 pl. de la République - 66500 Prades - ✆ 04 68 05 41 02 - www.prades-tourisme.fr - 9h-12h, 14h-19h - fermé 1er nov.

Bâti au milieu de vergers opulents, Prades se niche entre les contreforts du mont Canigou et le bassin alluvial de la Têt. Paré du marbre rose du Conflent, le centre est un entrelacs de ruelles typiques dévoilant porches et façades décorés, ou encore fontaines et lavoirs anciens. Point de départ de nombreuses randonnées, la ville devient chaque été le rendez-vous des mélomanes grâce au festival Pablo-Casals.

★ **Église St-Pierre** – Reconstruite au 17e s., elle a néanmoins gardé son clocher typique du roman méridional. L'intérieur surprend par la richesse de son mobilier baroque. Dans le chœur, le spectaculaire **retable**★★ baroque (1696-1699) du sculpteur catalan Josep Sunyer comporte plus de cent personnages sculptés et raconte en six tableaux la vie de l'apôtre Pierre, dont la statue trône au centre.

Dans les **chapelles latérales** : retable de St-Gaudérique (1714), probablement issu de l'atelier de Sunyer, retable de la Trinité sculpté par Lluís Generès (1655), retable de St-Benoît en bois sculpté et doré et orné de toiles peintes du 16e s. Dans le transept nord : Christ en bois noir du 16e s. et Vierge de procession avec sa *cadireta* (dais en bois doré et sculpté couvrant la statue), typiquement catalane (18e s.).

Le **trésor** présente de nombreux reliquaires originaires de l'abbaye de St-Michel-de-Cuxa (les plus sentimentaux contempleront avec émotion la

4

FESTIVAL
En 1939, le grand violoncelliste **Pablo** (ou **Pau**, en catalan) **Casals** choisit de fuir le régime franquiste en se réfugiant à Prades. Il créa, en 1950, un festival consacré à Bach. Les plus grands chambristes se réunissent ainsi tous les ans, de la mi-juillet à la mi-août, pour jouer et enseigner leur art à une académie de 150 élèves de haut niveau.

châsse reliquaire de saint Valentin), des objets d'orfèvrerie liturgique et la superbe statue en bois polychrome de Notre-Dame de la Volta (14e s.). *✆ 04 68 96 28 55 ou 04 68 05 23 58 - de mi-juin à fin sept. : 10h-12h, 14h30-17h30 - gratuit.*

Musée Pablo-Casals – *✆ 04 68 96 28 55 - ♿ - 4 juil.-31 août : mar.-vend. 10h-12h, 14h30-17h ; 7 janv.-4 juil. : merc. 10h-18h, mar. 10h-13h, 16h-18h, vend. 15h-18h, sam. 10h-12h30 ; reste de l'année : se rens. - possibilité de visite guidée (45mn) sur demande préalable - fermé de mi-juil. à mi-août (se rens.), j. fériés - gratuit.* Le nom de Casals est tellement lié à Prades que sa cité d'adoption ne pouvait que lui rendre hommage en créant un petit musée : tout en écoutant des enregistrements du grand violoncelliste catalan, vous découvrirez des tenues de concert, lettres, photos et instruments évoquant la personnalité et la carrière du musicien à l'inséparable parapluie.

Joyaux catalans – *Rd-pt du Canigou - ✆ 04 68 96 21 03 - www.joyaux-catalans.fr - lun-sam. de mi-juin à mi-sept., reste de l'année mar.-sam. : 9h-12h30, 14h-19h - visites (45mn) : 10h00, 11h00, 14h30, 15h30, 16h30, 17h30 - 1,50 € (-18 ans gratuit).* Découvrez, à travers la visite interactive de la Manufacture du Grenat (ateliers de fabrication, film, exposition), tout le savoir-faire ancestral de la famille Privat lié aux traditions catalanes.

Poursuivez sur 12 km au nord-ouest par les D 619 et D 14.

Mosset C1

ℹ Balco de la Solana - 66500 Mosset - ✆ 04 68 05 38 32 - www.mosset.fr - de mi-juil. à fin août : 10h-12h, 15h-19h, w.-end 15h-18h ; juin, sept. et vac. scol. (hors juil.-août) : tlj sf lun. 15h-18h - fermé janv.

Prenez le temps de découvrir cet agréable village de caractère un peu isolé, hors du temps.

Si vous avez le nez fin, n'hésitez pas à entrer dans la **tour des Parfums** où vous apprendrez à « écouter les odeurs » à travers une exposition interactive. *✆ 04 68 05 38 32 - juil.-août : 10h-12h, 15h-19h ; vac. scol. : tlj sf lun. et j. fériés 15h-18h ; reste de l'année : w.-end 15h-18h - fermé janv. - 3 € (-12 ans gratuit) - tte l'année, expositions ludiques et interactives, balades olfactives « rando-nez » et ateliers de création d'objets parfumés.*

La D 14, peu confortable mais belle, rejoint les gorges de l'Aude par le ***col de Jau****. Allez jusqu'à Catlar par la D 619. Là, prenez à gauche la D 24.*

★ Eus C1

Le village s'étage entre la grande église supérieure bâtie au 18e s. et la chapelle romane St-Vincent gardant le cimetière au fond de la vallée. On fera quelques pas dans les ruines de la cité fortifiée, autour de l'église.

Par les brèches des murailles, belles échappées sur le Canigou et la plaine du Conflent.

Poursuivez le parcours le long de la D 35 en laissant à droite le pont de Marquixanes enjambant la Têt.

Le village étagé d'Eus.
M. Busselle / Robert Harding Picture Library / age fotostock

Prieuré de Marcevol C1

✆ 04 68 65 75 27 - www.prieure-de-marcevol.fr - juil.-sept. : 10h30-19h ; avr.-juin et oct.-nov. : tlj sf lun. et j. fériés 10h30-18h - possibilité de visite guidée (1h) sur demande (2 j. av.) - 3 € (12-18 ans 2,50 €).

En contrebas d'un minuscule village de bergers et de viticulteurs se trouve un ancien prieuré (12e s.) fondé par les chanoines du St-Sépulcre. Sa façade de marbre rose est surmontée d'un curieux clocher-mur et les vantaux ont conservé leurs pentures à décor de volutes. À l'intérieur, fresque représentant le Christ en majesté.

Cinq kilomètres au-delà de Marcevol, prendre à droite la D 13 qui, par une gorge granitique fleurie de cistes au début de l'été, ramène à la vallée de la Têt en passant au-dessus du **barrage de Vinça** (1977).

Prenez à droite la N 116 puis à gauche la D 25, enfin la D 55.

Espira-de-Conflent C1

Le **mobilier★** intérieur de la petite **église** romane d'Espira (1165) illustre la grande époque de la sculpture baroque entre 1650 et 1730 : retables, panneaux de la nef inspirés de la suite des *Sept Sacrements* d'après Poussin, retable sculpté *Le Massacre des Innocents* d'après Rubens, confessionnaux, chaire. Le retable du maître-autel, avec son décor architectonique, est une œuvre de Lluis Generès. Au fond de l'église, on peut admirer une **Mise au tombeau** de Sunyer (18e s.), dont les personnages sont habillés avec des vêtements du 19e s. sur lesquels on a appliqué de la peinture.

Vinça C1

Cette autre cité fortifiée possède une **église** du 18e s., construite dans le style gothique méridional, dont l'intérieur surprend par la richesse de sa décoration : neuf retables baroques, dont celui de Notre-Dame-du-Rosaire par Sunyer, une pietà et une Mise au tombeau du 15e s. ainsi qu'un imposant maître-autel dédié à la Vierge de l'Assomption.

NOS ADRESSES DANS LE CONFLENT

TRANSPORTS

Le Train jaune – *Services réguliers assurés - dépliants disponibles dans les gares SNCF de la région - 36 35.*

HÉBERGEMENT

PREMIER PRIX

Le Molière – *66820 Casteil - 04 68 05 50 97 - www.lemoliere.com - P - 8 ch. 43/57 € - 7,50 € - wifi gratuit.* Un jardin ombragé de mûriers précède cette sympathique auberge dotée d'un potager. Chambres agréables et calmes. Menu du jour au restaurant. N'hésitez pas à vous y arrêter, ne serait-ce que pour déguster un jus de pomme maison…

BUDGET MOYEN

Chambre d'hôte La Forge – *Mas Lluganas - 66500 Mosset - 04 68 05 04 84 - www.maslluganas.com - 3 ch. 52 € - wifi gratuit.* Structure atypique appartenant à quatre associés, cette exploitation agricole abrite une ferme-auberge ouverte les week-ends d'avril à octobre et tous les jours en juillet et août. Cuisine du terroir servie dans une salle à manger très rustique. Chambres d'hôte simples mais au confort actuel dans une habitation à l'écart.

La Casa del Gat – *Rte de Campôme, hameau de Brezes - 66500 Mosset - 04 68 05 07 50 - www.abritel.fr/588474fr.php - P - - 950/1 980 €/sem. - 5/12 pers.* Maison de style contemporain, nichée au cœur d'une vallée verdoyante, ouvrant sur un bel espace arboré et fleuri autour d'une piscine et d'une terrasse ensoleillée. Grand choix de guides de randonnées dans la bibliothèque. Cuisine équipée complète à disposition. Site très calme.

Pradotel – *Av. Festival - 66500 Prades - 04 68 05 22 66 - P - 39 ch. 54/72 € - 8,50 €.* Bâtiment fonctionnel et confortable. À l'arrière, belle perspective sur le Canigou depuis les balcons. Les chambres de plain-pied côté piscine possèdent une terrasse.

Hôtel Hexagone – *Rd-pt de Molitg, sur la rocade - 66500 Prades - 04 68 05 31 31 - www.hotelhexagone.fr - P - 30 ch. 57/68 € - 8 € - rest. 17 € - wifi gratuit.* Chambres simples, aménagées dans l'esprit des chaînes hôtelières, et petits-déjeuners préparés avec des confitures maison : pratique pour faire étape.

Hôtel Princess – *R. des Lavandières - 66820 Vernet-les-Bains - 04 68 05 56 22 - www.hotel-princess.fr - fermé 2 déc.-19 mars - P - 38 ch. 56/109 € - 8,50 € - rest. 18/36 €.* Au pied du vieux Vernet, immeuble proposant des chambres avec loggias. Patio-terrasse ; animation folklorique au sous-sol. Grande salle à manger et terrasse d'été. Plusieurs menus, dont un catalan.

Chambre d'hôte Les 2 Lions – *18 bd Georges-Clemenceau - 66820 Vernet-les-Bains - 04 68 05 55 42 - www.chambres-hotes-66.com - P - - 5 ch. 60 €.* Construite sur les anciens remparts, cette grande maison abrite 5 chambres, offrant toutes une jolie vue sur le Canigou. Vaste salle avec cheminée et jardin ombragé. Pas de table d'hôte, mais plusieurs restaurants en ville.

RESTAURATION

BUDGET MOYEN

Auberge St-Paul – *7 pl. de l'Église - 66500 Villefranche-de-Conflent - ✆ 04 68 96 30 95 - http://perso.wanadoo.fr/auberge.stpaul - fermé 5-29 janv., 15-20 juin, 23 nov.-3 déc., mar. (hors sais.), dim. soir et lun. - rest. menus à partir de 20 €.* Cette chapelle du 13e s. abrite un restaurant rustique soigné. Carte actuelle renouvelée chaque saison et bon choix de vins de Bourgogne et du Roussillon. Terrasse ombragée.

Les Loges du Jardin d'Aymeric – *7 r. du Canigou - 66500 Clara (à 7 km de Prades par la D 35) - ✆ 04 68 96 08 72 - à partir de 30 € - 3 ch. 65/85 €* ☕. Aux fourneaux, le jeune chef concocte une cuisine soignée, inspirée des saveurs du terroir. Côté décor : couleurs plaisantes, bois et *cayrou* (brique rouge locale). Trois chambres raffinées aux tons pastel. Et en toile de fond, le Canigou…

Auberge Les Ascarines – *66820 Corneilla-de-Conflent - ✆ 04 68 05 51 40 - P - ♿ - 20 €.* Petite auberge en retrait de la route où vous pourrez déguster des plats, charcuteries et salades (*escalivada* avec *pan tomaquet*) typiquement catalans.

ACTIVITÉS

Baignade

Dans la retenue de la Têt à Vinça.

Thermalisme

Bains de St-Thomas – *Village de St-Thomas - 66360 Fontpédrouse - ✆ 04 68 97 03 13 - www.bains-saint-thomas.fr - P - ♿ - juil.-août : 10h-20h40 ; reste de l'année : 10h-20h - fermé 1er Mai - 5,50 €, hammam 12 € - short de bain interdit.* Source d'eau chaude naturelle aménagée en bains de plein air et couverts. Espace hammam et spa oriental ; massages et soins.

Établissement thermal – *Les Thermes - 66500 Molitg-les-Bains - ✆ 04 68 05 00 50 - www.chainethermaledusoleil.com - P - wifi gratuit.* Rhumatologie, voies respiratoires, dermatologie. Séjour remise en santé, forfaits (avec hébergement) de 3 à 12 jours. « Thermes découvertes » forfaits (sans hébergement) de 1 à 6 jours.

Établissement thermal – *BP 31 - 66820 Vernet-Les-Bains - ✆ 04 68 05 52 84 - www.thermes-vernet.com - P - fermé 30 nov.-15 mars ; remise en forme fermé dim., du 31 oct. à déb. avr., 1er Mai et 1er nov.* Station (alt. 650) aux eaux sulfureuses spécialisée dans le traitement des voies respiratoires, ORL et les rhumatismes.

AGENDA

Festival Pablo Casals – Lors de ce festival, une trentaine de concerts sont donnés à St-Michel-de-Cuxa, à St-Pierre de Prades ainsi que dans les plus belles églises de la région - *de fin juil. à mi-août - rens. ✆ 04 68 96 33 07 - www.prades-festival-casals.com.*

Abbaye Saint-Martin-du-Canigou

★★

Pyrénées-Orientales (66)

S'INFORMER

Abbaye – *66820 Casteil - ✆ 04 68 05 50 03 - http://stmartinducanigou.org/ - visite guidée - juin-sept. : 10h-12h, 14h-17h (dép. ttes les h), dim. et j. fériés 10h, 12h30, 14h, 15h, 16h, 17h ; reste de l'année : 10h-11h, 14h-16h (tte les h), dim. et j. fériés 10h, 12h30, 14h, 15h, 16h - fermé janv. - 5 € (-12 ans gratuit).*
Voir les offices du tourisme de **Prades** (*✆ 04 68 05 41 02 - voir p. 257*) et de **Vernet-les-Bains** (*✆ 04 68 05 55 35*).

SE REPÉRER

Carte de microrégion C2 (p. 232) – *Carte Michelin Départements 344 F7.*
À 14 km au sud de Prades par la N 116 puis la D 116. L'abbaye se situe à 2,5 km au sud de Vernet-les-Bains.

SE GARER

À partir de Casteil, où on laisse la voiture (route d'accès interdite aux véhicules), comptez plus de 1h à pied AR par une route en très forte montée. Vous pouvez accéder à l'abbaye par un service de 4 x 4 proposé par des transporteurs locaux : *s'adresser à l'office du tourisme de Vernet-les-Bains, ou aux Transports Circuits Touristiques (M. Cullell) pour un départ depuis Corneilla-de-Conflent, Vernet-les-Bains ou Casteil - ✆ 04 68 05 64 61 - 6,50 € par pers. AR.*

À NE PAS MANQUER

Les galeries du cloître et les chapiteaux sculptés en méplat de l'église haute ; la vue sur le site depuis les bois (« itinéraire n° 9 »).

ORGANISER SON TEMPS

Comptez 2h, accès compris. Visite guidée.

Elle n'est accessible qu'à pied, tant mieux ! Posée à 1 094 m d'altitude sur un rocher à pic, l'abbaye St-Martin-du-Canigou se détache d'un cadre sauvage et magnifique. Cette solitude comme la majesté des paysages suffisent à expliquer pourquoi des moines vinrent rechercher si haut la sérénité…

Découvrir

Guifred II, comte de Cerdagne et arrière-petit-fils de Wilfred le Velu, fondateur de la dynastie catalane, et son frère Oliba, abbé de Ripoll et de St-Michel-de-Cuxa, choisirent le massif du Canigou, lieu solitaire vénéré des Catalans, pour y fonder ce monastère bénédictin, dont les deux églises furent consacrées le 10 novembre 1009.

Cloître

Au début du siècle, il ne subsistait plus que trois galeries aux frustes arcades en plein cintre. La restauration a reconstitué une galerie sud, ouvrant sur le ravin, en réutilisant des chapiteaux de marbre provenant d'un étage supérieur disparu.

L'abbaye St-Martin-du-Canigou, de style roman.
M. Siepmann / age fotostock

Églises

L'église inférieure (10e s.), dédiée à « N.-D.-sous-Terre » suivant une antique tradition chrétienne, forme une crypte par rapport à l'église haute (11e s.). Celle-ci, juxtaposant trois nefs voûtées de berceaux parallèles, laisse encore une profonde impression d'archaïsme avec ses chapiteaux grossiers, sculptés en simple méplat. Une statue de saint Gaudérique rappelle que l'abbaye devint un grand lieu de rassemblement des paysans catalans. Sur le côté nord du chœur s'élève un clocher terminé par une plate-forme crénelée.

À proximité de l'église, deux tombes creusées dans le roc : celle du fondateur, le comte Guifred de Cerdagne, creusée (nous dit la tradition) de sa propre main, et celle de l'une de ses épouses.

★★ Site

Pour bien saisir l'originalité du site de St-Martin, prendre à gauche en arrivant à l'abbaye *(30mn à pied AR)* un escalier *(indiqué « itinéraire n° 9 »)* qui s'élève dans les bois. Après la prise d'eau, tourner à droite. De là apparaît l'abbaye dans toute la splendeur de son site.

À proximité Carte de microrégion

★ Col de Mantet B2

20 km au sud-ouest – environ 1h. Route très abrupte, en corniche étroite (croisement très difficile) en amont de Py. Sortez de Vernet par la D 27 à l'ouest et remontez, à partir de Sahorre, la vallée de la Rotja puis dans une gorge entaillée dans les granits.

Au-dessus de **Py**, petit village pittoresque situé à 1 023 m d'altitude, la route escalade des pentes raides hérissées çà et là de rochers granitiques. À 3,5 km, dans un large virage, **belvédère★** sur le village aux toits rouges et le Canigou. Le col de Mantet s'ouvre à 1 761 m d'altitude près de la forêt de la Ville. Sur le versant opposé, le site, impressionnant d'austérité, du village de **Mantet** est tapi dans un repli de terrain.

Le Canigou

★★★

Pyrénées-Orientales (66)

NOS ADRESSES PAGE 268

SE REPÉRER

Carte de microrégion C2 (p. 232) – *Carte Michelin Départements 344 F7.* À 69 km à l'ouest de Perpignan par la N 116 puis la D 27 ou à 24 km au sud de Prades par la D 27. Le sommet du Canigou ne peut être atteint qu'à pied ou en voiture tout-terrain car il n'y a pas de route goudronnée. Tant mieux, au moins sa beauté sauvage est à peu près protégée.

À NE PAS MANQUER

L'ascension jusqu'au sommet ; le panorama depuis le pic du Canigou et les vues depuis le Ras del Prat Cabrera.

ORGANISER SON TEMPS

Au début de l'été, quelques pans de neige subsistent sur le flanc nord et les rhododendrons fleurissent sur les hauteurs. L'automne est agréable pour la douceur et pour la parfaite visibilité que l'on a en haut du pic. L'été est à éviter pour ceux qui redoutent la chaleur et la foule. Comptez une journée pour les circuits qui passent par le chalet des Cortalets.

AVEC LES ENFANTS

Vérifiez bien la durée, la distance et la difficulté de ces randonnées avant de partir avec vos enfants.

Le Canigou dresse au-dessus des vergers sa cime enneigée, élégante variation de blancs entre neige et arbres colorés. Que l'on soit sur les sommets des Corbières, du Conflent, de la Cerdagne, dans la plaine perpignanaise et même sur les plages du Roussillon (voire du Languedoc !), on ne voit que lui. Emblématique des Pyrénées orientales, on le donna longtemps pour le point culminant de la chaîne, faute de relevés précis pour les autres massifs, mais surtout parce que sa grandeur majestueuse s'imposait comme une évidence. Qui aurait eu l'outrecuidance de dire que le Canigou n'était pas le plus haut, le plus beau ?

LA MONTAGNE SACRÉE

Aussi intensément que le mont Fuji au Japon, le Canigou est lié à l'identité catalane. « Le Canigou est un immense magnolia/S'épanouissant sur un rameau des Pyrénées/Ses abeilles en sont les fées/Ses papillons les cygnes et les aigles/Ses crêtes écorchées forment un calice/D'argent l'hiver, et d'or l'été », écrivait le poète Jacint Verdaguer (1845-1902). Les Catalans viennent y allumer le premier des feux de la St-Jean et y cueillir, à l'aube du 24 juin, les herbes « de bonne aventure » : immortelle, orpin, millepertuis et feuilles de noyer sont assemblés en forme de croix ; placées sur la porte des maisons, ces croix fleuries assurent bonheur et protection.

Vue sur le Canigou.
Tilio / Paolo / Fotolia.com

Circuits conseillés Carte du Canigou

AU DÉPART DE VERNET-LES-BAINS, PAR MARIAILLES

Pour visualiser ce circuit de 12 km, reportez-vous à la carte p. 266. Comptez environ 45mn en voiture puis 10h à pied AR pour marcheur confirmé. Gagnez Casteil au sud par la D 116 puis le col de Jou. Prenez à pied la piste forestière jusqu'à Mariailles où se trouve un refuge. Continuez sur le sentier de la Haute Randonnée Pyrénéenne jusqu'au sommet du Canigou.

★★★ Pic du Canigou

Alt. 2 784 m. Une croix et les décombres d'une cabane en pierre utilisée aux 18e et 19e s. pour les observations scientifiques couronnent le sommet. Au sud, les sonnailles des troupeaux montent du vallon du Cady.

Le **panorama** est immense, au nord-est, à l'est et au sud-est, vers la plaine du Roussillon et la Côte méditerranéenne. Le faible écran des Albères, largement dominé, n'empêche pas la vue de porter très loin en Catalogne, le long de la Costa Brava. Au nord-ouest et à l'ouest se succèdent sur plusieurs plans les chaînons du socle cristallin des Pyrénées orientales (Madrès, Carlit, etc.), contrastant avec les crêtes calcaires plus tourmentées des Corbières (Bugarach).

Le Canigou peut être identifié de N.-D.-de-la-Garde, à Marseille, à 253 km à vol d'oiseau, lorsque la montagne se détache sur le disque du soleil couchant (vers les 10 février et 28 octobre). Géant catalan, il répond au Géant de Provence, le Ventoux : l'hiver, lorsque le mistral glacial a nettoyé le ciel de l'un, on peut apercevoir l'autre (et réciproquement !) comme deux vigies des terres d'oc.

AU DÉPART DE VERNET-LES-BAINS, PAR LE CHALET DES CORTALETS

Pour visualiser ce circuit de 23 km, reportez-vous au tracé vert sur la carte p. 266 – Comptez environ 1h30 en voiture et 3h30 à pied AR. La piste au départ de Fillols

4

est interdite à la montée de 13h à 18h, à la descente de 8h à 15h. Route praticable uniquement en juillet et août et par temps sec, en voiture tout-terrain car la chaussée est dégradée. La partie la plus délicate, comportant une pente à 21 %, très étroite, est bordée d'un parapet. Elle compte 31 lacets.

La vieille route des Cortalets, construite en 1899 pour le Club alpin par l'administration des Eaux et Forêts, est un chemin de montagne accidenté mais ô, combien beau !

Prenez la D 27 vers Prades. Après Fillols, tournez à droite.

Dès le départ du col de Millères (alt. 842 m), la route monte en lacets très rapprochés le long de la crête rocailleuse séparant les vallées de Fillols et de Taurinya. Sur la gauche, des vues se dégagent sur Prades et St-Michel-de-Cuxa. La route adopte un tracé hardi parmi les pins laricio et les chaos rocheux. Dans un grand lacet à gauche, vue grandiose sur la Cerdagne et le Fenouillèdes. Prades disparaît dans le lointain.

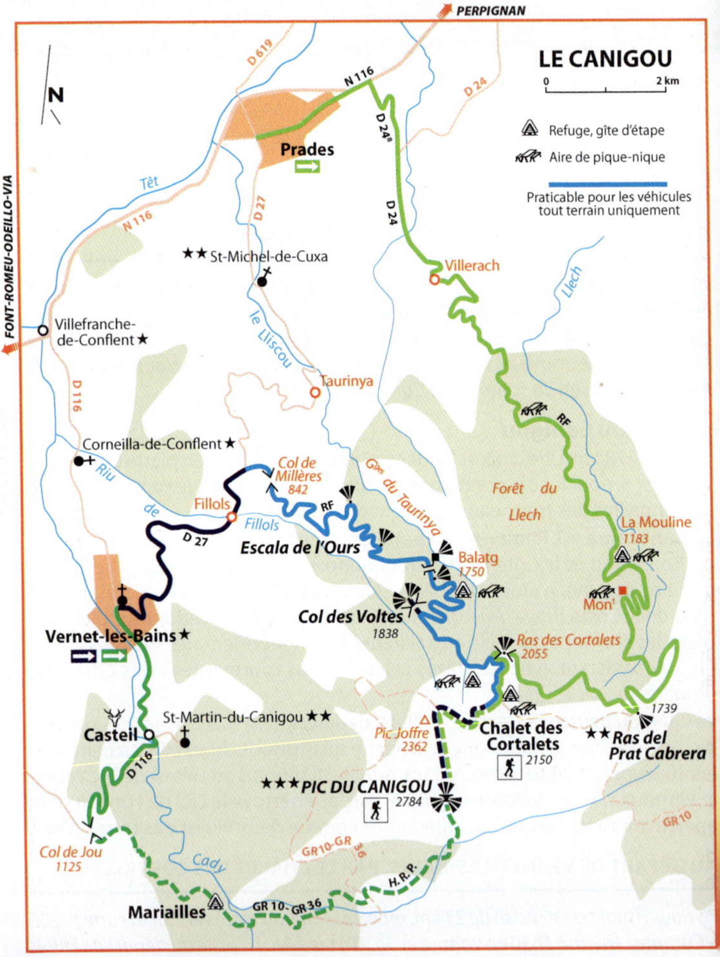

ORIGINES
En catalan, *canigou* signifie « dent de chien ». Un détail pour les étymologistes qui retiendront plutôt la racine pré-indo-européenne *kan* – la montagne –, et une aubaine pour les industriels de l'alimentation animale. Aucun rapport pourtant entre la célèbre marque de nourriture pour chien, déposée en même temps que son équivalent Ronron pour chat (1959) par une société basée à Strasbourg, bien loin du prestigieux emblème catalan.

Escala de l'Ours
Parcours en haute corniche, le plus spectaculaire du tracé. La route franchit un passage rocheux, étroit, sous voûte, dominant de plusieurs centaines de mètres les gorges du Taurinya (rochers-belvédères de part et d'autre du tunnel). Après le refuge forestier de Balatg, les arbres sont de moins en moins denses, de plus en plus pelés (pins arolles). La route pénètre dans l'étage pastoral des prairies.

Col des Voltes
Alt. 1 838 m. Vue sur le versant nord du Canigou et sur le bassin du Cady.
Au ras (col) des Cortalets (alt. 2 055 m), où se trouve une aire de pique-nique, laissez la route des gorges du Llech et prenez à droite.

Chalet des Cortalets
Il se dresse à 2 150 m d'altitude au débouché du cirque formé par le Canigou et ses deux contreforts nord : le pic Joffre et le pic Barbet.
Prenez à pied à l'ouest du chalet le GR 10, longeant un étang puis s'élevant sur le versant est du pic Joffre. Abandonnez ce sentier à la fontaine de la Perdrix lorsqu'il redescend vers Vernet et continuez la montée à gauche sous la crête. Un sentier en lacet parmi les rochers permet l'ascension de la cime (3h30 à pied AR ; pour tout marcheur).

★★★ Pic du Canigou *(voir p. 265)*

AU DÉPART DE PRADES PAR LE CHALET DES CORTALETS

Pour visualiser ce circuit de 20 km, reportez-vous au tracé vert sur la carte ci-contre – Comptez environ 2h en voiture et 3h30 à pied AR. Quittez Prades par la N 116, direction Perpignan, puis prenez à droite la D 24ᴮ. La route, praticable l'été seulement et par temps sec, devient raboteuse dans les gorges du Llech ; parcours en corniche de 10 km. En raison de l'état très accidenté de la chaussée, préférez les excursions en véhicule tout-terrain organisées à partir de Prades (voir Nos adresses).
Après Villerach, la route traverse les vergers du Conflent, puis domine le fond des gorges du Llech de 200 à 300 m. La route se poursuit en terrain plus accidenté, avant d'atteindre le refuge forestier de la Mouline (alt. 1 183 m – aire de pique-nique).

★★ Ras del Prat Cabrera
Alt. 1 739 m. Beau lieu de halte (banc) au-dessus de la sauvage vallée de la Lentilla. Les crêtes de la serra del Roc Nègre limitent la vue en amont. Panorama sur la plaine du Roussillon, les Albères et la Méditerranée.
La route se déploie dans le cirque supérieur de la vallée du Llech boisée de pins de montagne. Elle procure des **vues★★★** immenses : au nord, on reconnaît la barrière sud des Corbières, coupée par l'entaille des gorges de Galamus. Après avoir traversé les vergers du bas Conflent, on atteint les contreforts du Canigou.
Gagnez à l'ouest le chalet des Cortalets par la route dite balcon du Canigou.

Chalet des Cortalets *(voir p. 267)*

★★★ **Pic du Canigou** *(voir p. 265)*

NOS ADRESSES PRÈS DU CANIGOU

Voir aussi Nos adresses dans le Conflent (p. 260).

TRANSPORT

Rejoindre le Canigou en voiture

Quelques règles à respecter – L'accès au Canigou à partir des cols de Jou et de Vernet (1er et 2e circuits) ou de Prades (3e circuit) est fortement déconseillé aux voitures « de ville » : il s'agit de pistes parfois défoncées où le croisement est difficile. On peut néanmoins les emprunter à bord de véhicules tout-terrain. Sachez toutefois que la piste empruntée par le 2e circuit n'est ouverte à la circulation que de 8h à 18h pendant l'été. Le stationnement est interdit en dehors des parkings aménagés et signalés. La circulation hors des pistes ouvertes est également réglementée. Sur les autres zones du massif, il est conseillé de contacter le syndicat mixte Canigou Grand - ✆ *04 68 96 45 86. Pour des rens. complémentaires, office du tourisme de Vernet : ✆ 04 68 05 55 35.*

La solution ?

Des sociétés se chargent de vous amener au Canigou au départ de Vernet, Corneilla-de-Conflent et Prades :

Au départ de Vernet-les-Bains : *Garage Villacèque : ✆ 04 68 05 51 14 - JPB Transport : ✆ 04 68 05 99 89 - Tourisme Excursions-Taurigna : ✆ 04 68 05 63 06.*

Au départ de Corneilla-de-Conflent : **Transports Circuits Touristiques** – *✆ 04 68 05 64 61 (M. Cullell) - de mi-juin à fin sept. : dép. en 4 x 4 à 8h et 11h de Corneilla-de-Conflent et de Vernet-les-Bains - 16 € AR.*

Au départ de Prades : **Excursions La Castellane** – *Rte Nationale - 66500 Ria-Sirach - ✆ 06 14 35 70 64, M. Colas, ou 04 68 05 27 08 - juil.-sept. : dép. à 8h et 11h ; 2e quinz. de juin et de sept. à mi-oct. : dép. à 9h - 25 €/pers. pour 1 à 4 pers. (tarifs dégressifs suivant nombre).*

Se renseigner à l'office de tourisme au sujet des autres possibilités.

HÉBERGEMENT

PREMIER PRIX

Hébergement en montagne

Pour ceux qui envisagent l'ascension à pied, il peut être intéressant de faire une halte, soit pour le repas du midi, soit pour la nuit, dans un refuge. Il est conseillé de réserver à l'avance.

Refuge de Mariailles – *66820 Casteil - ✆ 04 68 05 57 99 - http://refugedemariailles.fr - logement en chambres et dortoir (55 pl.) - rest. 6/12 €.*

Refuge du chalet des Cortalets – *2 r. San-Juan-de-Porto-Rico - 66500 Prades - ✆ 04 68 96 36 19 - rest. 13/22 €.* Chambres et dortoir (85 pl.).

Refuge pastoral de Mariailles – *66000 Perpignan - bernard.latour@onf.fr.* Refuge non gardé, accès motorisé impossible en période hivernale (de déb. déc. à fin mai).

Refuge de Balatg – *66000 Perpignan - ✆ 04 68 35 21 63.*

BUDGET MOYEN

Chambre d'hôte Les Fenêtres du Soleil – *R. de la Fontaine - 66320 Arboussols - ✆ 04 68 05 56 25 / 06 11 08 60 41 - www.lesfenetresdusoleil.com - 4 ch. 69/79 €* ☕. Maison de village construite à même le flanc de la colline, comme en témoignent les blocs de roche présents dans la salle à manger. Les quatre chambres sont magnifiques, équipées à la pointe du progrès. Superbe vue sur le Canigou du jardinet fleuri. Exposition et vente de tableaux des peintres locaux.

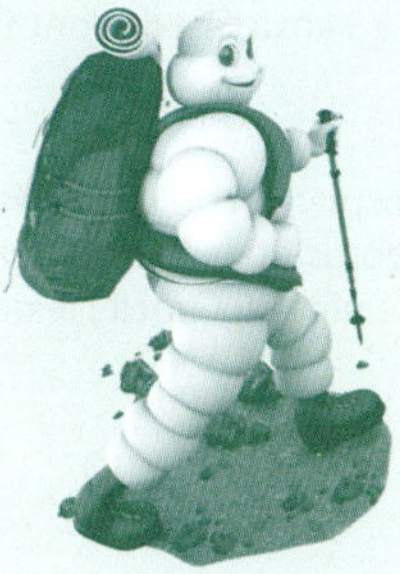

Chambre d'hôte Las Astrillas – *12 Carrer-d'Avall - 66500 Taurinya - ✆ 04 68 96 17 01 - fermé de mi-nov. à déb. mars - P - ⍁ - 5 ch. 49/68 €* ☕ *- rest. 19 €.* Autrefois appelée la maison du pauvre cette ancienne ferme a été restaurée avec tant de soin qu'elle aurait presque des airs de musée rendant hommage au patrimoine régional. Ses cinq chambres, dont une suite familiale, dégagent beaucoup de personnalité. Table d'hôte d'inspiration catalane et méditerranéenne.

RESTAURATION

Les endroits pour se restaurer étant très rares, il est vivement recommandé d'emporter son panier repas. De nombreuses aires de pique-nique ont été aménagées sur le parcours des randonneurs pour d'agréables haltes.

Mont-Louis

★

288 Mont-Louisiens – Pyrénées-Orientales (66)

NOS ADRESSES PAGE 276

S'INFORMER

Office de tourisme – *3 r. du Lieutenant-Pruneta - 66210 Mont-Louis - 04 68 04 21 97 - www.mont-louis.net - mai-sept. : 9h-12h30, 14h-18h ; reste de l'année : 9h-12h30, 14h-17h - fermé dim. et j. fériés, 1er Janv., 25 déc.*

Visites guidées – Village : *lun.-sam. 15h30 - 4,50 € (enf. 1,50 €)* - Citadelle : *lun.-sam. 11h, 14h (même tarif).*

SE REPÉRER

Carte de microrégion B2 (p. 232) – *Carte Michelin Départements 344 D7.* À 36 km au sud-ouest de Prades par la N 116 et à 9 km à l'est de Font-Romeu-Odeillo-Via par la D 618.

À NE PAS MANQUER

La citadelle et le puits des Forçats, le curieux plan en polygone étoilé de l'église de Planès et les randonnées aux abords du lac des Bouillouses. Une balade à pied ou à ski dans les forêts de pins du Capcir ; le domaine de ski des Angles.

ORGANISER SON TEMPS

Comptez 1h pour faire le tour de la cité.

AVEC LES ENFANTS

Le four solaire. Dans le Capcir, le parc animalier et le domaine de ski des Angles.

Au sommet d'un tertre, Mont-Louis est à la fois une superbe porte d'accès à la Cerdagne et la plus haute place forte de France. Créée en 1679 par Vauban pour défendre la nouvelle frontière née du traité des Pyrénées signé entre la France et l'Espagne (1659), la ville devait faire office de verrou, mais n'eut jamais à tenir de rôle militaire... si ce n'est, de nos jours, d'accueillir un centre d'entraînement de défense mobile et d'instruction ! Le long des remparts, le village présente un visage adouci, chauffé par le soleil et irradié par les mille miroirs d'un grand four solaire.

Se promener

Le Louis qu'honore la cité, édifiée par Vauban, est naturellement Louis XIV, le Roi-Soleil. Belle prémonition que de s'être mis sous la protection du Roi-Soleil puisque la ville, aujourd'hui inscrite au Patrimoine mondial de l'Unesco au titre des Sites majeurs de Vauban, s'est rendue célèbre grâce à son four solaire.

La place forte

Elle se compose d'une citadelle et d'une ville en contrebas, entièrement close de remparts. La citadelle adopte un plan carré dont les angles coupés sont prolongés par des bastions. Trois demi-lunes protègent les courtines. Remarquer le **puits des Forçats**, ouvrage en bois du 18e s., qui servait à alimenter en eau

Aux portes de la cité fortifiée de Mont-Louis créée par Vauban.
F. Guiziou / hemis.fr

les défenseurs en cas de siège. ✆ *04 68 04 21 97 - visite guidée (1h) juil.-août : 10h30-16h ; juin : 11h30-14h ; reste de l'année : 11h-14h - fermé dim. - 4,50 € (-18 ans 2,50 €).* N'ayant jamais subi de siège, la cité a conservé ses remparts intacts, de même que la porte de France par laquelle on y accède, les bastions et les échauguettes.
Sur la terrasse de l'église, la cité honore la mémoire du **général Dagobert**, maître dans l'art de la guerre en montagne, qui, en 1793, aux heures sombres de l'invasion du Roussillon, chassa les Espagnols de Cerdagne.

Four solaire

✆ *04 68 04 14 89 - www.four-solaire.fr - ♿ - visite guidée (45mn) été : 9h30-12h30, 14h-19h ; automne : 9h30-12h30, 14h-18h ; reste de l'année : 9h30-12h30, 14h-17h - fermé 1er janv., 25 déc. - 6 € (-17 ans 4,50 €).*

4

Il fut installé en 1953. Le concentrateur, modifié en 1980, comporte 860 miroirs concaves, l'héliostat, 546 miroirs plans. Cette structure concentre le rayonnement solaire en son foyer où peuvent être obtenues des températures de 3 000 à 3 500 °C. Avancée prometteuse vers l'exploitation des énergies nouvelles, le four solaire est passé, depuis juillet 1993, au stade de mise en production. Il est notamment utilisé pour la production de céramique d'art.

À proximité Carte de microrégion

Planès B2

▶ *6,5 km au sud par la route de La Cabanasse et St-Pierre-dels-Forcats. Laissez la voiture devant la mairie-école de Planès et prenez, à droite, le chemin de l'église.*
Des abords de l'église qu'entoure un petit cimetière, belle **vue** sur le massif du Carlit.
L'**église★** est curieuse par son plan en polygone étoilé aux branches alternativement anguleuses et émoussées en absidioles semi-circulaires. On a beaucoup épilogué sur l'origine de l'église de Planès, d'une structure très rare

dans l'Occident médiéval, et que la tradition locale a attribuée aux Sarrasins : dans le pays, on aurait appelé l'église la *mezquita* (la mosquée). Il s'agit, sans doute, d'un édifice roman inspiré par le symbole de la Trinité. *clé disponible au gîte 'Le Malaza', à Planès.*

★ Lac des Bouillouses B2

14 km au nord-ouest de Mont-Louis par la route de Quillan (D 118) ; 300 m après un pont sur la Têt, tournez à gauche dans la D 60. Alt. 2 017 m.

Un barrage a transformé le lac en un impressionnant réservoir de 180 ha permettant d'alimenter les canaux d'irrigation et les usines hydroélectriques de la vallée de la Têt.

C'est du lac que commence la randonnée au pic Carlit (*3h à pied pour tout marcheur : 14 km avec dénivelé de 340 m*).

Circuits conseillés Carte de microrégion

VALLÉE DE LA TÊT : DE MONT-LOUIS À VILLEFRANCHE-DE-CONFLENT B2-C2

Pour visualiser ce circuit de 30 km, reportez-vous à la carte de microrégion (p. 232) – Comptez environ 4h. Quittez Mont-Louis (voir ce nom) par la N 116 en direction de Prades. La route, tracée en corniche entre Mont-Louis et Olette, connaît, en fin de semaine surtout, une circulation intense.

Dans la descente, à chaque virage, apparaissent les hauts sommets de la rive droite de la Têt : Cambras d'Azé, pic de Gallinas et pic Redoun, sommets aux lignes calmes encadrant la courbe pure du col Mitja, le Canigou au dernier plan.

Pont Gisclard B2

Ce pont ferroviaire suspendu à 80 m au-dessus de la rivière, d'une hardiesse remarquable, porte le nom de son créateur, officier du génie, tué accidentellement au cours des essais (monument en bordure de la route).

La route, en forte descente, devient plus sinueuse. À droite, au milieu des cultures en terrasses, s'étagent les hameaux de St-Thomas-les-Bains et de Prats-Balaguer.

On passe à **Fontpédrouse**, village qui dévale la paroi rocheuse.

Viaduc Séjourné B2

Viaduc élégant et robuste, qui a pris le nom de son constructeur, l'ingénieur Paul Séjourné (1851-1939). Si l'on a la chance d'y voir passer le petit Train jaune, le spectacle est particulièrement pittoresque.

Poursuivez la route jusqu'à Thuès-Entre-Valls.

Gorges de la Carança B2

Quittez le hameau de Thuès-Entre-Valls par un chemin longeant la rivière Carança ou garez-vous au parking (payant). Début des circuits en haut du parking, après le pont de la voie ferrée. Attention, les circuits parfois vertigineux peuvent être dangereux ; bonnes chaussures recommandées, animaux interdits.

Une petite boucle d'environ 1h30 longe les gorges, passe devant une cascade et par une passerelle. Le chemin assez raide grimpe sur l'autre rive jusqu'à un croisement où l'on prend à droite (*fléché « parc auto par chambre d'eau »*). Après un passage assez étroit en corniche, le chemin redescend le long d'une conduite forcée vers le parking.

Une grande boucle de 3h est réservée aux bons randonneurs, bien équipés et peu sujets au vertige. Longer également la rivière jusqu'à la première passerelle mais au lieu de la traverser, continuer tout droit par un chemin qui monte sur les hauteurs. La principale difficulté est le retour sur l'autre rive : pont de singe et parcours sur une corniche assez vertigineuse, équipée de mains courantes. D'autres parcours, d'une journée et plus, sont balisés dans le secteur.

Thuès-les-Bains B2

Modeste station où s'est implanté un centre thermal de rééducation et de réadaptation fonctionnelles.

La route pénètre dans le défilé des Graüs. Sur la droite, la rivière de Mantet a creusé un étroit vallon. La vigne et les derniers agaves disparaissent.

On traverse **Olette**, village-rue aux hautes maisons adossées au rocher.

On aperçoit bientôt l'usine et les ruines du château de la Bastide.

Jusqu'à **Serdinya**, le paysage change de caractère : les hameaux s'étagent en terrasses.

LE CAPCIR : DE MONT-LOUIS À PUYVALADOR B2-A2

Pour visualiser ce circuit de 26 km au départ de Mont-Louis, reportez-vous à la carte de microrégion (p. 232) – Comptez une demi-journée. Quittez Mont-Louis au nord par la D 118.

S'élevant en douceur, la route offre une jolie vue sur la citadelle émergeant d'une couronne de bois, devant le massif du Cambras d'Azé.

Les montagnes du Capcir sont couvertes d'un épais manteau de pins constellé par le bleu profond des lacs. En toute saison, c'est un lieu paradisiaque pour les randonneurs : l'hiver, ils sillonnent les pistes du plus important domaine de ski de fond des Pyrénées et, l'été, ils lacent leurs chaussures de marche pour une aventure au cœur de la nature. Région la plus élevée de la Catalogne nord, à 1 500 m d'altitude, elle réserve de surprenantes rencontres avec des animaux sauvages comme l'isard et le mouflon.

La Llagonne B2

Le nom de ce village du haut Conflent (alt. 1 680 m) signifie « la lagune ». Et, de fait, avant la construction du barrage des Bouillouses, le terrain était souvent marécageux après l'arrivée des eaux de printemps. Près de l'église St-Vincent, fortifiée, qui abrite un superbe Christ romano-byzantin en bois, remarquez la tour à signaux avec son mur d'enceinte.

Au col de la Quillane marquant l'entrée dans le Capcir, prenez à gauche la D 32^F.

Les Angles B2

2 av. de l'Aude - 66210 Les Angles - 04 68 04 32 76 - www.lesangles.com - juil.-août, vac. de Noël et vac. de fév. : 9h-12h30, 14h-19h ; reste de l'année : 9h-12h30, 14h-18h.

LE CAPCIR, PÈRE DE L'AUDE

Au Moyen Âge, le Capcir était connu sous le nom de montagne d'Aude, à juste titre puisque le fleuve prend sa source à 2 377 m (lac d'Aude) dans le massif du Carlit. L'Aude prend naissance sur le versant est du Carlit et coule d'abord parallèlement à la Têt puis s'oriente au nord. Le col de la Quillane (alt. 1 714 m) marquant la ligne de partage des eaux, l'Aude traverse ensuite la haute plaine du Capcir que des montagnes boisées, longuement enneigées, isolent. Le torrent est soumis à des crues considérables. L'abondance des eaux, au moment de la fonte des neiges, a justifié l'aménagement de deux barrages réservoirs – Matemale et Puyvalador – régularisant le flot destiné à un escalier de centrales hydroélectriques.

Surplombant le plateau du Capcir, cette importante station des Pyrénées (alt. 1 600-2 400 m) a été créée en 1964 autour d'un vieux village qui a conservé son clocher à campanile en fer forgé.

Parc animalier des Angles – *✆ 04 68 04 17 20 - 9h-17h - 11 € (-14 ans 9 €) - chiens non admis.* À l'entrée sud du village des Angles s'embranche, à gauche, le chemin d'accès au Pla del Mir. Un grand circuit de 3,5 km et un circuit de 1,5 km permettent de faire connaissance avec les animaux spécifiques de la faune pyrénéenne vivant dans leur cadre montagnard : mouflons, sangliers, bouquetins, ours bruns, etc.

Domaines de ski alpin et de ski nordique – Il s'étend sur 40 km de pistes et comprend quatre secteurs pour skieurs de tous niveaux : débutants sur le plateau de Bigorre, amateurs de glisse sportive sur le Pla del Mir, les secteurs de Balcère et de Jassettes.

Les quatre secteurs de la Matte, de Calvet, de la Llose et du Galbe comptent 102 km de pistes de **ski de fond** auxquels s'ajoutent des pistes pour chiens de traîneaux et des sentiers de randonnée pédestre. L'intensité de l'ensoleillement est compensée par 255 canons à neige.

En outre, la station est équipée d'une **base de l'extrême** unique en France : plongée sous glace, ski *joering* (tiré par un cheval) et traction par cerf-volant, *skimbat* (tracté par une voile delta) ou *ice-surfing* (planche à voile sur neige).

Lac de Matemale B2

Retenue artificielle de 240 ha où l'on peut pratiquer quelques activités nautiques, la randonnée pédestre et équestre, la pêche (parcours aménagé).

LES FORÊTS DU BASSIN SUPÉRIEUR DE L'AUDE

Dans le Capcir, les arbres sont partout présents. Recouvrant des versants plus ou moins accidentés, les massifs boisés du Capcir, peuplés de pins à crochets, pins sylvestres ou sapins, sont desservis par des routes forestières offrant de multiples itinéraires d'excursions : étang de Balcère en forêt des Angles, étangs de Camporeils, à plus de 2 200 m d'altitude, route du col de Sansa par le col de Creu, en forêt de Matemale, etc.

Le lac d'Aude, sur la commune des Angles.
M. Seguret / MICHELIN

La forêt, tout à côté, est un atout supplémentaire pour quelques heures de détente en pleine nature.

Formiguères B1

1 pl. de l'Église - 66210 Formiguères - ☎ 04 68 04 47 35 - www.formigueres.com - 9h-12h, 15h-17h30 (sous réserve de modification) - fermé j. fériés.

Le long de la forêt de la Matte, la petite station (alt. 1 750-2 400 m) dispose de 18 pistes de ski alpin de tous niveaux avec 2 télésièges et 6 téléskis. Les pistes de ski de fond font partie de l'Espace nordique du Capcir.

L'église abrite un Christ roman.

Prenez à gauche la D 32^{B} et suivez la signalisation « Grotte de Fontrabiouse ».

Grotte de Fontrabiouse B1

☎ 04 68 30 95 55 - www.grottes-en-france.com - visite guidée (1h) juil.-août : 10h-18h, dép. ttes les h ; reste de l'année : 10h-12h, 14h-17h, dép. ttes les 30mn - fermé 15 nov.-5 déc., 1er janv., 25 déc. - 8,80 € (5-12 ans 5,60 €).

Cette grotte a été découverte en 1962 lors de l'exploitation d'une carrière d'onyx d'où provient le revêtement qui orne les escaliers du palais de Chaillot à Paris et ceux du palais des Rois de Majorque à Perpignan. On y découvre des fistuleuses, des orgues, des draperies, des cascades de méduses, des disques-colonnes mais aussi des formations plus fines en forme de choux-fleurs ou de bouquets d'aragonites. C'est d'ailleurs une aragonite en forme de papillon qui sert de logo au site.

Puyvalador B1

Cette station (alt. 1 770-2 400 m), surveillant l'entrée du défilé de l'Aude et située au-dessus du barrage du même nom, mérite bien son nom catalan, signifiant « montagne sentinelle ». Ses 16 pistes de ski alpin, face au lac de Puyvalador, traversent une forêt de pins. Le **lac de Puyvalador**, retenue artificielle de 100 ha, accueille planches à voile et pédalos en été.

En poursuivant au-delà sur la D 118, vous pouvez rejoindre Quillan (voir p. 172) via Axat (voir p. 176), à moins que vous n'empruntiez sur la gauche la petite D 32 qui, après avoir franchi le col des Hares, mène au château de Quérigut (voir Le Guide Vert Pyrénées Toulouse Gers).

NOS ADRESSES AUTOUR DE MONT-LOUIS

TRANSPORTS

Le Train jaune (de Villefranche-de-Conflent à Latour-de-Carol, *voir p. 253*) passe par Mont-Louis. La section de Mont-Louis à Olette est d'ailleurs la plus spectaculaire, empruntant le pont Gisclard et le viaduc Séjourné.

HÉBERGEMENT

PREMIER PRIX

Chambre d'hôte Cal Simunot – *23bis r. de la Mouline - 66210 Matemale - ✆ 04 68 04 43 17 - www.calsimunot.fr - ⊭ - 4 ch. 48 € ☕ - repas 20 €.* Chacune des quatre chambres de cette ferme porte le nom catalan d'une saison. À deux pas du lac de Matemale, elles vous offrent décoration simple et confort actuel. Au rez-de-chaussée, salle de détente et petite cuisine à disposition. Fromages de chèvre de l'exploitation. Petits-déjeuners en terrasse.

BUDGET MOYEN

Chambre d'Hôte Lou Rouballou – *R. des Écoles-Laïques - 66210 Mont-Louis - ✆ 04 68 04 23 26 / 06 98 84 49 98 - www.mont-louis.net/rouballou.html - ⊭ - fermé mai, oct. et nov., 5 ch. 65 € - ☕.* Sur les hauteurs de la ville, dans les fortifications, cette maison ancienne aux balcons fleuris séduira les amateurs d'adresses authentiques.

Hôtel Corrieu – *66210 La Llagonne - ✆ 04 68 04 22 04 - www.hotel-corrieu.com - P - ♿ - 11 juin-19 sept., 22 déc.-5 janv. et 12 janv.-15 mars ; rest. fermé jeu. midi sf vac. scol. - 24 ch. 62/65 € (+ une ch. « loft » 4 pers. 160 €) - ☕ 10 € - rest. formule 20 €, carte 27/42 € - wifi gratuit.* La même famille vous accueille depuis 1882 dans cet ancien relais de diligences. Chambres calmes et sobrement meublées, avec les Pyrénées en toile de fond. Tennis flambant neuf. Dans la salle à manger rénovée, on sert une cuisine traditionnelle simple.

RESTAURATION

PREMIER PRIX

Crêperie La Grange – *Pl. du Coq-d'Or - 66210 Les Angles - ✆ 04 68 30 90 98 - http://lagrange.lesangles.free.fr - fermé lun., juin, nov. - réserv. conseillée - 12,70/25,40 €.* Une ravissante terrasse en bois devance cette jolie bâtisse montagnarde située face à la mairie. Elle abrite un restaurant atypique où les clients peuvent voir les cuisiniers à l'ouvrage. Plats traditionnels assortis de nombreuses crêpes sucrées-salées. Ne partez pas sans faire un sort à la raclette maison et au camembert rôti !

BUDGET MOYEN

Le Coq d'Or – *2 pl. du Coq-d'Or - 66210 Les Angles - ✆ 04 68 04 42 17 - www.hotel.lecoqdor.com - réserv. conseillée - 18/31 € - 36 ch. 56/69 € - ☕ 8 €.* Sur la place principale du village, cet hôtel-restaurant est une vraie institution dans le pays. Vaste salle à manger rustique au linge de table coloré, et menus où aucun des plats traditionnels catalans ne fait défaut, des « boles de picolat » aux omelettes aux « carriolettes » (petits mousserons).

ACTIVITÉS

Randonnée, alpinisme

Bureau des guides – *10 r. des Jonquilles - 66210 Les Angles - ✆ 06 81 41 16 30 - www.guide-montagne-pyrenees.com.* Activités accompagnées (initiation ou perfectionnement) : ski de randonnée, escalade, canyoning, alpinisme, via ferrata, randonnées pédestres ou en raquettes et parcours d'aventure. École de ski hors piste et de montagne.

Vol

Aérodrome du col de la Quillane – *66210 La Llagonne - ✆ 04 68 04 28 02 - www.planeur-la-llagonne.com.* Survol de la Cerdagne et du Capcir en planeur. Stage de vol à voile de juillet à fin septembre.

Activités nautiques

Club nautique de l'Ourson – *Lac Matemale - 66210 Les Angles - ✆ 04 68 04 30 77 / 06 08 88 44 03 - juin-sept. : 9h-19h.* Nombreuses activités nautiques (baignade surveillée, voile, planche à voile, catamaran) sur le lac de Matemale. Restaurant proposant des grillades (à l'extérieur), plus classique à l'intérieur.

Équitation

Équi'Sud – *Rte de la Forêt - 66210 Les Angles - ✆ 04 68 04 43 62 - www.equisud.com - tlj à partir de 9h.* Randonnées et raids équestres en Cerdagne, Capcir et dans le Conflent.

L'École de la Nature – *4 pl. de l'Église - 66210 Formiguères - ✆ 04 68 04 48 44 - www.ecole-de-la-nature.com.* Randonnées équestres.

Les Chevaux de la Tramontane – *Carrer de la Quillane - 66210 La Llagonne - ✆ 04 68 04 17 98 - www.chevauxdelatramontane.com - 1h : 14 €, 2h : 28 €, 3h : 38 €, journée 69 €, forfait de 20 h 228 €.* Promenades et excursions montagnardes de plusieurs jours à cheval dans les Pyrénées.

Dans le Conflent

Bains sauvages

Les sources d'eau chaude de Thuès-Entre-Valls *(accès par un chemin communal fléché au dép. du parking de la Carança)*, de Prats-Balaguer et de Canaveilles ne sont pas aménagées.

AGENDA

Dans le Capcir

Manifestations sportives – Tous les ans ont lieu dans le Capcir plusieurs grandes manifestations sportives comme la **Trace Catalane** (Coupe de France de ski) ou l'unique étape pyrénéenne de la Coupe de France de snowboard.

Font-Romeu-Odeillo-Via

★

2 003 Romeufontains – Pyrénées-Orientales (66)

NOS ADRESSES PAGE 280

S'INFORMER

Office de tourisme – *82 av. Emmanuel-Brousse - 04 68 30 68 30 - www.font-romeu.fr - vac. scol. : 8h30-18h30 ; hors vac. scol. : 9h-12h, 14h-18h - fermé 1er Mai.*

SE REPÉRER

Carte de microrégion B2 (p. 232) – *Carte Michelin Départements 344 D7.* À 89 km à l'ouest de Perpignan et 9 km à l'ouest de Mont-Louis par la D 618.

À NE PAS MANQUER

La Vierge de l'Invention de l'Ermitage ; le retable de la chapelle, le camaril et le panorama depuis le calvaire ; l'ancienne pharmacie du Musée municipal de Llívia.

ORGANISER SON TEMPS

Prévoyez une demi-journée pour découvrir Font-Romeu et l'enclave espagnole de Llívia.

AVEC LES ENFANTS

En hiver, les domaines skiables de Font-Romeu et de Pyrénées 2000. Pour les beaux jours, de nombreuses activités de plein air sont proposées dans la région *(voir Nos adresses).*

La station occupe un site admirable en Cerdagne, protégé des vents du nord, à la lisière d'une forêt de pins. Son altitude, son ensoleillement, la qualité exceptionnelle de son air, tout a concouru à ce qu'elle soit choisie dès l'origine pour des séjours climatiques de grande qualité. Ses imposantes installations sportives (piscine, patinoire, centre équestre, etc.) permettent aux athlètes du monde entier de s'y entraîner tout en s'oxygénant. Exemple type de station créée de toutes pièces (1920), Font-Romeu a su s'intégrer dans le paysage des Pyrénées catalanes.

Séjourner

Domaines skiables de Font-Romeu et Pyrénées 2000

Accessibles par route *(2,5 km par la route des pistes, après le calvaire)* ou par télécabine depuis le centre de Font-Romeu, les domaines associés de Font-Romeu et de Pyrénées 2000 s'étagent entre 1 600 m et 2 250 m d'altitude, dans un paysage de forêts de pins. Grâce aux 460 canons à neige, qui couvrent 85 % de la superficie du domaine, les skieurs ne manquent jamais de neige. Les 40 pistes de ski alpin présentent tous les niveaux, du plateau des Airelles, idéal pour les débutants, au versant des Bouillouses, plus difficile. Une piste est éclairée.

À la station Pyrénées 2000, des moniteurs sont spécialisés dans l'enseignement du ski aux handicapés.

Détail du camaril décoré par Josep Sunyer.
J. Frumm / hemis.fr

Les stations de Font-Romeu et de Pyrénées 2000 possèdent par ailleurs l'un des plus grands domaines de ski nordique des Pyrénées. Quatre-vingt-dix kilomètres de pistes de fond de tous niveaux sont réparties sur 18 boucles. En février, Pyrénées 2000 accueille la **Transpyrénéenne**, épreuve de ski de fond ouverte à tous les amateurs.

Se promener

LA FONTAINE DU PÈLERIN

★ Ermitage

Il abrite la Vierge de l'Invention et attire, les jours d'*aplech* (pèlerinage), une foule considérable. Le 8 septembre (ou le dimanche le plus proche), fête del Baixar (« de la descente »), la Madone est portée solennellement à l'église d'Odeillo où elle reste jusqu'au dimanche de la Trinité (fête del Pujar, « de la montée »), date à laquelle elle est ramenée à la chapelle de l'Ermitage avec la même solennité.

★ **Chapelle** – *✆ 04 68 30 68 30 - pour les visites guidées en juil.-août, s'adresser à l'office de tourisme.* Elle date des 17e et 18e s. La fontaine miraculeuse encastrée dans le mur, à gauche, alimente un bassin dans lequel se baignaient les pèlerins, situé à l'intérieur du bâtiment au pignon dirigé vers la montagne. À l'intérieur, on voit un magnifique **retable**★★ de Josep Sunyer datant de 1707 : la niche centrale abrite la statue de Notre-Dame de Font-Romeu ou, quand celle-ci est à Odeillo *(voir p. 285)*, celle de la Vierge dite de l'Ermitage (15e s.).

★★★ **Camaril** – Prendre, à gauche du maître-autel, l'escalier qui conduit au camaril, le petit « salon de réception » de la Vierge, aménagement typiquement espagnol, d'une inspiration touchante ; c'est le chef-d'œuvre de Sunyer. L'autel, aux panneaux peints, est surmonté d'un Christ encadré par la Vierge et saint Jean. Deux délicats médaillons, la Présentation au temple et la Fuite en Égypte, ornent les dessus-de-porte.

ORIGINES
Font-Romeu signifie fontaine du Pèlerin, nom donné à l'ermitage qui se trouve entre l'agglomération touristique et le lycée. Selon la légende, c'est justement près d'une fontaine que Notre-Dame de Font-Romeu a été « inventée » (trouvée) par un bouvier. Son taureau restait près de l'eau, grattant le sol et poussant des beuglements retentissants. Lassé puis intrigué, l'homme finit par examiner le lieu et découvrit, dans une anfractuosité, une statue de la Vierge.

Calvaire

Alt. 1 857 m. À 300 m de l'ermitage, vers Mont-Louis, prendre à droite un sentier jalonné par les stations d'un chemin de croix. Du calvaire érigé au sommet, le **panorama★★** est très étendu sur la Cerdagne et les montagnes environnantes.

À proximité Carte de microrégion

★ Col del Pam B2

Du calvaire, prenez au nord la route des pistes, puis 15mn à pied AR. Alt. 2 005 m. Du balcon d'orientation aménagé au-dessus de la vallée de la Têt, belle **vue** sur le massif du Carlit, le plateau des Bouillouses, le Capcir (haute vallée de l'Aude) et le Canigou.

Llívia B2

9 km au sud de Font-Romeu par la D 33^{E}. Voir p. 348.

NOS ADRESSES À FONT-ROMEU

HÉBERGEMENT

PREMIER PRIX

Camping L'Enclave – *66800 Estavar (au sud de Font-Romeu, près de Llívia) - ✆ 04 68 04 72 27 - www.camping.lenclave.com - fermé 26 sept.- fin nov. - réserv. conseillée - 175 empl. 27,50 €.* Ce camping, proche de la frontière de l'enclave espagnole, offre des emplacements bien entretenus, mais aussi un parc de mobile homes de qualité. Blocs sanitaires au confort actuel. Espace piscine clos, jeux pour enfants et courts de tennis.

BUDGET MOYEN

Hôtel de la Poste – *2 av. Emmanuel-Brousse - ✆ 04 68 30 01 88 - http://hoteldelaposte.free.fr - 23 ch. 49/59 € - ☕ 8,50 € - wifi gratuit.* La façade de cet hôtel familial est ornée de peintures figurant des animaux de montagne. Les chambres rénovées et bien tenues offrent calme et confort. Au restaurant, la cuisine est généreuse et s'inspire du terroir. Le personnel entretient ici une ambiance bon enfant et une vraie convivialité.

POUR SE FAIRE PLAISIR

Sun Valley – *3 av. d'Espagne - ✆ 04 68 30 21 21 - www.hotelsunvalley.fr - fermé 31 oct.- 4 déc. - P - 41 ch. 71/119 € - ☕ 9 € - rest. 22 € (résidents seult) - wifi gratuit.* Les chambres, peu à peu rénovées dans un esprit chalet, profitent du soleil depuis leur balcon. Bel espace bien-être et relaxation au dernier étage. Repas simples et copieux.

RESTAURATION

BUDGET MOYEN

Complexe Casino – *46 av. Emmanuel-Brousse - ✆ 04 68 30 01 11 - rest. fermé lun. et mar. (hors sais.) - 10/36 €.* Casino, cinéma, discothèque et restaurant vous attendent dans ce chalet moderne, situé au centre-ville. À table, on savoure une cuisine traditionnelle soignée dans un cadre agréable. Formule déjeuner à prix serrés.

ACTIVITÉS

Montagne

Bureau des Guides-École de la Montagne – *9 r. Maillol - ✆ 04 68 30 23 08 - nosaumasson@hotmail.com - fermé nov.*
Le bureau des guides organise de la randonnée, un parcours vertige, du rafting, de l'hydrospeed, du canyoning, de la spéléologie et encadre les activités d'escalade à Font-Romeu. En hiver, randonnées en raquettes et canyoning dans des cascades d'eau chaude.

Multi sport

Ozone 3 Montagne et Loisirs – *38 av. Emmanuel-Brousse - ✆ 04 68 30 36 09 - www.ozone3.fr - 9h-12h, 16h-19h30.*
Sorties VTT, randonnées pédestres, raquettes, ski de fond, via ferrata, escalade. Sports d'eaux vives (rafting, hydrospeed...) sur l'Aude et vols en montgolfière. Également organisation de séjours et séminaires.

Drakkar Traîneau Aventure – *Les Airelles - ✆ 06 08 62 87 45.*
Après une visite commentée du parc et des chiens *(1h)*, vous pourrez vous initier à la conduite d'un attelage de chiens de traîneaux.

L'Aventurine rando – *9 av. Cambre-d'Aze - 66210 Bolquère - ✆ 06 14 31 79 72 - www.aventurine-rando.com - juil.-avr. : se rens. pour les horaires ; reste de l'année : réserv. par téléphone.*
Activités proposées : randonnées pédestres, escalade, via ferrata, parcours aventure, canyoning, rafting, hydrospeed, etc.

AGENDA

La Transpyrénéenne – *Février.*
Épreuve de ski nordique ouverte à tous les amateurs.

La Cerdagne

★

Cerdanais – Pyrénées-Orientales (66)

NOS ADRESSES PAGE 289

S'INFORMER

Office du tourisme de Porté-Puymorens – *Chalet d'accueil - 66760 Porté-Puymorens - 04 68 04 82 41 - www.porte-puymorens.net - avr.-nov. : tlj sf w.-end 9h-12h, 14h-17h ; reste de l'année : 9h-17h.*

SE REPÉRER

Carte de microrégion AB2 (p. 232) – *Carte Michelin Départements 344 CD 7/8.*
Située au sud-ouest de Perpignan, la Cerdagne assure la transition entre la France et l'Espagne. La N 116, qui la traverse, relie Perpignan à la frontière espagnole en 1h.

À NE PAS MANQUER

Le col de Puymorens ; les points de vue du col de l'Ombrée ; la route de la Soulane ou encore les retables des églises d'Angoustrine et d'Hix.

ORGANISER SON TEMPS

Prévoyez au moins une journée pour visiter la région.

AVEC LES ENFANTS

Le four solaire à Odeillo ; le musée de Cerdagne à Ste-Léocadie et celui de la Vallée à Eyne ou encore les nombreuses animations proposées par les stations de ski.

Vous voici au cœur des Pyrénées catalanes ! Profitez-en pour respirer ! Ici, l'air est pur et, pour ne rien gâcher, l'ensoleillement optimal. La Cerdagne s'affiche d'ailleurs pionnière en matière d'énergie solaire. Au nord, le massif du Carlit, au sud le chaînon de Puigmal. Ces majestueuses montagnes encadrent avec vigueur un damier de champs et de prairies. Craquelée de ruisseaux bordés d'aulnes et de saules, la plaine est écrasée par une lumière dorée, alors qu'en haut des ravins, l'ombre des sapins s'étire à l'infini.

Séjourner

LES DOMAINES SKIABLES

Espace Cambre d'Aze (Cambras d'Azé) à Eyne

66800 Eyne - 04 68 04 08 01.

Alt. 1 640-2 400 m. Les stations d'**Eyne** et de **St-Pierre-dels-Forcats** se sont associées pour former l'Espace Cambre d'Aze. Les 25 pistes de ski alpin de tous niveaux s'étalent dans un très beau décor de forêts de pins.

Err-Puigmal 2900

Mairie - 1 carrer del Ajuntament - 66800 Err - 04 68 04 72 94 - www.puigmal.fr.

LE BERCEAU DE LA NATION CATALANE

Après la reconquête sur les Arabes du Roussillon et de la Catalogne, la Cerdagne est de moins en moins liée à l'administration franque de la marche d'Espagne. L'un de ses seigneurs, **Wilfred le Velu** (Guifé el Pelós, pour les Catalans), est investi en 878 des comtés de Barcelone et de Gérone. Au 10e s., ses héritiers contrôlent la haute vallée du Sègre, le Capcir, le Conflent, le Fenouillèdes et la plaine du Roussillon. Cette dynastie s'éteint en 1117. Le souvenir des comtes de Cerdagne reste vif dans l'histoire religieuse : Wilfred le Velu avait fondé les abbayes de Ripoll, de Sant Joan de les Abadesses et l'évêché de Vic (en Catalogne espagnole) ; au 11e s., le comte Guifred II agrandit l'abbaye St-Martin-du-Canigou ; son frère, l'abbé Oliba, fait de Ripoll et de St-Michel-de-Cuxa d'incomparables foyers de culture.

Alt. 1 850-2 520 m. Étagé sur les flancs du mont Puigmal, ce paisible centre de sports d'hiver comprend 18 pistes de ski alpin de tous niveaux, parmi lesquelles quelques belles pistes noires. Dix kilomètres de pistes de ski de fond occupent le bas du domaine, à la lisière d'une forêt de sapins.

Porté-Puymorens

Chalet d'accueil - 66760 Porté-Puymorens (voir « S'informer », page de gauche).
Alt. 1 600-2 500 m. Étendu, le domaine comporte 16 pistes de ski alpin de tous niveaux. Les pistes de ski de fond totalisent 21 km répartis sur 3 boucles. Véloski et snowboard sont également pratiqués.

Circuits conseillés Carte de la Cerdagne

Les circuits décrits ici vous feront découvrir de nombreuses églises romanes renfermant du mobilier baroque (des retables en particulier). Munissez-vous de pièces de monnaie pour l'éclairage.

★★ VALLÉE DU CAROL A2-B2

Pour visualiser ce circuit de 27 km, reportez-vous au tracé rose sur la carte p. 284 – Comptez environ 1h du col de Puymorens à Bourg-Madame.

4

★ Col de Puymorens

Alt. 1 920 m. Le col constitue le seuil de partage des eaux : celles de l'Ariège, tributaires de la Garonne, vont vers l'Atlantique ; celles du Sègre, affluent de l'Èbre, coulent vers l'Espagne et la Méditerranée.

Depuis 1994, le **tunnel de Puymorens** permet d'éviter le col. Au-dessus de l'entrée du tunnel, côté Pyrénées-Orientales, la *Cascade de lumière*, sculpture en verre polychrome de 16 m de haut, est l'œuvre de Josette Rispal.

Après un pont sur un couloir d'avalanche, la route, en descente, permet d'apprécier le site ensoleillé du village de **Porté-Puymorens**, la vallée du Carol, plus humanisée, et le verrou glaciaire surmonté des ruines rousses de la tour Cerdane.

Au-delà de Porté, la route pénètre dans le défilé de la Faou. Jolie vue à gauche sur le hameau de **Carol** et les deux tours en ruine derrière le viaduc. Le parcours encaissé se termine après **Latour-de-Carol**, aux abords d'**Enveitg**. On arrive dans une plaine riche, haut perchée (moyenne d'altitude : 1 200 m). Avant Bourg-Madame, on aperçoit à gauche le Grand Hôtel de Font-Romeu, en avant, Llívia *(voir p. 348)*. Sur sa butte se hausse Puigcerdá.

Bourg-Madame

La localité a reçu ce nom en 1815 du duc d'Angoulême, fils du futur Charles X, en l'honneur de son épouse Madame Royale, fille de Louis XVI. Il rentra en France par cette route après le séjour qu'il fit en Espagne, à la chute de l'Empire. Auparavant, le hameau des Guinguettes d'Hix avait su tirer parti de sa situation au bord du ruisseau frontière de la Rahur pour développer ses activités : industrie, colportage et contrebande.

★ ROUTE DE LA SOULANE

Pour visualiser ce circuit de 36 km, reportez-vous au tracé bleu sur la carte ci-dessous – Comptez environ 2h de Bourg-Madame à Mont-Louis – Quittez Bourg-Madame par le nord (N 20).

Ur

L'**église** possède un chevet roman à bandes lombardes surmontées d'une frise en dents d'engrenage. À l'intérieur, retable baroque de Sunyer.

À Ur, prenez à droite la D 618 et à Villeneuve-des-Escaldes, prenez à gauche la D 10.

Dorres

Dans l'**église**, on peut voir à l'autel latéral de gauche un témoin typique du goût du peuple catalan pour les statuettes parées : une Vierge des Douleurs *(soledat)* ; dans la chapelle de droite, impressionnante et anguleuse Vierge noire.

Revenez à la D 618.

Angoustrine

✆ 04 68 30 08 00 - 14h-17h - possibilité de visite guidée (7 j. av.) - fermé j. fériés.

Monter à pied à l'**église** haute, romane, pour admirer ses **retables★**, surtout celui dédié à saint Martin : cavalier de la niche centrale et, sur les panneaux peints, sauvetage d'un marin, d'un pendu, etc., prodiges du saint.

Chaos de Targasonne

Gigantesque amoncellement de blocs granitiques roulés par les glaciers quaternaires, ce chaos constitue un fantastique amas rocheux aux formes tourmentées.

En continuant vers Font-Romeu, une route sur la gauche conduit au site de l'ancienne centrale électrosolaire Thémis.

Thémis

Beaucoup d'expériences sur l'énergie solaire ont été menées dans la région, comme en témoigne ce prototype d'**usine solaire à tour** fermé depuis 1986 :imposants bâtiments dominés par une tour de 100 m de haut.

Odeillo

L'**église** d'Odeillo abrite, en dehors de la saison pastorale (juin-sept.), la Vierge de Font-Romeu, du 13e s. En été, la Vierge de l'Ermitage (15e s.) prend sa place. Le **four solaire** a été conçu comme celui de Mont-Louis par le chimiste **Félix Trombe**. Sa mise en service date de 1969. Étagés à flanc de pente, 63 héliostats (miroirs plans orientables) dirigent les rayons solaires sur le miroir parabolique (près de 2 000 m²) fait de 9 130 petites glaces concaves. L'énergie solaire (1 000 kW thermiques) est ainsi concentrée sur un foyer où la température peut dépasser 3 200 °C. Le four permet de mener des études sur la mise au point de matériaux de haute performance pour l'espace, l'environnement

et l'énergie. **Exposition** permanente sur le fonctionnement du four solaire et sur son rôle dans la recherche scientifique, l'énergie renouvelable, la lumière et l'énergie solaire appliquée à l'habitat. *04 68 30 77 86 - ♿ - juil.-août : 10h-19h30 ; sept.-juin : 10h-12h30, 14h-18h - fermé de mi-nov. à déb. déc., 1er janv., 25 déc. - 6 € (8-18 ans 3,50 €).*

★ Font-Romeu *(voir p. 278)*

La route traverse la forêt de pins de **Bolquère**, dont on aperçoit la petite église perchée sur un promontoire. On atteint le plateau de Mont-Louis, point de départ pour la vallée de l'Aude et pour le Conflent.
Au carrefour de la N 116 s'élève le monument élevé en l'honneur d'Emmanuel Brousse (1866-1926), député à qui la vallée doit le célèbre Train jaune : « ministre mort pauvre », affirme l'inscription.

★ Mont-Louis *(voir p. 270)*

ROUTE DE L'OMBRÉE

Pour visualiser ce circuit de 112 km, reportez-vous au tracé ocre sur la carte (p. 284) – Comptez une demi-journée de Mont-Louis à Bourg-Madame.
Au départ de Mont-Louis *(voir p. 270)*, la N 116, en palier, atteint le large seuil herbeux du col de la Perche faisant communiquer, à 1 579 m d'altitude, les bassins de la Têt (Conflent) et du Sègre (Cerdagne). Au sud s'élève le Cambras d'Azé, évidé d'un cirque glaciaire très régulier. En progressant dans la haute lande le long de la route d'Eyne, le **panorama★** d'ensemble sur la Cerdagne prend de l'ampleur ; de gauche à droite on identifie la Sierra del Cadi, relativement dentelée, Puigcerdà *(voir p. 348)* sur sa butte morainique surgissant du fond du bassin, le massif frontière de l'Andorre (pic de Campcardos appelé aussi Puigpedrós) et le massif du Carlit.
Tournez à gauche dans la D 29.

Eyne

Ce joli village étagé dans une conque s'est reconverti en un petit centre de ski. À l'entrée du village, la **Maison de la vallée d'Eyne, « casa de la Vall d'Eina »**, consacrée au thème de l'eau, est installée dans l'ancienne ferme Cal Martinet. On y trouve également un jardin ethnobotanique (plantes endémiques). *04 68 04 97 05 - 15 juin-18 sept. : 9h30-18h ; reste de l'année se rens. - 3 € (-12 ans gratuit).*
Prenez la D 33 au sud en direction de Llo.

La Cerdagne française

Meitat de França, meitat d'Espanya, « moitié de France, moitié d'Espagne », la Cerdagne partage son histoire entre ces deux nations. En 1659, le traité des Pyrénées ne donne pas de détails précis sur la nouvelle frontière franco-espagnole en Cerdagne, un désaccord intervenant sur le choix des monts à délimiter. C'est en 1660, à Llívia, que le traité de division est signé : l'Espagne a la possession du comté, exception faite de la vallée du Carol et d'une portion ménageant aux Français la libre circulation entre la vallée du Carol, le Capcir et le Conflent. Trente-trois villages sont choisis parmi les plus proches de la frontière pour devenir français. Mais Llívia fait valoir son statut de « ville » : n'étant donc pas concernée par le traité, elle est restée espagnole, formant depuis une **enclave** en territoire français.

Reflets sur le four solaire d'Odeillo.
M. Seguret / MICHELIN

★ Llo

Ce bourg hérissé de tours s'échelonne sur des pentes escarpées à la sortie d'un ravin affluent du Sègre. Une *atalaye*, ou tour de guet, domine le paysage. En contrebas, l'église romane montre à son portail une voussure médiane décorée de motifs en tête de clou, de têtes d'hommes et de spirales.

★ Gorges du Sègre

Partez de l'église de Llo.

Le Sègre s'échappe du massif du Puigmal par des gorges que l'on peut remonter jusqu'au troisième pont sur le torrent. Au passage, on admire un beau rocher, formant une aiguille, vu de l'aval.

Saillagouse

C'est l'un des centres de production des célèbres charcuteries cerdanes : *butifarre*, *fuet* et *llonganisse* : vous en conserverez un souvenir divin !

Continuez sur la N 116 en direction de Puigcerdá.

Ste-Léocadie

La ferme Cal Mateu, qui abrite le **musée de Cerdagne** (antenne à Eyne), est le lieu par où passe l'histoire du rattachement de la Cerdagne à l'État français. Ce beau bâtiment des 17e-18e s. sert d'écrin à diverses expositions sur les bergers, la *matança* (tuée du cochon), la tradition d'élevage de chevaux, la fabrication des gourdes en peau. *04 68 04 08 05 - www.museedecerdagne.com - ♿ - 13 juil.-18 sept. : tlj sf sam. 14h-20h30 ; reste de l'année se rens. - 3,50 € (-10 ans 2,50 €).*

Rejoignez à gauche la route de la station du Puigmal (D 89) : arrivant en lisière de la forêt, aussitôt après un lacet, prenez à droite la route forestière, revêtue.

Table d'orientation de Ste-Léocadie

Alt. 1 681 m. Elle se dresse à gauche, à l'entrée du virage, en contrebas. **Panorama★** sur la Cerdagne, face à la trouée de la vallée du Carol par laquelle apparaît le pic de Fontfrède.

Revenez à la D 89 et prenez à droite.
La route remonte la vallée de l'Err.
De retour à la N 116, prenez à gauche et encore à gauche (D 30).

★ Routes forestières d'Osséja

En amont d'Osséja, laisser la route de Valcebollère pour suivre la route forestière qui se scinde à la lisière d'un des plus importants massifs de pins de montagne des Pyrénées. Par la branche de droite, on aboutit, après le col de Pradeilles, sur la croupe du Puigmal, à la borne 504 (cime de Courne Mourère, alt. 2 205 m environ). **Vues★** sur la Cerdagne, les montagnes frontières de l'Andorre et les sierras catalanes.
Redescendez à Osséja par la branche de la route forestière non empruntée à la montée et prenez à droite la D 30.

Valcebollère

Perdu au bout d'une route en cul-de-sac, Valcebollère est le plus méridional des villages catalans français. Agréablement restauré, il est dominé par d'anciennes ruines qui s'accrochent à une austère montagne de schiste. Les sportifs apprécient les lieux qui sont un bon point de départ pour des randonnées à pied ou à ski.
Revenez à la N 116 et prenez-la à gauche.

Hix

Ancienne résidence des comtes de Cerdagne et capitale commerciale du pays jusqu'au 12e s., Hix a été ravalée au rang de simple hameau lorsque le roi Alphonse II d'Aragon fit transférer la ville sur le site moins vulnérable du « **mont Cerdan** » (Puigcerdá), en 1177, puis après la consécration du quartier des « guinguettes » comme siège de la municipalité en 1815, sous le nom de Bourg-Madame.
Dédiée à saint Martin, la petite **église** du 12e s. est un joyau de l'art roman. À l'extérieur, le clocher carré s'élève du toit de lauzes et les fenêtres sont ornées de colonnettes. En entrant, remarquez les **retables★** naïf (16e s.) et baroque. Le second, du maître-autel, est l'œuvre de Pau Sunyer, frère de Josep, et de Lluis Baixa (1738). La niche abrite une Vierge du 13e s. *✆ 04 68 04 55 35 - visite sur demande à l'office de tourisme.*

NOS ADRESSES EN CERDAGNE

TRANSPORTS

Le Train jaune – *Voir Villefranche-de-Conflent (p. 260) et Mont-Louis (p. 276).*

HÉBERGEMENT

BUDGET MOYEN

Hôtel Planes (La Vieille Maison Cerdane) – *6 pl. de Cerdagne - 66800 Saillagouse - ✆ 04 68 04 72 08 - www.planotel.fr -* [P] *- fermé 10 j. en mars et de la fin des vac. de la Toussaint au déb. des vac. de Noël - 19 ch. 58/73 € - petit-déj. 7 € - rest. 22/43 €.* Ancien relais de diligence aux chambres rénovées. Restaurant proposant une généreuse cuisine de montagne dans un décor rustique à une clientèle d'habitués, et brasserie proposant une formule plus simple (petits plats catalans, omelettes et salades).

Auberge catalane – *10, av. du Puymorens - 66760 Latour-de-Carol - ✆ 04 68 04 80 66 - www.auberge-catalane.fr -* [P] *- fermé 1 sem. en avr., 9-25 déc., dim. soir, lun. - 10 ch. 54/58 € - petit-déj. 7,50 € - rest. 17/20 € - wifi gratuit.* À 1 200 m d'altitude, une agréable auberge aux chambres coquettes et rénovées. Salle à manger rustique, ambiance catalane et cuisine traditionnelle.

Hôtel Marty – *3 carrer Major - 66760 Dorres - ✆ 04 68 30 07 52 - www.hotelmarty.com - fermé 15 oct.-20 déc. -* [P] *- 21 ch. 48 € - petit-déj. 7 € - rest. 15/30 €.* Pension de famille sur les hauteurs de la Cerdagne, proche d'une source sulfureuse et de son petit bassin. Chambres un brin désuètes, parfois avec loggia. Restaurant panoramique agrémenté d'objets agricoles et de trophées de chasse. Copieuse cuisine catalane.

POUR SE FAIRE PLAISIR

Planotel – *6 pl. de Cerdagne - 66800 Saillagouse - ✆ 04 68 04 72 08 - www.planotel.fr - fermé oct.-mai (sf vac. scol.) - 20 ch. 65/75 € - petit-déj. 8 €.* Émanation de l'hôtel Planes, cette bâtisse des années 1970 est idéale pour se détendre au calme. Toutes les chambres bénéficient d'une récente rénovation et de balcons (sauf deux). Piscine avec toit coulissant et parc de 1400 m² à votre disposition. Généreuse cuisine du pays servie dans l'agréable décor régional du restaurant. Au bar-brasserie : plats de comptoir et spécialités maison.

Clair Soleil – *29 av. François-Arago, rte d'Odeillo (à 1 km de Font-Romeu) - ✆ 04 68 30 13 65 - www.hotel-clair-soleil.com - fermé 13 avr.-16 mai et 2 nov.-18 déc. -* [P] *- piscine - 29 ch. 69/76€ petit-déj. - rest. 22/38 €.* Cette sympathique pension de famille bénéficie d'une très bonne exposition face au four solaire d'Odeillo. Chambres modestes, avec balcon ou terrasse et ascenseur. Cuisine régionale et accueil aux petits soins dans la salle à manger-véranda. Vous trouverez en outre un guide pour vos randonnées.

Auberge Les Écureuils – *Carrer de la Coma - 66340 Valcebollère - ✆ 04 68 04 52 03 - www.aubergeecureuils.com - fermé 5 nov.-5 déc. - 16 ch. 90/110 € - petit-déj. 10/12 € - rest. formule déj. 19 € - 25/50 € - wifi gratuit.* Cette ancienne bergerie a été reconvertie en une coquette auberge rustique. Agréables chambres personnalisées. Jardin au bord du torrent. Organisation de randonnées ; skis et raquettes à disposition. Restaurant de caractère, carte classique et plats catalans. Petite crêperie.

RESTAURATION

BUDGET MOYEN

Brasserie de la Vieille Maison Cerdane – *6 pl. de Cerdagne - 66800 Saillagouse - ✆ 04 68 04 72 08 - www.planotel.fr - P - fermé 3 nov.-19 déc. - ♿ - formule déj. 11 € - 15 € bc - 19 ch. 58/73 € - ☕ 7 €.* À l'hôtel Planes, installé dans un ancien relais de diligence, la Brasserie propose une formule plus simple que son restaurant, qui a par ailleurs grand succès. Petits plats catalans, omelettes et salades.

ACHATS

Charcuterie Bonzom – *Rte d'Estavar - 66800 Saillagouse - ✆ 04 68 04 71 53 - www.bernard-bonzom.com - 8h-12h30, 15h-19h30 - fermé 2 sem. en mai et nov., lun. et merc. (hors sais.).* Voici, au cœur d'un des centres de production de charcuterie catalane, une boutique où vous trouverez de quoi remplir votre besace : saucissons secs, *boles de picolat, foets...* À voir également, salle d'exposition et séchoir naturel aux 1 500 jambons.

ACTIVITÉS

Thermalisme

Les Bains de Llo – *Rte des Gorges-de-Llo - 66800 Llo - ✆ 04 68 04 74 55 - http://lesbainsde.llo.free.fr - 10h-19h30 - fermé 2 sem. fin mai et de mi-nov. à mi-déc. - 11 € - av. 14h 9,50 € - enf. 8,50 €.* Vous vous baignerez ici dans des sources d'eau sulfureuse à 37 et 35 °C. Également sur place, hammam, sauna, Jacuzzi et, sur RV, massages et soins. Snack avec crêpes et gaufres.

Bains chauds de Dorres – *66760 Dorres - ✆ 04 68 04 66 87 - www.bains-de-dorres.com - 8h30-20h - fermé de fin nov. à déb. déc. - 4 € - carte 10 bains 37 €.* Descendant le chemin cimenté, en contrebas de l'hôtel Marty à Dorres, on atteint *(30mn à pied AR)* une source sulfureuse (41 °C) où les Cerdanais et les estivants viennent pratiquer le thermalisme de plein air.

Vol

École de parapente Vol'Aime – *92 r. Creu-de-Fé - 66120 Targassonne - ✆ 04 68 30 10 10 / 06 24 63 56 44 - www.volaime.com - 8h-17h. Pour le parapente, boutique atelier à l'année.* Stages de découverte ou d'apprentissage du parapente (de l'initiation à la compétition) ou simplement des baptêmes de l'air (pilotes brevetés d'État). Compter pour ces derniers de 60 à 100 €.

AGENDA

Grand Prix Porté-Puymorens – *En mars* - compétition de ski alpin.

Principauté d'Andorre

Principat d'Andorra

★

78 115 Andorrans

NOS ADRESSES PAGE 299

S'INFORMER

Office du tourisme de la mairie d'Andorre-la-Vieille – *Pl. de la Rotonda - AD500 - Andorra la Vella - ✆ 00 376 873 103 - www.andorralavella.ad - de mi-déc. à mi-janv. et en août : 9h-21h ; reste de l'année : 9h-13h, 15h-19h.*

Office du tourisme de la Principauté d'Andorre – *26 av. de l'Opéra - 75001 Paris - ✆ 01 42 61 50 55 - www.andorre.fr - tlj sf w.-end : 9h-17h30.*

Visites guidées – Plusieurs sites ne sont accessibles qu'en visite guidée. Prenez contact pour réserver car elles peuvent être en catalan, en français ou en espagnol : *✆ 00 376 839 760 - reserves.museus@andorra.ad.* Andorre propose différents circuits à thèmes comme la Route du Fer ou le circuit de l'Habitat rural. Se renseigner auprès des offices de tourisme.

SE REPÉRER

Carte de microrégion A1-2 (p. 232) – *carte Michelin Région 574 E 34-35.* Depuis la France, il n'y a qu'une route, la N 22 qui passe par le poste-frontière du Pas de la Casa. Depuis l'Espagne, une seule route également, la N 145 qui vient de La Seu d'Urgell à 9 km. La principauté s'étend sur 468 km^2.

À NE PAS MANQUER

Le panorama depuis le port d'Envalira ; les églises romanes (particulièrement Sant Miquel d'Engolasters) ; la visite d'une maison traditionnelle andoranne (*casa*) et, pour les amateurs, le musée national de l'Automobile. Détente assurée au centre Caldea *(voir « Nos adresses »).*

ORGANISER SON TEMPS

Quel que soit votre programme, il vous faudra compter avec les embouteillages, particulièrement inextricables en été. Si vous le pouvez, pour ne pas repartir trop déçu, prévoyez une petite randonnée en montagne.

AVEC LES ENFANTS

Le musée de la Microminiature ; le musée national de l'Automobile ; le centre Caldea.

Longtemps calée sur le paisible rythme agropastoral, la vie andorrane se voit aujourd'hui bouleversée par une circulation trépidante et une expansion immobilière anarchique aux abords des routes, résultat de l'afflux toujours croissant de consommateurs de produits détaxés et de skieurs. Néanmoins, en dehors de l'axe principal, le territoire a conservé de magnifiques paysages qu'il est toujours agréable d'explorer.

L'art roman en Andorre

COMMENT LE DÉCOUVRIR ?

Andorre conserve sur son territoire de belles églises romanes (11e-12e s.) dont certaines possèdent encore une partie de leurs fresques, mais elles ne sont ouvertes qu'en juillet et août *(se rens. auprès du Patrimoine culturel d'Andorre - ✆ 00 376 844 141 - www.patrimonicultural.ad).*

L'idéal est de commencer par le **Centre d'interprétation Andorra Romanica** à La Massana *(✆ 00 376 839 555 - juin-sept. : 9h30-13h30, 15h-18h30, dim. 10h-14h - fermé lun. - gratuit).* Ce centre présente l'art roman d'Andorre à travers des objets, des photographies et une vidéo, *Les Clés de l'art roman*.

Une visite en bus permet de découvrir deux ou trois églises durant l'été mais également à d'autres périodes de l'année *(se rens. auprès de l'office de tourisme d'Andorre).*

LES ÉGLISES ROMANES

L'**église de San Joan de Caselles**, à Canillo, est l'une des plus intéressantes avec les œuvres du maître de Canillo *(voir p. 293)*.

À Encamp, on peut visiter l'église de **Santa Eulalia** qui possède le clocher roman le plus haut d'Andorre (23 m) et celle de **Sant Roma** *(p. 294)*.

À Escaldes-Engordany, **Sant Miquel d'Engolasters** se distingue par sa forme rectangulaire, son haut clocher-tour et ses têtes sculptées romanes au centre des arcs des fenêtres (rare). De ce site, belle vue panoramique sur la capitale.

À Andorre, **Santa Colonna** est la seule église romane à posséder un clocher circulaire de style lombard. De ces peintures, il ne reste sur place que l'Agnus Dei. Elle abrite également une sculpture en bois du 12e s. de Notre-Dame du Bon Remède et un retable baroque. **Sant Esteve** n'a plus que son abside romane, deux retables baroques et quelques peintures du 17e s.

Proche de Sant Julià de Lòria, **Sant Cerni de Nagol** possède encore de belles peintures romanes d'un style original, influencé par l'art des miniatures. Son clocher plat et son architecture sont caractéristiques de l'art roman andorran. De cette église s'offre une magnifique vue sur la vallée.

À La Massana, l'église **Sant Cristofol d'Anyos** occupe un emplacement stratégique au-dessus de la vallée. Ses peintures romanes furent pillées au début du 20e s. Elle conserve néanmoins des peintures et un retable du 16e s.

À Pal, l'église **Sant Climent** est au centre de ce beau village ancien. Son clocher lombard, fait unique à Andorre, conserve des fenêtres géminées. Remarquez sa cuve baptismale en granit, sa sculpture romane de Notre-Dame du Bon Remède, ses deux croix processionnelles et son retable du 18e s.

À Ordino, l'église **Sant Corneli et Sant Cebria** renferme l'une des plus petites Vierges romanes en bois d'Andorre (44 cm) et des retables baroques. Ses grilles en fer forgé proviennent des forges d'Ordino. Sur la place de l'église se dresse un petit porche, le **comunidor**, qui servait pour les cérémonies contre les tempêtes.

À Cortinada, l'église **Sant Marti** abrite des peintures murales du maître de la Cortinada (fin 12e s.) ainsi que de belles grilles en fer forgé, des retables et un autel du 17e s.

LES ARMES DE LA VALLÉE
Apposées sur la Casa de la Vall d'Andorre, elles illustrent le régime de coprincipauté : à gauche, la mitre et la crosse d'Urgel et les quatre « pals » (bandes) de gueules de la Catalogne ; à droite, les trois « pals » du comté de Foix et les deux « vaches passantes » du Béarn. Les armes ornent aujourd'hui les plaques d'immatriculation. Les Andorrans se répartissent dans sept « paroisses » ou communes : Canillo, Encamp, Ordino, La Massana, Andorra la Vella, Sant Julià de Lòria et Escaldes-Engordany.

Circuits conseillés Carte de la principauté d'Andorre

VALLÉE DU VALIRA D'ORIENT

Pour visualiser ce circuit de 30 km, reportez-vous à la carte p. 296. Du Pas de la Casa à Andorre-la-Vieille – Comptez une demi-journée à une journée.

Pas de la Casa

Alt. 2 085 m. Simple poste-frontière, ce village, le plus élevé de la principauté, est devenu un centre important de ski. L'agglomération est principalement composée de grands complexes hôteliers et de boutiques hors taxes : il y règne tout au long de l'année une intense animation, accompagnée, l'été, d'embouteillages impressionnants.

Onduleuse et sinueuse, la route serpente à travers les montagnes avant d'atteindre le port d'Envalira. La montée offre de très belles vues sur l'étang et le **cirque de Font-Nègre**.

Port d'Envalira

Le port d'Envalira peut être obstrué par la neige, mais sa réouverture est assurée dans les 24h. Un tunnel permet d'éviter ce col.

Alt. 2 408 m. C'est le plus haut col pyrénéen franchi par une véritable route. Plusieurs stations-service s'y disputent la vente d'essence, à des prix défiant toute concurrence. Le port d'Envalira marque la ligne de partage des eaux entre la Méditerranée (Valira) et l'Océan (Ariège) et offre un **panorama★★** sur les montagnes de l'Andorre, atteignant 2 942 m, dans le lointain à l'ouest, à la Comapedrosa.

Au cours de la descente, on découvre, s'épanouissant au sud, le cirque des Pessons.

Église de Sant Joan de Caselles

Cette église romane constitue l'un des types les plus accomplis du style roman en Andorre, avec son clocher à trois étages de baies. Autrefois isolée, elle est désormais entourée d'un décor peu heureux d'immeubles et de boutiques hors taxes. À l'intérieur, derrière la pittoresque grille de fer forgé et découpé du chœur, apparaît un retable peint, œuvre du maître de Canillo (1525), *Vie et visions apocalyptiques de saint Jean*. Lors de la dernière restauration (1963), on a pu rétablir une **Crucifixion★** romane : les morceaux épars d'un Christ en stuc ont été recollés sur le mur, à leur emplacement d'origine, après dégagement de la fresque complétant la scène du Calvaire.

Canillo

L'église collée au rocher est surmontée du plus haut clocher d'Andorre. À côté se détache, en blanc, l'ossuaire (dont les cellules abritent les caveaux funéraires), construction fréquente dans les pays de civilisation ibérique.

Museu de les Dues Rodes (M2R) (Musée des Deux-Roues) – *Av. General de Canillo - ☏ 00 376 853 444 - www.m2r.ad - mar.-sam. 15h-19h, dim. 10h-13h - 3 € (-12 ans gratuit).* En 1885, Gottlieb Daimler eut l'idée de transformer un simple vélo en motocyclette. Depuis, cet engin n'a cessé de se perfectionner et son style de s'adapter au goût du jour. Présent dans la vie quotidienne, il a désormais son musée qui témoigne, à travers de nombreux spécimens, de son évolution.

Nostra-Senyora-de-Meritxell (Notre-Dame-de-Meritxell) – *Meritxell - ☏ 00 376 839 760 - ♿ - lun.-sam. 9h-13h, 15h-18h, dim. 9h-13h - visite guidée en été - gratuit.* L'ancien sanctuaire incendié fut restauré en 1994 : il abrite une exposition permanente qui raconte la dévotion du peuple d'Andorre pour la patronne de la principauté. Une nouvelle église, construite en 1976 par **Ricardo Bofill** dans un style assez éclectique, sert désormais de sanctuaire national. Elle abrite une réplique de la statue originale de la Vierge de Meritxell qui n'a pas survécu à l'incendie.

Avant Encamp, par un raidillon, on surmonte le verrou des **Bons**, **site★** d'un hameau groupé sous les ruines du château qui défendait le passage et la chapelle Sant Roma.

Encamp

Ce village rassemble deux églises intéressantes. **Santa Eulalia** possède le clocher roman le plus haut d'Andorre (23 m), un porche du 14e s. et des retables baroques. **Sant Roma** abrite des reproductions de peintures romanes et gothiques.

★ **Casa Cristo - Museu etnografic** – *Carrer dels Cavallers, 2 - ☏ 00 376 833 551 - visite guidée juil.-août : lun.-sam. 9h30-13h30, 15h30-19h30, dim. 10h-14h ; reste de l'année : mar.-vend. 9h30-13h30, 15h-18h30, sam. 10h-14h, 16h-20h - 3 € (-12 ans gratuit).* Cette demeure, qui a conservé son mobilier d'origine, est aujourd'hui devenue musée. Ses deux étages habitables, son rez-de-chaussée réservé aux bêtes et aux outils, son garde-manger et son grenier témoignent de façon touchante de ce que fut la vie d'une modeste famille andorrane au 19e s. et au début du 20e s. : des conditions de vie difficiles pour cette famille dont le père journalier complétait ses maigres revenus par un peu d'agriculture et d'élevage.

★ **Museu Nacional de l'Automòbil** (Musée national de l'Automobile) – *Av. Coprincep-Episcopal, 64 - ☏ 00 376 839 760 - ♿ - 9h30-13h30, 15h-18h30, dim. 10h-14h - fermé lun. - 3 €. (+65 ans et -18 ans 1,50 €).* Répartie sur les cinq étages d'un ancien garage, la collection offre un voyage sur plus d'un siècle d'histoire de l'automobile, avec 88 voitures, 105 vélos et 68 motos. Au rez-de-chaussée, la *Pinette*, machine à vapeur, est la plus ancienne pièce du musée (1885). Elle est entourée de modèles pimpants aux carrosseries brillantes, aux cuirs patinés, aux bois dorés ou vernis : Tipus de 1898 (premier modèle des frères Lumière), Mercedes Simplex (1904), De Dion-Bouton (1906), Delahaye quatre cylindres (1909) ou encore Hispano-Suiza (1927). Aux 1er et 2e étages sont stationnées des voitures de course (Soriano-Pedroso, 1922 ; Bugatti, 1923 ; Selex, 1971), d'autres automobiles de ville, des vélos (fin 19e s.) de une à quatre roues et des motocyclettes anciennes. Au sous-sol, voyez la Rolls-Royce (Phantom II, 1926), la Hotchkiss (1951), la Cadillac (1933) et, plus récentes, la Triumph TR 6 (1968), la Chevrolet (1976), la Ferrari 328 GTS (1986) ou l'étonnante Jaguar décapotable E.E (1962), fabriquée en quatre exemplaires.

Sortez d'Encamp.

Après Encamp, on peut apercevoir le bâtiment de **Radio Andorre**, flanqué d'un clocher néoroman inattendu. Nul, dans les Pyrénées, n'a oublié le fameux

Andorre.
B. Gardel / hemis.fr

slogan « Aquí, Radio Andorra » de cette radio indépendante (1939-1981), qui symbolisa la neutralité du peuple andorran durant la Seconde Guerre mondiale et la résistance de la langue catalane durant les années du franquisme.

Escaldes-Engordany

À partir d'Escaldes, la route s'enfonce dans l'agglomération d'Andorre-la-Vieille, qui regroupe la majorité de la population andorrane.

Museu de Maquetas (Musée des Maquettes) – *Av. Carlemany, 30 - ℘ 00 376 802 255 - ♿ - 9h30-13h30, 15h-19h, sam. 9h30-13h30 - fermé dim., 1er janv., 8 sept., 25-26 déc. - gratuit.* Au 3e étage du Centre d'art d'Escaldes-Engordany, dans un bâtiment des années 1930, une grande salle abrite une trentaine de maquettes réalisées par Josep Colomé, représentatives de l'architecture romane en Andorre : pont de la Tosca et place Ste-Anne à Escaldes, Casa de la Vall à Andorra la Vella, église de Sant Andrea del Prat à La Massana, Casa d'Areny-Plandolit à Ordino.

Museu del Perfum (Musée du Parfum) – *Centre Julia, av. Carlemany, 115 - ℘ 00 376 801 931 - visite guidée sur réservation ou libre avec audioguide - mar.-vend. 10h-13h, 16h-20h, sam. 10h-14h, 16h-20h, dim. 10h-13h - 5 € (-12 ans et +65 ans 2,50 €).* Essences et arômes ont de tout temps passionné l'être humain qui n'a cessé d'en explorer les multiples facettes. De ces recherches sont nés des parfums qui ont révélé des hommes de talent – Coty, Guerlain, Dior et tant d'autres. Pour ces parfums, des artistes comme René Lalique ont créé de magnifiques flacons, coffrets et boîtes dont le musée conserve de nombreux exemplaires. Et pour clore la visite, vous pourrez tester votre nez en essayant de reconnaître certaines fragrances.

Andorre-la-Vieille (Andorra la Vella)

Capitale des vallées d'Andorre, la ville est une métropole du négoce, bruyante et touchée par une circulation dense. À l'écart des voies fréquentées par les visiteurs venus faire leurs emplettes, le noyau d'Andorre-la-Vieille garde ses ruelles et quelques maisons anciennes.

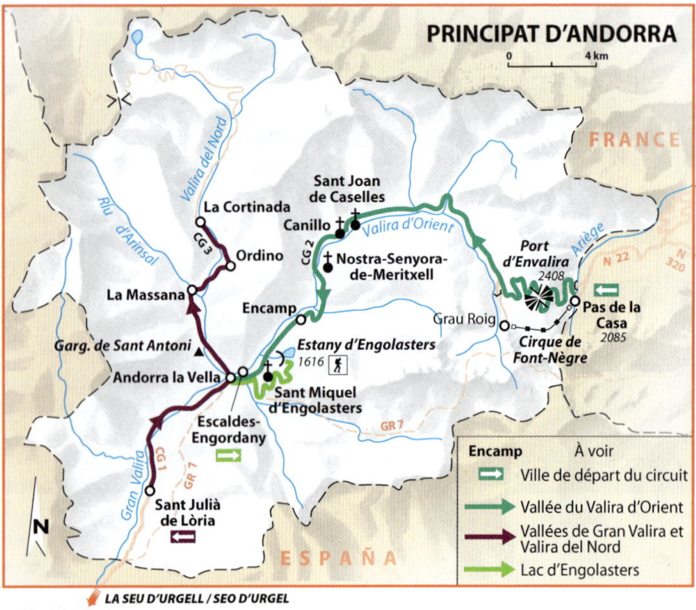

Casa de la Vall (Maison de la vallée) – *Carrer de la Vall - ☏ 00 376 829 129 - visite guidée sur réservation obligatoire - mai-nov. : mar.-sam. 10h-14h, 15h-18h - fermé lun., 1er et 6 janv., 14 mars, lun. de Pâques, lun. de Carnaval, 1er Mai, 15 août, 8 sept., 1er nov., 8, 21, 25-26 déc. - gratuit.* Siège du parlement de la principauté et du palais de justice des Vallées, la Maison de la vallée est l'une des constructions les plus anciennes de la principauté. Construite en 1580, elle devint dès 1702 la propriété du Conseil général qui y tient depuis lors ses séances pour discuter des intérêts du pays. Ce bâtiment massif doit son allure d'ensemble à des aménagements du 16e s. Son appareil défensif a été complété par une deuxième échauguette d'angle, au sud. Son plan quadrangulaire avec trois galeries et son portail qui s'ouvre sous de longs et lourds claveaux sont typiques des constructions nobles aragonaises. L'intérieur doit sa noblesse à ses plafonds et à ses lambris. Au 1er étage, la salle de réception, jadis réfectoire, est ornée de peintures murales du 16e s. La salle du Conseil conserve la fameuse « armoire aux sept clés » munie de sept serrures différentes (chacune des paroisses détient une clé), qui abrite les précieuses archives.

★ VALLÉES DE GRAN VALIRA ET VALIRA DEL NORD

Pour visualiser ce circuit de 9 km, reportez-vous à la carte ci-dessus. De Sant Julià de Lòria à La Cortinada – Comptez une demi-journée à une journée.

Sant Julià de Lòria

★ **Museu del Tabac** (Musée du tabac) – *Doctor Palau, 17 - ☏ 00 376 741 545 - ♿ - visite commentée, il est conseillé de réserver - mar.-sam. 10h-20h, dim. 10h-14h30 - fermé lun. - 5 € (-8 ans gratuit).* Il occupe l'ancienne manufacture de tabac de la famille Reig. Sur quatre étages, vous découvrirez les ateliers dans lesquels se travaillaient les feuilles de tabac. De la récolte de la plante à son séchage, de

LE GOÛT DE LA LIBERTÉ

« Le grand Charlemagne, mon père, des Arabes me délivra. » C'est par ces mots que débute l'hymne andorran qui, fièrement, poursuit : « Seule, je reste l'unique fille de l'empereur Charlemagne. Croyante et libre, onze siècles, croyante et libre je veux être entre mes deux vaillants tuteurs et mes deux princes protecteurs. » La coprincipauté d'Andorre a vécu jusqu'en 1993 sous le régime du paréage hérité du monde féodal. Dans un tel contrat, deux seigneurs voisins délimitaient leurs pouvoirs et leurs droits sur un territoire qu'ils tenaient en fief en commun. L'acte de paréage, signé en 1278 par l'évêque d'Urgel et Roger-Bernard III, comte de Foix, instituait ceux-ci comme coprinces. Les évêques d'Urgel restent toujours coprinces, mais la suzeraineté des comtes de Foix, par l'intermédiaire d'Henri IV, a été transmise au chef de l'État français. En 1993, les Andorrans se sont dotés, par référendum, d'une nouvelle constitution conférant à la principauté sa pleine souveraineté. La langue officielle est le catalan. La principauté est devenue membre de l'ONU. Les Andorrans sont avant tout « avides, fiers, jaloux » de leur liberté et de leur indépendance. Le Conseil général tient ses sessions à la Casa de la Vall. Il assure la représentation mixte et paritaire de la population nationale et des sept paroisses. Les Andorrans ne sont soumis ni aux impôts directs ni au service militaire ; ils bénéficient de la franchise postale en régime intérieur. La vie, toute patriarcale, était naguère consacrée en grande partie à l'élevage et à la culture. Entre les hauts pâturages d'été et les hameaux, on trouve encore les *cortals* formés de granges ou bordes. Sur les soulanes subsistent des cultures en terrasses. Les plantations de tabac constituent la culture dominante dans la vallée de Sant Julià de Lòria, à 1 600 m d'altitude. Les premières voies carrossables ouvrant l'Andorre au monde extérieur ne furent créées qu'en 1913 côté espagnol et en 1931, côté français.

sa fermentation à son hachage, de la fabrication au conditionnement, vous vivrez l'épopée du tabac, sa commercialisation, la contrebande qui en résulta et l'importance (passée) de cette activité pour les Andorrans. Des vidéos commentées par d'anciens ouvriers illustrent le fonctionnement des machines et la fabrication traditionnelle des cigares et des cigarettes.

Gargantas de Sant Antoni (Gorges de Sant Antoni)

Depuis le pont sur le Valira del Nord, on aperçoit à droite le vieux pont en dos d'âne de Sant Antoni qu'utilisait l'ancien chemin muletier qui rejoignait La Massana. D'époque médiévale, il fut restauré au 19e s.

Avant La Massana, tournez à gauche vers Sispony.

La Massana

★ **Casa Rull de Sispony** – *Carrer Major à Sispony, La Massana - ✆ 00 376 839 760 - www.museus.ad - visite guidée ou avec audioguide (1h) - mar.-sam. 9h30-13h30, 15h-18h, dim. et j. fériés 10h-14h - fermé lun. - 3 € (+10 ans 1,50 €).* Distribuée sur quatre étages et seize pièces sobrement aménagées dont sept chambres, la Casa Rull figurait parmi les maisons les plus riches de la paroisse de La Massana. Bâtie au 17e s., elle subit quelques modifications en fonction des besoins de la famille. Dans le cellier ou la cuisine, le salon ou le grenier, on découvre avec plaisir outils des champs, garde-manger, tonneau à vin, bât, pétrin, lessiveuse. Deux diaporamas évoquent la vie difficile des habitants d'Andorre, des éleveurs et des agriculteurs.

Farga Rossell (La Forge Rossell) – À la sortie de La Massana en direction d'Ordino - *℘ 00 376) 839 760 - www.fargarossell.ad - ♿ - visite guidée sur réservation - lun.-vend. 9h30-13h30, 15h-18h30, dim. 10h-14h - 4 € (étudiants et +65 ans 2,50 €).* Après un spectacle son et lumière dans la charbonnière, retraçant l'histoire du fer et l'évolution des techniques, la visite se poursuit au cœur de la forge. Construite sur les bords du Valira del Nord, la forge a utilisé sa force motrice à partir de 1846, et ne ferma ses portes qu'en 1876. Ne ratez pas pour finir la démonstration du martinet, marteau employé pour les finitions particulières.
Par la vallée d'Arinsal, belle vue sur les sommets de la Comapedrosa.
Par La Massana, gagnez Ordino.

Ordino

Laissez la voiture dans le village haut, sur la place près de l'église.
Bourg pittoresque dont on parcourra les ruelles en contrebas de l'**église**. Cette dernière a gardé de belles grilles en fer forgé et découpé, que l'on découvre encore dans plusieurs sanctuaires proches des anciennes forges catalanes, et un étonnant retable. Centre culturel de la principauté, la ville compte plusieurs musées.
★ **Casa Areny-Plandolit** – *℘ 00 376 839 760 - visite guidée (45mn, réservation conseillée) - mar.-sam. 9h30-13h30, 15h-18h30, dim. 10h-14h, fermé lun. - 3 € (+65 ans et étudiants 1,50 €).* Typiquement catalane (1676) avec son balcon en fer forgé long de 18 m, elle fut la demeure de la famille Areny i Plandolit dont faisait partie le baron Guillem, maître de forges. Au rez-de-chaussée, on trouve les celliers, au 1er étage, la salle principale (« salle d'armes »), la cuisine (beaux carreaux de céramique bleue et jaune au-dessus de l'évier), la chambre à coucher en alcôve attenante à une petite chapelle privée, la bibliothèque et la salle à manger au décor de style Art nouveau.
Museu Postal d'Andorra (Musée postal d'Andorre) – *Camí de Segudet, carrer Major, fermette del Raser - ℘ 00 376 839 760 - ♿ - 9h30-13h30, 15h-18h30, dim. 10h-14h - fermé lun. - 2,40 € (-10 ans 1,50 €).* Un diaporama retrace l'histoire postale en Andorre : l'acheminement du courrier à dos de mulet, à cheval, à pied, le déploiement des chemins carrossables et le développement des transports. Au même étage, l'exposition de lettres, de cartes, de sacoches de facteurs et de sacs postaux s'articule autour d'un guichet reconstitué. Au sous-sol, collection de timbres andorrans (1928-2004) et outils divers pour la fabrication de timbres.
Museu de la Microminiatura (Musée de la Microminiature) – *Edifici Maragda - ℘ 00 376 838 338 - ♿ - 9h30-13h30, 15h30-19h, dim. et j. fériés 9h30-13h30 - 4 € (6-12 ans 3,50 €), billet combiné avec le Museu Iconogràfic de Sant Jordi i del Christianisme.* Dans un petit espace, au diapason de son sujet, le musée abrite des miniatures de Nikolaï Siadristy (originaire d'Ukraine) à contempler au microscope : la caravane (dans le chas d'une aiguille), la paix dans l'univers (composition en or, dans un pépin de raisin)... Une vidéo présente la démarche de l'artiste, qui s'inscrit contre les grands travaux architecturaux.
Museu Iconogràfic de Sant Jordi i del Christianisme (Musée iconographique de St-Georges et du Christianisme) – *Même adresse et mêmes conditions de visite que le musée de la Microminiature - possibilité de visite guidée (1h).* Il renferme quelque 80 icônes orthodoxes (17e-19e s.) provenant essentiellement de Russie, d'Ukraine, de Bulgarie et de Grèce. Sculptures de Christ en bois polychromes (14e-19e s.).

La Cortinada

Site agréable. En contrebas de l'église et du cimetière à ossuaires, remarquez une ancienne maison de notable à galeries extérieures et à pigeonnier.

Centre de nature de La Cortinada – *Casa Masover - ✆ 00 376 849 849 - ♿ - mar.-vend. 10h-13h, 15h-17h, sam. 10h-13h, 15h-18h - fermé dim. et lun. - gratuit.* À travers des photographies, des textes détaillés et diverses animations, découvrez la faune et la flore d'Andorre, ses paysages et son évolution.
Meule et scierie de Cal Pal – *✆ 00 376 878 173 - ♿ - visite libre ou guidée - ouv. uniquement en juil.-août : mar.-sam. 9h30-13h30, 15h-18h30, dim. et j. fériés. 10h-14h - fermé lun. - 3 € (6-12 ans 2 €).* La visite guidée de cet ensemble, qui date de la fin du 16e s., étayée de démonstrations et complétée par une vidéo, vous fera découvrir le principe de la scie hydraulique et de la meule.
Museu del Pin (Musée du Pin's) – *✆ 00 376 749 000 - mar.-dim. 10h-13h, 16h-19h - fermé lun. et en mai - gratuit.* Pour les passionnés de pin's, ce musée installé dans l'hôtel Sant Miquel présente une collection de plus de 100 000 exemplaires. Au passage, petite leçon de français : on y apprend que dans notre langue, pin's devrait se dire « épinglette ».

ESTANY D'ENGOLASTERS (lac d'Engolasters)

Pour visualiser ce circuit de 9 km au départ d'Escaldes, reportez-vous à la carte p. 296 – Comptez 2h – Après les 9 km, 30mn à pied AR.
Sortez d'Escaldes, à l'est d'Andorre, par la route de France ; à la sortie de l'agglomération, prenez à droite en arrière la route de montagne d'Engolasters.
Sur le plateau de pâturages d'Engolasters, annexe sportive d'Andorre-la-Vieille, se dresse la fine tour romane de l'**église de Sant Miquel**.
Du terminus de la route, franchir la crête, sous les pins, pour redescendre aussitôt (à pied) au barrage. L'ouvrage a élevé de 10 m le niveau du lac (alt. 1 616 m), où se reflète la forêt sombre. À l'extrémité opposée se dressent les antennes de Radio Andorre *(voir p. 294)*.

NOS ADRESSES EN ANDORRE

HÉBERGEMENT

BUDGET MOYEN

Hôtel Florida – *R. Llacuna 15 - Andorre-la-Vieille - ✆ 00 376 820 105 - www.hotelflorida.ad - fermé mi-juin et mi-nov. - 27 ch. 62,40/104 € ☕ - wifi gratuit.* Fonctionnement familial dans cet hôtel à la façade actuelle. Parties communes un peu réduites, chambres fonctionnelles, petit gymnase et sauna.
Hôtel Coray – *Caballers 38 - Encamp - ✆ 00 376 831 513 - P - fermé nov. - 85 ch. 50/64 € ☕ - rest. 10,50 € - wifi gratuit.* Hôtel bien situé sur les hauteurs. Parties communes actuelles et chambres fonctionnelles donnant, pour la plupart, sur les champs. Vaste et lumineuse salle à manger où l'on propose les repas sous forme de buffet.
Hôtel Coma Bella – *Bosque de La Rabassa - Sant Julià de Lòria - alt. 1300 - ✆ 00 376 742 030 - www.hotelcomabella.com - fermé 15-25 avr. et 4-22 nov. - P - 30 ch. 56/96 € ☕ - rest. 13 € - wifi gratuit.* Belle situation dans la forêt de la Rabassa pour cet hôtel très reposant. Chambres fonctionnelles et vastes parties communes. Le restaurant offre une jolie vue sur les montagnes.
Hôtel Guillem – *Els Arinsols 10 - Encamp - ✆ 00 376 733 900 - www.hotelguillem.net - 42 ch. 55/86 € ☕ - rest. 15 € - wifi gratuit.* Cet hôtel

calme et bien situé dans un cadre agréable offre tout le confort : piscine, salle de gymnastique, tennis, massages, etc.

Hôtel Coma – *Ctra Gral d'Ordino - Ordino - ✆ 00 376 736 100 - www.hotelcoma.com - 48 ch. 45/91 € ☕ - rest. 20 €*. Bien placé, cet établissement accueillant propose des chambres confortables, avec petites terrasses.

POUR SE FAIRE PLAISIR

Hôtel Univers – *R. René-Baulard - Encamp - ✆ 00 376 731 105 - www.hoteluniversandorra.com - (rest. fermé nov.) - ♿ - P - 31 ch. 72/83 € ☕ - rest. 13 € - wifi gratuit*. Situé sur les berges du Valira d'Orient et tout près du futuriste hôtel de ville, sympathique établissement aux chambres de bon confort. Cuisine traditionnelle bien mitonnée.

Hôtel de la Espel – *Pl. Creu Blanca 1 - Escaldes-Engordany - ✆ 00 376 820 855 - www.hotelespel.com - P - fermé mai - ♿ - 84 ch. 64/106 € ☕ - rest. 16 €*. L'hôtel offre des installations confortables. Chambres avec parquet et mobilier fonctionnel. Restauration simple proposant seulement un menu.

RESTAURATION

POUR SE FAIRE PLAISIR

Borda Estevet – *Rte de La Comella 2 - Andorre-la-Vieille - ✆ 00 376 864 026 - www.bordaestevet.com - P - 33/55 €*. Dans les murs de pierre d'une ancienne grange, plusieurs salles à manger au décor rustique, avec mobilier andorran et cheminée. Cuisine du marché et catalane.

Can Benet – *Antic carrer Major 9 - Andorre-la-Vieille - ✆ 00 376 828 922 - www.restaurant-canbenet.com - fermé 15-30 juin et lun. - ♿ - 30/50 €*. Petit espace doté d'un bar d'accueil au rez-de-chaussée. À l'étage, salle principale, de style andorran avec ses murs en pierre et son plafond en bois.

La Borda Pairal 1630 – *R. Dr-Vilanova 7 - Andorre-la-Vieille - ✆ 00 376 869 999 - fermé dim. soir et lun. - 33/48 €*. Vieille ferme andorrane, ayant conservé son décor rustique. Bar d'accueil et restaurant avec cave à vins ouverte.

Taberna Angel Belmonte – *R. Ciutat-de-Consuegra 3 - Andorre-la-Vieille - ✆ 00 376 822 460 - www.tabernaangelbelmonte.com - 35/55 €*. Restaurant aux airs de taverne. Beau décor où domine le bois et mise en place impeccable. À la carte, produits du terroir, poissons et fruits de mer.

El Rusc – *La Massana - ✆ 00 376 838 200 - fermé 15 juin-15 juil., dim. soir et lun. - P - 40/62 €*. Jolie maison locale abritant une belle salle à manger rustique. Plats traditionnels, spécialités basques et cave assez complète.

ACHATS

La vocation commerciale d'Andorre n'est plus à vanter. On y trouve un large choix de produits (alimentation, produits de luxe, vêtements, électronique, etc.) à des prix compétitifs. *Horaires habituels d'ouverture : 9h-13h, 16h-20h (vac. scol. : fermeture à 21h)*. Au retour en France, la douane contrôle la quantité et la valeur des produits non soumis aux droits et taxes : par exemple, par personne, 1,5 l d'alcool titrant plus de 22° ou 3 l d'alcool titrant moins de 22°, 300 cigarettes, 75 g de parfum, 375 ml d'eau de toilette, etc. Les véhicules sont systématiquement fouillés à la sortie de la principauté, tant du côté espagnol que du côté français. Vous pouvez également être arrêtés un peu plus loin par des douaniers « volants ».

ACTIVITÉS

Ski

Andorre possède deux ensembles de ski alpin et une station de ski de fond. Possibilité de pratiquer la moto-neige, les raquettes, le *mushing*, le veloski, le *speedriding*, le vol panoramique, etc.

Domaine skiable Grandvalira – *www.grandvalira.com*. Ce vaste domaine est l'association de deux stations : **Soldeu El Tarter** et **Pas de la Casa-Grau Roig**. Alt. 1 710-2 640 m. 110 pistes (193 km), tous niveaux, sur 1 150 ha, desservies par 67 remontées mécaniques.

Domaine skiable Vallnord – *www.vallnord.com*. Là encore, il s'agit de l'association de deux stations : **Pal-Arinsal** et **Ordino-Arcalís**. Alt. 1 550-2 560 m. 66 pistes (89 km) et 41 remontées mécaniques réparties sur 1 149 ha.

Domaine skiable La Rabassa Naturlandia – *Sant Julià de Lòria - www.naturlandia.ad*. Alt. 1 960-2 160 m. Station de ski de fond totalisant 15 km de pistes. En été, activités de loisirs, comme le **tobotronc**, toboggan de 5,2 km.

Thermalisme

Caldea – *✆ 00 376 800 999 - www.caldea.com - août et vac. scol. Pâques : 10h-0h ; reste de l'année : 9h30-23h (sam. 0h) - 34,50 € (3h), 69 € (3 j), 103,50 € (5 j)*. À 1 000 m d'altitude, puisant l'eau thermale d'Escaldes-Engordany à 68 °C, Caldea est un grand centre aquatique (ou plutôt « thermoludique »), conçu pour le bien-être et le plaisir. Dessiné par le Français Jean-Michel Ruols, l'ensemble se présente comme une gigantesque cathédrale de verre à l'allure futuriste : bains indo-romains, hammam, Jacuzzi, lits à bulles, marbres chauds, fontaines de brumisation, etc. Deux restaurants, galerie commerciale, bar panoramique à 80 m et logement sur place.

Randonnée

Nombreux sentiers de randonnées avec refuges, murs d'escalade et via ferrata. Plusieurs itinéraires dans la **vallée glaciaire du Madriu** (Encamp, Andorre-la-Vieille, Escaldes-Engordany et Sant Julià de Lòria). Classée Patrimoine mondial de l'Unesco, elle s'étend sur 4 247 ha, avec des sommets à 2 500 m d'altitude *(itinéraires ✆ 00 376 841 352)*. Nombreuses possibilités également dans le **Parc naturel de Sorteny** de la vallée d'Ordino *(itinéraires ✆ 00 376 737 080)* et dans le **Parc naturel des Vallées du Comapedrosa** *(itinéraires ✆ 00 376 736 900)*.

AGENDA

La fête nationale – Le 8 sept., jour de la fête de la Vierge de Meritxell, preuve de l'enracinement de la foi chez les Andorrans. Messe en présence du clergé et des autorités, puis repas champêtres, comme tout *aplec* (pèlerinage) catalan.

staurants
LA CARPA
7-BA-4-829-91

+ d'adresses

Escapade en Catalogne espagnole

Carte Michelin Regional 574 – Province de Girona

TÉLÉPHONER EN ESPAGNE

Si vous préparez de France votre escapade en Espagne et que vous souhaitez téléphoner, pensez à composer l'indicatif du pays : **00 34** + numéro de votre correspondant à 9 chiffes.

La plage de Lloret del Mar.

J. Arnold / hemis.fr

Costa Brava

★★★

Province de Girona

NOS ADRESSES PAGE 319

S'INFORMER

www.costabrava.org – Renseignements pratiques sur la Costa Brava. Les offices de tourisme des différentes localités sont répertoriés au fil du texte.

SE REPÉRER

Carte Michelin Regional 574 E-F-G 38-39. La Costa Brava est la dénomination que reçoit le secteur littoral le plus septentrional de la Catalogne. Elle s'étend depuis la frontière franco-espagnole jusqu'à l'embouchure du fleuve Tordera, c'est-à-dire de la localité de Portbou à celle de Blanes, soit sur 120 km de long. Elle correspond à la façade maritime de la province de Gérone.

L'autoroute A 7, reliant Barcelone à Perpignan, traverse la Costa Brava du nord au sud. Depuis Figueres, la N 260 et la C 68 donnent accès aux plages du nord, autour de Llançà et Roses. De Gérone, les voies rapides C 66 et C 65 aboutissent respectivement à Sant Feliu de Guíxols et Palafrugell.

Si vous n'êtes pas motorisé, sachez qu'il est possible de se déplacer en train, en car et par navettes maritimes, même si ces moyens de transport sont moins pratiques qu'un véhicule personnel *(voir « Nos adresses », p. 319).*

À NE PAS MANQUER

Les merveilles naturelles encore sauvegardées comme le cap de Creus. Les villages ayant su conserver un caractère catalan, en premier lieu Cadaqués et Tossa de Mar. Les trésors encore relativement peu fréquentés de l'arrière-pays comme Peratallada.

ORGANISER SON TEMPS

Le meilleur moyen de profiter de la Costa Brava est de prendre une voiture et de parcourir ses différents villages. Éviter, si possible, les mois de juillet et août où les stations, comme les plages, sont bondées, et les routes surchargées.

Pour déguster la riche gastronomie maritime et les délicieux plats de l'arrière-pays, il est préférable de fréquenter les petites tavernes où l'on mange une authentique cuisine familiale, souvent succulente.

AVEC LES ENFANTS

Les plages, surtout sur la côte sablonneuse aux alentours de Roses ; une excursion en bateau aux îles Medes ; le Parc Aquàtic Aqua Brava de Roses *(voir « Nos adresses » en fin de chapitre).*

La force du paysage, la douceur du climat, la limpidité des eaux, la luminosité du ciel dégagé par la tramontane et le charme des villages maritimes, qui vivaient traditionnellement de la pêche et de l'exploitation du corail, sont au nombre des attraits de cette côte, l'une des plus célèbres d'Espagne.

UN REFUGE D'ARTISTES
La Costa Brava doit son nom de « Côte sauvage » – inventé au début du siècle à Sant Feliu de Guíxols par le journaliste Ferran Agulló – à son tracé irrégulier et accidenté où les roches anciennes de la chaîne côtière, plongeant abruptement dans la mer, forment des falaises d'aspect aride et sauvage. Les multiples criques, cachées entre les caps saillants, abritent des pinèdes qui s'étendent jusqu'au bord de mer. Cependant, les longues plages du golfe de Roses ou les bancs de sable de Pals diversifient les paysages.
Il n'est pas étonnant que la beauté de ces terres ait suscité l'admiration d'importants écrivains, musiciens, peintres et photographes de la première moitié du 20e s. Et la liste des visiteurs illustres est interminable : Picasso réalisa des œuvres cubistes à Cadaqués (1910) ; Salvador Dalí transforma cette même localité en un centre artistique de grande renommée ; Marc Chagall fit de longs séjours à Tossa de Mar durant les années 1930 et l'écrivain Josep Pla (né à Palafrugell) fut un talentueux chroniqueur de ces superbes paysages. La fascination de tous a contribué sans nul doute à la renommée internationale de la Costa Brava.

Découvrir

Les plages

Dans le secteur de la région de la Selva, autour de **Blanes**, **Lloret de Mar** et **Tossa**, le paysage présente un aspect sauvage. En effet, les falaises, qui atteignent par endroits une centaine de mètres de haut, plongent verticalement dans la mer, formant de petites criques qui, par leurs dimensions assez réduites, sont idéales pour profiter des vacances en famille.
La côte du Baix Empordà, qui comprend la grande baie de Palamós, révèle une beauté étonnante. Les pinèdes s'étendent partout et les eaux transparentes prennent des tonalités bleues et vertes. À **Begur**, **Palafrugell**, **Platja d'Aro** – l'un des endroits les plus fréquentés de la Costa Brava – et **Sant Feliu de Guíxols**, on peut, outre les activités de bord de mer, effectuer d'agréables excursions dans l'arrière-pays.
On trouve les paysages les plus spectaculaires de la zone à **Roses** – dont le golfe décrit une grande et lumineuse courbe de 15 km de plages de sable –, **Cadaqués** et **El Port de la Selva**. Les plages, profondes et fraîches, invitent à la location d'embarcations pour faire de petites croisières et découvrir la beauté de l'environnement.

Les ports

L'image de bateaux amarrés au bord de la mer est indissociable de celle de la Costa Brava. Les ports de plaisance, cadres de compétitions sportives et centres de nombreux loisirs, alternent avec les ports de pêche où ont lieu les criées, l'un des spectacles les plus animés qui soient.
Les marinas les plus renommées se trouvent à **Empuriabrava** (5 000 points d'amarrage), **Roses** (1 100 points d'amarrage), **Palamós** et **Platja d'Aro** (près de 900 points d'amarrage) et encore **L'Estartit** (738 points d'amarrage). D'autres villages, tels L'Escala, Blanes, Llancà et El Port de la Selva, possèdent également de bonnes installations pour accueillir les plaisanciers.
De plus en plus de stations développent leurs **liaisons maritimes**. Tossa de Mar, Lloret de Mar, Blanes et San Feliu de Guíxols sont désormais reliées

par des navettes maritimes régulières l'été, l'occasion aussi de découvrir les facettes les plus sauvages de la Costa Brava, côté mer.

Les villages

Les villages de la Costa Brava sont très variés et chacun offre un intérêt différent. Parmi eux, ne manquez pas le plus célèbre, **Cadaqués**, hanté par les artistes et les bohèmes, dont la diversité de paysages et l'extraordinaire personnalité se prêtent à la flânerie dans une ambiance cosmopolite.

Peratallada, posé sur la roche vive, est également un village très pittoresque, comme **Begur**, le village aux maisonnettes toutes blanches et aux merveilleuses calanques, et **Pals**, où l'ensemble médiéval d'El Pedró domine la mer et offre des vues sensationnelles sur la côte. Et que dire de **Tossa de Mar** dont le singulier profil des remparts captive des milliers de visiteurs ?

Les jardins

Autre spécialité de la Costa Brava, et pas des moindres : ses jardins aménagés. Certaines stations balnéaires abritent de petits bijoux verdoyants, où profiter d'un calme ombragé et réparateur. Entre **Lloret de Mar** et **Blanes**, vous trouverez trois jardins botaniques majeurs : Marimurtra (6 000 espèces végétales du monde entier), Pinya de Rosa (le plus grand jardin de cactus au monde) et Santa Clotilde (ambiance Renaissance italienne).

Certains jardins offrent des vues exceptionnelles sur des parties protégées de la côte, invisibles autrement. C'est le cas du jardin botanique du cap Roig, à **Calella de Palafrugell**, niché sur des terrasses panoramiques en surplomb de la mer.

L'ambiance

Son animation constitue l'un des attraits de la Costa Brava, et si les possibilités de loisirs sont innombrables – des *carpes*, discothèques en plein air, et autres grandes discothèques bondées les soirs d'été, en passant par les terrasses sur les plages –, on peut cependant encore y dénicher des petits coins tranquilles où prendre un verre en toute simplicité.

C'est à **Lloret de Mar** que l'on trouvera l'ambiance la plus échevelée, avec les disco-pubs et les bars ouverts jusqu'au petit matin, et à **Platja d'Aro**, célèbre par ses discothèques où la « drague » bat son plein. À Tossa, Roses, Blanes et Calella de Palafrugell, les bars de bord de mer sont légion, et sur les plages de Palamós, Sant Feliu de Guixols et Cadaqués, où les établissements sont plus élégants, on donne également des concerts et des spectacles en plein air.

Circuits conseillés

DE BLANES À PALAMÓS

51 km.

Le circuit emprunte deux étroites routes côtières qui dispensent de magnifiques panoramas du littoral : la GI 682 (de Blanes à Sant Feliu) et la C 253 (de Sant Feliu à Palamós). Armez-vous de patience car leur tracé est souvent très sinueux, en particulier sur le tronçon Lloret-Sant Feliu.

★ Blanes

Pg Catalunya, 21 (dans la bibliothèque) - ✆ 972 330 348 - www.blanes.cat - 9h-19h (20h en été). En été, également quatre points d'information à proximité des plages.

Calella de Palafrugell, plage del Golfet.
POMPE Ingolf / hemis.fr

Blanes, appelée *Blandæ* à l'époque romaine, prit naissance près de l'embouchure du fleuve Tordera, entre la mer et la montagne Sant Joan. Important centre touristique, la ville s'organise autour de la rue Anselm Clavé. Entre la pointe de Santa Anna et le *tombolo* (cordon littoral) de Sa Palomera s'étend le magnifique **passeig Marítim**★, promenade qui offre une belle vue panoramique de Blanes et de sa plage, couronnée par le port de plaisance.
Sur la colline qui protège la ville à l'est se dressent les restes du château Sant Joan, auquel on peut accéder en voiture par la rue Vidal i Barraquer. Sur la partie basse de cette même colline s'élève l'église Santa Maria, édifice gothique du 14e s. contenant un beau retable baroque.

★ **Jardin botanique Marimurtra** – *Pg Carles Faust, 9 - sur le versant sud-est du mont Sant Joan, en montant par la rue Vidal i Barraquer - ✆ 972 330 826 - www.marimurtra.cat - juin-sept. : 9h-20h ; avr.-mai et oct. : 9h-18h ; reste de l'année : 10h-17h - fermé 1er et 6 janv., 24-26 déc. - 6 €.* Créé en 1921 par l'Allemand Karl Faust en collaboration avec le botaniste Pius Font i Quer, il renferme sur quatre hectares plus de 3 000 espèces de plantes exotiques les plus diverses provenant du monde entier. Le parcours longe des sentiers sinueux offrant de belles **vues**★ sur la côte et la Cala Forcadera. Doté d'un laboratoire bien équipé, ce jardin est devenu un prestigieux centre de diffusion scientifique.

★ **Jardin botanique Pinya de Rosa** – *Platja Santa Cristina - au-dessus du jardin botanique Marimurtra - accès en voiture : suivez la direction Lloret de Mar et bifurquez au rond-point sur la GIV 6838 en direction de l'ermitage de Santa*

JOAQUIM RUYRA

Cet écrivain né à Gérone (1858-1939), donne une vision émue de l'univers marin de Blanes, où vivait sa famille. Dans *Pinya de rosa* (1920), il restitue avec réalisme l'humeur des pêcheurs, allant jusqu'à reproduire intégralement les conversations en « dialecte salat », langage drôle et très particulier qu'il a en partie inventé.

Cristina - parking 1,5 km après le rond-point - ☏ 972 355 290 - 9h-18h - fermé 1er et 6 janv., 24-26 déc. - 4 €. Créé en 1945 sur le même principe que le jardin botanique Marimurtra, Pinya de Rosa est devenu le plus grand jardin de cactus au monde, avec plus de 7 000 variétés provenant des quatre coins de la planète. Son fondateur, l'ingénieur Fernando Riviere de Caralt, a consacré plusieurs décennies à l'élaboration de ce jardin d'acclimation.

Les sentiers courent sur les flancs d'une calanque vierge de constructions, menant en contrebas à un petit bassin rafraîchissant bordé de palmiers.

Lloret de Mar

À 5 km de Blanes.

Av. de las Alegries, 3 - ☏ 972 365 788 ; Museu del Mar - pg Caprodón i Arrieta, 1-2 - ☏ 972 364 735 - www.lloretdemar.cat - juin-sept. 9h-20h ; oct.-mai : 9h-13h, 16h-19h - fermé dim.

Ville côtière très fréquentée, Lloret a substitué à son activité maritime d'origine une énorme infrastructure hôtelière, devenant ainsi le premier centre touristique de la Costa Brava. Lieu idéal pour profiter de vacances animées, les possibilités de divertissement qu'elle offre en été sont pratiquement inépuisables. Une foule de toutes nationalités va dans les *carpes*, gigantesques discothèques de plein air, danser et se divertir au rythme des musiques à la mode. Les bars ferment leurs portes aux petites heures du matin, au moment même où s'ouvrent celles des *after hours*, qui prolongent la fête jusqu'à midi.

De sa physionomie bigarrée se détache la promenade en forme de demi-lune qui longe la plage. La fête la plus prisée est, le 24 juillet, la procession maritime de Sa Reliquia, au cours de laquelle on promène en mer, sur des barques décorées de guirlandes, l'image et les reliques de sainte Christine.

★★ **Jardins de Santa Clotilde** – *En sortant de Lloret de Mar en direction de Blanes - ☏ 972 370 471 - avr.-sept. : 10h-20h ; oct.-mars : mar.-dim. 10h-17h - 4 € (tarif réduit 2 €) - concerts de jazz régulièrement donnés dans le jardin (se renseigner à l'accueil ou à l'office de tourisme).* Voilà une oasis de tranquillité, bien rare sur cette portion de la Costa Brava ! Restaurés en 2006, les jardins de Santa Clotilde ont été aménagés en 1919 par l'architecte et paysagiste Nicolau Maria Rubió i Tudurí (1891-1981), disciple du paysagiste français Jean Claude Nicolas Forestier. Dix ans plus tard, le duo réalisera d'ailleurs la colline de Montjuïc à Barcelone, à l'occasion de l'Exposition universelle de 1929.

Le propriétaire des jardins, le docteur Raúl Roviralta, a demandé à l'architecte de s'inspirer de la Renaissance italienne. Les jardins en terrasse sont traversés d'allées et d'escaliers de brique crue tapissés de lierre. Dense au sol, la végétation s'élève grâce aux pins et cyprès. Les arbres restent cependant peu nombreux, afin de permettre au promeneur de jouir du panorama sur la côte et la mer.

★ Tossa de Mar

À 11 km de Lloret de Mar.

Av. del Pelegrí, 25 - ☏ 972 340 108 - www.infotossa.com - juin-sept. : lun.-sam. 9h-21h, dim. 10h-14h, 17h-20h ; reste de l'année : lun.-sam. 10h-14h, 16h-20h (19h en hiver) ; de mai à oct., une autre antenne est ouverte à côté du parking, entre le pg de Mossèn Cinto Verdaguer et la plage.

Ce pittoresque village s'inscrit dans un environnement naturel d'une grande beauté, entre les falaises abruptes, couvertes de pins et de chênes-lièges, les belles calanques et la plage.

Le grand atout de Tossa réside dans ses extraordinaires plages de sable fin, idéales pour la baignade car peu profondes. La **Platja Gran**, située en face de Vilanova, est la plus vaste et la plus fréquentée. Derrière la vieille ville se trouve

la petite plage **Cala Codolar**, véritable havre de paix. Plus près de la ville se situent les calanques **Bona**, **Pola**, **Givarola** et **Llevado**, à partir desquelles on peut visiter le phare, niché à 60 m de hauteur sur une falaise.
Au sommet du cap de Tossa, au nord de l'accueillante baie, s'étend la **vieille ville★** (12e-14e s.). La remarquable enceinte fortifiée a gardé son périmètre d'origine, de sobres murs crénelés, et sept grosses tours à mâchicoulis, dont trois rondes.
La ville nouvelle, complexe moderne d'hôtels, d'appartements et de restaurants, s'étend parallèlement à la plage.
Museu Municipal – *Pl. Pintor Roig i Soler, 1 - ℘ 972 340 709 - www.tossademar.com/museu - mar.-sam. 10h-14h, 16h-18h, dim. 10h-14h - 3 € (-12 ans gratuit).*
Fondé en 1935, il occupe l'ancienne maison du gouverneur, ou « casa del Batlle de Sac ». De nombreux objets trouvés lors des fouilles archéologiques effectuées sur le site de la proche villa romaine d'Els Ametllers (1er-4e s.) y sont exposés. Une importante **collection d'art contemporain★** rassemble des œuvres d'artistes étrangers ayant séjourné à Tossa dans les années 1930 (Chagall, André Masson, etc.), mais aussi catalans (Rafael Benet).

★ Sant Feliu de Guíxols

À 20 km de Tossa de Mar.
Pg de Mar, 8-12 - ℘ 972 820 051 - www.guixols.cat - de fin juin à mi-sept. : 10h-14h, 16h-20h ; reste de l'année : lun.-sam. 10h-13h, 16h-19h, dim. et j. fériés 10h-14h.
Cette ville côtière est située sur une petite baie, à l'abri des derniers contreforts de la serra de Les Gavarres. Le **passeig de la Mar**, promenade ombragée parallèle à la plage, est l'artère la plus animée de la ville. Pendant les mois d'été, ses nombreuses terrasses et ses cafés d'aspect moderniste (**Casino dels Nois**) ne désemplissent pas.
Les boutiques d'artisanat du liège proposent tous les articles possibles, du simple bouchon aux objets décoratifs d'un certain intérêt artistique.
★ **Église-monastère de Sant Feliu** – Les vestiges de cet ancien monastère bénédictin du 10e s. se trouvent sur la plaça del Monestir. Fortifié à l'origine, il affiche une authentique mosaïque de styles architecturaux. Les tours del Fum et del Corn, ainsi que la superbe **Porta Ferrada★★**, portail de style préroman aux arcs outrepassés, en sont les restes les plus anciens.
L'église gothique présente trois absides polygonales et une seule nef voûtée sur croisée d'ogives. Les dépendances monastiques, remodelées au 18e s., accueillent le **Museu d'Història de la Ciutat**, qui présente une collection d'archéologie locale et une section consacrée à l'industrie du liège. *℘ 972 820 167 - mar.-sam. 10h-13h, 17h-20h, dim. et j. fériés 10h-13h - fermé 1er et 6 janv., 25 déc. - gratuit.*
Espai Carmen Thyssen (Espace Carmen Thyssen) – Contre le monastère, l'ancienne fabrique de liège **Can Serra**, en cours d'aménagement par un cabinet d'architectes dirigé par Oriol Bohigas, accueillera un centre d'art et de peinture, qui présentera la collection de peintures catalanes rassemblée par la célèbre baronne, et dont une partie était jusque-là exposée au MNAC de Barcelone. La crise économique actuelle a quelque peu retardé le chantier, mais ce lieu devrait devenir un des grands pôles culturels de la région. En attendant, le monastère abrite, depuis l'été 2012, des expositions temporaires issues des collections Thyssen.
Chapelle de Sant Elm – Selon la tradition, c'est en contemplant le bord de mer de ce splendide mirador que le journaliste **Ferran Agulló** appela la côte « Costa Brava ».
Les **vues★★** que l'on a de la corniche littorale sont impressionnantes.

★ Roca de Pedralta

Situé à la limite de la commune de Vila d'Aro, ce rocher en porte-à-faux, l'un des plus grands d'Europe, constitue un singulier mirador sur la baie.

★ S'Agaró

La construction de cet ensemble immobilier aux belles et luxueuses villas débuta dans les années 1920, selon une tendance Art nouveau adoptée par l'architecte Rafael Masó. On ajouta plus tard des constructions modernes. Le camino de Ronda dévoile de charmantes **perspectives★** sur les falaises.

Platja d'Aro

À 5,5 km de Sant Feliu de Guíxols par la C 253.

Mossèn Cinto Verdaguer, 4 - ✆ 972 817 179 - www.platjadaro.com - été : 8h-22h ; hiver : 9h-13h, 16h-19h.

Cet ensemble urbain, aménagé au seul usage des vacanciers, trouve toute son animation en été, quand ceux-ci déambulent dans ses rues, y apportant une ambiance bruyamment polyglotte.

★ **Cova d'en Daina** – *Accès par la C 31 jusqu'à Calonge puis la route de Cabanyes.* Une **route** calme et sinueuse pénètre dans la serra de Les Gavarres et conduit à cet intéressant tombeau mégalithique. Au-delà, le village médiéval de **Romanyà de la Selva** mérite un coup d'œil.

Palamós

À 5,5 km de Platja d'Aro.

Pg del Mar - ✆ 972 600 550 - www.palamos.cat (mairie) - juin-sept. : 9h-21h ; 10 oct.-31 mai : mar.-sam. 10h-14h, 16h-19h (dim. 10h-14h) - fermé 24-25 déc., 6 janv., 26 juin.

Petit village équipé d'un dynamique port de plaisance et de pêche, Palamós, avec son choix de loisirs et de services, est l'un des endroits les plus fréquentés de la Costa Brava.

★ **Museu de la Pesca** (Musée de la Pêche) – *Edifici del Tinglado, Moll Pesquer, s/n - ✆ 972 600 424 - www.museudelapesca.org - de mi-juin à mi-sept. : 10h-21h ; reste de l'année : mar.-sam. 10h-13h30, 15h-19h, dim. et j. fériés 10h-14h, 16h-19h - fermé lun., 1er et 6 janv., 1er mai, 25 et 31 déc. - 3 €.* Ce musée vous embarque pour un voyage dans l'univers de la pêche et ses traditions. Après un documentaire assez pessimiste sur l'avenir de la filière, la visite du musée permet une découverte exhaustive de l'activité dans la région : les différentes espèces recherchées (une douzaine sur les 532 recensées en Méditerranée), les embarcations, les techniques, les débouchés (vente avec un système d'enchères à la baisse) la vie des pêcheurs, les métiers associés, sans oublier les perspectives, assez sombres. À l'issue de la visite, découvrez et dégustez le poisson sous toutes ses formes à l'Espace du Poisson.

DE PALAFRUGELL AUX ÎLES MEDES

59 km jusqu'à L'Estartit.

Ce circuit longe une portion du littoral avant de découvrir un certain nombre de villages et paysages de l'arrière-pays ampurdanais.

Palafrugell

Teatre Municipal - Santa Margarida, 1 - ✆ 972 300 228 - www.visitpalafrugell.cat - lun.-sam. 10h-13h, 17h-20h, dim. et j. fériés 10h-13h - fermé de mi-oct. à la Sem. sainte.

Vue depuis le jardin botanique du cap Roig.
Lucas Vallecillos / age fotostock

Située à quelques kilomètres de la côte, Palafrugell est une ville d'une intense activité culturelle. Au début du 20e s., le travail du liège, aujourd'hui disparu, fit sa splendeur.

Berceau du prolifique écrivain **Josep Pla** (1897-1981), Palafrugell est très appréciée des visiteurs, nombreux en été, pour son atmosphère festive et son *suquet de peix*, un ragoût savoureux à base de poisson.

Depuis le centre, suivez la direction Can Mario. Parking souterrain.

Museu del Suro (Musée du Liège) – *Tarongeta, 31 - ✆ 972 307 825 - www.museudelsuro.cat - fermé pour travaux.* On y montre le procédé de fabrication des bouchons de liège et il est intéressant de voir les ustensiles très rudimentaires qui servaient à laver, couper et marquer les plaques de liège.

Fundació Vila Casas, espai Can Mario – *Pl. Can Mario, 7 - ✆ 972 306 246 - www.fundaciovilacasas.com - été : mar.-dim. 17h-21h, hiver : sam. 11h-14h, 16h30-20h30, dim. et j. fériés 11h-14h - 3 €.* Les bâtiments d'une ancienne fabrique de liège accueillent cette exposition permanente de sculptures catalanes contemporaines.

Disposit d'Agua (réservoir d'eau) de Can Mario – *C. Garriga, 22 - lun.-sam. 10h-13h, 17h-19h, dim. et j. fériés 10h-13h - gratuit.* Œuvre de l'architecte Joan Torres (1905), cette tour moderniste de métal, qui culmine à une hauteur de 35 m, est devenue le symbole de la ville. On y accède par un souterrain *(au pied de la Fundació Vila Casas)* qui abrite un centre d'interprétation sur la problématique de l'eau. Du sommet, belle vue sur la ville et la côte.

★ Calella de Palafrugell

À 4,5 km de Palafrugell par la GIV 6546.

ℹ Les Voltes, 6 - ✆ 972 614 475 - www.visitpalafrugell.cat - juil.-août : 10h-13h, 17h-21h ; avr.-juin et sept.-oct. : tlj sf dim. apr.-midi 10h-13h, 17h-20h - fermé nov.-mars.

Cette ancienne bourgade de pêcheurs est devenue un centre touristique raffiné. Face à la mer se trouve la très populaire **carrer de Les Voltes**. Dans cet espace aux arcades blanches a lieu chaque année, le premier samedi du mois de juillet, le très couru **festival de Havaneras**, où l'on boit le *cremat* (café flambé au rhum) en écoutant les mélodieuses chansons de marins.

★ **Jardí Botànic del cap Roig** – *℘ 972 614 582 - 9h-18h (avr.-sept. 20h) - 6 €.* De ce jardin, situé en dehors de la ville, on a des **vues**★★ spectaculaires de la côte. La visite s'effectue parmi plus de 1 200 espèces végétales réparties sur plusieurs terrasses en front de mer. Arbrisseaux et plantes, provenant de toutes les latitudes, emplissent de senteurs exotiques et de couleurs éclatantes ce lieu paradisiaque où des allées sont couvertes de treillis floraux, où jardins à l'aspect romantique et miradors offrent des vues impressionnantes sur les falaises. À l'intérieur, caché par une allée de peupliers, se trouve le **château du cap Roig**, bâtiment néogothique construit en 1924 par Nicolas Woevalsky, ancien colonel de l'armée tsariste, et sa femme Dorothy. L'aspect fantastique de cette construction de pierre oxydée couronnée d'aiguilles apporte une touche mystérieuse à l'ensemble.

Llafranc

À 2 km de Calella de Palafrugell par la petite route côtière qui file vers le cap de Sant Sebastià ou à pied par le GR 12 qui longe la mer (15mn).

ℹ Roger de Llúria, s/n - ℘ 972 305 008 - juil.-août : 10h-13h, 17h-21h ; avr.-juin et sept.-oct. : tlj sf dim. apr.-midi 10h-13h, 17h-20h - fermé nov.-mars.

Comme à Calella, les maisons de pêcheurs ont cédé aujourd'hui la place à des résidences secondaires. Le **port de plaisance**, qui compte 140 amarres, est la principale attraction de Llafranc avec la petite plage, cadre de nombreuses activités estivales (concerts en plein air, compétitions sportives, etc.).

★ Phare de Sant Sebastià

Le phare (1857), l'un des plus puissants d'Espagne, est situé sur un cap minuscule environné de falaises sauvages. L'ermitage Sant Sebastià, tout près, s'ouvre sur une belle **vue**★ sur la mer.

Tamariu

Les criques Gelida, Llarga et Marquesa, d'une grande beauté, sont pratiquement vierges, grâce au tourisme sélectif qui est pratiqué autour du village.

★ Begur

ℹ Av. Onze de Setembre, 5 - ℘ 972 624 520 - www.visitbegur.cat - juin-août : 9h-21h ; sept.-mai : 9h-14h, 16h-19h, sam. 10h-14h, 16h-19h, dim. 10h-14h.

Située à 200 m au-dessus du niveau de la mer, la ville surplombe un bel ensemble de criques. Une promenade dans ses ruelles étroites permet la découverte de maisons du 18ᵉ s., généralement bien conservées, des tours de défense et de typiques maisons de pêcheurs. Sur la partie haute du village se dressent les ruines du château (16ᵉ-17ᵉ s.), d'où l'on peut contempler le pittoresque enchevêtrement des ruelles de la ville.

Les criques – *Pour y accéder, suivez les signalisations.* Les anciens quartiers de pêcheurs sont devenus des zones touristiques et résidentielles de grand standing parmi lesquelles il faut signaler **Aigua xelida**, **Sa Tuna**, **Sa Riera** et **Aiguafreda**. Le paysage entourant ces lieux est spectaculaire : des montagnes abruptes couvertes de pinèdes tombant à pic dans la mer, des petites plages parsemées d'embarcations et, surtout, une vision privilégiée de la Méditerranée.

Quittez la route côtière et prenez la direction de Pals par la GI 653.

★ Pals

Le village possède un intéressant quartier ancien, El Pedró, bien restauré. Dans les environs s'élèvent des fermes, dont plusieurs sont fortifiées. Ces édifices typiquement ruraux contrastent avec les réalisations plus modernes : nombreux lotissements à l'usage des estivants et terrain de golf.

★ **El Pedró** – Cet ensemble monumental ceint d'une muraille restitue à la perfection l'atmosphère médiévale et conserve de beaux édifices parmi lesquels se détachent l'église gothique Sant Pere et la **tour des Heures**, d'où l'on découvre un magnifique **panorama**. Ses ruelles aux maisons roses sont un véritable enchantement.

Empruntez la GI 652 vers Torrent, puis prenez à droite la C 66.

La Bisbal d'Empordà

À 12 km de Pals.

Chef-lieu du Baix Empordà, c'est une localité dynamique et commerçante, que la poterie traditionnelle et les incomparables terres argileuses ont convertie en prestigieux centre d'artisanat.

Sous les populaires voûtes de ses grandes arcades s'étalent de nombreux commerces et boutiques spécialisés dans la vente de poteries.

★ **Château-palais** – *Pl. del Castell, s/n - ✆ 972 645 166 - été : 11h-14h, 17h-20h ; hiver : tlj sf lun. 10h-13h - 2 €.* L'ancienne résidence des évêques de Gérone est le bâtiment le plus remarquable de La Bisbal. C'est un sobre exemple d'architecture civile, où se mêlent éléments romans et gothiques. Une partie de l'édifice abrite les archives historiques de la *comarca*.

Église de Santa Maria – Bâtie au 18e s., l'église accueille l'Aigle et le Dragon, figures mythiques du bestiaire médiéval. La façade monumentale présente certains détails décoratifs (oculi, archivoltes, colonnes galbées et gargouilles) d'une grande beauté.

Revenez en arrière sur la C 66, prenez à gauche la C 252, puis à droite la GI 651.

★★ Peratallada

Laissez la voiture sur le parking municipal.

Assis sur des roches ravinées – d'où son nom de « pierre taillée » –, ce village est l'un des plus beaux ensembles d'architecture médiévale de l'Ampurdan. Le **village** fortifié, dont les vieilles ruelles débouchent sur la plaça Major, s'articule autour de la grande tour du château-forteresse, devenu hôtel de luxe. La **plaça de les Voltes**, dotée d'un petit portique et bordée de maisons anciennes, est l'une des images les plus caractéristiques de la localité. Pendant la période estivale, la légendaire tranquillité de Peratallada est partagée par les nombreux visiteurs. L'**église de Sant Esteve**, austère bâtiment du 13e s. en dehors du village, possède un campanile ajouré, d'un modèle très répandu dans la région.

Continuez sur la GI 651.

Église de Sant Julià de Boada

Sur le territoire communal de Palau-sator s'élève ce curieux exemple d'architecture préromane (10e s.), remarquablement restauré.

Revenez vers Peratallada, puis prenez à droite.

Palau-sator

Ce petit village paisible, au plan médiéval bien conservé, se transforme, le week-end et durant les vacances, en haut lieu gastronomique.

Poursuivez vers Ullastret.

★ Ullastret

Un des villages les plus pittoresques de l'arrière-pays de l'Ampurdan. Ses ruelles médiévales exhalent l'odeur caractéristique de la campagne. Dans les environs, on peut acheter les produits typiques de la région.

Église de Sant Pere – Située au centre du village, cette église est un bel exemple du style roman de l'Ampurdan, avec son plan basilical et sa décoration lombarde. Remarquer un curieux ossuaire gothique ainsi que la représentation sur les impostes de personnages et d'animaux fantastiques.

★★ **Ciutat Ibèrica** – *1 km à l'est - ✆ 972 179 058 - www.mac.es - juin-sept. : tlj sf mar. 10h-20h ; oct.-mai : tlj sf lun. 10h-14h, 15h-18h - fermé 1er janv., 25-26 déc. - 2,30 € (-16 ans gratuit).* L'ancienne lagune d'Ullastret, asséchée vers la fin du 19e s., a fait place à une plaine, fertile et agréable, où croissent les cyprès et les oliviers. On y trouve également, sur la colline de Sant Andreu, les vestiges d'un oppidum ibérique datant du 7e s. av. J.-C. Les ruines de cette ancienne place forte forment un précieux témoignage archéologique, car elles permettent de reconstituer la vie de ses habitants aux 4e et 3e s. av. J.-C.

Museu Arqueològic d'Ullastret – Sur le site même, l'ancienne chapelle de Sant Andreu héberge cette section du musée d'Archéologie de Catalogne. Y sont exposées les principales découvertes faites au cours des fouilles (monnaies, récipients et ustensiles divers).

Poursuivez par la GI 644 puis prenez à droite la GI 643.

★ Torroella de Montgrí

La ville s'élève au bord du Ter, au pied de la montagne du Montgrí. Son quartier ancien garde la disposition d'un camp romain, avec deux rues principales qui se croisent sur une place bordée d'arcades.

Église de Sant Genís – Bel exemple de gothique catalan (14e s.), elle présente une monumentale façade baroque. À l'intérieur, aux lignes très sobres, on trouve une seule nef, une abside polygonale et des chapelles latérales. Chaque été, le sanctuaire accueille le **Festival international de musique**, l'un des événements musicaux les plus prestigieux de Catalogne.

Château du Montgrí – *La montée à pied par un itinéraire balisé commence au bout de la carrer Fátima - compter 1h.* Cette imposante forteresse se dresse au sommet de la montagne du Montgrí. La solidité et l'uniformité de ses murs extérieurs font oublier qu'il s'agit d'une œuvre inachevée. Grâce à sa situation privilégiée, ce château forme un extraordinaire **belvédère**★★ face au massif montagneux de Les Gavarres et à la mer. À quelques mètres de là se trouve le gisement archéologique du **Cau del Duc** (le repaire du duc), grotte que l'homme occupa il y a 300 000 ans. La visite au sommet du Montgrí se termine à l'**ermitage de Santa Caterina**, lieu de vénération populaire situé dans la proche vallée du même nom.

★★ Îles Medes

Le petit archipel des îles Medes (21,5 ha de superficie), formé de sept îlots et de quelques récifs, se trouve à 1 km de la côte de l'Ampurdan, accessible en bateau depuis le village de **L'Estartit** *(voir « Nos adresses », rubrique « Activités » p. 326).* Le paysage y est de toute beauté. Prolongement en mer du massif calcaire du Montgrí, il constitue un site d'une grande richesse écologique par sa variété d'espèces et d'écosystèmes.

Du fait de sa formation karstique, il en résulte des cavités et des tunnels favorisant la végétation et la faune marines. On y dénombre plus de 1 300 espèces différentes. Cette richesse de ressources a été longtemps exploitée par les pêcheurs et, notamment, par les corailleurs qui ont, depuis le 18e s., étendu leur activité à toute la côte.

Meda Gran – L'île accuse une forte dissymétrie : tandis que son littoral oriental est découpé de hautes falaises, composées de strates calcaires, sa face ouest présente des pentes douces formées par la présence des matières

L'ANCIENNE VILLE DE RHODE

Rhode fut fondée au 8e s. av. J.-C. par des navigateurs originaires de l'île de Rhodes, mais fut occupée plus tard par les Phocéens, qui s'étaient installés à Empúries. Quoique l'on ait depuis toujours identifié Roses avec l'ancienne Rhode, la confirmation archéologique ne fut obtenue que dans les années 1960. Les fouilles – toujours en cours – ont permis d'établir que Roses fut une active colonie grecque, dont la propre monnaie (des drachmes frappées au revers de la rose des Rhodiens) eut cours de la fin du 4e s. jusqu'au 3e s. av. J.-C. La découverte d'un atelier de céramique utilisant le vernis noir a révélé que la ville vécut, pendant un certain temps, de l'exportation de ses produits dans la Méditerranée occidentale. En outre, une inscription, trouvée à Carthage, cite le *municipium* de Rhode comme important centre de salaison de poissons.

molles (argiles, gypses et marnes). Près de la petite baie de l'embarcadère se dressent les deux phares, construits l'un en 1866, l'autre, fonctionnant à l'énergie solaire, en 1930.

Meda Petita – Elle est séparée de Meda Gran par El Freuetó. Du côté du levant existent de nombreuses cavernes et grottes entre les falaises.

LE GOLFE DE ROSES : DE L'ESCALA À ROSES

36 km. Départ de L'Escala, à 15,5 km au nord de Torroella par la C 31 et la GI 632.
La majorité de ce tronçon de frange côtière fait partie du Parc naturel dels Aiguamolls de l'Empordà.

★ L'Escala

Pl. de les Escoles, 1 - 972 770 603 - été : tlj sf dim. apr.-midi 9h-20h30 ; hors sais. : tlj sf dim. 9h-19h - antenne estivale sur la plage de Riells.

Cette ville touristique, traditionnellement vouée à la pêche et notamment réputée pour ses anchois, est située à l'extrême sud du golfe de Roses. Aux environs sont édifiés de nombreux ensembles groupant villas et complexes hôteliers. Le **port** comprend un bassin de plaisance de 435 postes d'amarrage.

La ville est le lieu de naissance de l'écrivain Caterina Albert (1869-1966), qui a publié ses œuvres *(Solitud* et *Drames rurals)* sous le pseudonyme de **Victor Català**.

★★ Empúries *(voir p. 341)*

Quittez Empúries, prenez la C 31 et rejoignez la C 68 vers Roses, puis suivez les panneaux « Empuriabrava ».

★ Empuriabrava

Ce luxueux ensemble immobilier construit sur d'anciens marécages présente une **trame urbaine** très particulière, qui voit alterner routes goudronnées et canaux navigables, offrant une vision hors du commun : les embarcations amarrées aux portes des maisons. La marina dispose d'un port de plaisance et d'un petit aérodrome pour avions de tourisme et hélicoptères.

Reprenez la C 260 vers l'est.

★ Roses

Av. de Rhode, 77-79 - 902 257 331 - www.roses.cat - juin-sept. : 9h-21h ; oct.-mai : lun.-vend. 9h-18h, sam. 10h-14h, 15h-18h, dim. 10h-13h.

Au sud-est de l'abrupte péninsule du cap de Creus, qui domine le golfe de Roses, se trouve cette petite ville touristique par excellence. Située sur un magnifique port naturel, elle possède la plus importante flotte de pêche du nord de la Catalogne. Néanmoins, cette ville conserve aussi quelques beaux vestiges et propose une large gamme hôtelière, de restauration et d'équipements de loisirs. En outre, elle possède un grand port de plaisance, qui a accueilli de nombreuses compétitions.

★ **Citadelle** – *Av. de Rhode, s/n - ✆ 972 151 466 - juil.-août : 10h-21h ; avr. et sept. : tlj sf lun. 10h-20h ; oct.-mars : tlj sf lun. 10h-18h - 4 € (-18 ans 2 €) - visites guidées nocturnes en juil.-août (une langue différente chaque soir) - 5 €.* De style Renaissance, elle fut construite au 16e s. par ordre de Charles Quint, qui craignait une invasion turque. Elle se développe selon un plan pentagonal, avec de solides murs et de nombreux bastions. En dépit des destructions, l'ensemble demeure dans un bon état de conservation. La monumentale **Porta de Mar**, de style Renaissance, avec ses pilastres ornementaux adossés et sa frise à décoration végétale, est la porte d'entrée de l'enceinte fortifiée.

À l'intérieur se trouvent les ruines du monastère bénédictin **Santa Maria** de Roses, détruit par les Français pendant la guerre d'Indépendance (1808-1814) : on y découvre les vestiges de l'église (11e s.), notamment le très beau chevet, de type lombard. Dans l'une des absidioles, on a trouvé des traces d'une église paléochrétienne, et, en sous-sol, les vestiges de l'ancienne ville de Rhode.

Dolmen de la Creu d'en Cobertella – *5 km par la route côtière qui mène à la Cala Montjoi.* Il s'agit du plus grand monument mégalithique de Catalogne, dont la datation est fixée aux débuts du troisième millénaire av. J.-C.

DE CADAQUÉS À PORTBOU

▶ *52 km.*

Ce dernier circuit, qui parcourt la zone la plus septentrionale du littoral catalan, part de la belle péninsule du cap de Creus pour aboutir à Portbou, à la frontière française.

★★ **Cadaqués** *(voir p. 328)*

★ **Portlligat** *(voir p. 330)*

★★ **Parc naturel du Cap de Creus** (Cabo de Creus) *(voir p. 330)*

Retournez à Cadaqués puis prenez les petites routes en direction de l'arrière-pays (la GI 614 et la GI 613).

FERRAN ADRIÀ OU LA CUISINE AU RANG DES BEAUX-ARTS

Ce cuisinier catalan de génie, né en 1962, a longtemps fait de Roses l'avant-garde de la gastronomie mondiale. Avec son restaurant « El Bulli » (le bouledogue), il s'est hissé dans le cercle des meilleurs cuisiniers du monde, s'attirant quelques controverses pour sa gastronomie, particulièrement inventive, qualifiée de « moléculaire », mise au point dans son atelier de Barcelone. Comble de malheur pour les fans : Ferran a décidé de fermer les portes de son établissement mythique. Désormais, El Bulli est devenu le siège de la **Fundació El Bulli**, visant à former des nouveaux chefs en encourageant leur créativité. Quant à Ferran Adrià, il est entré définitivement dans le patrimoine catalan : protagoniste d'une exposition organisée par la Generalitat, il est le héros d'un film, *El Bulli, cooking in progress*, réalisé par Gereon Wetzel et qui a connu un certain succès aux États-Unis.

Monastère de Sant Pere de Rodes.
D. Chapuis / MICHELIN

★ El Port de la Selva

Cette commune touristique se trouve au nord de la péninsule du cap de Creus. Le centre de la ville est composé d'un évocateur ensemble d'architecture populaire constitué de maisons blanches qui furent autrefois des maisons de pêcheurs. Actuellement, El Port de la Selva est une station estivale où foisonnent les nouvelles constructions, les hôtels et les campings.

La pêche est une des principales activités de ce port naturel, dont le profil est l'un des plus spectaculaires de toute la Costa Brava. La largeur de sa plage, lieu de maintes compétitions sportives, les lueurs argentées de la mer et, surtout, la proximité du merveilleux monastère de Sant Pere de Rodes font d'El Port de la Selva une étape qui ne manque pas d'intérêt.

Quittez la ville vers Llançà puis prenez à gauche la petite route qui part à l'assaut du monastère.

★★★ Monastère de Sant Pere de Rodes

Laissez la voiture au parking et gagnez le monastère à pied (10mn). Il est conseillé de démarrer la visite par la présentation audiovisuelle. ✆ 972 387 559 - tte la journée - fermé lun., 1er janv., 25-26 déc. - 4,50 € (-18 ans 3 €), mar. gratuit.

Sur le flanc abrupt du mont Sant Salvador de Verdera, dans un **site★★** merveilleux ayant en toile de fond le golfe du Lion et la péninsule du cap de Creus, se dressent les ruines impressionnantes de ce monastère bénédictin dont la construction remonte au 10e s. Son histoire est un véritable roman-feuilleton de cape et d'épée, lourd de vols, d'incendies, d'épidémies et de saccages, que raconte le roman de Núria Esponellà, *Rere els Murs*, prix Néstor Luján du roman historique en 2009.

Le monastère est enclavé sur une petite esplanade irrégulière, aussi les différents édifices (église, cloître et dépendances monastiques) sont-ils situés à des niveaux différents. Sur la hauteur s'élèvent les ruines du **château de Sant Salvador de Verdera**. L'ensemble est complété par les vestiges de l'ancienne localité de Santes Creus, que domine l'**église de Santa Helena**.

★★★ **Église** – C'est une œuvre exceptionnelle, unique dans l'architecture médiévale espagnole. Elle présente une unité de construction atypique, aux influences préromanes très marquées, bien qu'elle ait été élevée au 11e s. Située au nord du site, plus bas que le reste des bâtiments, elle comporte trois vaisseaux.

La nef centrale présente une voûte en berceau très haute, alors que les collatéraux, très étroits, ont des voûtes surbaissées. Les vaisseaux sont séparés par des piliers massifs, renforcés de colonnes adossées reposant sur de hauts soubassements. Les superbes **chapiteaux★** qui décorent ces colonnes ont des entrelacs et des feuilles d'acanthe délicatement sculptés, dans la lignée de quelques monuments cordouans et byzantins. Le transept a deux chapelles absidiales et une abside centrale dotée d'une crypte et d'un étroit déambulatoire auquel on accède par le bras droit du transept et d'où l'on apprécie le mieux la profondeur et l'ampleur de la nef centrale.

★★ **Clocher** – Magnifique exemple du roman lombard du 12e s., c'est une grande tour de plan carré (27 m de hauteur) à trois étages avec de grandes ouvertures.

Redescendez sur la GI 612 et continuez vers le nord-ouest.

★ Llançà

Camprodón, 16-18 - ✆ 972 380 855 - www.llanca.net - point informations sur le parking du port au 972 120 944, demandez la liste des activités nautiques (balades en bateau, plongée sous-marine, planche à voile, voile…).

Au nord de la péninsule du cap de Creus, entre des criques de gros sable aux eaux cristallines, se trouve Llançà. Tandis que le noyau urbain, à 1 km de la côte, est un endroit tranquille environné de vergers et de vignes, **El Port de Llançà**, au bord de la mer, est devenu un centre touristique important de la Costa Brava.

La Festa d'Hivern (Fête d'hiver), célébrée le 22 janvier, complète l'intérêt de cette ville qui produit les populaires **llances**, bonbons typiques en forme de lance, fabriqués à base d'amandes, de farine, de beurre et de cacao.

Plaça Major – En son centre s'élève l'**arbre de la Liberté**, gigantesque platane. On peut aussi voir sur cette place animée les **ruines du clocher** de l'église romane primitive (13e s.) et le **donjon** (Torre del Homenatge), grande construction de base rectangulaire, faisant partie de l'ancien château-palais (13e et 14e s.) des abbés de Sant Pere de Rodes.

Église de Sant Vicenç – Édifiée au 18e s. et située au centre de Llançà, l'église à nef unique est précédée par un perron de pierre. La façade monumentale présente un portail néoclassique.

El Port de Llançà – Le quartier maritime de Llançà est situé autour d'une petite baie ouverte sur la mer et légèrement protégée de la tramontane et des tempêtes. Le quartier, auparavant occupé par des baraques de pêcheurs, est aujourd'hui un centre bigarré de résidence et de villégiature, pratiquement aggloméré à la ville. Il compte également un important port de plaisance et, tous les jours, on peut voir les produits frais de la pêche sur les étals du marché aux poissons.

Prenez la N 260 ou la GI 612.

Portbou

Aux confins du Roussillon français, cet important centre touristique est aussi l'un des principaux postes frontaliers catalans, notamment pour le trafic ferroviaire. Portbou, dont la surface bâtie est égale à celle des installations ferroviaires, n'a longtemps vécu que par la gare.

Néanmoins, cette commune moderne a d'autres atouts, et son rivage offre de surprenants paysages. D'où que l'on vienne, par la N 260 ou par la magnifique **route★★** de Colera, la GI 612, on pourra admirer les profils rocheux les plus escarpés du littoral catalan. Hautes falaises, petites calanques vierges ou autres capricieuses formes de relief sont quelques-uns des principaux attraits de la zone la plus accidentée de la Costa Brava.

NOS ADRESSES SUR LA COSTA BRAVA

Voir aussi nos adresses d'hébergement et de restauration à **Cadaqués** (p. 331).

TRANSPORTS

Le moyen de locomotion idéal pour visiter la Costa Brava est la voiture. Les moyens de transport public fonctionnent bien mais selon des horaires assez contraignants.

En autocar

Sarfa – *972 300 262 - www.sarfa.com.* Principale ligne d'autocars, elle relie Barcelone à Gérone et dessert, au départ des deux villes, les principales localités de la Costa Brava (Cadaqués, Figueres, Palamós, Platja d'Aro, Sant Feliu...).

En train

Renfe – *902 240 202 - www.renfe.es.* Pour se rendre sur la Costa Brava, deux gares principales : **Gérone** et **Figueres**, situées sur la ligne reliant Barcelone à Portbou, à la frontière française. Le train marque un arrêt également à **Llançà**.

En bateau

Viajes Marítimos – *Passatge Sant Pere, 5 2n 1a - Lloret de Mar (Selva) - 972 370 587 - vente des billets sur la plage - 4 ou 5 dép./j. entre 9h et 17h.* Liaisons maritimes entre Lloret de Mar, Tossa de Mar, Blanes et Sant Feliu.

Dofi Jet Boats – *972 371 939 - www.dofijetboats.com.* Liaisons entre Calella au sud et Tossa de Mar.

HÉBERGEMENT

Rançon du succès touristique : l'hébergement sur la Costa Brava peut se révéler hors de prix. Il est parfois également difficile de trouver une chambre durant les mois d'été sans avoir réservé au préalable, en dépit d'un nombre imposant d'hôtels de toutes catégories. Pour plus de tranquillité et des tarifs plus raisonnables, privilégiez l'arrière-pays.

Circuit de Blanes à Palamós

PREMIER PRIX

Hostal Casa Buxó – *Major, 18 - Sant Feliu de Guíxols - 972 320 187 - - fermé nov.-mars - 13 ch. : autour de 60 €* . Chambres impeccables et spacieuses, à 30 m du Passeig. Le restaurant prépare une cuisine familiale copieuse.

BUDGET MOYEN

Hotel Mas Torrellas – *Santa Cristina d'Aro - 3 km au sud-ouest de Platja d'Aro par la C 31 - 972 837 527 - www.mastorrellas.com - de mi-mars à mi-oct. - - 17 ch. 67/82 € - rest. 20 €.* Séduisante *masía* en pierre couronnée d'une solide tour aérienne qui ouvre sur la montagne luxuriante. Véritable havre de paix. Chambres confortables et ambiance chaleureuse dans les pièces à vivre décorées dans un style rustique.

Hotel Plaça – *Pl. Mercat, 22 - Sant Feliu de Guíxols - 972 325 155 - www.hotelplaza.org - - 19 ch. : 89,50/123 € - nc.* Hôtel tout à fait recommandable tant pour son emplacement (à deux pas du front de mer) que pour son caractère moderne et fonctionnel. Chambres agréables et claires avec vue sur la place du marché, pour certaines. Jacuzzi en plein air et solarium au dernier étage.

Hotel Áncora – *Josep Plà, 43 - La Fosca (2 km au nord. de Palamós) - 972 314 858 - www.hotelancora.net - - 46 ch. : 70/105 € - 9 € - rest. 29/43 €.* Cet hôtel a amélioré ses prestations au fil des ans. Niveau de confort correct dans les chambres avec salle de bains moderne. Bons équipements sportifs pour les vacanciers. Agréable terrasse en été, à l'ombre des pins.

POUR SE FAIRE PLAISIR

Hotel Diana – *Pl. de Espanya, 6 - Tossa de Mar - 972 341 886 - www.hotelesdante.com - 21 ch. : 135/180 €.* Splendide édifice moderniste proche de la mer. À l'intérieur, tout est exquis : belle hauteur de plafond, peintures à fresque et patio agrémenté d'une fontaine de marbre. Chambres confortables et mobilier de style.

Circuit de Palafrugell aux îles Medes

PREMIER PRIX

Hostal Barris – *Enginyer Algarra, 51 - Pals - 972 636 702 - www.hostalbarris.com - - 15 ch. : 45 € - 4 €.* Chambres spacieuses et confortables, quoiqu'un peu bruyantes. Bonne adresse économique, à la sortie de la ville. L'été, bus vers les plages.

BUDGET MOYEN.

Casa rural Can Massa – *Vell - La Pera - 11 km au nord-ouest de La Bisbal d'Empordà par la C 66 - 972 488 326 - www.canmassa.com - - 6 ch. : 50/60 € - 6 €.* Gîte rural installé dans une ancienne maison de paysans avec ses granges et un agréable patio recouvert d'une pelouse. Chambres personnalisées, mobilier restauré et salles de bains modernisées, sans oublier le coquet salon commun avec cheminée.

Casa rural Ca l'Aliu – *Roca, 6 - Peratallada - 972 634 061 - www.calaliu.com - 7 ch. : 60/76 € - pas de petit-déj.* Maison située à côté des remparts de cette ravissante localité dont on distingue encore le riche patrimoine médiéval. Les chambres, mansardées pour certaines, sont décorées de meubles anciens restaurés et affichent un bon niveau de confort dans leur catégorie.

Casa rural Can Massanes – *Pl. de la Vila, 1 - Fontclara - Palau-sator - 972 634 235 - www.canmassanes.com - - 4 ch. : 80 € - 5 €.* Jolie maison de village située au cœur de la localité de Fontclara, qui sert également de logement aux propriétaires. Pour plus d'intimité, demandez l'un des deux appartements en duplex, très lumineux et équipés chacun d'une cuisine.

POUR SE FAIRE PLAISIR

Hotel Es Furió – *Foraió, 7 - Tamariu - 972 620 036 - www.esfurio.com - mars-oct. - - 8 ch. : 84/141 € - rest. 20/25 €.* Un hôtel sobre et de taille réduite, doté de chambres confortables et gaiement décorées, toutes avec terrasse. Son principal atout : la proximité d'une délicieuse crique aux eaux cristallines et la végétation de pins verts.

Hotel Sant Roc – *Pl. Atlàntic, 2 (Barri Sant Roc) - Calella de Palafrugell - ✆ 972 614 250 - www.santroc.com - de mi-mars à déb. nov. - P - 45 ch. : 90/154 € - ☕ 13 € - rest. 30/40 €.* Au beau milieu des pins, faisant face à la mer, cet élégant édifice surmonté d'une tourelle est une invitation au repos. Belles chambres spacieuses. La terrasse du restaurant domine les criques aux eaux émeraude. La demi-pension est de rigueur l'été.

Hotel Sa Punta – *Pals - 6 km à l'est de Pals, sur la plage - ✆ 972 667 376 - www.hotelsapunta.com - P ▤ - 30 ch. : à partir de 110 € - ☕ 12,50 €.* Cadre d'une singulière beauté où se marient confort, élégance et bon goût. Chambres riches en détails. Les jardins extérieurs sont apaisants et ajoutent à l'élégance de l'ensemble.

Circuit de L'Escala à Roses

PREMIER PRIX

Hotel El Roser – *Església, 7 - L'Escala - ✆ 972 770 219 - www.elroserhostal.com - ▤ - 22 ch. : 45/85 € - ☕ 7 € - rest. 13 €.* Petit hôtel de famille situé au cœur du village. Les chambres, correctes, ont la télévision. Cadre agréable dans l'ensemble. Une bonne alternative pour le visiteur de passage dans la région.

Hostal Creus – *Palmerola, 10 - Roses - ✆ 972 256 371 - 18 ch. : à partir de 50 € ☕.* Situé dans une impasse, au calme tout en restant à 50 m de la plage, l'hôtel, très austère au premier abord, possède des chambres spacieuses et confortables. La moitié ont leur salle de bains. Les autres, moins chères, font salle de bains commune.

BUDGET MOYEN

Ramblamar – *Av. de Rhode, 185 - Roses - ✆ 972 256 354 - www.hotelsrisech.com - ▤ - 52 ch. : 59/124 € ☕- rest. 18/24 €.* Cet établissement familial ouvert de la Semaine sainte à la fin oct. possède des chambres fonctionnelles d'un bon niveau de confort avec salles de bains rénovées. Proche de la mer, avec une belle vue depuis le restaurant, lumineux et doté d'une terrasse.

Hotel Mont-Mar – *Dr Ferran, 7 ou Mas Oliva, 14 - Roses - ✆ 972 459 700 - www.montmarhotel.com - ▤ - 52 ch. : 55/73 € ☕ - rest. 11 €.* Petit hôtel accueillant installé dans un bâtiment moderne. Les chambres, très bien équipées, présentent un mobilier et des salles de bains modernes. Les pêcheurs créent l'ambiance, ou encore, profitez donc des nuits d'été très prisées de Roses.

POUR SE FAIRE PLAISIR

Hotel Monterrey – *Pg Marítim, 72 - Roses - ✆ 972 256 676 - www.monterrey.es - 135 ch. : 69/134 € ☕ - rest. 17 €.* Littéralement posé sur la plage, un grand hôtel dont les chambres, accueillantes, sont toutes dotées de balcons. La proximité de la mer fait l'essentiel du charme des lieux, à recommander avant tout pour les amateurs de baignade et de farniente.

UNE FOLIE

Hotel Port Salins – *Av. Fages de Climent, 10-15 - Empuriabrava - ✆ 902 454 700 - www.hotelportsalins.com - P 🏊 ▤ ♿ - 42 ch. : 95/210 € - ☕ 17 € - rest. (Noray) 40/68 €.* Profitez de sa proximité du canal, si attirant avec ses barques amarrées. Le hall d'entrée lumineux présente un décor design, les chambres sont confortables et un ascenseur panoramique conduit au grenier qui abrite le solarium.

Circuit de Cadaqués à Portbou

BUDGET MOYEN

Hotel Carbonell – *Major, 19 - Llançà - ✆ 972 380 209 - www.hotelcarbonell.es - 🅿 ♨ ▤ ♿ - 35 ch. : 67/77 € ☕ - rest. 15 €.* Impeccablement tenu, avec des chambres sobres, équipées du strict nécessaire.

Hostal La Tina – *Major, 15 - El Port de la Selva - ✆ 972 387 149 - www.hostallatina.cat - ▤ - 18 ch. : 75/85 €.* Dans une rue calme au-dessus du port, un bel hôtel doublé d'un très bon restaurant sous des voûtes en pierres apparentes. Quelques chambres ont vue sur la mer.

Hotel La Goleta – *Pintor Terruella, 22 - El Port de Llançà - ✆ 972 380 125 - www.hotellagoleta.com - 🅿 - 30 ch. : 78/105 € ☕.* Si votre choix se porte sur cet hôtel, vous aurez la chance de dormir près du port, dans une chambre confortable et bien décorée. Toute la maison regorge d'objets et de tableaux qui lui confèrent son caractère très particulier. Ambiance familiale et bon rapport qualité/prix.

POUR SE FAIRE PLAISIR

Hotel Porto Christo – *Major, 59 - El Port de la Selva - ✆ 972 387 062 - www.hotelportocristo.com - ▤ ♿ - 49 ch. : 105/210 € ☕.* L'établissement dispose de chambres vastes et bien fournies, avec un mobilier fonctionnel de bonne qualité. La plupart des salles de bains sont équipées d'un Jacuzzi.

RESTAURATION

Circuit de Blanes à Palamós

PREMIER PRIX

Café Terrassans (Tapas) – *Ample, 1 - Blanes - ✆ 972 330 081 - tapas 3,20 € (l'unité) - 7h-1h.* Taverne prestigieuse où l'on vient autant prendre son petit-déjeuner que des tapas à midi (près de soixante variétés). Terrasse ombragée dans un patio paisible.

Bar Don Juan – *Pintor Francesc Serra, 1 - Tossa de Mar - ✆ 972 340 298 - de la Sem. sainte à sept. : 11h-1h - 15/25 €.* Sans doute l'une des plus anciennes adresses de Tossa. Depuis des décennies, on y savoure le même excellent jambon ibérique, élément principal de la décoration. Très bons vins de propriété.

El Corsari (Tapas) – *Colom, 1 - Sant Feliu de Guíxols - ✆ 972 321 071 - tapas 3/5 € - 18h-2h.* Bar à tapas creusé dans la roche et consacré à l'univers des corsaires. La décoration est un pêle-mêle de cartes, bout, fusils marins et tabourets en agneau. En bord de route, la terrasse ouvre sur la mer. La plupart des tapas sont bon marché, mais le chef concocte également quelques *raciones* de fruits de mer, copieuses et réputées.

El Dorado Mar – *Pg President Irla, 15 - Sant Feliu de Guíxols - ✆ 972 326 286 - fermé de mi-oct. à fin mai - menu 16,95 € (+ IVA).* Ce restaurant, situé sur le cap, au sud de la plage, fait honneur à son nom puisque ses spécialités sont les poissons et fruits de mer. De la salle à manger, de style dépouillé, s'offre une belle vue sur la mer au travers des grandes baies.

Taberna Ca la Pepa Caneja - *Pl. Sant Pere, 14/Carrer Moll - Palamós - ✆ 972 602 394 - menu déj. (sem.) 13/15,30 €, carte 15/25 €.* Une ancienne taverne de pêcheurs où Josep Pla avait son rond de serviette. Cuisine de la mer, bien sûr, mais aussi viandes à la braise.

BUDGET MOYEN

S'Auguer – *S'Auguer, 2 - Blanes - ✆ 972 351 405 - fermé merc. sf août, janv. - ▤ - 26/35 €.* Emplacement idéal sur une place centrale avec possibilité de stationnement face à la plage. Dans ses quatre salles aux planchers et plafonds de bois est servie toute une gamme complète de recettes traditionnelles de la mer. Ses plats de riz régalent plus d'un touriste.

Can Pou – *Turó de l'Home - Vidreres - 17 km au nord-ouest de Lloret de Mar par la C 63 - ✆ 157 323 621 - fermé dim. soir en hiver, lun. - ▤ - 25/30 €.* Une auberge centenaire réputée dans la région qui dispose également de chambres. Deux salles à manger aux belles poutres de bois. Ameublement régional. Spécialités de poissons grillés, de fruits de mer et de plats de riz.

Santa Marta – *Francesc Aromir, 2 - Tossa de Mar - ✆ 972 340 472 - www.restaurantsantamarta.com - fermé merc. (sf juin et août) - menu 15/25 €, carte 30/40 €.* Agréable restaurant situé dans les murs de la vieille ville. Salle à manger conviviale et romantique. Intéressante carte offrant tout un choix de poissons et de plats de la mer. Terrasse accueillante.

Refugi de Pescadors – *Pg Josep Mundet, 55 - Sant Antoni de Calonge - à la sortie de Palamós par la C 253 - ✆ 972 650 664 - fermé dim. soir, lun. sf en été, de déb. déc. à déb. janv. - ▤ - 25/35 €.* Établissement très populaire tenu depuis 1865 par la famille Vilardell. Bien situé en front de mer. Salle à manger spacieuse sur deux niveaux. Décoration marine à base de vieux filets. Menus thématiques autour de la mer : poissons grillés ou au four, fruits de mer (goûtez notamment les gambas provenant du vivier).

POUR SE FAIRE PLAISIR

El Trull – *Cala Canyelles - route de Lloret de Mar à Tossa - ✆ 972 364 928 - www.eltrull.com - menus 20 € et 50 €, cate 38/57 €.* Vaste restaurant aux salles réparties sur plusieurs niveaux. La qualité de la cuisine – de la mer comme il se doit – et la fraîcheur des produits ont contribué à la popularité de cet endroit depuis son ouverture en 1968.

Cau del Pescador – *Sant Domènec, 11 - Sant Feliu de Guíxols - ✆ 972 324 052 - www.caudelpescador.com - fermé janv. et mar. en hiver - menus 26/35 €, carte 35/60 €.* Au centre de la cité, un restaurant familial géré avec amour et compétence. Succulente cuisine de la mer, atmosphère sympathique et nombreux habitués.

Les Panolles – *Santa Cristina d'Aro - 5 km au nord-ouest de Sant Feliu de Guíxols par la C 65, après Santa Cristina d'Aro - ✆ 972 837 011 - fermé merc. en hiver - ▤ - menus 19/42 €, carte 36/50 €.* Ravissant mas en pierre (17e s.), décoré d'arcs en brique apparente. Les vieilles poutres de bois recréent un cadre rustique convivial. La salle à manger privative des anciennes cuisines mérite le coup d'œil : ses murs semblent imprégnés de l'arôme des marmites d'antan.

La Gamba – *Pl. Sant Pere, 1 - Palamós - ✆ 972 314 633 - www.lagambapalamos.com - fermé 15 j. en nov., 15 j. en fév., le soir en hiver (sf vend.-sam.) - menu 32/46 €, carte 30/59 €.* C'est la compagnie Gustave Eiffel qui a bâti en 1893 l'immeuble où est installé cet excellent restaurant de poissons et de fruits de mer, célèbre bien sûr pour ses gambas, mais aussi pour ses langoustes.

UNE FOLIE

Els Tinars – *Llagostera - 10 km au nord-ouest de Sant Feliu de Guíxols par la C 65 - ✆ 972 830 626 - www.elstinars.com - fermé lun. soir et mar. de déb. oct. à mi-juin, de* *mi-janv. à déb. fév. - ▤ - menu 34/59 €, carte 45/73 €.* Ferme catalane proche de la route où vous pourrez déguster une cuisine traditionnelle. Dégustez en été le fameux *ajo blanco*, version blanche du *gazpacho*, aux amandes et subtilement relevé de truffes : un régal ! Bon taux de fréquentation, mieux vaut donc réserver.

Circuit de Palafrugell aux îles Medes

POUR SE FAIRE PLAISIR

La Casona – *La Sauleda, 4 - Palafrugell - ✆ 972 303 661 - fermé dim. soir et lun. en hiver - 30/40 €.* Dans un cadre rustique, une cuisine de saison privilégiant poissons et fruits de mer : le *suquet* est particulièrement délicieux. Belle carte de vins.

La Xicra – *Sant Antoni, 17 - Estret - Palafrugell - ✆ 972 305 630 - www.restaurantlaxicra.com - fermé mar. soir, merc., nov. - ▤ - menu 45 €, carte 33/52 €.* Coquet établissement décoré avec goût et force détails dans les styles classique et rustique. La salle se divise en deux espaces. Cuisine traditionnelle à base de produits frais. Les clients sont des habitués.

El Far de Sant Sebastià – *Llafranc - près du phare de Sant Sebastià - ✆ 972 301 639 - www.elfar.net - fermé mar. en hiver, déc.-janv. - ▤ - menu « thématique » mensuel 34 €, carte 30/45 €.* Restaurant de charme ouvrant sur de magnifiques vues sur la mer. Installé dans une ancienne auberge et un ermitage du 18e s., il bénéficie d'un cadre exceptionnel. Dans la salle, très claire, sont servis des plats méditerranéens additionnés d'une pointe de créativité.

Mas Pou – *Pl. de la Mota, 4 - Palau-sator - env. 5 km au nord-est de La Bisbal d'Empordà ✆ 972 634 125 - www.maspou.com - fermé dim. soir en hiver, lun. le reste de l'année, de mi-déc. à fin janv. - ▤ - menu 27/39 €, carte autour de 35 €.* Maison de village, de type mas, agrémentée d'un petit jardin à l'entrée. Salles à manger contiguës et sobres où règne la cuisine ampurdanaise. Petit musée rural installé dans un bâtiment annexe.

La Riera – *Pl. les Voltes, 3 - Peratallada - ✆ 972 634 142 - www.lariera.es - fermé mar., janv. - 30/45 €.* Établissement familial et convivial. Salle à manger rustique et bon service de table. Cuisine élaborée avec le plus grand soin. La grande terrasse extérieure est l'endroit idéal pour discuter autour d'un verre de *vermút*.

Circuit de L'Escala à Roses

PREMIER PRIX

Cal Galàn (Tapas) – *La Torre, 18 - Corriol de l'Usach - L'Escala - ✆ 972 770 140 - menus 10/15 €.* Proche de la plage, jolie petite taverne. Cuisine de la mer, grand choix de tapas et salades.

Snackmar Las Golondrinas (Tapas) – *Sant Sebastiá, 63 - Roses - ✆ 972 153 705 - fermé lun. et nov.-déc. - ▤ - 6/15 €.* Petit bar à tapas, tenu par un ancien d'El Bulli, où vous pouvez déguster des tapas créatives.

BUDGET MOYEN

La Taverna de la Sal – *Santa Màxima, 7 - L'Escala - ✆ 972 776 278 - 20/40 €.* À deux pas de la mer, vaste salle fraîche et reposante aux murs ocre où flotte une odeur d'herbes et de grillades, spécialité de la maison.

Can Pita (casa Rosendo) – *Gran Reseva, bloc 14, local 4 - Empuriabrava - ✆ 972 454 854 - fermé dim. en hiver - ▤ - tapas autour de 5 €, raciones autour de 10 € - carte 30/35 €.* Rosendo vient d'Estrémadure, terre par excellence des *ibéricos* (jambons et charcuteries) et de fromages. C'est ce qui attire chez lui tant d'autochtones qui y trouvent, en outre, d'excellentes spécialités catalanes. Un succès qui ne se dément pas !

Bitàkora – *Port Esportiu, s/n - ✆ 972 458 050 - Roses - fermé dim. soir - menu déj. (sem.) 14,75 €, carte 20/30 €.* Dominant le port de plaisance, un restaurant panoramique doté d'une terrasse extérieure. Style classique et cuisine de la mer.

La Taberna Gallega – *Trinitat, 101 - Roses - ✆ 972 255 156 - 20/30 €.* Belle taverne aux murs couverts de coquilles Saint-Jacques et d'étoiles de mer. Grand choix de poissons et de fruits de mer (spécialités galiciennes). Également des tapas, servies en portions plus que généreuses. Une institution à Roses ; il est donc prudent de réserver.

La Gua Gua – *Platja Canyelles Petites - Roses - 2,5 km au sud-est de Roses - ✆ 972 257 782 - www.laguagua.cat - fermé de déb. oct. à la Sem. sainte - autour de 30 €.* Ce restaurant de plage doit son nom au vénérable autobus qui relie Canyelles Petites au centre de Roses. Et pour cause, c'est l'épouse du chauffeur de bus, Pilar, qui s'est mise aux fourneaux, proposant une authentique cuisine de la mer à base de produits frais du marché. Le *suquet de peix* est réputé.

Circuit de Cadaqués à Portbou

À **Port de la Selva**, plusieurs petits restaurants s'alignent le long du port, proposant tous des tapas ou des menus du jour aux alentours de 10/12 €.

BUDGET MOYEN

La Brasa – *Pl. Catalunya, 6 - El Port de Llançà - ✆ 972 38 02 02 - www.restaurantlabrasa.com - fermé mar. sf en été, de mi-déc. à fin fév. - ☰ - 25/44 €.* La tranquillité qui règne dans ce lieu invite à se régaler sans hâte d'un poisson ou d'une viande grillée (sa spécialité). Agréable terrasse à l'abri du soleil.

POUR SE FAIRE PLAISIR

Ca l'Herminda – *L'Illa, 7 - El Port de la Selva - ✆ 972 387 075 - www.herminda.com - fermé lun. soir et mar. en avr.-juin - ☰ - 35/40 €.* Installé dans une ancienne maison de pêcheur, c'est le restaurant idéal pour manger un bon poisson. La petite entrée est ornée d'un vivier puis la salle à manger se répartit sur plusieurs niveaux. La décoration rustique laisse apparaître les pierres aux murs.

Els Pescadors – *Castellà, 41 - Llançà - ✆ 972 380 125 - www.restaurantelspescadors.com - fermé 9 janv.-9 fév., dim. soir et lun. sf en été - ☰ - 45/60 €.* Au milieu du port, dans un décor moderne agrémenté de touches marines, cet agréable restaurant à la cuisine ouverte dispose d'une jolie terrasse.

UNE FOLIE

Garbet – *Colera - au nord de Llançà par la N 260 - ✆ 972 389 002 - www.restaurantgarbet.com - de mi-mars à mi-oct. - 54/78 €.* Établissement familial où le savoir-faire et la modestie ont gagné la confiance de la clientèle. Sa situation en bordure de plage lui vaut une belle affluence.

PETITE PAUSE

Circuit de Blanes à Palamós

Pastisseria Orench – *Jaume Ferrer, 2 - Blanes - ✆ 972 330 380.* La meilleure pâtisserie de la ville. Bon choix de chocolats, petits fours et bonbons. La succulente spécialité de la maison est le *xoco-ter*, à base d'amandes, de noix et

de noisettes, le tout nappé de miel, de chocolat ou de crème pralinée.
La Vienesa – *Rbla Antoni Vidal, 33 - Sant Feliu de Guíxols - ✆ 972 326 003.* Pâtisserie et salon de thé haut de gamme où vous pourrez déguster les typiques beignets de Sant Feliu ou encore goûter à ses délicieux chocolats et glaces. Agréable terrasse sur la voie piétonne.

EN SOIRÉE

Circuit de Blanes à Palamós

Café Latino – *Rbla Roma Barnès, 10 - Lloret de Mar - ✆ 972 366 153 - www.calabanys.es.* Bar musical, séduisant et très animé, où la musique latine et les cocktails maison sont rois.
Cala Banys – *Cami a Cala Banys - Lloret de Mar - ✆ 972 366 515.* L'un des bars les plus romantiques de la Costa Brava. Assez éloigné du village, ce petit paradis est aussi magique la nuit qu'enchanteur le jour avec sa terrasse ombragée donnant sur une crique.

Circuit de L'Escala à Roses

À **Empuriabrava**, localité côtière, moderne et touristique, le quartier **Moxo** est l'épicentre de la vie nocturne. Il compte une vingtaine d'établissements : bars, discothèques et restaurants. Le **Saloon** est spécialisé dans la musique pop-rock et country, tandis que le **Passarel-la** fait dans la house, *www.passerel-la.com.*

ACTIVITÉS

Nautilus – *Pg Marítim, 23 - L'Estartit - ✆ 972 751 489 - www.nautilus.es.* Balade aux îles Medes à bord de bateaux à vision sous-marine (1h30, 18 €/pers.) ; juil.-sept., 3 fois/sem. vers Sant Martí d'Empúries (2h30, 22 €/pers.) et 2 fois/sem. vers Cadaqués et le cap de Creus (5h, 27 €/pers.).
Marina Princess – *Pg Marítim, 34 - L'Estartit - ✆ 972 750 643 - www.marinaprincess.com* - Balades aux îles Medes (1h15) et à Sant Martí d'Empúries (1h45) ; vers Cadaqués, sam.-lun. (3h30.) ; vers Palamós, en été le mar. *(tarifs non communiqués).*
International Diving Center – *Au bout du port - L'Escala - ✆ 972 770 077 et 610 015 920 - www.internationaldiving.com.* Plongées tous niveaux aux îles Medes. Plongées confirmées autour du cap de Creus *(de 24 à 65 € selon les options).*
Creuers Mare nostrum – *Maranges, 3 - L'Escala - ✆ 972 773 797 - www.creuers-marenostrum.com.* Flotte de 10 bateaux dont 2 catamarans à vision sous-marine. Départs vers les îles Medes *(tarifs non communiqués).*
Parc Aquàtic Aquabrava – *Ctra de Cadaqués - 1 km de Roses - ✆ 972 254 344 - www.aquabrava.com - de déb. juin à mi-sept. : 10h-19h.* Parc aquatique réputé pour son immense piscine à vagues de 5 000 m². Plage de sable fin, végétation tropicale et spectaculaires attractions comme les huit toboggans d'Octospeed ou la rivière artificielle Anaconda qui permet de s'initier aux joies du rafting. Compter 25 € la journée (enf. jusqu'à 1,20 m 15 €) ou 18 € la demi-journée (10 €).
Espai del Peix (espace du poisson) – *Edifici del Tinglado, Moll Pesquer, s/n - Palamos - www.espaidelpeix.org - ✆ 972 312 333 et 972 600 424 (réservation préalable obligatoire).* Complément au musée de la Pêche, cet « espace » (immatériel) envisage le poisson sous un point de vue de gourmet. Il permet d'effectuer des visites guidées de la criée ou *Subhasta (vend. 16h30 et 17h, 1,50 €),* de

participer à des ateliers de cuisine *(merc. 20h15 à 22h15, sam. 10h30-12h30, 20 €)*, de déguster à l'issue d'une visite guidée du musée *(vend. 17h30, 5 €)* ou d'assister à la « cuisine en direct », agrémentée bien entendu d'une dégustation des poissons apprêtés sous vos yeux… et de vins locaux *(vend. 20h-22h, sam. 14h-16h et 20h-22h, 15 €).*

ACHATS

Faïence – *La Bisbal d'Empordà.* La faïence connaît une renommée de cinq siècles dans ce village. La plus remarquable est sans nul doute la « faïence noire » des 18e et 19e s. La **carrer de l'Aigüeta** recense la plupart des boutiques spécialisées qui proposent nombre d'objets pour la maison et le jardin. À noter : **El Risser**, l'une des boutiques offrant le plus grand choix, et **Rogenca Ceramista**, où chaque pièce, création d'Antònia Roig, est à la fois unique, simple, belle et originale.

Anxoves Casa Bordas – *Ctra Orriols, s/n - L'Escala - ✆ 972 774 351.* Fabrique d'anchois installée dans un édifice moderne de la proche banlieue. Entreprise familiale où on trouve les fameux *boquerones*, ou anchois frais, qui sont la spécialité de la maison.

AGENDA

Processó de Dijous Sant (Jeudi saint) – *À Verges, 12 km au sud-ouest de L'Escala.* Procession avec tous les acteurs de la Passion, suivie par cinq squelettes interprétant la Dansa de la Mort.

Festival de Havaneras – *Calella de Palafrugell, 1er sam. de juil.* Festival très couru, où l'on boit le *cremat* (café flambé au rhum) en écoutant des chansons de marins.

Festes de la Mare de Deú del Carme – *Sant Feliu de Guíxols, 16 juil. - www.guixols.net.*

Festes de Santa Cristina – *Lloret de Mar, 23 juil.* Avec ses processions en mer, cette fête patronale est aussi célèbre pour ses danses traditionnelles, en particulier celle de la Morratxa.

Festa de l'Anxova i de la Sal (Fête de l'anchois et du sel) – *L'Escala, 1er w.-end d'oct.*

Cadaqués

★★

2 902 habitants – Province de Girona

NOS ADRESSES PAGE 331

S'INFORMER

Office de tourisme – *Cotxe, 2A - ✆ 972 258 315 - www.cadaques.cat - juin-sept. : 9h-21h ; oct.-mai : lun.-vend. 10h-13h, 16h-20h.* Un écran tactile à l'entrée donne 24h/24 des renseignements élémentaires (transports, hébergement, etc.).

SE REPÉRER

Carte Michelin Regional 574 F 39. Situé à 36 km au sud de la frontière française et à 39 km à l'est de Figueres, Cadaqués est niché dans une petite baie du cap de Creus. C'est dans cette zone abrupte et presque inhabitée que se dresse le pic du Pení (613 m), la montagne la plus haute de tout le littoral catalan. On atteint le village depuis El Port de la Selva ou Roses par les routes GI 613 et GI 614, sinueuses et étroites.

À NE PAS MANQUER

Une sortie en mer dans le Parc naturel du Cap de Creus.

ORGANISER SON TEMPS

Si Cadaqués a conservé un côté presque sauvage en hiver, il en va tout autrement dès qu'arrivent les beaux jours : le centre-ville est bondé tout l'été, la route depuis Roses n'est qu'un bouchon continuel et il est à peu près impossible de trouver où se garer. Cependant, une voiture est indispensable si vous souhaitez vous évader vers les plages excentrées. Quelle que soit la saison, faites vos réservations bien à l'avance.

SE GARER

Parking à l'entrée du village (souvent pris d'assaut en été).

AVEC LES ENFANTS

Le décor surréaliste de la Casa-Museu Salvador Dalí, en particulier ses jardins ; le décor naturel spectaculaire du cap de Creus.

Ce beau village marin, dissimulé entre mer et montagne, est l'un des plus charmants de toute la Catalogne. Il est situé sur un magnifique emplacement sur la côte sud du cap de Creus, cette singulière péninsule qui marque le point de rencontre entre les Pyrénées et la Méditerranée. Sa silhouette immaculée que survole l'église de Santa Maria, les montagnes rocheuses et les bleus de la mer et du ciel composent une image teintée d'irréalité. Ses pittoresques rues et l'ambiance bohème, qui fascinèrent tant de célèbres artistes dans la première moitié du 20e s., figurent toujours au nombre de ses principaux attraits.

Le village de Cadaqués.
Calle Montes / Photononstop

Se promener

Comptez 2h environ.

Ce qui surprend le plus à Cadaqués, c'est l'impression d'être dans un endroit très reculé, encerclé par les montagnes et la mer. C'est cet isolement qui a forgé sa personnalité et celle de ses habitants, lesquels ont longtemps entretenu certains particularismes de leurs coutumes et de leur façon de parler.

Pour visiter Cadaqués, il est recommandé de flâner selon son humeur dans les ruelles pavées, étroites et pentues. Leur beauté singulière fait le charme du village. Des recoins d'un calme impressionnant contrastent avec le dynamisme des façades s'ouvrant sur la baie. La blancheur des maisons concentrées autour de l'église de Santa Maria et le gris foncé de l'ardoise confèrent au village une extraordinaire élégance.

Les plages, toujours peuplées de petites barques, s'insèrent au fond d'anses rocheuses. La vision nocturne de la baie, avec les barques amarrées au rivage et, au sommet du village, l'église illuminée, est charmante.

Église de Santa Maria

L'église se trouve au point culminant du centre historique, comme suspendue, flottant dans l'air. Sa silhouette, immortalisée par d'innombrables peintres, est emblématique de Cadaqués.

De style gothique tardif, sa construction fut entreprise au milieu du 16e s., bien que certaines parties aient été réalisées ultérieurement. L'austérité extérieure du bâtiment contraste avec l'intérieur, abritant un **retable★★** baroque de Pau Costa. Cette œuvre, l'une des plus remarquables de toute la Catalogne, fut achevée par Joan Torras. Il s'agit d'une pièce spectaculaire, en bois doré et à l'iconographie énergique. Les éléments ornementaux – atlantes, motifs végétaux et gracieux angelots – sont admirables par la minutie avec laquelle ils ont été réalisés.

CADAQUÉS ET LES ARTISTES

Jusqu'au 19e s., Cadaqués était un village complètement isolé, qui ne fut relié à Roses que tardivement avec la construction de la **route de la Perafita★★**. Cette route d'une grande beauté offre un panorama exceptionnel sur l'Ampurdan, le golfe de Roses, la côte française et le versant de Cadaqués. Le paysage qui entoure le village est magnifique. Des tons gris prédominent, atténués par le vert des oliviers. Les *restanques*, terrasses soutenues par des murs d'ardoise, ont transformé les montagnes en un immense et admirable jardin. La lumière, qui n'occulte pas les formes mais semble au contraire les souligner – Dalí ne dira-t-il pas que les montagnes semblent avoir été peintes par Léonard de Vinci?–, les vents, les maisons au lait de chaux, le goût et la beauté des produits de la mer, et bien d'autres aspects de la vie et de l'histoire de Cadaqués attirent, dès la fin du 19e s., nombre d'artistes et d'intellectuels. Les **Pitxot** – famille de peintres et de musiciens très connus en Catalogne – furent les premiers à revendiquer la beauté du site, mais celui qui a le plus contribué à la renommée universelle de Cadaqués est sans aucun doute **Salvador Dalí**. **Picasso** fut le premier à y séjourner en 1910; il y peignit *Le Guitariste*, l'un de ses tableaux cubistes les plus connus. Il fut suivi vers la fin des années 1920 par quelques-uns des plus illustres membres du mouvement surréaliste : Paul Éluard et son épouse, Gala – qui devint par la suite celle de Dalí –, André Breton, René Magritte et René Crevel. Federico García Lorca et Luis Buñuel résidèrent quelque temps chez Dalí, et c'est dans les années 1930 que Man Ray et Marcel Duchamp commencèrent à fréquenter assidûment la ville dont la personnalité fut profondément marquée par la présence de ces célébrités et qui fut dès lors consacrée entièrement au monde des arts.

À proximité

★ Portlligat

2 km au nord.

Cette petite baie, refuge de pêcheurs par le passé, avec ses jolies criques et un adorable port où dansent les barques, doit sa célébrité à Salvador Dalí, qui y fit construire sa maison.

★ **Casa-Museu Salvador Dalí** – *972 251 015 - www.dali-estate.org - visite sur réservation préalable - de mi-juin à mi-sept. : 10h30-20h ; hors saison : tlj sf lun. 10h30-18h - fermé de déb. janv. à mi-mars - 11 € (-18 ans 8 €).*

Elle est composée d'un labyrinthe de maisons de pêcheurs, que Dalí et son épouse, Gala, aménagèrent durant plus de quarante ans. On peut voir l'atelier du peintre, la bibliothèque, les chambres du couple, l'extraordinaire jardin, orné de sculptures surréalistes, et la piscine.

★★ Parc naturel du Cap de Creus

4 km au nord.

Il s'agit du premier parc naturel à la fois maritime et terrestre de Catalogne. Des routes escarpées permettent de pénétrer dans la presqu'île du cap de Creus et d'apprécier les contrastes du paysage. La zone terrestre est d'un abord brutal à cause des profils rocheux très abrupts, qui sont néanmoins accessibles grâce à des routes et des sentiers bien entretenus.

De petites embarcations partent d'El Port de la Selva et de Cadaqués pour des promenades en mer, découvrant au passage criques et recoins d'une très grande beauté. Le phare, au point le plus élevé du parc, permet d'embrasser d'exceptionnels **panoramas★★★**.

NOS ADRESSES À CADAQUÉS

Voir aussi nos adresses d'hébergement et de restauration sur la **Costa Brava** (p. 319).

HÉBERGEMENT

Cadaqués compte une dizaine d'hôtels deux et trois étoiles, sans que ceux-ci ne défigurent le front de mer. Dans les ruelles du vieux village, on trouve également plusieurs pensions confortables, dont les prix varient selon les saisons. Une demi-douzaine d'agences immobilières proposent des locations d'appartements *(liste à l'office de tourisme)*.

BUDGET MOYEN

Pensió Casa Vehi – *Pl. de l'Església, 6 - 972 258 470 - www.hostalvehi.com - fermé nov.-mars - 11 ch. : 35/75 € - 6 €.* Pension familiale historique à l'accueil charmant, bien située, au calme, dans la vieille ville tout près de l'église. Chambres confortables et salles de bains communes bien tenues. Une adresse de charme.

Hotel Ubaldo – *Unió, 13 - 972 258 125 - www.hotelubaldo.com - 26 ch. : 60/80 €.* Derrière sa sobre façade, cet hôtel dissimule une élégante décoration faite de meubles qui ondulent et d'un éclairage indirect. Les chambres, qui disposent de tout le confort, ouvrent sur les ruelles du vieux Cadaqués.

Hotel Port Lligat – *Av. Salvador Dalí, 1 - Portlligat - 972 258 162 - www.port-lligat.net/hotel - P - 30 ch. : 79/141 € (selon vue et sais.) - 10 €.* Proche de la maison de Dalí, dans une crique pleine de barques de pêcheurs, ce bel édifice blanc et bleu est particulièrement confortable. Ici, les chambres sont toutes différentes. Si votre bourse vous le permet, demandez à avoir vue sur la mer.

RESTAURATION

Tout le long du Passeig et jusqu'à la Punta des Baluard s'alignent divers types de restaurants. Les menus du midi sont abordables (autour de 15 €).

BUDGET MOYEN

Casa Anita – *Miquel Rosset, 16 - 972 258 471 - www.cbrava.com/anita/anita.fr.htm - fermé en nov. - tlj sf lun. 13h30-15h, 20h30-22h30 - 20/40 €.* « Ici, tous les clients sont égaux, et le roi lui-même est traité comme les autres ». Telle est la philosophie de cette petite taverne à l'accueil chaleureux, une institution dans la région. Menu établi selon les arrivages du marché, présenté par Joan, qui conseille aussi sur les vins et *cavas*. Un lieu incontournable. Réservez, faute de quoi vous attendrez dans la rue !

POUR SE FAIRE PLAISIR

Compartir – *Unió, 14 - 952 258 483 - fr.compartircadaques.com - dej. 13h-15h45 ; dîner 20h-23h - juil.-sept : mar.-dim. midi et soir ; mai-juin et.-oct. : mar.-sam. midi et soir, dim. midi seult (sf sept.) ; déc. : merc.-sam. midi et* *soir, dim. midi seult - fermé 30 mai, 3, 12, 17 et 28 sept., janv.-avr. et 5 nov.-2 déc et 25-27 déc. 30/60 €.* « Compartir » signifie partager, et c'est bien ce que proposent trois anciens adjoints de Ferran Adrià qui ont uni leurs talents et créé ce restaurant où les plats proposés seront à partager entre tous les convives. Une adresse qui ne manquera pas de devenir culte. Il dispose aussi de 2 appartements et 2 chambres.

EN SOIRÉE

La Habana – *Doctor Bartomeus - ✆ 972 258 689 - 21h-2h30.* Le bar des romantiques : c'est l'endroit idéal pour clore la soirée en savourant un cocktail.

ACTIVITÉS

Sotamar Diving Center – *Av. Caritat Serinyana, 17 - ✆ 972 258 876 - www.sotamar.com.* Location de matériel, sorties en mer, baptêmes de plongée.

ACHATS

Marché – Tous les lundis à l'entrée du village, carrer Riera de Sant Vincenç.

AGENDA

Sol Ixent – *1er janv.* Fête du lever du soleil.

Festa Major – *Déb. sept.* Bals, régates, marchés artisanaux…

Festival international de musique – *1re sem. d'août.* Manifestation très fréquentée, célébrée sur la plage de Sa Conca (au sud de la ville par la route de Roses).

Figueres

★

44 765 habitants – Province de Girona

NOS ADRESSES PAGE 339

S'INFORMER

Office de tourisme – *Pl. del Sol, s/n - ✆ 972 503 155 - www.figueres.cat - juin-sept. : sem. 10h-14h, 16h-19h, w.-end 10h-14h ; oct.-mai : tlj sf dim. 10h-15h.*

SE REPÉRER

Carte Michelin Regional 574 F 38. Située à 154 km au nord-est de Barcelone et à 70 km au sud de Perpignan, Figueres est parfaitement desservie par de grands axes routiers qui se croisent à proximité de la ville : l'autoroute A 7 et la N II relient la France à Gérone et Barcelone, et la N 260 se dirige à la fois vers la côte et l'arrière-pays.

ORGANISER SON TEMPS

Le Teatre-Museu Dalí est littéralement pris d'assaut en saison ; pensez à réserver à l'avance une visite tôt le matin ou bien en nocturne, et consacrez le reste de la journée à la visite des autres curiosités de la ville.

AVEC LES ENFANTS

Pour changer du surréalisme, emmenez vos enfants au Museu del Joguet (musée du Jouet), avec l'une des plus grandes collections de petites voitures au monde, soit plus de 4 000 modèles !

Les noms de Figueres et de son enfant le plus illustre, Salvador Dalí, sont à jamais liés. Le génie et la personnalité de ce singulier artiste, qui habitent encore aujourd'hui les rues de cette ville, en ont fait l'un des centres touristiques les plus dynamiques de la Catalogne.

Se promener Plan de ville

La découverte de Figueres s'effectue au départ de la **Rambla**, promenade ombragée faisant office de place centrale.

Museu de l'Empordà A2

Rambla, 2 - ✆ 972 502 305 - www.museuemporda.org - mar.-sam. 11h-19h, dim. et j. fériés 11h-14h - fermé lun. (sf j. fériés), 1er et 6 janv., 25-26 déc. - 4 € (gratuit avec le billet du théâtre-musée Dalí).

Installé dans un édifice fonctionnel et moderne (1971), il présente diverses collections d'archéologie (art ibérique), d'art (chapiteaux romains de Sant Pere de Rodes) et d'histoire locale, ainsi qu'un important ensemble de peintures des 19e et 20e s. (Vayreda, Nonell, Sorolla, Dalí, Tàpies et Juan Ponç).

Promenez-vous dans les rues piétonnes de la vieille ville par la carrer Girona à gauche du musée, puis prenez à gauche la carrer Peralada.

Église de Sant Pere A1

Cette église fut construite à la fin du 14e s. et son unique vaisseau, simple mais d'une grande beauté, est un bon exemple de gothique catalan. L'abside polygonale, le transept et le clocher (un ajout de 1941), respectent le style de la nef.

★★ Teatre-Museu Dalí A1

Pl. Gala i Salvador Dalí - ☏ 972 677 524 - www.salvador-dali.org - juin-sept. : 9h-20h ; oct.-mai : tlj sf lun. 10h30-18h - fermé 1er janv., Vend. saint, 25 déc. - 13 € (-9 ans gratuit). Cet ancien théâtre municipal, réalisé par l'architecte néoclassique José Roca i Bros en 1850, possède une élégante architecture avec deux façades de trois corps. Jusqu'à sa destruction en 1939, il fonctionna comme un théâtre à l'italienne, avec une grande salle et un parterre en forme de fer à cheval. En 1968, on l'aménagea pour recevoir le musée Dalí, en simplifiant les espaces intérieurs et en couvrant la scène d'une immense coupole géodésique en verre, œuvre d'Emilio Pérez Piñero. Dalí décora l'ensemble d'œufs gigantesques, de choux posés sur la façade, à l'instar des coquilles de la *Casa de las Conchas* à Salamanque, de lavabos et de mannequins dorés.

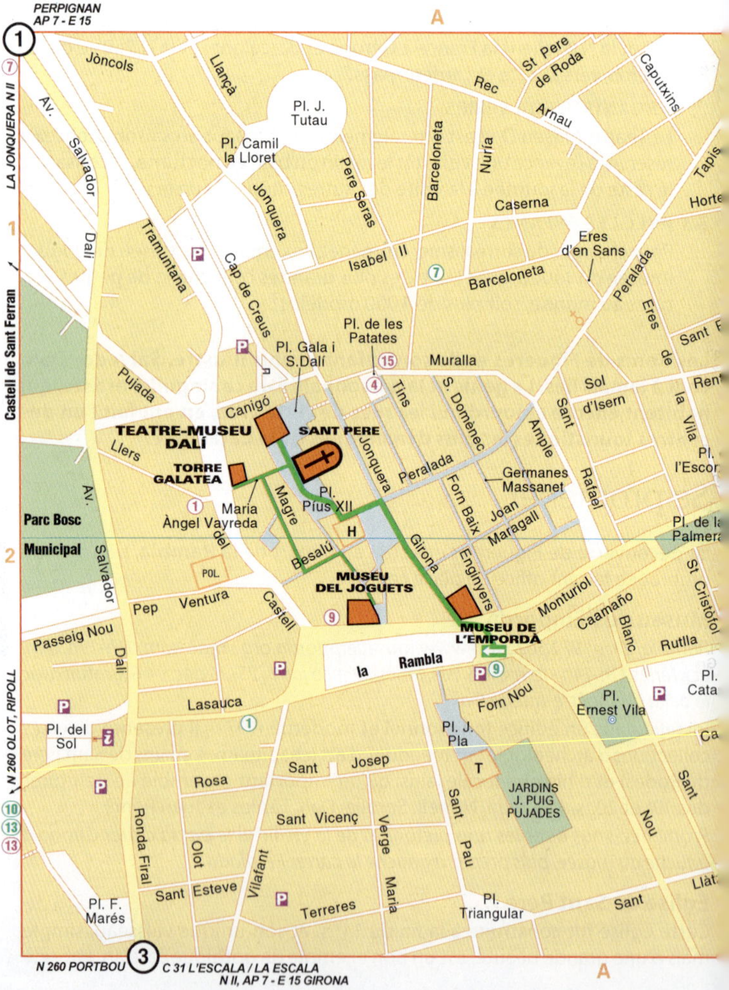

Visite – Le musée est à l'image de celui qui l'a créé et disait à son propos : « Ce musée ne peut être considéré comme un musée, c'est un gigantesque objet surréaliste, où tout est cohérent et rien n'échappe à mon entendement. » Dans ce monde de la déraison et de l'excentricité, Dalí donna libre cours à son imagination tant dans l'aménagement des places extérieures au musée (statues de personnages masqués, juchées sur des colonnes de pneus) qu'à l'intérieur. Le spectaculaire salon qui représente Mae West est orné d'un sofa central en forme de lèvres, d'une cheminée en forme de nez, et de cadres en forme d'yeux ; dans le grand patio, une voiture emporte des pantins qui se protègent de la pluie. À côté des toiles de Dalí, dont la série *Dalí en train de peindre Gala*, sont exposées des œuvres d'Antoni Pitxot, Evarist Valles aini que la collection privée de Dalí : Duchamp, El Greco, Fortuny, ainsi qu'un ensemble des « académies » de Bouguereau, l'un des plus grands représentants du style pompier.
Prenez, en face de l'église de Sant Pere, le passage M.A. Vayreda.

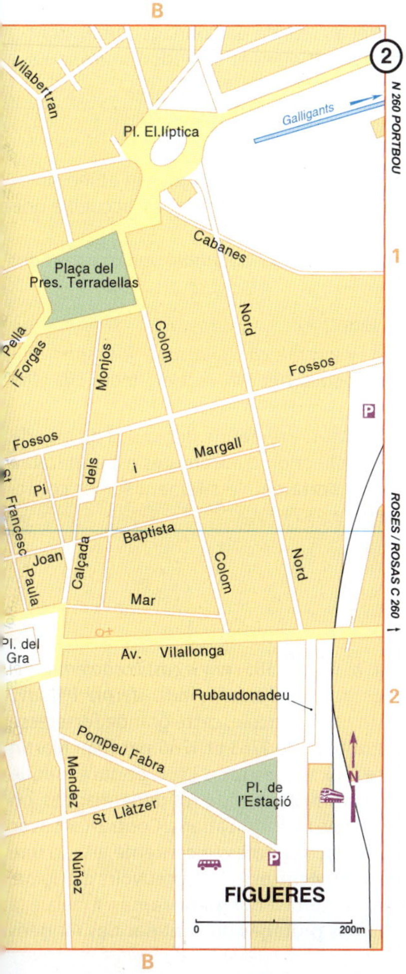

SE LOGER
- Duràn Hotel 1
- Hotel Los Ángeles 7
- Hotel Rambla 9
- Hotel Rural Mas Falgarona 10
- Hotel Travé 13

SE RESTAURER
- Antaviana 1
- El Café del Barri Vell 4
- El Molí 7
- Gastrobar Sentits 9
- Mas Pau 13
- Restaurador 15

L'UNIVERS DE DALÍ

Salvador Dalí (1904-1989), né à Figueres, au sein d'une famille aisée, est devenu l'un des plus célèbres peintres surréalistes. Sa méthode « critique-paranoïaque », basée sur une vision ironique de la réalité, a entraîné son expulsion du mouvement par André Breton. Dans ses tableaux les plus connus, *Le Grand Branleur, La Persistance de la mémoire, Leda atomique* et *Prémonition de la guerre civile*, Dalí exprime à travers des formes lénifiantes et sensuelles son univers personnel, où les connotations sexuelles, les traumatismes de son enfance et son amour pour Gala, sa femme, ont une singulière importance. Ce comédien-né et provocateur imprévisible a multiplié les apparitions délirantes, comme à New York où il se promena dans la rue coiffé d'une miche de pain campagnard, ou à la gare de Perpignan, qu'il considérait comme le centre cosmique du monde. Dans ses commentaires politiques, il réalisa une apologie humoristique du fascisme, centrée sur les figures de Hitler et de Franco. Dans la dernière partie de sa vie, il avait pratiquement abandonné la peinture pour se consacrer au rôle de personnage public dont les apparitions médiatiques (revues, quotidiens et télévision, voire spots publicitaires) étaient prétexte à bouffonneries.

★ **Torre Galatea** A1

Mar-dim. 10h30-17h15 - 7 €. Adossé à l'ancienne tour Gorgot, cet édifice néoclassique, décoré par Dalí de motifs ornementaux oniriques, accueille une exposition de bijoux dessinés par Salvador Dalí.

Revenez à l'église de Sant Pere et redescendez vers la Rambla par la carrer Sant Pere.

★ **Museu del Joguet** (musée du Jouet) A2

Carrer de Sant Pere, 1 - ✆ 972 504 585 - www.mjc.cat - juin-sept. : lun.-sam. 10h-19h, dim. 11h-18h ; reste de l'année : mar.-sam. 10h-18h, dim. et j. fériés 11h-14h - 5 € (enf. 4 €).

Installé dans l'ancien hôtel París, ce musée renferme des jouets du monde entier et de différentes époques. La collection d'automates est admirable – remarquer l'amusant orchestre – ; on s'attardera également sur les collections de marionnettes et de voitures.

À voir aussi

★ **Château de Sant Ferran** Hors plan

Au nord-ouest par la Pujada del Castell. ✆ 972 514 585 - www.castillosanfernando.org - de juil. à mi-sept. : tte la journée ; reste de l'année : mat. - fermé 1er janv., 25 déc. - 3 € (-10 ans gratuit). Située sur un monticule, cette grande forteresse en forme de pentagone a été construite entre 1753 et 1766 par Juan Martín Cermeño, avant de devenir une base militaire jusqu'en 1966, ce qui explique son bon état de conservation. En se promenant entre les dépendances, on comprend mieux la complexité de ce type de fortifications. Contrastant avec ses dimensions impressionnantes, la place d'armes se contente, elle, d'une superficie de 12 000 m². À noter, dans les **écuries★**, les abreuvoirs d'origine. Depuis son double mur d'enceinte, un fantastique **panorama★★** balaie la plaine de l'Ampurdan, avec ses champs protégés du vent par des rangées de cyprès majestueux.

Teatre-Museu Dalí.
P. Escudero / hemis.fr / ADAGP, Paris 2013

À proximité

★ Vilabertran

2 km au nord par la N II, puis une dérivation.

Ce village singulier, formé autour d'un monastère, présente un pittoresque tracé urbain, aux ruelles étroites et rectilignes, bordées de maisons anciennes, dont certaines conservent de très belles baies gothiques.

★★ **Monastère de Santa Maria** – *972 508 787 - mat. et apr.-midi - fermé lun. et j. fériés - 3 € (-18 ans 2 €) - visite guidée possible en français sur demande préalable (2,60 €).* Cet ancien monastère augustin forme, pour sa plus grande partie et en dépit de nombreux remaniements, un remarquable et monumental ensemble roman. Il fut le théâtre du mariage de Jaume II et de Blanche d'Anjou en 1295. Chaque année en septembre, Santa Maria perd son calme habituel pour accueillir le **festival de musique la Schubertíada**, manifestation culturelle de grand prestige.

Bâtie aux 11e et 12e s., l'**église**★ présente un plan basilical à trois vaisseaux. C'est un édifice simple mais d'une grande beauté, avec ses piliers et leurs pilastres qui lui confèrent une impression de légèreté contrastant avec la solidité des murs extérieurs. Trois absides s'ouvrent sur le transept. La nef centrale est voûtée en berceau, tandis que les collatéraux sont coiffés d'une voûte surbaissée et l'abside d'une voûte en cul-de-four. À droite se dresse le **clocher**, tour élancée à trois étages, percée de fenêtres géminées et décorée de bandes lombardes.

Le **cloître**★ roman (12e s.), de plan trapézoïdal, est entouré des dépendances monastiques (12e-14e s.). Construit selon les normes architectoniques de Cîteaux, il revêt un caractère austère. Les galeries, aux voûtes surbaissées, s'ouvrent sur des arcs en plein cintre surmontant des chapiteaux dépouillés. Le **palais abbatial**★ a été érigé par l'abbé Antonio Girgós (1410-1424). Remarquable exemple de style gothique, son aspect sobre, en parfaite harmonie avec les autres bâtiments religieux, accentue la solennité du monastère. La **façade** est percée d'un portail et de délicates baies vitrées gothiques.

★ Peralada

7 km au nord-est de Figueres par la N 260.

Pl. Peixateria, 6 - 972 538 840 - www.peralada.org - juil.-août : 10h-20h ; sept.-juin : tlj sf lun. 10h-14h, 16h-19h, dim. et j. fériés 10h-14h.

Au nord de Figueres, cette petite ville est juchée sur une colline au milieu d'un extraordinaire paysage de vignes qui fait oublier la mer toute proche. Entourée de murailles médiévales, elle possède un intéressant noyau ancien, fait de petites places au plan irrégulier et de ruelles étroites, où abondent les magasins d'antiquités. Son château sert de cadre à un prestigieux festival international de musique.

AU 13e s.

Natif de Peralada, le grand chroniqueur **Ramon Muntaner** (1265-1336) décrit dans sa célèbre **Crónica** l'incendie provoqué en 1285 par les Almogávares, l'un des épisodes les plus marquants de l'histoire de Peralada.

★ **Château** – Cette ancienne demeure des vicomtes de Rocabertí présente une véritable mosaïque de styles architecturaux. Suite aux transformations successives du château, dues à ses diverses utilisations, les éléments décoratifs de styles Renaissance et gothique se dissimulent désormais parmi les détails néomédiévaux réalisés au 19e s. Les jardins et le lac, qui s'ouvre devant la belle façade Renaissance orientée à l'ouest, lui confèrent un air de château français. Un célèbre casino loge également au château.

★ **Couvent del Carme / Museu del Castell de Peralada** – *972 538 840 - visite guidée dép. ttes les heures de déb. juil. à mi-sept. : 10h-12h, 16h-20h ; de mi-sept. à fin juin : 10h-12h, 16h30-18h30 - fermé lun., dim. apr. midi et j. fériés (apr. midi) - 5 €.* C'est en face du château, sur des terrains légués par les vicomtes à l'intérieur des remparts, que fut érigé le **carmel** (16e s.), bel exemple de gothique catalan. Il possède une belle église polygonale et des chapelles entre les contreforts (1400). Le cloître (14e s.) est d'une grâce incomparable. Les dépendances du couvent accueillent, depuis 1923, des collections de sculptures gothiques et de chapiteaux romans. À l'intérieur de l'église, on s'attardera sur un **chapiteau★** du portail du monastère de Sant Pere de Rodes, attribué au Maître de Cabestany. Parmi les collections du couvent, on mentionnera les 2 500 pièces de la **collection de verre★★**, depuis l'ancienne Égypte jusqu'au 19e s. Le couvent héberge aussi la **bibliothèque du château**, qui compte plus de 80 000 volumes, dont nombre de précieuses éditions de **Don Quichotte**, et, dans les caves, un **musée du Vin**.

Centro de Sant Domènec – *Pl. Peixateria, 6 - 972 538 840 - tlj sf lun., mat. et apr.-midi - 3 €.* Outre l'office de tourisme, ce centre abrite une exposition sur la *comarca* de l'Ampurdan (culture, nature, gastronomie, etc.), et une autre consacrée à la Peralada médiévale, qui retrace, avec l'aide de Ramon Muntaner et par la projection d'un documentaire, l'incendie qui fit rage dans la ville au 13e s. *(voir encadré)*. Le **cloître Sant Domènec★** est tout ce qui reste du couvent fondé par les augustins au 11e s. Il s'agit du plus important monument roman (12e s.) de la ville dont la structure architecturale est très rudimentaire. L'iconographie des chapiteaux – scènes de la Bible, bestiaire, animaux fantastiques et motifs végétaux – a un caractère populaire très poussé.

La Jonquera

16 km au nord par la N II ou l'autoroute A 7.
À quelques kilomètres de la France, cette ville s'est convertie en un vaste supermarché assailli par les frontaliers avides de bonnes affaires ou d'amours tarifés.
Museu memorial de l'Exili (MUME) – *Major, 43-47 - www.museuexili.cat - mar.-sam. 10h-18h (19h en été), dim. et j. fériés 10h-14h - 4 €.* L'ancien théâtre de la commune a été remodelé pour accueillir cet émouvant musée consacré à la tragique *Retirada* (« retraite ») des vaincus de la guerre civile en 1939 et au long exil qui s'ensuivit, souvent commencé dans les camps de la région de Perpignan. Des photos, des documents, des témoignages et des actualités de l'époque font revivre avec sensibilité cette époque douloureuse pour nombre d'Espagnols.

NOS ADRESSES À FIGUERES

TRANSPORTS

Gare ferroviaire – Renfe : *902 240 202 - www.renfe.es.* Liaisons quotidiennes avec Gérone (30mn), Barcelone (1h45) et Portbou (25mn) au nord. Située en bordure de l'autoroute, la gare TGV/AVE de **Figueres-Vilafant** reçoit 2 TGV quotidiens en provenance de Paris, via Montpellier (compter 5h40 au total). Correspondances pour Barcelone (1h40 env.).
Gare routière – *Pl. de la Estació, 7 - 972 673 354.* La compagnie **Sarfa** (*902 302 025 - www.sarfa.com)* dessert Figueres au départ de Roses et de l'aéroport de Gérone (1h). La compagnie **Teisa** (*972 204 868 - www.teisa-bus.com)* dessert, entre autres, Olot et Banyoles.

HÉBERGEMENT

À Figueres

BUDGET MOYEN

Hotel Los Ángeles – *Barceloneta, 10 - 972 510 661- www.hotelangeles.com - P - 40 ch. : à partir de 60 € - 5 €.* Bel hôtel dans une petite rue calme. Certaines chambres du dernier étage ont vue sur la ville. Formules demi-pension et pension complète avec le restaurant El Gallo Rojo.
Hotel Rambla – *Rambla, 33 - 972 676 020 - www.hotelrambla.net - 24 ch. : 55/75 € - 6 €.* Donnant sur la Rambla, ce petit hôtel simple mais confortable ne manque pas d'atouts.
Hotel Travé – *Balmes, 70 - 972 500 591 - www.hoteltrave.com - P - 76 ch. : 66/96 € - 8 € - rest. 17 €.* Un peu éloigné du centre, ce discret hôtel familial met à votre disposition ses chambres de style classique et confortables malgré une décoration quelque peu désuète. Restaurant soigné également.

POUR SE FAIRE PLAISIR

Duràn Hotel – *Lasauca, 5 - 972 501 250 - www.hotelduran.com - - 65 ch. : 69/119 € - 11 € - rest. menu 20/45 €.* En plein cœur de la ville, près de la Rambla, cet hôtel convivial est décoré d'une multitude de miroirs, tapis et tableaux. Chambres spacieuses et confortables. L'adresse est aussi celle d'un restaurant de renom spécialisé dans la cuisine traditionnelle catalane.

UNE FOLIE

Hotel Rural Mas Falgarona – *Avinyonet de Puigventós - 4,5 km au sud-ouest de Figueres par la N 260 - 972 546 628 - www.masfalgarona.com - fermé en janv. - P - 11 ch. 160/198 € - menus*

40/60 €, carte 65 €. Luxueux hôtel de campagne installé dans un ancien mas accueillant. La beauté de la pierre, de la terre cuite et du bois est rehaussée par la décoration minimaliste ponctuée d'œuvres d'art moderne. Magnifique jardin avec piscine.

À Peralada

BUDGET MOYEN

Hostal de la Font - *Font, 15-19 - ☏ 972 538 508 - www.hostaldelafont.es - ▤ - 12 ch. : 75/122 €* ☕. Chambres accueillantes, aux planchers de bois, meublées dans un style rustique et dotées de salles de bains au goût du jour. Le salon très agréable ouvre sur un ravissant patio intérieur où les plantes abondent.

RESTAURATION

À Figueres et ses environs

PREMIER PRIX

Restaurador – *Muralla, 1 - au niveau de la pl. de les Patates - menu 12 €.* À l'écart de la foule, un petit restaurant au cadre moderne proposant aux habitués une excellente cuisine de saison.

El Café del Barri Vell – *Pl. de les Patates, 7 - ☏ 972 505 776 - tlj sf lun. 17h-2h - autour de 15 €.* Plats végétariens, salades ou tartines, sur une très agréable placette. Spectacles de danse ou concerts en été.

Gastrobar Sentits – *Rambla, 12 - ☏ 972 677 546 - menu 12 €.* Un endroit idéal pour un déjeuner léger, à l'écart des foules du théâtre-musée.

POUR SE FAIRE PLAISIR

Antaviana – *Llers, 5 - ☏ 972 510 377 - www.restaurantantaviana.cat - fermé lun. et mar. - 35/40 €.* Un restaurant reposant après les visites de musées. Dans une jolie salle décorée d'œuvres d'artistes locaux, une cuisine créative, inspirée et savoureuse, accompagnée de vins du pays.

El Molí – *Pont de Molins - 6 km au nord-ouest de Figueres par la N 11 et 2 km à l'ouest de Pont de Molins - ☏ 972 529 271 - fermé mar. soir, merc., de mi-déc. à mi-janv. - env. 45 €.* Accueillant restaurant aménagé dans un vieux moulin. Décoration rustique jusque dans le détail. Vous pourrez y déguster les plats les plus typiques de l'Ampurdan. L'établissement propose également quelques chambres confortables.

UNE FOLIE

Mas Pau – *Avinyonet de Puigventós - 5 km au sud-ouest de Figueres par la N 260 (vers Besalú) - ☏ 972 546 154 - www.maspau.com - fermé dim. soir, lun. et mar. midi (sf en été), de déb. janv. à mi-mars - ▤ - menu 65 €, carte 53/72 €.* Dans un mas du 16e s., restauré avec goût et décoré d'antiquités, vous découvrirez une version actualisée de la cuisine catalane. Chambres également, d'un grand confort *(100/115 €)*.

À Peralada

☺ Aujourd'hui, le nom de Peralada est associé à ses excellents vins et *cavas*.

POUR SE FAIRE PLAISIR

Cal Sagristà – *Rodona, 2 - ☏ 972 538 301 - fermé lun. soir et mar. (sf juil.-août et j. fériés), 2 sem. en fév., 2 sem. en nov. - ▤ - env. 35 €.* Installé dans une maison ancienne au centre de Peralada. La décoration de style rustique, le service de table soigné et l'éclairage indirect accompagnent la cuisine traditionnelle, à base de produits de choix.

Ca la Maria – *Mollet de Peralada - 4 km au nord de Peralada - ☏ 972 563 382 - www.restaurantcalamaria.net - ▤ - réservation conseillée - autour de 35 €.* Dans un village en rase campagne, ce spacieux restaurant attire une clientèle de week-end. Un endroit authentique, sans prétentions, et idéal pour découvrir la cuisine catalane.

ACHATS

Les jours de marché, les places se remplissent d'étals proposant des produits artisanaux et les visiteurs déambulent sur les larges avenues. Sur la **Rambla**, cinémas et terrasses accueillantes.

AGENDA

Festa de Santa Creu – *3 mai.* Concerts, défilés et marchés artisanaux sur la Rambla.

Festival international de musique – *Juil.*

Festival Gresca a la Fresca – *Juil.-août.* Musique, théâtre, danse sur la place du théâtre (gratuit) et dans différents quartiers.

Fira del Vi – *Déb. sept.* Les viticulteurs de la région viennent présenter le vin nouveau sur la Rambla.

Festival international de musique du château de Peralada – *Juil.-août.* Dans les jardins du château et dans l'église del Carme. Opéras, récitals lyriques, orchestres symphoniques ou de chambre, spectacles de danse et pièces de théâtre.

Empúries

★★

Province de Girona

SE REPÉRER

Carte Michelin Regional 574 F 39. Empúries se trouve à 2 km de L'Escala *(voir p. 315)*, un ancien village de pêcheurs posté au sud du golfe de Roses, sur la Costa Brava. Ce site archéologique se trouve dans la *comarca* de l'Empordà, qui lui doit son nom.

ORGANISER SON TEMPS

Comptez 2h pour la visite du site archéologique d'Empúries. Si vous le pouvez, allez-y en fin d'après-midi, pour profiter ensuite du coucher de soleil sur le charmant port de **Sant Martí d'Empúries**.

L'histoire de la Méditerranée est présente dans les ruines de ce site archéologique qui, depuis son très bel emplacement, continue à scruter les eaux bleues d'où émergèrent ses fondateurs. C'est ici, à travers la colonie grecque d'Emporion (« marché ») et la ville romaine d'Emporiæ qui lui succéda, que les cultures classiques pénétrèrent en Espagne.

Découvrir

SITE ARCHÉOLOGIQUE

972 770 208 - www.mac.es/empuries - été : 10h-20h ; hiver : 10h-18h - fermé 1er janv., 25 déc. - 3 € (-16 ans gratuit).

Neápolis

Contrairement à Paliápolis, la nouvelle ville a été totalement fouillée, mais la superposition des différentes constructions, réalisées sur une période de plus de mille ans, complique la tâche des archéologues et l'interprétation des ruines. Son plan en damier, avec des rues se coupant à angle droit, occupait une superficie de 26 ha. Elle était fortifiée sur trois côtés (au sud-ouest, un large pan de muraille est conservé) et possédait une seule porte d'entrée protégée de tours. Sur une partie haute, près du **temple d'Asclépios**, dieu de la médecine, se trouvait l'**enceinte sacrée** (1), contenant des autels et d'importantes statues de divinités. À droite se trouvaient les **citernes** (2) d'eau potable, actuellement reconstruites, ainsi qu'une **tour de guet** (3). En contrebas se trouvait le **temple de Zeus Sérapis** (4), dont subsistent des vestiges de colonnes et l'autel central. Sur l'**agora** (5), située au croisement des rues principales, on voit encore trois socles de statues. De là, une rue descend vers la mer, bordée à gauche par les ruines de la **stoa** (6), marché couvert qui comprenait deux allées à arcades et plusieurs boutiques. Derrière la stoa, on distingue le plan d'une **basilique paléochrétienne** (7) avec son abside semi-circulaire.
De vieux pavés, de vastes mosaïques et une petite partie du mur qui protégeait le port complètent cet ensemble archéologique bigarré.

Museu Arqueològic

Y sont exposés des maquettes de temples et des objets provenant des fouilles. Dans la salle I se trouvent les pièces les plus intéressantes, parmi lesquelles

DE LA VILLE GRECQUE À LA VILLE ROMAINE

Empúries se compose de trois centres : la ville ancienne, **Paliápolis**, la ville nouvelle, **Neápolis**, et la ville romaine.
Vers 600 av. J.-C., les Phocéens, déjà établis à Marseille, créèrent, sur une petite île aujourd'hui reliée à la côte et occupée par Sant Martí d'Empúries, un port appelé Paliápolis. Peu après (550 av. J.-C.), ils prirent pied sur le rivage et fondèrent ce que l'archéologue et architecte Puig i Cadafalch nomma Neápolis. La ville fut l'alliée de Rome durant la seconde guerre punique (218-201 av. J.-C.) contre les Carthaginois, et les troupes de Publius Cornelius Scipio, plus connu sous le nom de Scipion l'Africain, y débarquèrent en 218. Vers 100 av. J.-C., tirant profit du tracé de l'ancien camp militaire, les Romains fondèrent une nouvelle ville à l'ouest de Neápolis. Pendant la période républicaine, les deux villes coexistèrent indépendamment jusqu'à ce que, à l'époque d'Auguste, fût concédée aux Grecs la citoyenneté romaine.
Bien que continu, le développement d'Emporiæ fut ralenti dès la fin du 1er s. av. J.-C. par la croissance d'autres villes comme Barcino, Gerunda et surtout Tarraco. Rasée lors des invasions des Alains et des Francs, la ville déclina. Elle devint cependant siège épiscopal – on conserve les restes d'une basilique paléochrétienne (4e s.) – et capitale du comté médiéval d'Ampurias, statut qu'elle perdit au profit de Castelló d'Empúries. L'invasion arabe (8e s.) acheva sa décadence.

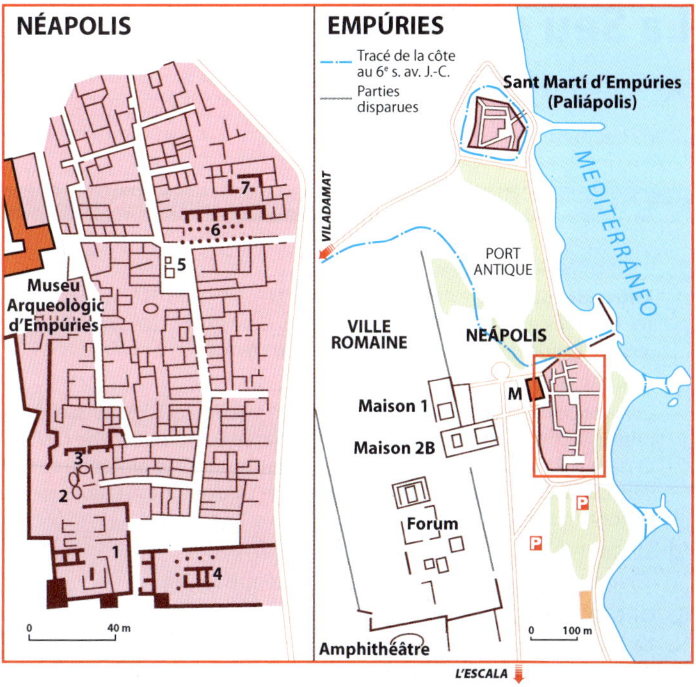

on remarque la mosaïque représentant *Le Sacrifice d'Iphigénie* (vitrine 40), œuvre hellénistique réalisée à Athènes ou à Antioche au 2e s. av. J.-C. avec des tesselles de marbre oriental, la mosaïque dite de La Perdrix (vitrine 41) et un petit masque d'acteur tragique (vitrine 39) réalisé avec des tesselles aux couleurs rougeâtres et violacées.

Ville romaine

De l'autre côté de la route, sur la colline qui domine la ville grecque, se trouve la ville romaine. Son plan rectangulaire occupe une superficie approximative de 20 ha. Les murailles qui l'entouraient ont été partiellement restaurées, mais la ville n'est pas complètement fouillée.

La **maison n° 1** (accès par l'arrière en se situant face à la mer) construite à la fin du 2e s. av. J.-C. possède un atrium à six colonnes, auquel on accède de la rue par un corridor. Au 1er s. furent ajoutés un péristyle et d'autres dépendances décorées de mosaïques aux motifs noirs sur fond blanc et des peintures murales assez mal conservées.

À côté, dans la même rue, se trouve la **maison n° 2 B.** De l'entrée, on accède à l'atrium entouré de pièces qui ont conservé leur pavement d'origine en mosaïque. Il est intéressant d'observer la technique de construction des murs édifiés sur une assise de pierre et couverts de chaux peinte à fresque. Depuis l'atrium, on gagne un péristyle à colonnes polychromes abritant un jardin central.

Le **forum**, centre de la vie civique, était constitué d'une grande place carrée entourée de portiques, d'édifices religieux (au nord) et de boutiques (au sud). Une rue également bordée de portiques mène à la porte de la ville. Derrière les murailles se trouvent les restes de l'**amphithéâtre**, modeste édifice elliptique avec un soubassement de pierre qui soutenait les gradins en bois.

La Seu d'Urgell

★

13 009 habitants – Province de Lleida

NOS ADRESSES PAGE 350

S'INFORMER

Office de tourisme – *Av. Valls d'Andorra, 33 - ☎ 973 351 511 - www.turisme seu.com - juil.-août : lun.-vend. 9h-20h ; sam. 10h-14h, 16h-20h, dim. 10h-14h - reste de l'année : lun.-sam. 10h-14h, 16h-18h - fermé dim. et j. fériés.*

SE REPÉRER

Carte Michelin Regional 574 E 34. La Seu se trouve à 9,5 km au sud de la principauté d'Andorre *(p. 291)*. La ville est placée au croisement de la N 145 et de la N 260 (direction est, vers Puigcerdà), que la C 14 prolonge au sud vers Lérida. À moins de 30 km de la ville se trouvent des stations de ski de fond, comme Sant Joan de l'Erm.

SE GARER

Grand parking aménagé à proximité du centre ancien.

ORGANISER SON TEMPS

La Seu constitue une base parfaite pour rayonner vers Andorre, le parc du Cadí-Moixeró ou la Cerdagne.

AVEC LES ENFANTS

Les activités nautiques du parc Olímpic del Segre.

Capitale de la « comarca » d'Urgell, La Seu se trouve au confluent du Segre et de la rivière Valira, au cœur d'un agréable paysage où abondent pâturages, sources et hauts sommets. Le centre historique, dominé par la magnifique cathédrale, conserve une indéniable allure médiévale, avec ses étroites rues à arcades. Comme pour mieux créer le contraste avec le quartier ancien, des parcs modernes ont été dessinés, qui portent les noms des cours d'eau de la ville.

LA SEU D'URGELL AU PASSÉ ET AU PRÉSENT

Un peuplement primitif est attesté dès l'âge du bronze sur la colline de Castellciutat, mais les Romains préférèrent s'installer dans la plaine. Au 5e s., les évêques d'Urgel y établirent leur siège épiscopal *(seu)* entraînant l'expansion de la ville. Devenue la capitale de l'important comté d'Urgel vers la fin du 10e s., elle s'imposa dès lors comme l'une des cités les plus puissantes de la Catalogne médiévale.

Aujourd'hui, cette ville dynamique est la capitale des Pyrénées catalanes. Le commerce, l'agriculture, l'élevage et le tourisme font bon ménage avec un important secteur industriel, spécialisé dans l'élaboration de produits laitiers, protégés par un label d'Appellation d'origine.

Pour des raisons historiques, l'évêque d'Urgel partage avec le président de la République française la charge honorifique de coprince de la principauté d'Andorre.

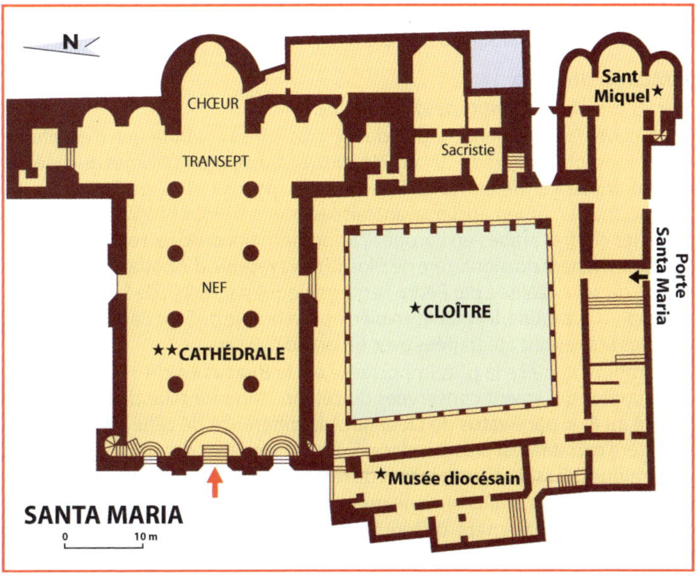

Se promener

★★ Cathédrale de Santa Maria

℘ 973 353 242 - www.museudiocesaurgell.org - ♿ - lun.-sam. 10h-13h, 16h-18h (juin-sept. 19h), dim. et j. fériés 10h-13h - fermé 1er janv., 1er mai, 7 juil., 15 août, 1er nov., 25 déc. - entrée cathédrale, cloître, musée diocésain et église de Sant Miquel : 3 € (-12 ans gratuit).

Située au cœur du quartier ancien, la cathédrale, ou *seu*, est le meilleur exemple du roman lombard de la Catalogne.

Sa construction fut commencée par un maître-bâtisseur d'origine italienne, Ramon Llombard, en 1175 ; elle fut restaurée par Puig i Cadafalch en 1918. La façade ouest, en pierre bicolore, possède trois parties correspondant aux trois nefs. La partie centrale, décorée d'arcatures, de lisières et d'un petit campanile, est typiquement italienne.

La cathédrale présente un plan basilical à trois vaisseaux et un long transept où s'ouvrent cinq absides. La svelte nef centrale est délimitée par des piliers cruciformes aux colonnes adossées décorées de boules. Les murs orientaux du transept, dont la croisée est couverte d'une tour-lanterne, sont animés par une élégante **galerie** aux ouvertures géminées, qui entoure l'abside centrale en laissant passer la lumière.

★ **Cloître** – À l'exception de la travée orientale, refaite en 1603, le cloître date du 13e s. Les chapiteaux ont été sculptés par des artistes venus du Roussillon, et les thèmes traités (visages humains et animaux fantastiques) font preuve d'une grande imagination.

★ **Église de Sant Miquel** – C'est la **porte Santa Maria**, à l'angle sud-est du cloître, qui donne accès à ce sanctuaire du 11e s., seul vestige de l'ensemble ecclésiastique construit par l'évêque saint Ermengol. Sant Miquel est un bâtiment très simple : une nef unique, un transept et trois absides aux décorations lombardes. Il était décoré de fresques romanes, exposées aujourd'hui au musée d'Art de Catalogne à Barcelone.

★ Museu diocesà

Voir les conditions de visite de la cathédrale.

Il se trouve dans l'ancienne église de la Pietat (14e s.) et abrite une magnifique collection d'objets d'art du 10e au 17e s., provenant de divers villages du diocèse. On remarquera entre autres un intéressant **papyrus★** du pape **Sylvestre II** – philosophe et mathématicien ayant fait ses études à Ripoll et à Vic, et qui introduisit les chiffres arabes en Europe –, un somptueux **crucifix roman** en émail (12e s.), provenant du monastère de Silos, le beau **retable d'Abella de la Conca★**, œuvre du 14e s. réalisée par Pedro Serra, influencé par l'école de Sienne et l'iconographie byzantine, le retable en pierre polychrome de Sant Bartomeu (11e s.), dont les scènes ont été traitées avec un grand réalisme.
Néanmoins, la pièce la plus importante est le **Beatus★★** du 11e s., l'une des rares copies qui soient conservées du célèbre commentaire de l'*Apocalypse* rédigé au 8e s. par Beatus de Liébana. À la différence de celui de Gérone, le caractère narratif y est plus développé : les personnages ont des attitudes plus dynamiques, les scènes présentent de remarquables détails et les expressions des visages et des mains ont une grande originalité.
Sont exposés également différents objets d'orfèvrerie et l'urne de saint Ermengol, œuvre baroque (1755) de Pedro Llopart, faite en argent repoussé.

Parc Olímpic del Segre

Dans ce grand parc furent réalisés des torrents artificiels pour les épreuves d'aviron des Jeux olympiques de 1992. Des espaces sont réservés aux compétitions, en dehors desquelles il est possible de pratiquer un grand nombre de sports en eaux vives, mais également du VTT *(voir « Nos adresses », rubrique « Activités »)*.

Parc del Valira

Un cloître moderne, réalisé par Luis Racionero, y est édifié. Ses chapiteaux représentent différentes personnalités contemporaines : Marx, Staline, Franco, Marilyn Monroe, Picasso, etc.

À proximité

★ Parc naturel de Cadí-Moixeró

Le parc est accessible depuis la Seu d'Urgell et la Cerdagne, côté nord-ouest, ou depuis Berga, côté sud-est.

Centre d'information à Bellver de Cerdanya (voir p. 347) et à Bagà (env. 20 km au nord de Berga) - La Vinya, 1 - 938 244 151 - www.parcsdecatalunya.net - 9h-14h.

Plus de 400 km de sentiers tous niveaux.

Les 41 342 ha du parc naturel sont situés entre 900 et 2 648 m d'altitude. Les deux grandes cordillères de Cadí et de Moixeró, qui s'unissent au col de Tancalaporta, forment une imposante barrière montagneuse de 30 km orientée est-ouest. Leurs flancs, notamment ceux du versant nord, forment des falaises dépassant parfois les 500 m dont les parois presque verticales enferment des vallées profondes et encaissées. La végétation y est exceptionnelle, car les basses températures et la grande humidité qui règnent favorisent l'apparition d'espèces inhabituelles pour une région méditerranéenne.
Le **site naturel d'intérêt national du Pedraforca★**, au sud-ouest du parc, comprend la vallée de Gresolet et l'abrupt massif du Pedraforca, l'une des montagnes emblématiques de la Catalogne, de grande tradition alpiniste.

Vue sur le village de Bellver de Cerdanya.
Roger Eritja / age fotostock

Circuits conseillés

★★ LA CERDAGNE (CERDANYA)

145 km de La Seu d'Urgell à La Molina – env. 5h.

Dans cette région des Pyrénées, les paysages aux couleurs vives offrent une agréable sensation de liberté. Cette immense et haute plaine, d'origine tectonique et sur laquelle s'écoule le Segre, est située entre la principauté d'Andorre et la serra del Cadí. Son climat sec et ensoleillé n'est pas étranger à sa longue tradition de villégiature estivale.

La Cerdagne fut un important comté médiéval que le traité des Pyrénées (1659) coupa en deux ; la partie nord, la haute Cerdagne, passant sous administration française.

L'accès, depuis Manresa, a été facilité par l'ouverture, en 1984, du **tunnel du Cadí**, qui traverse la barrière montagneuse formée par les serras del Cadí et de Moixeró.

Quittez la Seu d'Urgell par la N 260 à l'est (dir. Barcelone et Puigcerdà). Juste avant l'entrée du village de Martinet, bifurquez à gauche sur la LV 4036 vers Lles de Cerdanya. Les lacs de la Pera se trouvent au bout de 25 km d'une route forestière sinueuse.

Lacs de la Pera (Estanys de la Pera)

Cet ensemble lacustre, situé à 2 330 m d'altitude, authentique paradis pour pêcheurs de truites, se trouve en amont de la rivière Arànser, abrité par les montagnes du Monturull (2 761 m) et du Perafita (2 752 m).

Revenez sur la N 260 et poursuivez à l'est.

★ Bellver de Cerdanya

Pl. Sant Roc, 9 - 973 510 229 - www.bellver.org - août : 9h-13h, 16h-20h (fermé dim. apr.-midi) ; reste de l'année : sam. 11h-13h, 18h-20h, dim. et j. fériés 10h-13h - fermé 1er janv., 25-26 déc.

Ce bourg est accroché à un rocher offrant de formidables **vues** sur la vallée du Segre. Il constitue l'une des portes d'entrées du **Parc naturel de Cadí-Moixeró** *(voir p. 346)*. La plaça Major est entourée de beaux édifices en pierre, ornés de balcons et de porches en bois.
Poursuivez sur la N 260 en direction de Puigcerdà. La route traverse la verte plaine de Cerdagne.

Puigcerdà

Il est très difficile de se garer en centre-ville. Utilisez les parkings municipaux, en général proches du centre, et offrant une première heure gratuite.
Querol, 1 - ✆ 972 880 542 - www.puigcerda.cat - lun.-vend. 9h-13h, 16h-19h, sam. 10h-13h, 16h30-19h, dim. 10h-13h - office comarcal au croisement des N 152 et N 260 - ✆ 972 140 665 - www.cerdanya.org - 9h-13h, 16h-19h, dim. 10h-13h.
Située sur une terrasse dominant le Segre, la capitale de la Cerdagne est l'un des principaux centres touristiques des Pyrénées catalanes.
Dans ses rues, bordées de vieux édifices et de boutiques traditionnelles, on remarquera tout particulièrement le **clocher★**, symbole de la ville, dernier vestige de l'église gothique Santa Maria, détruite en 1936, ainsi que l'église gothique **Sant Domènec**, qui abrite de belles peintures murales (14e s.) représentant un enterrement.
Au bout de l'avinguda Pons i Guasch se trouve le **lac artificiel**, qu'entourent de beaux jardins où abondent les saules, les conifères et autres essences. En été, il est possible d'y louer des barques.
En sortant de Puigcerdà, suivez la direction « France - Bourg-Madame - Llívia ». Juste avant l'ancien poste-frontière, bifurquez légèrement à gauche vers Llívia.

Llívia

À 6 km de Puigcerdà, cette enclave espagnole (12 km^2) en territoire français doit son statut à une question de vocabulaire. En effet, le traité des Pyrénées stipulait la cession à la France du Roussillon et de 33 villages de Cerdagne ; mais Llívia possédait le titre de ville, et resta donc espagnole.
Vous y découvrirez de pittoresques ruelles, les restes d'un château médiéval qui surplombe la ville, et quelques tours anciennes.
L'**église fortifiée**, au portail orné de ferronneries typiquement catalanes, conserve un beau retable de 1750.
Museu Municipal – *Forns, 10 - ✆ 972 896 313 - fermé pour travaux.* Il abrite, parmi d'autres pièces intéressantes, la célèbre **pharmacie de Llívia★**, l'une des plus anciennes en Europe. Les pots en céramique et tout le matériel d'apothicaire (flacons, récipients et balances des 17e et 18e s.) méritent un intérêt spécial.
Revenez à Puigcerdà et prenez la N 152 à gauche jusqu'à La Molina. En grimpant, vous profiterez d'une vue panoramique de l'immense plaine de Cerdagne.

La Molina

C'est l'un des plus importants complexes de sports d'hiver de Catalogne : trampoline, pistes de compétition, neige artificielle, circuit de ski nordique, etc. Les installations sont doublées de la **station de Masella**, au nord-ouest, dont les pistes se faufilent entre les pinèdes.
Un peu plus loin, la petite localité d'**Alp** est un important centre résidentiel, été comme hiver.

★ VALL DEL SEGRE

De La Seu d'Urgell à Tremp – 114 km environ 3h.
Au confluent du Segre et du Valira s'étend une vaste dépression encadrée de montagnes. Au nord, les pics de Salòria et de Monturull, avec leurs contreforts,

font partie de l'axe central des Pyrénées, tandis que les montagnes du sud, qui offrent le paysage le plus caractéristique, appartiennent aux cordillères intérieures prépyrénéennes. De nombreuses vallées latérales, bien différentes les unes des autres, se trouvent au cœur de ces systèmes montagneux.
Prenez la N 260 (qui devient bientôt la C 14) en direction d'Organyà.

★★ Congost de Tresponts (Gorges de Tresponts)

Le Segre s'écoule entre des roches de couleur foncée (pouzzolane) et des prés verts. En aval, le paysage change : la rivière s'encaisse entre les roches calcaires d'Ares et de Montsec de Tost et l'on découvre une vue typiquement pyrénéenne, qui s'étend jusqu'à un petit bassin verdoyant et bien cultivé où la rivière disparaît.

Organyà

Ce village pittoresque possède un petit noyau médiéval, aux ruelles anciennes bordées d'arcades, de porches gothiques et de grandes bâtisses agréablement fleuries. Organyà est connu pour les *Homilies*, le plus ancien texte répertorié en langue catalane (fin du 12e s.).

★ Pantà d'Oliana

Ce **lac de barrage** ressemble plutôt à une large rivière, encaissée entre des roches grises d'où descendent au printemps un grand nombre de cascades. Depuis la route, la vue de cet attrayant site naturel est surprenante.
Prenez à droite la L 511 en direction d'Isona pour entrer dans Coll de Nargó.

Coll de Nargó

Ce village perché typiquement pyrénéen mérite une halte pour son église de **Sant Climent★★** (11e s.), l'un des plus beaux sanctuaires romans de Catalogne (à la sortie du village, sur la gauche de la route L 511). Cet édifice à nef unique, à l'abside ornée de bandes lombardes, est surmonté d'un sobre **clocher★** préroman de plan rectangulaire.
Poursuivez sur la L 511 en direction de Tremp.

★★ Route del Coll de Bóixols

Entre Coll de Nargó et Tremp, la L 511 s'enfonce d'abord dans une série de canyons que domine, pendant tout le parcours, tantôt un versant couvert de pins et de chênes verts, tantôt un versant dénudé. Elle court à mi-pente entre la rivière et les crêtes jaunes ou roses, ménageant des vues sur un **paysage** fantastique, notamment à partir du col de Bóixols (1 380 m).
On débouche ensuite sur une large vallée en auge, dont le fond, aménagé en terrasses cultivées, s'étale au pied de **Bóixols**, où quelques maisons groupées autour de l'église s'accrochent à une moraine glaciaire. La route descend, la vallée s'élargit et se noie dans la Conca de Tremp.
Poursuivez sur la L 511, puis bifurquez à droite en direction d'Abella de la Conca.

Abella de la Conca

Village caméléon que l'on distingue à peine de la route, Abella se profile derrière le rocher de Sarsús. Ne manquez pas l'**église romane Sant Esteve★** (11e s.).
Revenez à la L 511 et poursuivez vers Isona.

Isona

Ancienne cité romaine fondée vers 100 av. J.-C., Isona héberge l'intéressant **musée de la Conca Dellà**, consacré essentiellement à l'époque romaine et aux sites paléontologiques de la région où des restes de dinosaures ont été mis au jour *(le musée organise des visites)*. Son église paroissiale fut restaurée après la guerre civile de 1936.

Sortez d'Isona par la C 1412 en direction de Lérida et prenez à droite en direction de Covet.

Covet

L'**église Santa Maria★** possède un bel intérieur. La nef centrale, voûtée en berceau, est renforcée par des arcs de soutien s'appuyant sur des colonnes surmontées de chapiteaux sculptés. Au niveau de la rosace s'ouvre une galerie ornée de quatre arcs en plein cintre. Le **portail★★** est l'élément le plus remarquable. Il comporte un beau tympan sculpté et des archivoltes reposant sur des colonnes aux chapiteaux habilement travaillés. Remarquez les sculptures représentant des anges, des musiciens, des monstres, des baladins, des scènes du livre de la Genèse et les personnages du groupe de la Sainte Famille.

Reprenez la C 1412 en direction de Tremp.

Figuerola d'Orcau

Ce petit village d'origine médiévale conserve un intéressant ensemble de rues, dont certaines sont bordées de maisons et d'arcades.

NOS ADRESSES À LA SEU D'URGELL

HÉBERGEMENT

À La Seu d'Urgell

PREMIER PRIX

Casa La Vall de Cadí – *Ctra Cerc-Tuixent, à 1 km de La Seu d'Urgell, près du parc Olímpic - ☏ 973 350 390 - www.valldelcadi.com - P - 7 ch. : 45/55 € - ☕ 7,50 €.* Le bâtiment ancien abrite de jolies chambres rustiques rénovées où le bois se mêle au fer forgé et à la pierre.

POUR SE FAIRE PLAISIR

Parador de La Seu d'Urgell – *Sant Domènec, 6 - ☏ 973 352 000 - www.parador.es - P - 78 ch. : 132/168 € - ☕ 16 € - rest. 32 €.* Aménagé autour d'un ancien cloître Renaissance, l'établissement dispose d'équipement modernes et arbore un style design minimaliste. Salles de bains en marbre dans les chambres. Le vaste restaurant Alt Urgell propose une cuisine régionale traditionnelle de qualité.

Circuit de la Cerdagne

POUR SE FAIRE PLAISIR

Hotel Fonda Biayna – *Sant Roc, 11 - Bellver de Cerdanya - ☏ 973 510 475 - www.fondabiayna.com - fermé 25 déc. - 17 ch. : 65 € ☕ - demi-pension 85 €.* Séduisant édifice noble enclavé dans un petit village aux nombreuses maisons de pierre. Les chambres simples et confortables conservent les vieux meubles d'origine. Malgré la toute petite taille des salles de bains, l'ensemble n'en demeure pas moins accueillant.

Hotel del Lago – *Av. Dr Piguillem, 7 - Puigcerdà - ✆ 972 881 000 - www.hotellago.com - P - 23 ch. : 120/140 € - ☕ 10 €.* Petit hôtel familial proche du lac et entouré d'un vaste espace paysager avec piscine. Chambres de style classique, fonctionnelles, avec salles de bains bien équipées ; à noter un plus grand niveau de confort dans les chambres avec salon.

Circuit de la Vall del Segre

POUR SE FAIRE PLAISIR

Hotel Can Boix – *Peramola (aux abords de la localité) - 17 km au sud-ouest de Coll de Nargó - ✆ 973 470 281 - www.canboix.cat - fermé de mi-janv. à mi-fév., 2 sem. en nov. - P - 41 ch. : 106,50/148,50 € - ☕ 12,20 € - menu 24 €, carte autour de 28 €.* Niché dans un cadre naturel d'exception, le goût du détail transparaît dans chaque recoin. Les chambres conjuguent la chaleur du bois et les tons doux avec un équipement plus actuel, notamment les salles de bains. Cuisine personnalisée de bon niveau.

RESTAURATION

À La Seu d'Urgell

BUDGET MOYEN

Miscela – *Av. Pau Claris, 24 - ✆ 973 350 104 - 15/25 €.* Des pizzas, des salades, des pâtes et un menu du jour à 12 € dans un cadre à la déco contemporaine, dans les tons orange et violet.

Cal Teo – *Av. Pau Claris, 38 - ✆ 973 353 393 - fermé dim. soir, lun. - env. 30 €.* Petit restaurant au cœur de La Seu, qui vous réserve un accueil personnalisé. Décoration rustique et spécialités de viandes à la braise. L'endroit pour marquer une pause après la visite de la cathédrale.

Circuit de la Cerdagne

À **Puigcerdà**, les plats typiques sont le *tiró amb naps* (oie aux navets) et le lapin accompagné des célèbres poires de Puigcerdà.

BUDGET MOYEN

Dolcet – *Zulueta, 1 - Alàs i Cerc - 7 km à l'est de La Seu d'Urgell - ✆ 973 352 016 - fermé vend., de déb. nov. à déb. déc et 15 j. en juin-juil. - carte 25/30 €.* Au centre du village, ce restaurant familial sert une cuisine traditionnelle catalane à base de produits du marché. Sa situation stratégique sur la route du parc de Cadí en fait un lieu très fréquenté, mais tout est prévu pour une attente agréable.

Grau de l'Ós – *Jaume II de Mallorca, 5 - Bellver de Cerdanya - ✆ 973 510 046 - fermé lun., mar. - menu 12 €, carte autour de 30 €.* Restaurant installé dans une ancienne maison de paysans qui a su conserver son style rustique malgré les réhabilitations. Cuisine d'inspiration traditionnelle proposant des plats intéressants comme le poulet aux champignons et la salade de fromages au vinaigre de pomme.

Can Borrell – *Retorn, 3 - Meranges - 9 km à l'est de Bellver de Cerdanya puis bifurquez à gauche (9 km) - ✆ 972 880 033 - fermé lun. soir, mar., 2 sem. en nov. - menu 24 €, carte 27/39 €.* Restaurant accueillant dans un beau et paisible petit village de montagne. Décoration de style rustique, murs en pierre et poutres de bois au plafond. Chambres confortables *(compter 105 €)* avec vue sur la vallée.

POUR SE FAIRE PLAISIR

La Taverna dels Noguers – *El Pont de Bar - 15 km à l'est de La Seu par la N 260 - ✆ 973 384 020 - www.tavernadelsnoguers.com - fermé jeu., déj. seult. sf sam., janv., juil. (sf j. fériés) - env. 32 €.*

Table conviviale de style régional, avec cheminée, plafonds de bois et nappes à carreaux. La cuisine maison affiche un bon rapport qualité/prix.

PETITE PAUSE

Caféteria Forn de Pa Serafi – *Major, 3 - ✆ 973 350 502.* Juste en face de la cathédrale, un agréable salon de thé pour une petite pause gourmande. On s'y attable volontiers pour déguster une part de *coca* au sucre accompagnée d'un thé.

ACTIVITÉS

Parc Olímpic del Segre – *À l'extrémité sud du quartier historique de La Seu - ✆ 973 360 092 - www.parcolimpic.cat.* Possibilité de pratiquer le VTT et de nombreux sports d'eaux vives : rafting, hydrospeed, canoë-kayak.

Domaine skiable de La Molina – *www.lamolina.com.*

ACHATS

Marché de La Seu – Tous les mardis et samedis, La Seu accueille l'un des plus beaux marchés de la région. Les rues du quartier historique se parent alors de toutes les couleurs des fruits et légumes récoltés dans la vallée ou acheminés depuis les plaines ensoleillées du sud.

Marché de Puigcerdà – Le dimanche, sur la plaça Cabrinety, se tient un marché animé où les habitants viennent acheter leurs légumes, notamment choux, chicorées et scaroles.

AGENDA

Festa de l'Estany – *Puigcerdà - été.* Célébrée à grand renfort de cavalcades et de feux d'artifice.

Fira de Sant Lorenç – *Bellver de Cerdanya - 10 août.* La feria de Sant Llorenç se tient chaque année sous la forme d'un grand marché de produits des Pyrénées, qui offre l'occasion unique de déguster les excellentes charcuteries, confitures et marmelades de la région, au rythme des groupes de danse folklorique de la région.

Fira de Sant Ermengol – *La Seu d'Urgell - 3e w.-end d'oct.* Grande foire d'artisanat des Pyrénées.

Ripoll

★

10 913 habitants – Province de Girona

NOS ADRESSES PAGE 358

S'INFORMER

Office de tourisme – *Pl. Abat Oliba, 1 - ✆ 972 702 351 - www.ripoll.cat/turisme - 9h30-13h30, 16h-19h, dim. 10h-14h ; août : 10h-14h, 16h-20h.* Bonne documentation sur la ville et les circuits alentour.

SE REPÉRER

Carte Michelin Regional 574 F 36. Situé dans la haute vallée du Ter, à l'abri des montagnes, Ripoll se niche dans une vallée au confluent du Ter et du Freser. La ville est à 55 km au sud-ouest de Prats-de-Mollo (Pyrénées-Orientales), à 110 km au nord de Barcelone et 40 km au nord de Vic par la C 17. Des trains relient Ripoll à Barcelone (env. 1h50) via Vic (env. 35mn). Liaisons quotidiennes en bus avec Camprodon, Olot, Vic, Gérone et Barcelone.

SE GARER

Parkings payants à proximité du centre ancien en bordure du riu Freser.

À NE PAS MANQUER

Le monastère Santa Maria de Ripoll ; le monastère de Sant Joan de les Abadesses ; une excursion dans la Vall de Núria.

ORGANISER SON TEMPS

Consacrez une journée à Ripoll et Sant Joan de les Abadesses.

Nichée dans une vallée au creux des premiers escarpements pyrénéens, cette petite ville industrielle et commerçante est considérée comme le « berceau de la Catalogne ». Elle tire sa célébrité de son grand monastère bénédictin Santa Maria, fondé au 9ᵉ s. par le comte de Barcelone Wilfred le Velu, et qui servit, jusqu'au 12ᵉ s., de nécropole aux comtes de Barcelone, de Besalú et de Cerdagne. La capitale du Ripollès abrite également un petit noyau ancien au confluent des deux rivières et quelques demeures modernistes (Can Codina, Can Dou et Casa Bonada).

Découvrir

★ ANCIEN MONASTÈRE SANTA MARIA

✆ 972 702 351 - 10h-13h, 15h-18h (avr.-sept. 19h) - 3 €.
Il n'en subsiste plus aujourd'hui que le portail de l'église et le cloître.

★ Église

En 977, l'abbé Oliba consacra ce majestueux édifice roman, élevé sur les ruines d'une église du 9ᵉ s. Ses cinq vaisseaux et le transept à sept absides signifièrent une grande innovation pour l'époque, mais le tremblement de terre de 1428, les transformations et l'incendie de 1835 détruisirent cette splendide œuvre d'art. Aujourd'hui, elle est entièrement restaurée, et seul le portail occidental est d'origine. Dans le bras droit du transept se trouve le tombeau de Ramon Berenguer III le Grand (12e s.), sculpté par Josep Llimona et, dans le bras gauche, le monument funéraire de Wilfred le Velu.

★★★ **Portail** – Construit vers le milieu du 12e s., c'est l'une des plus importantes œuvres sculptées romanes de la Catalogne. Malgré la pente du toit qui la protégeait, la pierre a été considérablement érodée par les intempéries, aussi est-il difficile d'interpréter les reliefs.

Les registres horizontaux forment une sorte d'arc triomphal dont une grande frise en couronnement relie les deux côtés. La glorification de Dieu et de son peuple vainqueur de ses ennemis (passage de la mer Rouge) illustre l'esprit de la Reconquête. Les reliefs débordent du portail proprement dit et couvrent la totalité du mur, formant une véritable lecture sculptée des passages les plus importants de la Bible.

★ **Cloître** – Bien que sa construction ait duré plus de quatre siècles, l'unité de style y est remarquable. De plan trapézoïdal, il se compose de deux étages de galeries. La galerie inférieure adossée à l'église, ornée de beaux chapiteaux aux décors figuratifs et végétaux, date du 12e s., tandis que les trois autres furent construites au 14e s. Les galeries supérieures ne furent achevées qu'au début du 15e s. Dans les murs se trouvent aussi des sépulcres, des pierres tombales et des fragments d'une mosaïque ancienne.

À voir aussi

Museu Etnogràfic

En face du monastère - ✆ 972 701 669 - fermé pour travaux de rénovation - expositions temporaires organisées dans le bâtiment de l'Ajuntament.

Le Musée ethnographique de Ripoll retrace l'histoire du Ripollès. Inauguré en 1920, il recèle plus de 5 000 pièces : remarquez les collections de paléontologie, de vêtements et de céramique mais, surtout, les salles consacrées à l'industrie du fer, qui présentent des forges anciennes et des armes à feu du 16e au 19e s.

UN IMPORTANT FOYER CULTUREL

La bibliothèque du monastère fut l'une des plus riches de la chrétienté. Outre les textes sacrés et les commentaires théologiques, elle possédait des œuvres d'auteurs païens (Plutarque et Virgile) et nombre de traités scientifiques. Les Arabes, après avoir récupéré la culture classique perdue en Occident, la diffusèrent au sein de leur empire dont l'Espagne était le dernier maillon. Ripoll, à la frontière des deux civilisations, devint, sous la tutelle de l'abbé Oliba, un important foyer culturel. Érudits de toute l'Europe y vinrent continuer leurs études, tel **Gerbert**, moine d'Aurillac, qui y étudia la musique et les mathématiques avant d'occuper le siège papal (999) sous le nom de **Sylvestre II**.

L'abbé Oliba (v. 871-1046) – Fils très cultivé du comte de Cerdagne et de Besalú, il abandonne ses titres en 1002 pour devenir moine à Ripoll. Abbé de Ripoll et de Saint-Michel-de-Cuxa, il devient évêque de Vic en 1018. Connu pour son rôle de diplomate au sein d'une féodalité passablement agitée, il instaure la trêve de Dieu, interdisant l'usage des armes à certaines périodes (le dimanche notamment) et en certains lieux sacrés. Mais il passera surtout à la postérité pour avoir encouragé la construction de la cathédrale de Vic, des monastères de Ripoll et de Cuxa, ou encore de la collégiale de Sant Vicenç à Cardona.

Détail d'un chapiteau du cloître de Santa Maria.
L. Castaneda/Tips / Photononstop

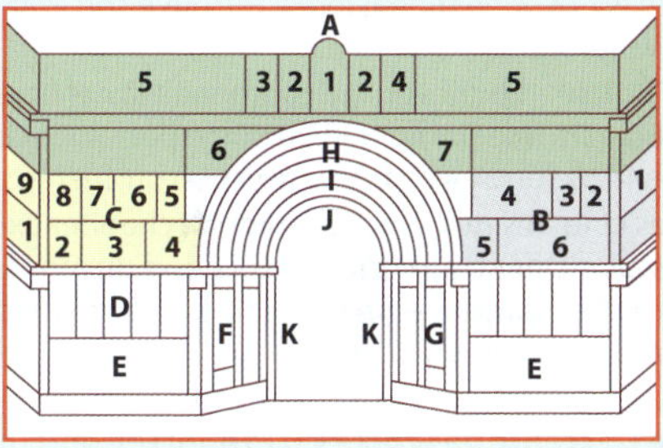

A. Vision de l'Apocalypse :
1. L'Éternel sur son trône
2. Anges
3. Homme ailé, attribut de saint Jean
5. Les 24 vieillards
6. Lion, attribut de saint Marc
7. Taureau, attribut de saint Luc

B. Exode :
1. Passage de la mer Rouge
2. La manne
3. Vol de cailles guidant le Peuple de Dieu
4. Moïse fait jaillir l'eau du rocher
5. Moïse doit garder les bras levés pour donner la victoire à son peuple
6. Combats de fantassins et cavaliers

C. Livre des Rois :
1. David et ses musiciens
2. Transfert de l'Arche d'Alliance
3. La peste de Sion
4. Gad (debout) parle à David (assis) devant la foule
5. David désigne Salomon comme son héritier
6. Salomon, sur la mule de David, acclamé par le peuple
7. Jugement de Salomon
8. Songe de Salomon
9. Élie monte au ciel dans un char de feu

D. David et ses musiciens

E. Combats de monstres

F. Saint Pierre

G. Saint Paul

H. Vie et martyre de saint Pierre (à gauche) et de saint Paul (à droite)

I. Histoire de Jonas (à gauche) ; histoire de Daniel (à droite)

J. (à l'intrados de l'arc ; se lit simultanément à droite et à gauche).
Au centre :
le Créateur, deux anges ; au-dessous : offrandes d'Abel et de Caïn ; en bas : meurtre d'Abel, Caïn l'ensevelit

K. (à l'intérieur des montants de la porte).
Les mois de l'année

À proximité

★★ SANT JOAN DE LES ABADESSES

10 km au nord-est par la C 26.

Pl. de l'Abadia, 9 (dans le palais abbatial) - 972 720 599 - www.santjoandlesabadesses.com - de mi-juin à mi-sept. : lun.-sam. 10h-14h, 16h-20h, dim. 10h-16h ; reste de l'année : lun.-sam. 10h-14h, 16h-19h, dim. 10h-14h.

À l'entrée du village, on aperçoit sur la gauche le beau **pont médiéval★** qui enjambe le Ter. Cette construction du 15e s. fut édifiée en remplacement d'un ancien pont romain. Son arc de 33 m en fait, de tous les ponts du Moyen Âge, le plus large de Catalogne.

★★ Monastère

Suivez le fléchage - parking gratuit à proximité (pg Can Crehuet) - 972 722 353 - juil.-août : 10h-19h ; mai-juin et sept. : 10h-14h, 16h-19h ; mars-avr. et oct. : 10h-14h, 16h-18h ; nov.-fév. : lun.-sam. 10h-14h, dim. et j. fériés 10h-14h, 16h-18h - 3 €.

Ce monastère bénédictin fut fondé au 9e s. par Wilfred le Velu, père d'Emma de Barcelone, la première abbesse. La communauté féminine, rapidement dissoute, fut remplacée par des ordres masculins. L'église actuelle, consacrée en 1150, est l'œuvre d'une congrégation de frères augustins. Largement remanié au 18e s., le monastère a retrouvé son état d'origine après d'importantes restaurations (1948-1963).

★ **Église** – Le chevet, qui couronnait la nef et le transept, possédait un déambulatoire que surmontait un dôme portant le clocher. Le tremblement de terre de 1428 détruisit cette construction qui fut reconstruite sans le déambulatoire. Les cinq absides sont décorées de chapiteaux dont les motifs s'inspirent des tissus d'Orient qui faisaient la richesse du monastère. Les murs, divisés en deux registres par des arcatures et des colonnettes, sont ornés de beaux vitraux garnis de lames d'albâtre.

L'abside centrale possède un extraordinaire groupe sculpté représentant **La Descente de Croix★★** (1251), où l'on retrouve sept personnages : le Christ, Joseph d'Arimathie et Nicodème – qui ôtent les clous –, saint Jean, la Vierge et un voleur à chaque extrémité. L'ensemble possède la rigidité caractéristique du roman ; néanmoins, le visage de Jésus annonce déjà, par une belle expression de douleur et de sérénité, les débuts de l'art gothique. Une hostie consacrée, qui avait été placée sur le front du Christ en 1251, a été conservée intacte jusqu'en 1936, ce qui en fit un objet de grande vénération populaire. Parmi les autres chefs-d'œuvre de l'église, il faut signaler le **retable** gothique de sainte Marie la Blanche (14e s.), pièce délicate en albâtre d'influence italienne (remarquer l'élégance du traitement des scènes de l'enfance de Jésus). Très intéressants aussi, le tombeau du bienheureux Miró de Tagamanent (1345), au gisant monumental, le retable – gothique lui aussi – de saint Augustin, provenant d'un atelier de la ville, et la chapelle baroque des Douleurs, qui possède une très belle coupole du 17e s. et une belle Pietà de facture récente, dont l'auteur est Josep Viladomat.

★ **Cloître** – De style gothique catalan, il remplaça, au 15e s., l'ancien cloître roman. Il fut réalisé selon le modèle adopté par les ordres mendiants : plafond de bois et arcatures élancées, soutenues par de fines colonnettes.

Musée du Monastère – *Accès par le hall d'accueil.* D'intéressants fragments de retables, des pièces d'orfèvrerie, des sculptures et des croix anciennes y sont exposés. Il faut signaler la collection de **tissus brodés** (étoles extrêmement bien travaillées et somptueuses soies arabes), ainsi qu'un dessin d'Antoni Tàpies, réalisé pour le 11e centenaire du monastère.

Palais abbatial (Palau de l'Abadia)

Sur la petite place devant l'église, cet édifice du 14e s. abrite l'office de tourisme. Il possède un patio intérieur aux chapiteaux sculptés et amples arcades. Expositions d'art contemporain, et centre d'interprétation consacré au « mythe du Comte Arnau », personnage imaginaire maléfique qui inspira une part de la littéraure populaire catalane.

Église de Sant Pol

Elle présente un extraordinaire tympan sculpté, représentant le Christ, les apôtres Pierre et Paul, et deux anges.

Circuit conseillé

★ VALL DE RIBES

De Ripoll à la Vall de Núria - 22 km. Prenez la N 152 vers le nord.

Ribes de Freser

Pl. Ajuntament, 3 - ✆ 972 72 77 28 - www.vallderibes.cat - 10h-14h, 17h-20h, dim. 11h-13h - fermé lun. sept.-juin.

Ce village animé, qui possède des endroits très typiques, est réputé pour ses abondantes eaux médicinales provenant des trois rivières – Freser, Rigard et Segadell – qui y confluent et pour ses nombreuses sources.

Une piste forestière, au sud du village, grimpe vers la montagne de Taga (2 000 m), d'où l'on peut contempler un beau **panorama**.

Au départ de Ribes, le **train à crémaillère** *(el carrilet)* est le seul moyen d'accès à la Vall de Núria (pas de route au-delà de Queralbs, *voir ci-après*). Ce train, en service depuis 1931, franchit sur 12,5 km un dénivelé de plus de 1 000 m, offrant d'admirables **vues★★** sur l'ensemble de montagnes, torrents et autres précipices. Pendant le trajet de 45mn, une bande enregistrée en plusieurs langues commente le spectaculaire parcours et permet d'identifier les différents sites naturels. Arrêt prévu à Queralbs. *Voir « Nos adresses », rubrique « Transport ».*

Quittez Ribes par la G IV-5217 vers le nord.

Queralbs

En amont de la rivière Freser, qui coule paisiblement entre les montagnes boisées et d'interminables prés, se trouve Queralbs, village montagnard typique De la plaça de la Vila, beau **mirador** sur la vallée, on embrasse le parcours du train à crémaillère qui fait une halte à Queralbs avant de gagner la Vall de Núria.

★ Vall de Núria

La Vall de Núria est entourée par une imposante barrière montagneuse qui s'étend depuis le Puigmal jusqu'à la cordillère de Torreneules. Cuvettes et torrents (Finestrelles, Eina, Noufonts et Noucreus), formés par les chaînons de ces massifs, descendent en éventail sur la plaine de Núria, où la rivière du même nom se fraye un chemin à travers une gorge flanquée des précipices de Totlomón et du Roc del Rui. Les vallées glaciaires de Fontnegra et Fontcalda, de chaque côté du précipice, complètent le cadre des « sept vallées » de Núria. La vallée rassemble d'importantes infrastructures hôtelières et la **station de ski Vall de Núria** (altitude comprise entre 1 963 m et 2 268 m, 11 pistes, certaines réservées aux débutants). Depuis le sanctuaire, une télécabine moderne dessert l'auberge Pic de l'Aliga, d'où l'on découvre un merveilleux **panorama★** sur toute la vallée.

Sanctuaire de Núria – Le sanctuaire actuel, construit à partir de 1883 sur un ancien ermitage, est situé dans une vaste plaine de la haute vallée de la Núria. C'est un important centre de pèlerinage, où l'on vénère la Vierge de Núria, patronne des bergers pyrénéens, sculptée, selon la tradition, par saint Gilles. On y voit aussi la croix, la marmite et la cloche du saint, trouvées par un pèlerin. Au centre de cette plaine se trouve un grand lac artificiel, où l'on peut louer de petites barques.

NOS ADRESSES À RIPOLL

TRANSPORT

Train à crémaillère de la Vall de Núria – *www.valldenuria.cat. De Ribes de Freser à Núria via Queralbs. 6 à 10 rotations par jour selon la saison. Aucun service assuré en novembre. Depuis Ribes, comptez 40mn de trajet, 21,90 € AR (enf. 13,15 €). Depuis Queralbs, 20mn, 19,75 € AR (enf. 11,85 €). Réductions hors saison.*

HÉBERGEMENT

À Ripoll

PREMIER PRIX

Hostal del Ripollès – *Pl. Nova, 11 - ✆ 972 700 215 - www.hostaldelripolles.com - 8 ch. : 50 € ☕ - menu 12 €, carte 15/30 €.* Chambres impeccables et agréable restaurant au rez-de-chaussée, avec une terrasse extérieure. Pizzas, cuisine italienne et catalane.

Dans la Vall de Ribes

BUDGET MOYEN

Mas la Casanova – *Ctra de Ribes de Freser à 3 km du village de Queralbs - ✆ 972 198 077 - www.maslacasanova.com - ⊠ - 6 ch. : 57/67 € - ☕ 6,50 € - dîner 15 €.* Jolies petites chambres d'hôtes dans un mas, au cœur de la Vall de Ribes. Table d'hôtes sur demande (excellente et copieuse cuisine de pays). Accueil chaleureux.

Catalunya Park Hotel – *Pg Mauri, 9 - Ribes de Freser - ✆ 972 727 198 - www.catalunyaparkhotels.com - ouvert Sem. sainte et juin-sept. - 55 ch. : 68/78 € ☕ - rest. 15 €.* Hôtel de montagne confortable sans être luxueux, dont la piscine est le premier atout. Bon point de départ pour partir à la découverte des sites avoisinants.

POUR SE FAIRE PLAISIR

Hotel Vall de Núria – *Station de ski de Vall de Núria - Queralbs - ✆ 972 732 030 - www.valldenuria.cat - fermé nov. - 75 ch. : 184/207 € (2 nuits en 1/2 pens.) et 12 appart. (133/191 €/ 2 nuits).* Établissement jouissant d'un cadre naturel privilégié. Service soigné et intéressant restaurant pour ses plats locaux.

RESTAURATION

À proximité de Ripoll

BUDGET MOYEN

Can Dachs – *Ctra de Ripoll a Berga (C 26), km 181,8 - Les Llosses - 7,5 km au sud-ouest de Ripoll - ✆ 972 714 425 - - jeu.-dim. pour le déjeuner, vend.-sam. pour le dîner, tlj en août - à partir de 18 €.* Excellente cuisine à base de produits régionaux. Spécialités de charcuteries et de viandes grillées au feu de bois, plus « agroboutique » pour se procurer les produits de la région.

UNE FOLIE

La Fonda Xesc – *Pl. Roser, 1 - Gombrèn - 12,5 km au nord-ouest de Ripoll par la N 152 (dir. Puigcerdà) puis à gauche par la GI 401 - ✆ 972 730 404 - www.fondaxesc.com - fermé dim. soir, lun., mar. soir, merc. soir, 15 j. en janv. et 10 j. en juil. - - 46/66 €.* Restaurant doté d'une spacieuse salle à manger voûtée où l'on déguste une cuisine catalane créative, élaborée avec des produits de qualité. Chambres confortables *(75/79 €).*

AGENDA

Fête de la laine et mariage paysan – *Ripoll - dim. suivant la fête du saint patron de la ville, Sant Eudald (11 mai).* On y tond les moutons, et l'on célèbre un mariage à l'ancienne, tel qu'on le faisait au 18e s. dans les montagnes.

Festival international de musique de Ripoll – *Juil.-août.* Au monastère et dans le cloître.

Marché médiéval de Ripoll – *11-12 août.* Rassemblement de producteurs locaux dans le centre-ville. Habitants et commerçants en costumes médiévaux.

Ball dels Pabordes – *Sant Joan de les Abadesses - 2e dim. de sept.* Pendant la Festa Major, le Ball dels Pabordes est une danse rituelle au cours de laquelle les *pabordes*, organisateurs de la Fête du Très Saint Mystère, se prodiguent de multiples hommages.

L'Aventure Michelin

Tout commence avec des balles en caoutchouc ! C'est ce que produit, vers 1880, la petite entreprise clermontoise dont héritent André et Édouard Michelin. Les deux frères saisissent vite le potentiel des nouveaux moyens de transport.

L'invention du pneumatique démontable pour la bicyclette est leur première réussite. Mais c'est avec l'automobile qu'ils donnent la pleine mesure de leur créativité. Tout au long du 20e s., Michelin n'a cessé d'innover pour créer des pneumatiques plus fiables et plus performants, du poids lourd aux voitures de course, en passant par le métro et l'avion.

Très tôt, Michelin propose à ses clients des outils et des services destinés à faciliter leurs déplacements, à les rendre plus agréables... et plus fréquents. Dès 1900, le guide MICHELIN fournit aux chauffeurs tous les renseignements utiles pour entretenir leur automobile, trouver où se loger et se restaurer. Il deviendra la référence en matière de gastronomie. Parallèlement, le Bureau des itinéraires offre aux voyageurs conseils et itinéraires personnalisés.

En 1910, la première carte routière MICHELIN remporte un succès immédiat ! En 1926, un premier guide régional touristique invite à découvrir les plus beaux sites de Bretagne. Bientôt, chaque région de France a son Guide Vert. La collection s'ouvre ensuite à des destinations plus lointaines de New York en 1968... à l'Islande en 2012.

Au 21e s., avec l'essor du numérique, le défi se poursuit pour les cartes, les guides et les services numériques MICHELIN qui continuent d'accompagner le pneumatique. Aujourd'hui comme hier, la mission de Michelin reste l'aide à la mobilité, au service des voyageurs.

MICHELIN AUJOURD'HUI

- 69 sites de production dans 18 pays
- 113 400 employés de toutes cultures, sur tous les continents
- 6 000 personnes dans le centre de Technologie Michelin
- Une présence commerciale dans plus de 170 pays

Avancer
monde où la

Mieux avancer, c'est d'abord innover pour mettre au point des pneus qui freinent plus court et offrent une meilleure adhérence, quel que soit l'état de la route.

LA JUSTE PRESSION

BONNE PRESSION

- Sécurité
- Longévité
- Consommation de carburant optimale

-0,5 bar

- Durée de vie des pneus réduite de 20% (- 8000 km)

-1 bar

- Risque d'éclatement
- Hausse de la consommation de carburant
- Distance de freinage augmentée sur sol mouillé

ensemble vers un mobilité est plus sûre

C'est aussi aider les automobilistes à prendre soin de leur sécurité et de leurs pneus. Pour cela, Michelin organise partout dans le monde des opérations **"Faites le plein d'air"** pour rappeler à tous que la juste pression est vitale.

L'USURE

COMMENT DETECTER L'USURE ?

Vos pneus MICHELIN sont munis d'indicateurs d'usure : ce sont de petits pains de gomme moulés au fond des sculptures et d'une hauteur de 1,6mm.
Lorsque la profondeur des sculptures est au même niveau que les indicateurs, les pneus sont usés et doivent être remplacés.

Les pneus constituent le seul point de contact entre le véhicule et la route, un pneu usé peut être dangereux sur chaussée mouillée.

PNEU NEUF

PNEU USÉ (1,6 mm de sculpture)

Ci-contre, la zone de contact réelle photographiée sur chaussée mouillée.

Mieux avancer, c'est développer une mobilité durable.

INNOVATION ET ENVIRONNEMENT

Chaque jour, Michelin innove pour réduire la quantité de matières premières utilisée dans la fabrication des pneumatiques, et 99,8% des pneus produits dans le Groupe le sont dans des usines certifiées ISO 14001. La conception des pneus MICHELIN permet déjà d'économiser des milliards de litres de carburant, et donc des millions de tonnes de CO_2.

De même, Michelin choisit d'imprimer ses cartes et guides sur des « papiers issus de forêts gérées durablement ». L'obtention de la certification ISO 14001 atteste de son plein engagement dans une éco-conception au quotidien.

Un engagement que Michelin confirme en diversifiant ses supports de publication et en proposant des solutions numériques pour trouver plus facilement son chemin, dépenser moins de carburant.... et profiter de ses voyages !

Chattez avec Bibendum

Rendez-vous sur : www.michelin.com

Découvrez l'actualité des produits et services et l'histoire de MICHELIN.

QUIZZ

Michelin développe des pneumatiques pour tous les types de véhicules. Amusez-vous à identifier le bon pneu...

Résultat : A-6 / B-4 / C-2 / D-1 / E-3 / F-7 / G-5

Notes

Notes

INDEX GÉNÉRAL

Carcassonne : villes, curiosités et régions touristiques.
Trenet, Charles : noms historiques ou termes faisant l'objet d'une explication.
Les sites isolés (châteaux, abbayes, grottes...) sont répertoriés à leur propre nom.
Nous indiquons par son numéro, entre parenthèses, le département auquel appartient chaque ville ou site. Pour rappel :

11 : Aude
34 : Hérault
66 : Pyrénées-Orientales
81 : Tarn

A

B

C

D

E

F

G

H

I

J

L

M

N

T

U/V

W/X

CARTES ET PLANS

CARTE GÉNÉRALE

Premier rabat de couverture

CARTES DES MICRORÉGIONS

PLANS DE VILLES

PLANS DE MONUMENTS

CARTES THÉMATIQUES

CARTES DES CIRCUITS

LÉGENDE DES CARTES ET PLANS

Curiosités et repères

- Itinéraire décrit, départ de la visite
- Église
- Mosquée
- Synagogue
- Monastère - Phare
- Fontaine
- Point de vue
- Château - Ruine ou site archéologique
- Barrage - Grotte
- Monument mégalithique
- Tour génoise - Moulin
- Temple - Vestiges gréco - romains
- Temple : bouddhique - hindou
- Autre lieu d'intérêt, sommet
- Distillerie
- Palais, villa, habitation
- Cimetière : chrétien - musulman - israélite
- Oliveraie - Orangeraie
- Mangrove
- Auberge de jeunesse
- Gravure rupestre
- Pierre runique
- Église en bois
- Église en bois debout
- Parc ou réserve national
- Bastide

Sports et loisirs

- Piscine : de plein air - couverte
- Plage - Stade
- Port de plaisance - Voile
- Plongée - Surf
- Refuge - Promenade à pied
- Randonnée équestre
- Golf - Base de loisirs
- Parc d'attractions
- Parc animalier, zoo
- Parc floral, arboretum
- Parc ornithologique, réserve d'oiseaux
- Planche à voile, kitesurf
- Pêche en mer ou sportive
- Canyoning, rafting
- Aire de camping - Auberge
- Arènes
- Base de loisirs, base nautique ou canoë-kayak
- Canoë-kayak
- Promenade en bateau

Informations pratiques

- Information touristique
- Parking - Parking - relais
- Gare : ferroviaire - routière
- Voie ferrée
- Ligne de tramway
- Départ de fiacre
- Métro - RER
- Station de métro (Calgary, ...) (Montréal)
- Téléphérique, télécabine
- Funiculaire, voie à crémaillère
- Chemin de fer touristique
- Transport de voitures et passagers
- Transport de passagers
- File d'attente
- Observatoire
- Station service - Magasin
- Poste - Téléphone
- Internet
- H *H* *B* Hôtel de ville - Banque, bureau de change
- J *J* POL Palais de justice - Police
- GNR Gendarmerie
- T *T* *U* U M Théâtre - Université - Musée
- Musée de plein air
- Hôpital
- Marché couvert
- Aéroport
- Parador, Pousada (Établissement hôtelier géré par l'État)
- A Chambre d'agriculture
- D Conseil provincial
- G Gouvernement du district, Délégation du Gouvernement Police cantonale
- L Gouvernement provincial (Landhaus)
- P Chef lieu de province
- Station thermale
- Source thermale

Axes routiers, voirie

- Autoroute ou assimilée
- Échangeur : complet - partiel
- Route
- Rue piétonne
- Escalier - Sentier, piste

Topographie, limites

- Volcan actif - Récif corallien
- Marais - Désert
- Frontière - Parc naturel

Comprendre les symboles utilisés dans le guide

LES ÉTOILES

★★★ **Vaut le voyage** ★★ **Mérite un détour** ★ **Intéressant**

HÔTELS ET RESTAURANTS

9 ch.	Nombre de chambres		Piscine
7,5 €	Prix du petit-déjeuner en sus	CC	Paiement par cartes de crédit
50 €	Prix de la chambre double, petit-déjeuner compris		Carte de crédit non acceptée
bc	Menu boisson comprise	P	Parking réservé à la clientèle
	Air conditionné dans les chambres	Tram	Station de tramway la plus proche
	Restaurant dans l'hôtel	M	Station de métro la plus proche
	Établissement servant de l'alcool (à l'étranger)		

SYMBOLES DANS LE TEXTE

	À faire en famille		Randonnée à vélo
	Pour aller au-delà		Facilité d'accès pour les handicapés
	Promenade à pied	A2 B	Repère sur le plan

Note au lecteur

Michelin a apporté le plus grand soin à la rédaction de ce guide et à sa vérification. Toutefois, les informations pratiques (formalités administratives, prix, adresses, numéros de téléphone, adresses Internet...) doivent être considérées comme des indications du fait de l'évolution constante de ces données.

Il n'est pas totalement exclu que certaines d'entre elles ne soient plus, à la date de parution du guide, tout à fait exactes ou exhaustives. N'hésitez pas à nous signaler toute omission ou inexactitude que vous pourriez constater, ainsi qu'à nous faire part de vos avis et suggestions sur les adresses contenues dans ce guide.

Avant d'entamer toute démarche, formalités administratives ou douanières notamment, vous êtes invité à vous renseigner auprès des organismes officiels. Ces informations ne sauraient, de ce fait, engager notre responsabilité.

Collection Le Guide Vert sous la responsabilité de Philippe Orain

Édition
Amaury de Valroger, Camille Bouvet, Archipel studio

Rédaction
Célia Bénisty, Françoise Chaffin, Lisa Diez Gracia, Xavier Espinet, Chloé Hoorman, Guylaine Idoux, Hervé Kerros, Sarah Larrue, Pierre Plantier, Marie-Pascale Rauzier, Claire Rideau, Emmanuelle Souty, Magali Triano

Cartographie
Thierry Lemasson, Michèle Cana, Stéphane Anton

Relecture
Capucine Jahan

Remerciements
Didier Broussard, Philippe Orain, Maria Gaspar

Conception graphique
Christelle Le Déan

Régie publicitaire et partenariats
business-solutions@tp.michelin.com
Le contenu des pages de publicité insérées dans ce guide n'engage que la responsabilité des annonceurs.

QR Codes
QR Code est une marque déposée de Denso Wave Incorporated.

Contacts
Michelin
Guides Touristiques
27 cours de l'Ile Seguin, 92100 Boulogne Billancourt
Service consommateurs : tourisme@tp.michelin.com
Boutique en ligne : www.michelin-boutique.com

Écrivez-nous

Parution 2013

Michelin Travel Partner
Société par actions simplifiées au capital de 11 288 880 EUR
27 Cours de l'Ile Seguin - 92100 Boulogne Billancourt (France)
R.C.S. Nanterre 433 677 721

Dépôt légal : 01-2013 – ISSN 0293-9436
Imprimeur : Printer Trento, Trento (Italie)
Imprimé en Italie : 03-2014

Usine certifiée 14001
Sur du papier issu de forêts gérées durablement (100 % PEFC)